Philipp Hübl

Die aufgeregte Gesellschaft

Philipp Hübl

Die aufgeregte Gesellschaft

Wie Emotionen unsere Moral prägen und die Polarisierung verstärken

C. Bertelsmann

Sollte diese Publikation Links auf Webseiten Dritter enthalten,
so übernehmen wir für deren Inhalte keine Haftung,
da wir uns diese nicht zu eigen machen, sondern lediglich auf
deren Stand zum Zeitpunkt der Erstveröffentlichung verweisen.

MIX
Papier aus verantwortungsvollen Quellen
FSC® C014496

Penguin Random House Verlagsgruppe FSC® N001967

2. Auflage

Neumarkter Str. 28, 81673 München
Umschlaggestaltung: Büro Jorge Schmidt, München
Satz: Uhl + Massopust, Aalen
Druck und Bindung: GGP Media GmbH, Pößneck
Printed in Germany
ISBN 978-3-570-10362-3

www.cbertelsmann.de

Inhalt

Einleitung
Der Mensch, das moralische Tier ... 9

Teil I: Moral

1 Neurotisch, freundlich, pflichtbewusst: Wie prägt die Persönlichkeit die Moral? ... 23
2 Abitur, Armut und Atomunfall: Wovor haben wir Angst? ... 32
3 Mücken und andere Naturkatastrophen: Wie vernünftig ist Angst? ... 42
4 Der Terrorist, die Passagiere und der Mann auf der Brücke: Darf man zwischen Menschenleben abwägen? ... 49
5 Heiße Gefühle oder kalte Vernunft: Wo entsteht die Moral? ... 60
6 Mord, Inzest und gebratene Hunde: Wie weit reicht die Moral? ... 72
7 Die Sentimentalisten schlagen zurück: Wie emotional ist die Moral? ... 81
8 Eiter, Blut und Käse: Warum ekeln wir uns? ... 89
9 Das Dilemma der Allesfresser: Wann ist Ekel politisch? ... 101
10 Wir gegen die anderen: Warum haben wir Sehnsucht nach einem eigenen Stamm? ... 112

11 Allein unter Wölfen:
Was hält Gruppen zusammen? ... 120

Teil II: Politik

12 Konservative gegen Progressive:
Warum ist die Welt so polarisiert? ... 133
13 Globalisierung als Bedrohung:
Wie kann man den Rechtsruck erklären? ... 144
14 Konservative Grüne, fremdenfeindliche Linke, autoritäre Liberale:
Kann man rechts und links verwechseln? ... 152
15 Status, Rang und Dominanz:
Warum sehnen sich Menschen nach Hierarchie? ... 165
16 Starke Führer und glorreiche Nationen:
Wie werden Menschen autoritär? ... 172
17 Der Abscheu vor dem Anderen:
Wie entsteht Fremdenfeindlichkeit? ... 182
18 Framing und Populismus:
Wie bestimmt die Sprache die Politik? ... 197
19 Verletzende Worte und hasserfüllte Taten
Wie entsteht politische Gewalt? ... 206
20 Anders gleich oder gemeinsam verschieden:
Wie prägt uns die Gruppenidentität? ... 213
21 Gesinnungsterror oder Minderheitenschutz:
Warum ist politische Korrektheit so umstritten? ... 225

Teil III: Gesellschaft

22 Jung, neugierig und migrantisch:
Warum beginnt Fortschritt in den Städten? ... 239
23 Mitgefühl statt Autorität:
Warum ist die Zukunft weiblich? ... 251

24 Schmeckt nicht gut, aber teuer:
Inwiefern ist ein Dinner ein politisches Manifest? 260
25 Detox, Bio und Impfverweigerung:
Wie heilig ist die Natur? 269
26 Katzen, Kleidung und Körper
Wann ist das Private politisch? 278
27 Identität und moralische Eindeutigkeit:
Was wäre ich ohne meinen Charakter? 290
28 Emotionaler Elefant und vernünftiger Reiter:
Denkt man besser mit dem Bauch oder dem Kopf? 304
29 Die progressive Revolution:
Warum ist Offenheit die Tugend der Zukunft? 316

Ausblick
Die Zukunft der freien Gesellschaft 327

Anhang

Dank 339

Anmerkungen 341

Literatur 391

Personenregister 421

Sachregister 425

Einleitung
Der Mensch, das moralische Tier

Motivation

Konservative Landbewohner* mögen Hunde, moderne Städter lieber Katzen. Wer im Schlafzimmer bügelt, wählt eher rechts, und wer sich nackt auf dem Sofa lümmelt, eher links. In diesem Buch geht es um Erkenntnisse wie diese aus weltweiten Untersuchungen: inwiefern Kleidung unsere politische Gesinnung widerspiegelt, warum Menschen in Ländern, in denen es viele Parasiten gibt, streng religiös leben und warum mit der Globalisierung das Zeitalter der Neophilie angebrochen ist, die Verehrung des Neuen. Es geht um die alten Stämme, die durch Herkunft und Tradition bestimmt sind, und die neuen digitalen Stämme, die eine gemeinsame Vision von der Zukunft verbindet. Ich zeige, warum Angst nicht fremdenfeindlich macht und wie Persönlichkeitstests an Kindern verraten, welche politischen Vorlieben sie als Erwachsene haben werden. In all den Fällen wird deutlich: Unsere Emotionen prägen unsere Moral und damit unsere politischen Präferenzen.

Die Idee zu diesem Buch entstand, nachdem mich, wie viele andere, zwei Ereignisse politisch aufgerüttelt hatten, die mich intensiver über Polarisierung in der Politik und den sozialen Medien nachdenken ließen.

* Aus stilistischen Gründen stehen Personalpronomen und allgemeine Ausdrücke für Frauen, Männer und andere. Das grammatische Geschlecht spiegelt nicht das biologische oder soziale wider.

Das erste war die Finanzkrise 2008. Sie hat Millionen in den Ruin getrieben. Viele Staaten haben mit Steuergeldern Banken gerettet, doch die Verantwortlichen wurden nicht zur Rechenschaft gezogen. Die Geschehnisse ließen mich ratlos zurück.

Das zweite Ereignis war die Flüchtlingssituation im Sommer 2015. Tausende ertranken im Meer, und keiner hat ihnen geholfen. Über eine Millionen Migranten kamen nach Deutschland, und niemand hatte einen Plan, ob und wie man sie integrieren kann. Durch ganz Europa ging ein Rechtsruck, und in den USA kam kurz darauf Donald Trump an die Macht.

Die Welt ist in Unruhe. Besonders in den sozialen Netzen eskalieren die Diskussionen. Nur wenige sind bereit, ihren selbst gewählten Gegnern offen und neutral zuzuhören und sich mit ihnen auseinanderzusetzen. Selbst Wissenschaftler und Journalisten stürzen sich vorschnell in überhitzte Debatten. Die Angst vor den Rechtspopulisten lähmt seitdem die progressiven (linksliberalen) wie die konservativen Parteien in Deutschland. Drängende Themen wie der Klimawandel oder globale Gerechtigkeit sind in den Hintergrund getreten. Politikern, die Probleme durchdenken wollen, wird Tatenlosigkeit vorgeworfen.

In mir und vielen Kollegen hat das die Überzeugung verstärkt, dass auch Philosophen Farbe bekennen müssen. Seit 2015 entstanden so Konferenzen zum Populismus, Initiativen für die Demokratie und Ratgeber zum Umgang mit Fake News. Wenn sich der Weltgeist beim Erfolg autoritärer Politiker etwas gedacht hat, dann vielleicht, dass Wahrheit, Freiheit und Demokratie jetzt keine Selbstverständlichkeiten mehr sind. Sie sind mehr als die angenehme Hintergrundmusik, deren Verschwinden erst ins Bewusstsein tritt, wenn der Plattenspieler leerläuft. Spätestens am Rechtsruck zeigt sich, dass der zivilisatorische Fortschritt seit Ende des Zweiten Weltkrieges kein Automatismus ist, sondern dass wir die Werte der freien Gesellschaft aktiv verteidigen müssen.

Die Grundidee

Beim Thema »Polarisierung« drängte sich mir vor allem eine Frage auf: Wie kann man den Rechtsruck erklären? Die Wähler der Rechtsparteien in Europa sind ökonomisch abgehängt und haben Abstiegsängste, sagen einige Politologen und Soziologen. Das ist wenig überzeugend, wie Untersuchungen zeigen. Ein erheblicher Teil der Rechtswähler ist nämlich gebildet und gut situiert. Außerdem macht Angst allein Menschen nicht fremdenfeindlich. Auch die Diagnose »Systemkritiker« trifft die Sache nicht, denn als Systemkritiker könnte man auch linke Parteien wählen.

Nicht nur der Rechtsruck, sondern auch Phänomene wie der Individualismus akademischer Großstädter oder die Motivation radikaler Impfgegner erscheinen in einem neuen Licht, wenn man aus dem Blickwinkel der *Moralpsychologie* fragt: Was passiert in uns, wenn wir moralisch und politisch denken, entscheiden und handeln?

Wer sich mit Moralpsychologie beschäftigt, hat ständig Aha-Erlebnisse, besonders bei radikalen Gedankenexperimenten, die einen lange nicht loslassen, wie etwa »Dürfen unfruchtbare erwachsene Geschwister einvernehmlichen Sex haben?« oder »Darf man einen Unschuldigen töten, um fünf andere zu retten?«. Versuchspersonen antworten innerhalb einer Fünftelsekunde, so schnell, wie ein Doppelklick auf dem Touchpad dauert. Viele Probanden urteilen spontan und dennoch mit starker Gewissheit. Sie sagen: »Beides fühlt sich falsch an.« Doch kaum jemand kann seine Intuition rational mit moralischen Prinzipien begründen. Auch wenn die Versuchspersonen das gar nicht bemerken, löst der Fall der Geschwister bei ihnen Unbehagen und die Frage nach dem Töten Angst aus, wie Versuche zeigen.

Die Grundidee dieses Buches lautet daher: Emotionen prägen unsere Moral und damit auch die Politik. Anhand unserer moralischen Emotionen kann man nicht nur den Rechtsruck besser verstehen, sondern auch, warum sich Stadtbewohner und junge Menschen nach Freiheit, Vielfalt und Offenheit sehnen und Ältere und Landbewohner nach Struktur und Tradition, kurz: warum die Welt polarisiert ist.

Inzwischen wurden Hunderte von Studien zu moralischen und politischen Emotionen mit mehr als einer halben Million Versuchspersonen in allen Kulturkreisen der Welt durchgeführt. Aus den Ergebnissen dieser Forschung entspringen die vier Thesen dieses Buches.

Erstens: *Moral ist emotional.*
Unsere moralischen und damit auch politischen Werte stammen selten aus edlen Prinzipien, die wir aus der Vernunft herleiten, sondern zum Großteil aus Emotionen wie Angst, Zorn, Ekel, Scham und Schuld. Darum lässt uns Moral nicht kalt. Allerdings zählen zu den moralischen Emotionen nicht nur irrationale Ängste oder die Wut der aufgewiegelten Masse, sondern auch das Mitgefühl mit Schwachen oder die Hemmung, anderen zu schaden. Unsere Gefühle bewerten automatisch unsere Handlungen, indem sie sinngemäß sagen: »Das ist falsch« oder »Das ist richtig«, »Das sollst Du tun« oder »Das sollst Du lassen«.

Zweitens: *Moral ist biologisch.*
Wer den Menschen verstehen will, darf nicht nur auf Einkommen, Bildungsstand und Schichtzugehörigkeit achten oder auf das, was er sagt. Wir sind nicht nur Kulturwesen, sondern ebenso Naturwesen. Der Mensch hat einen Verstand und ist dennoch Tier geblieben. Er ist anfällig für Stammesdenken, empfänglich für Hierarchien, giert nach Anerkennung und ist ausgestattet mit einer angeborenen Neigung, Angst vor dem Neuen und Unbehagen gegenüber dem Fremden zu empfinden. Diese Neigungen äußern die wenigsten unmittelbar mit Worten, sondern durch ihre Taten, ohne sich dessen immer bewusst zu sein.

Drittens: *Moral polarisiert.*
Weltweit klafft zwischen Modernisten und Traditionalisten, zwischen Progressiven und Konservativen ein Riss, der größer wird. Es geht dabei um unsere moralische Identität, um die grundlegende Frage, welche Werte und Normen ein gutes Leben und eine gute Gesellschaft ausmachen. Der Riss zeigt sich nicht nur in der Politik, er geht durch die ganze Gesellschaft und betrifft uns alle im Alltag. Die neuen Bruchlinien verlaufen zwischen Alt und Jung, Land und Stadt, Tatort und Netflix, Auto und Fahrrad, Kaufhaus und Amazon, Ehe und Polyamorie, Nationalismus und Internationalismus, zwischen Vergangenheit und Zukunft.

Viertens: *Moral ist eine Entscheidung.*
Auch wenn unsere Werte oft archaischen Instinkten entspringen, sind wir unseren Emotionen nicht hilflos ausgeliefert, sonst gäbe es keinen moralischen Fortschritt, und wir würden immer noch so denken und handeln wie in der Steinzeit. Die Evolution hat uns mit der Fähigkeit zur Selbsterkenntnis ausgestattet, mit der wir spontane Impulse überdenken und aktiv kontrollieren können. Die gute Nachricht lautet: Wir sind grundsätzlich autonom und können unsere Moral und unsere politische Gesinnung überdenken. Die schlechte: Wir machen von unserer Selbstbestimmung zu selten Gebrauch.

Eine Linse für neue Einblicke

Wer in Kopenhagen groß wurde, hält andere Werte für unumstößlich als jemand, der in einem Dorf in Afghanistan aufwuchs. Die Kultur prägt unsere Moral. Das ist eine Plattitüde und gleichzeitig nur die halbe Wahrheit. Denn wenn Erziehung und Kultur uns zu moralischen Wesen machen, stellt sich die Frage: Warum haben wir in unserem Kulturkreis nicht alle ungefähr dieselben Werte? Warum empfanden einige im Jahr 2015 Mitgefühl mit den

Flüchtlingen und erlebten ihre Ankunft als Bereicherung, während andere die Fremden als Bedrohung sahen und ihnen mit Verachtung begegneten?

Hier spielt nicht Angst die Hauptrolle, wie viele annehmen, sondern eine andere Emotion: Ekel. Das ist eine der vielen Überraschungen aus der Forschung. Ekel kann eine moralische Emotion sein, die den Umgang mit Fremden bestimmt. Im Deutschen trifft das Wort »Abscheu« diesen moralisch relevanten Ekel am besten.

Eine Vielzahl an Studien zeigt: Je stärker sich Menschen ekeln, desto traditioneller und konservativer sind sie, und desto »unreiner« und »unnatürlicher« erscheint ihnen alles, was von der Normvorstellung von Leben, Tod und Sex abweicht: Homosexualität, Prostitution, Abtreibung oder Sterbehilfe. Man kann anhand der Ekelneigung weltweit politische Präferenzen zuverlässiger vorhersagen als anhand klassischer Merkmale wie Bildungsstand oder Einkommen. In archaischen Zeiten war Ekel vor verdorbener Nahrung und offenen Wunden ein wichtiger Schutz vor Infektionen. Dazu zählte auch der Abscheu gegenüber Fremden, die Keime und Parasiten übertragen konnten, gegen die es im heimischen Stamm keine Resistenzen gab. In der heutigen Zeit führt dieser Schutzmechanismus im Extremfall zur Fremdenfeindlichkeit.

Wer die menschliche Natur ergründen will, darf daher Ekel und andere Emotionen nicht ignorieren, denn sie bilden die Grundlage für sechs *moralische Grundprinzipien*, die man bei allen Menschen auf der Welt in unterschiedlicher Ausprägung findet: *Fürsorge*, *Fairness* und *Freiheit* auf der einen Seite, sowie *Autorität*, *Loyalität* und *Reinheit* auf der anderen. Alle Menschen legen Wert auf die Prinzipien Fürsorge, Fairness und Freiheit. Werden sie verletzt, reagieren wir empört, also mit moralischem Zorn. Bei vielen im Westen stehen diese drei Prinzipien im Mittelpunkt ihrer Moral, daher kann man sie auch die drei progressiven »F«s nennen. Aber in der ganzen übrigen Welt und im Westen insbesondere unter den Konservativen und Rechten spielen daneben die anderen Prinzipien eine wichtige Rolle: Autorität, Loyalität und Reinheit. Werden sie verletzt, verspüren Menschen Abscheu, selbst wenn sie das so nicht beschreiben würden.

In diesem Buch zeige ich, dass die sechs Prinzipien eine heuristische Schablone darstellen, eine Linse, durch die viele gesellschaftliche Phänomene in einem neuen Licht erscheinen. Natürlich gehören nicht alle Menschen eindeutig dem einen oder anderen Lager an, sie verteilen sich auf einem kontinuierlichen Spektrum. Und auch innerhalb einer Person können die sechs Prinzipien ganz unterschiedlich ausgeprägt sein. Typisch ist dennoch, dass die drei progressiven und die drei konservativen Prinzipien im Block zusammen auftauchen.

Moralische Konflikte

Viele wundert es, dass Systemkritik, die einst von links ertönte, heute verstärkt am rechten Rand zu hören ist. Doch diese Parallele besteht nur oberflächlich. Linke Systemkritik ist eher antiautoritär. Sie richtet sich gegen die Machthaber, weil Macht grundsätzlich als suspekt gilt. Rechtsradikale Systemkritik hingegen ist autoritär. Die Rechten stellen Macht nicht prinzipiell infrage, sie sind vielmehr überzeugt, dass die Falschen an der Macht sind und dort sitzen, wo sie selbst schalten und walten wollen. Diesen Unterschied kann man ebenfalls mit der Schablone der sechs Prinzipien Fürsorge, Fairness und Freiheit sowie Autorität, Loyalität und Reinheit besser verstehen.

Ein anderes Beispiel ist der Streit um das Kopftuch in Deutschland, der inzwischen zu einer der großen Stellvertreterdebatten geworden ist. Dabei sind die politischen Lager auf den ersten Blick nicht leicht auseinanderzuhalten. Gegen das Kopftuch, das muslimische Frauen tragen, argumentieren sowohl die Konservativen als auch die Linken, doch ihre Motivation ist grundverschieden. Die Konservativen sehen im Kopftuch das Symbol einer fremden Kultur, die sie als Bedrohung betrachten. Die Linken fassen das Kopftuch als ein Mittel zur Unterdrückung der Frau auf. Nur für die Liberalen kann das im Westen getragene Kopftuch ein Ausdruck von Autonomie sein. Mit anderen Worten: Die Konservativen motiviert das Prinzip Loyalität (wir gegen die anderen), die Linken das Prinzip Fürsorge (Schutz vor Unterdrückung) und die Liberalen das Prinzip Freiheit (selbstbestimmtes Leben).

Ein drittes Beispiel: Wer verfeindete Gruppen wie Neonazis und Islamisten vergleicht, die auf den ersten Blick wenig miteinander gemein haben, entdeckt erstaunliche Parallelen: Die Gruppen bestehen aus Männern, die loyal und homophob sind, Frauen nicht als gleichwertig ansehen und den Mainstream verachten: das hedonistische, liberale Bürgertum. Und sie sind reaktionär, sie sehnen sich nach einer Vergangenheit, die sie verklären. Beide Gruppen unterscheiden sich also kaum, sie legen Wert auf Extremformen der Prinzipien Autorität, Loyalität und Reinheit. Mit welcher historischen Verklärung sie ihre moralischen Emotionen dann rationalisieren, hängt vom Umfeld ab. Die einen träumen von Großdeutschland, die anderen vom Kalifat.

Identitätsschutz

Moralische Fragen bewegen uns, weil sie uns am Herzen liegen. Die Fragen nach Gut und Böse, nach dem gelungenen Leben und der richtigen Politik können wir nicht ignorieren. Unsere Werte machen unsere moralische Identität aus, sie machen uns zu dem, was wir sind. Weil die Themen aufgeladen sind, reagieren viele oft erst einmal mit einer Abwehrhaltung gegen neue Argumente, ungewohnte Gedankenexperimente und unwillkommene Erkenntnisse. Das habe ich oft als Reaktion auf meine Vorträge erlebt, aber auch an mir selbst beobachtet. Die wenigsten von uns leben nach hohen ethischen Standards. Stattdessen haben wir uns

Strategien angewöhnt, kein schlechtes Gewissen haben zu müssen, wenn wir uns zum Beispiel einreden: »Nicht ich, der Staat muss den Obdachlosen helfen«, »Die anderen essen auch Fleisch« oder »Man kann ohnehin nie alles richtig machen«.

Viele Untersuchungen zeigen, dass unsere Moral den Kern unserer Identität bildet. Daher sind wir für *identitätsschützende Denkfehler* anfällig: Wir neigen eher dazu, unliebsame Fakten zu ignorieren oder umzudeuten, als dass wir unsere Moral überdenken und unsere Lebensweise ändern. Um das zu vermeiden, muss man sich konsequent mit Gegenpositionen konfrontieren – nur so kann man Klarheit über sich selbst gewinnen.

Moralische Vereindeutigung

Ich verstehe *Moral* hier in einem weiten Sinne. Darin geht es nicht nur um Leben und Tod, um Freiheit oder Gerechtigkeit, sondern auch um Urteile über Ernährung, Kleidung, Sex oder Drogen. Moral gibt Antworten auf die Frage, was wir für richtig halten und was wir tun sollen. Darum sind Politik und Recht immer schon moralisch, weil sie auf Werten und Normen beruhen.

Außerdem spiegelt die Gegenüberstellung von Progressiven und Konservativen nicht die deutsche Parteienlandschaft wider. Eine sogenannte »konservative« Partei kann progressive Prinzipien vertreten und eine »linke« Partei konservative. Seit Kriegsende haben sich die Werte in Deutschland deutlich zur progressiven Seite verschoben. Wer sich heute als »konservativ« bezeichnet, würde in den USA gerade noch als »Liberaler« durchgehen und in Saudi-Arabien als Revolutionär gelten. Die beiden Lager sind also immer als Gegenpole zu verstehen. In den Wörtern »progressiv« und »konservativ« ist auch keine Wertung enthalten. Sie beschreiben lediglich zwei Lebensstile. Allerdings vertrete ich am Ende des Buches die These, dass sich progressive Prinzipien besser in eine universelle Ethik überführen lassen.

Emotionen bringen uns dazu, so oder so zu handeln, aber sie nötigen oder determinieren uns nicht. Viele Faktoren bestimmen unser Handeln: Erziehung, erlernte Routinen, vernünftige Überlegungen und Grundbedürfnisse wie Hunger und Schlaf. Doch diese Faktoren beruhen oft auf den sechs emotionalen Prinzipien. Wer sich schnell ekelt, wählt zwar nicht zwingend eine konservative Partei, doch die unbewusste Ekelneigung macht ein solches Votum etwas wahrscheinlicher. Aber natürlich sind in der empirischen Welt alle Übergänge fließend, und es gibt immer Ausnahmen.

Das gilt in gleichem Maße für die Polarisierung selbst. Zwischen »Gut« und »Böse« finden sich zahllose Graustufen. Dennoch hegen viele Menschen den Wunsch nach *moralischer Eindeutigkeit*. Sie wollen andere klar in Freund und Feind und ihre Taten in richtig und falsch einteilen. Moralische Gefühle bestimmen unsere Identität und unsere Gruppenzugehörigkeit, daher ist es ihnen vor allem in sozialen Netzen wichtiger, die richtige Gesinnung zu kommunizieren, als ein moralisch umstrittenes Thema ausgewogen zu diskutieren. Doch Moral ist selten so eindeutig, wie sie auf den ersten Blick erscheint. Wir führen ein Leben, das wir nicht verstehen, verstricken uns in Widersprüche und sind uns oft selbst ein Rätsel. Absolute moralische Gewissheit entspringt meist aus einer Naivität, die Nuancen und Schattierungen missachtet.

Eine Natur und zwei Strömungen

Dieses Buch liefert eine Diagnose von Moral und Kultur, die sich auf weltweite psychologische Studien stützt. Für eine Gesellschaftsanalyse mag es übergründlich wirken, so deutlich auf messbaren Daten zu bestehen. Doch der Ansatz ist bewusst als Gegenmodell zu freihändigen Kulturdiagnosen konzipiert, die oft einem weit verbreiteten Denkfehler aufsitzen, dem *Bestätigungs-*

irrtum: Wir alle neigen nämlich dazu, eher nach Hinweisen zu suchen, die unsere eigenen Thesen bestätigen, als nach solchen, die ihnen widersprechen. Die moderne Kultur ist aber so vielfältig, dass man für jede noch so abstruse These Belege findet, daher braucht man Daten.

Der Bestätigungsirrtum wirkt auch in der Theorie. Wer beispielsweise durch die Schriften von Freud, Foucault oder Adorno geprägt ist, neigt dazu, sich in diesen Gedankengebäuden heimisch zu fühlen und die Welt durch ihre schwarzen Hornbrillen zu sehen. Doch auch hier muss man sich immer fragen, ob die Theorien dem empirischen Test standhalten. Die Moralpsychologie bestätigt manche ihrer Annahmen, widerlegt allerdings auch andere.

Nicht nur die Politik, auch die Erforschung des Menschen ist polarisiert, denn sowohl Natur- als auch Geisteswissenschaftler wollen ihn ergründen. Psychologen und Evolutionsbiologen überschätzen tendenziell den Einfluss der Natur, Geisteswissenschaftler den der Kultur. Allen ist gemein, dass sie stillschweigend Annahmen über den Menschen voraussetzen, die sie selten explizit formulieren.

Beide Strömungen gehören zusammen. Geisteswissenschaften ohne Naturwissenschaften sind leer, Naturwissenschaften ohne Geisteswissenschaften sind blind. Mein Buch steht daher im Geiste einer »dritten Kultur«, wie der britische Physiker und Schriftsteller Charles Percy Snow sie nennt. Es schlägt die Brücke zwischen den beiden Lagern, indem es sie gleichermaßen ernst nimmt – in der Hoffnung, zumindest die offensichtlichen Fallstricke auf beiden Seiten zu vermeiden.

Wer nicht fühlen will, muss denken

Das Buch ist in drei große Abschnitte unterteilt: Moral, Politik und Gesellschaft. In den Kapiteln über Moral geht es auch um Leben und Tod, also um Themen, die so fundamental sind, dass man sich manchmal etwas mehr Zeit nehmen muss, um sie zu durchdenken. Fragen wie »Darf man einen Menschen töten, um fünf zu retten?« betreffen nicht nur den Kern unserer Werte, mit ihnen sichert man sich auch die volle Aufmerksamkeit beim nächsten Familientreffen.

Emotionen prägen nicht nur unsere Moral, sondern spalten auch die Gesellschaft. Diese Polarisierung steht im Mittelpunkt der Abschnitte »Politik« und »Gesellschaft«. Doch obwohl Moral eine biologische Grundlage hat, sind wir unseren Emotionen nicht hilflos ausgeliefert, sondern können lernen, die gefährlichen zu überdenken, denn auch unsere Vernunft ist ein Ergebnis der Evolution.

Aristoteles sagt, als vernünftige Tiere seien wir nicht nur für unsere Taten, sondern auch für unseren Charakter verantwortlich. Bei Albert Camus heißt es: »Von einem bestimmten Alter an ist jeder Mensch für sein Gesicht verantwortlich.« Ganz besonders jedoch sind wir für unsere Moral verantwortlich. Wir müssen uns mit unseren Emotionen auseinandersetzen, um uns selbst besser zu verstehen.

TEIL I

Moral

1 Neurotisch, freundlich, pflichtbewusst: Wie prägt die Persönlichkeit die Moral?

Die großen Fünf

Laufen Sie gerne nackt in Ihrer Wohnung herum? Bestellen Sie sich im Restaurant immer ein unbekanntes Gericht? Stehen Sie oft im Mittelpunkt der Party? Neigen Sie zu Melancholie? Macht es Ihnen Spaß, anderen zu helfen?

Solche Fragen verwenden Psychologen, um die Persönlichkeit von Menschen zu analysieren. Wer sich ohne Kleidung auf seinem Sofa fläzt, hat üblicherweise einen niedrigen Wert bei *Gewissenhaftigkeit*, und wer neue Speisen probiert, einen hohen bei *Offenheit*. Wer Partys liebt, befindet sich, wenig überraschend, weit oben auf der Skala der *Extrovertiertheit*. Melancholie deutet auf *emotionale Instabilität* hin. Und wer anderen hilft, hat einen hohen Wert bei *Verträglichkeit*.

Diese Zusammenhänge haben Psychologen seit über vierzig Jahren in Tausenden von Versuchen in allen Teilen der Welt erforscht. Offenheit, Gewissenhaftigkeit, Extrovertiertheit, Verträglichkeit und emotionale Instabilität werden wegen der englischen Anfangsbuchstaben »OCEAN-Merkmale« oder auch »BIG-5-Merkmale« genannt. Die fünf Persönlichkeitsmerkmale sind jeweils unabhängig voneinander ausgeprägt. Ihre Werte variieren zwischen Individuen stark, und sie bleiben über das ganze Leben hinweg relativ konstant. Der BIG-5-Persönlichkeitstest ist einer der verlässlichsten in der Psychologie. Allerdings ist bis heute umstritten, welche Untermerkmale die bekannten fünf haben und ob man der Vollständigkeit halber noch weitere Merkmale annehmen sollte. Die Ergebnisse der Forschung finden jedenfalls breite Anwendung, bei der Partnervermittlung auf Online-Dating-Plattformen ebenso wie in den Personalabteilungen von Unternehmen.

Was genau verbirgt sich hinter den Merkmalen? Statt von Offenheit könnte man auch von Aufgeschlossenheit oder Neugier sprechen. Wer offen ist, mag neue Eindrücke, abstrakte Ideen und extraordinäre Wörter. Besonders gut erkennbar sind offene Menschen laut einer Studie an einem oder mehreren der folgenden Merkmale: Sie schreiben Gedichte, besuchen Kunstaustellungen, lesen Bücher und basteln Geschenke für andere.

Statt »Gewissenhaftigkeit« könnte man auch »Pflichtbewusstsein« oder »Verlässlichkeit« sagen. Gewissenhafte Personen lieben Ordnung, Details und Struktur. Sie haben immer einen Plan und geben sich selten Tagträumen hin. Typisch ist, dass sie hart arbeiten, sich selten bei Terminen verspäten und ihre T-Shirts im Schrank akkurat zusammenlegen. Ein anderes Wort für »Extrovertiertheit« ist »Geselligkeit«. Extrovertierte sind gerne von Leuten umgeben. Starke Indikatoren für extrovertierte Personen sind den Untersuchungen zufolge, dass sie ins Solarium gehen, sich die Haare färben, schmutzige Witze erzählen und immer mal wieder nachts in einer schummrigen Bar versacken. Manchmal genau in dieser Reihenfolge.

Wer einen hohen Wert bei Verträglichkeit hat, man könnte auch sagen: bei Rücksichtnahme und Kooperationsbereitschaft, ist empathisch, freundlich und generös. Verträgliche Personen sehnen sich nach Bindung und sozialer Harmonie, gehen Konflikten aus dem Weg und verurteilen Aggression. Sie neigen dazu, Bettlern Geld zu geben und Ehrenämter zu übernehmen.

Andere Wörter für emotionale Instabilität sind »Labilität« und »Verletzlichkeit«. Emotional labile Personen sind neurotisch, leiden unter Ängsten, Stimmungsschwankungen und fühlen sich schnell angespannt. Laut der Forschung ist besonders typisch für

Personen mit emotionaler Instabilität, wenig überraschend, dass sie Antidepressiva und Schlaftabletten nehmen und schon mal bei einem Psychotherapeuten waren.

In der Arbeitswelt kann man den Einfluss der Persönlichkeitsmerkmale gut nachweisen. So sind beispielsweise Gewissenhaftigkeit und emotionale Stabilität starke Faktoren für beruflichen Erfolg. Die fünf Persönlichkeitsmerkmale wirken sich allerdings auf die gesamte Lebensführung aus. Sind Menschen offen oder verschlossen? Leicht zu verunsichern oder nicht aus der Ruhe zu bringen? Ist ihnen Pflichterfüllung wichtig, Fürsorge oder Autonomie? Oder alles zusammen? Der Schritt von diesen grundlegenden Charaktermerkmalen zu moralischen und politischen Vorlieben ist nicht weit.

Politische Persönlichkeiten

Das Persönlichkeitsmerkmal Offenheit sagt besonders zuverlässig vorher, dass jemand progressiv wählt, also links oder liberal. Die Progressiven haben auch durchgängig höhere Werte bei Verträglichkeit, besonders bei einem der Untermerkmale, nämlich Mitgefühl. Das kam in einer großen Vergleichsstudie heraus, in der die Testergebnisse von 20 000 Probanden aus zahlreichen Untersuchungen zusammenliefen. Ein hoher Wert bei Gewissenhaftigkeit hingegen bedeutet nicht nur, dass Versuchspersonen ordentlich, systematisch und überlegt sind. Er zeigt auch an, dass sie eher konservative oder traditionalistische Parteien wählen. Ist bei Konservativen das Merkmal Verträglichkeit ausgeprägt, handelt es sich dabei eher um den Aspekt Höflichkeit als um den Aspekt Mitgefühl.

Die amerikanische Sozialpsychologin Dana Carney und ihre Kollegen wollten herausfinden, ob man die politische Orientierung auch ohne Fragebögen bestimmen kann. Dazu schauten sich die Forscher zum Beispiel die Schlafzimmer und Schreibtische von Versuchspersonen an. Ein guter Indikator für Offenheit ist, wenn jemand Andenken und Fotos von Reisen in seiner Wohnung ausstellt und wenn Kunst an den Wänden hängt. Gewissenhafte Menschen halten Ordnung. Auf ihren Schreibtischen liegen oft Verwaltungsutensilien wie Kalender und Briefmarken. Zudem sind ihre Schlafzimmer gut gelüftet und man findet dort Haushaltsgeräte wie Bügeleisen.

Man merkt: Auch was im Schlafzimmer passiert, hängt von Persönlichkeitsmerkmalen ab.

Übrigens können auch beide Merkmale, Gewissenhaftigkeit und Offenheit, ausgeprägt sein. Darüber schweigt die Studie zwar, aber man denkt sofort an jemanden, der seine Urlaubsbilder akkurat auf dem Schreibtisch aufreiht.

Anhand der Schlaf- und Arbeitszimmer jedenfalls konnten die Forscher die politische Orientierung ihrer Testpersonen gut vorhersagen. Manchmal bestätigt die Forschung also auch altbekannte Klischees. Tagträumer, die sich nackt aufs Sofa fläzen und in einem Einmachglas Sand aus Ko Samui aufbewahren, wählen eher linksliberal. Menschen mit aufgeräumten Schreibtischen, die gerne bügeln, wählen eher konservativ.

Inzwischen hat sich diese Analyse verfeinert, weil Forscher auf die Daten aus sozialen Netzen zugreifen können. So untersuchten die Psychologen Michal Kosinski und David Stillwell von der Universität Cambridge 58 000 amerikanische Facebook-User mit einer App, die gleichzeitig ein Persönlichkeitstest ist und Informationen über die »Likes« der Nutzer abfragt. Zusammen erstellten die Forscher so ein Datenprofil der Teilnehmer und konnten das Wahlverhalten anhand von Vorlieben vorhersagen. Politische Neigungen sind mit Persönlichkeitsmerkmalen verbunden und diese wiederum mit Likes. Das zeigen Kosinski und Stillwell mit einem Beispiel: Wer die Kinderfigur »Hello Kitty« mag, eine rosa Stummelschwanzkatze mit Schleife im Haar, hat einen hohen Wert bei Offenheit, einen niedrigen bei Gewissenhaftigkeit und wählt mit hoher Wahrscheinlichkeit die Demokraten.

Sowohl Offenheit als auch Gewissenhaftigkeit hängen also mit moralischen und politischen Vorlieben zusammen. Wer sehr offen ist, bestellt sich gerne unbekannte Speisen im Restaurant und legt Wert auf Vielfalt, Freiheit und Selbstverwirklichung. Wer hingegen eher verschlossen ist, verhält sich Unbekanntem gegenüber scheu und vorsichtig, würde sich zum Beispiel unter keinen Umständen auf öffentliche Toiletten setzen und legt Wert auf Ordnung, Vertrautheit und Tradition.

Auch ein hoher Wert bei Gewissenhaftigkeit sagt politische Vorlieben voraus. Wer als US-Bürger zu den Gewissenhaften zählt, hält die Todesstrafe tendenziell für richtig und verhält sich eher regelkonform. Wer wenig gewissenhaft ist, spricht sich gegen die Todesstrafe aus und neigt dazu, Autoritäten anzuzweifeln. Ein hoher Wert bei Gewissenhaftigkeit macht es zudem wahrscheinlicher, dass Menschen zum Autoritarismus neigen, was man als Extremform des konservativen Denkens ansehen kann. Ein niedriger Wert bei Offenheit macht es wahrscheinlicher, dass Menschen ihre Loyalität zu einer Gruppe so stark betonen, dass sie »sozial dominant« denken und handeln, also andere Gruppen als minderwertig ansehen.

Polarisierte Kinder und polarisierte Erwachsene

Kann man am Verhalten von vierjährigen Kindern vorhersagen, was sie als Erwachsene über Abtreibung oder eine gesetzliche Krankenversicherung denken? Ein Versuch in den USA hat genau das nachgewiesen. In einer Langzeitstudie, die 1969 begann, verfolgten Forscher das Leben von über hundert Personen vom Kindergarten an bis in das Berufsleben hinein. Dabei entdeckten sie einen erstaunlichen Zusammenhang zwischen Charaktermerkmalen der Kinder und ihrem späteren Wahlverhalten. Kinder, die von ihren Betreuern in der Vorschule als vital, aufgeschlossen, motiviert, weniger konform und mit starken ästhetischen

Interessen beschrieben wurden, gaben im Erwachsenenalter häufiger an, politisch progressiv ausgerichtet zu sein. Kinder, die als ängstlich, vorsichtig, gehemmt, starrköpfig, unsicher, konventionell, ruhig und aufrichtig galten, wählten später eher konservativ. Nicht nur das. Die »konservativen« Kinder, und zwar sowohl Jungen als auch Mädchen, hatten deutlich mehr stereotype Auffassungen von Geschlechterrollen als die »progressiven« Kinder. Vor allem die konservativen Jungen fielen dadurch auf, dass sie oft ungefragt Ratschläge erteilten. *Mansplaining*, also männliche Besserwisserei, beginnt offenbar schon im Kindergarten. Im Intelligenzquotienten unterschieden sich die zwei Gruppen allerdings nicht.

Erziehung spielt bei den Persönlichkeitsmerkmalen ebenso eine Rolle wie angeborene Neigungen. Zwar kommen Kinder mit einem neugierigen oder einem vorsichtigen Temperament auf die Welt, werden dann aber noch von den Eltern in die eine oder andere Richtung gelenkt. Dabei geht der Einfluss etwa zu gleichen Teilen auf Natur und Kultur zurück, wie eine Metastudie gezeigt hat, in die über 2700 Veröffentlichungen zu 15 Millionen Zwillingen einflossen. Noch genauer ausgedrückt: Die Varianz, also die Streuung zwischen den IQ-Werten, ist nur zur Hälfte von Umweltfaktoren bestimmt. Ganz gleich, wie gut oder schlecht Eltern ihre Kinder erziehen, für das Endergebnis sind sie nur zum Teil verantwortlich. Der andere Teil geht auf die Gene zurück. Selbst bei Affen und Hunden kann man unterschiedlich ausgeprägte Temperamente wie Neugier oder Reizbarkeit beobachten – mögliche Vorformen von Offenheit und emotionaler Labilität. So oder so können sich beim Menschen Persönlichkeitsmerkmale im Laufe des Lebens weiterhin verändern. Das braucht allerdings Zeit. Gut nachgewiesen ist, dass wir im Alter tatsächlich reifer werden, also etwas verträglicher, gewissenhafter und emotional stabiler.

Stabilität oder Flexibilität

Offenheit zeigt progressives Denken an, Gewissenhaftigkeit hingegen eher traditionelles. Da beide Merkmale unabhängig voneinander sind, lautete die Preisfrage: Wie verhält sich jemand, der sowohl offen als auch gewissenhaft ist, und zwar nicht nur in der Politik, sondern bei der Arbeit und im Leben? Meine Vermutung ist, dass erfolgreiche Wissenschaftler, Unternehmer, Erfinder und Künstler beide Eigenschaften verbinden. Sie müssen einerseits offen sein und neue Ideen entwickeln; Kreativität ist für Offenheit der Indikator schlechthin. Andererseits müssen sie diszipliniert, strukturiert und ehrgeizig arbeiten, um Erfolg zu haben. Dazu benötigen sie Gewissenhaftigkeit. Sie neigen also sowohl zum progressiven als auch zum konservativen Denken und liegen damit zumindest ihrem Persönlichkeitsprofil nach in der Mitte der Gesellschaft.

Noch allgemeiner kann man alle fünf Persönlichkeitsmerkmale zwei übergeordneten Neigungen des Menschen zuordnen, nämlich *Stabilität* und *Flexibilität*. Beide Neigungen findet man auch bei Tieren und anderen Organismen. Stabilität als Metaeigenschaft umfasst Gewissenhaftigkeit, Verträglichkeit und emotionale Stabilität, und sorgt dafür, dass ein Organismus seine Funktionen aufrechterhält. Flexibilität als Metaeigenschaft umfasst Offenheit und Extrovertiertheit und drückt sich im Bedürfnis von Organismen aus, neue Informationen über ihre Umgebung zu gewinnen. Beim Menschen beruhen diese Neigungen vermutlich auf unterschiedlichen Systemen für Botenstoffe im Hirn. Der Neurotransmitter Serotonin sorgt eher für Stabilität und Erhaltung, der Neurotransmitter Dopamin eher für Flexibilität und Neugier. Stabilität zeigt sich unter anderem in festem Schlaf, Flexibilität hingegen in Tätigkeiten, die in die Welt hinausgreifen, wie beispielsweise in der Nahrungssuche, im Forschungsdrang oder im Bedürfnis, neue Leute kennenzulernen.

Bei unserer Persönlichkeit, aber auch bei unseren Emotionen, wie sich in den folgenden Kapiteln zeigen wird, läuft die Zweiteilung immer auf dasselbe hinaus. Der progressive Typus ist offen und neugierig; der konservative Typus hingegen traditionell, verschlossen und im Extremfall fremdenfeindlich.

Diese Zweitteilung betrifft ein zentrales Thema des Buches, nämlich die Frage, warum die Globalisierung und die Digitalisierung die Spaltung der Gesellschaften vergrößern. Noch vor wenigen Jahrzehnten war es leicht, Traditionalist zu sein: die Religion übernahm man von den Eltern, zum Dating ging man zum Tanztee oder in die Disco, Freundschaften schloss man beim Sport oder im Beruf, die Ausbildung führte unmittelbar zu einem Arbeitsplatz, den man bis zum Lebensende behielt, und das eigene Auto war ein Symbol für Status und Autonomie und damit der größte Stolz. In Zeiten von Tinder, Snapchat, Home Office und selbstfahrenden Autos herrscht hingegen ein Zwang zum Progressiven. Das sieht man schon daran, dass die Phänomene meist englische Label haben. Vielfalt zeichnet nun gerade Großstädte und das Ideal der jüngeren Generation aus, die Offenheit zum Lebensstil erkoren hat. Wer die neuesten Apps und Hashtags nicht kennt, gehört nicht zur digitalen Bohème.

Als Persönlichkeitsmerkmal ist Offenheit damit die Voraussetzung und zugleich die Folge der Globalisierung: Waren, Kapital, Menschen, Nahrungsmittel, Sitten und Ideen bewegen sich weltweit. Sie durchdringen nicht nur die Grenzen, sondern lösen sie oft sogar auf – die Staatsgrenzen, die kulturellen Identitäten, die Unterschiede zwischen Mann und Frau, die Barrieren des Patriarchats, die Demarkationslinien von Kategorien und damit den gesamten alten moralischen Rahmen. Offene, also neugierige und experimentierfreudige Menschen haben diese Entwicklung befördert. Diese Entwicklung wiederum fordert von allen Offenheit und belohnt diejenigen, bei denen dieses Persönlichkeitsmerkmal ausgeprägt ist.

In den folgenden Kapiteln geht es darum, warum Persönlichkeitsmerkmale und besonders Emotionen wie Angst, Zorn, Ekel, Mitgefühl, Scham und Schuld unsere Moral und unsere politischen Neigungen prägen, kurz: warum sie den Kern unserer moralischen Identität ausmachen.

Kurz gefasst

Wir haben fünf voneinander unabhängige Persönlichkeitsmerkmale, die sich in früher Kindheit äußern und deren Werte sich im Leben wenig verändern: Offenheit, Gewissenhaftigkeit, Extrovertiertheit, Verträglichkeit und emotionale Instabilität. Ein hoher Wert bei Offenheit sagt eine progressive Moral voraus, ein hoher Wert bei Gewissenhaftigkeit eine konservative. Das zeigt sich nicht nur im Wahlverhalten der Menschen, sondern auch in ihrer Einrichtung und ihrem Konsum. Persönlichkeitsmerkmale gehen zur Hälfte auf Gene, zur anderen auf Erziehung zurück. Daher kann man am Charakter von Vorschulkindern mit hoher Treffsicherheit ihr Wahlverhalten als Erwachsene ablesen. Die Globalisierung belohnt die Progressiven, die offen und neugierig sind. Die Jahrhunderte zuvor war Konservativismus eine erfolgreichere Strategie.

2 Abitur, Armut und Atomunfall: Wovor haben wir Angst?

Nervenkitzel beim Selbstversuch

Charles Darwin ging gerne in den Zoo. Der Begründer der Evolutionstheorie hat nicht nur die Weltmeere auf dem Zweimaster *Beagle* bereist, um Tiere in ihrer natürlichen Umgebung zu erforschen. Er hat auch regelmäßig den Zoologischen Garten in London besucht, der als erster wissenschaftlicher Zoo der Welt im Jahr 1828 seine Tore für Besucher öffnete. Dort beobachtete Darwin unter anderem, dass Orang-Utans wie ungezogene Kinder treten und brüllen, wenn man sie neckt.

Als Naturforscher machte er sich im Londoner Zoo selbst zum Forschungsobjekt. Besonders faszinierend fand Darwin den menschlichen Angstreflex. Bei seinen Selbstversuchen näherte er sich immer wieder mit seinem Gesicht der dicken Glasplatte eines Terrariums, hinter der eine afrikanische Puffotter aus der Familie der Vipern lauerte. Er nahm sich fest vor, nicht zurückzuweichen. Doch jedes Mal, wenn die Giftschlange hinter dem Glas auf ihn losschnellte, sprang er unwillkürlich einen Meter zurück. »Mein Wille und mein Verstand waren kraftlos«, so Darwin.

Dieses Erlebnis beschreibt er in seinem Buch *Der Ausdruck der Gemütsbewegungen bei dem Menschen und den Tieren*, das im Jahr 1872 erschien, dreizehn Jahre nach seinem revolutionären Werk *Über die Entstehung der Arten*. Wieder sorgte Darwin für Aufsehen. Die These, dass Tiere erstens Emotionen hätten und zweitens darin dem Menschen ähnelten, widersprach nicht nur der kirchlichen Lehre vom Menschen als Krone der Schöpfung. Sie stieß auch auf heftigen Widerspruch in der Fachwelt.

Aus heutiger Sicht hatte Darwin in vielen wesentlichen Punkten recht. Sein Buch kann man als erste Arbeit zur wissenschaftlichen Psychologie ansehen. Zwar haben schon Philosophen in den Jahrhunderten zuvor über menschliche Gefühle nachgedacht. Und auch ihre Theorien waren empirisch in dem Sinne, dass sie von Alltagsbeobachtungen ausgingen, wie etwa Spinoza, der über Eifersucht schrieb. Doch Darwins Projekt war das erste, das auf systematischen Beobachtungen und dem Vergleich von Mensch und Tier beruhte. Darwins Versuchskaninchen waren übrigens seine eigenen Kinder, die er von klein auf genau studierte.

Warnungen des Körpers

Im Zoo hatte Darwin Angst vor der Viper und konnte dieses Gefühl nicht willentlich abstellen. Angst ist vermutlich die typischste aller Emotionen. Manche Forscher unterscheiden terminologisch zwischen »Emotion« und »Gefühl«, aber in der Alltagssprache sind diese Ausdrücke meist austauschbar. Weil wir im Deutschen das Wort »Gefühl« allerdings auch für Körperempfindungen wie Schmerz und Kälte verwenden oder für motorische Fähigkeiten wie das Ballgefühl, muss man sich vergegenwärtigen, dass Emotionen eine besondere Klasse unserer Gefühle, oder allgemeiner: unserer mentalen Zustände, darstellen.

Neben Angst kennen wir noch andere Emotionen: Wut, Traurigkeit, Freude, Ekel, Scham, Gewissensbisse, Neid, Eifersucht oder Hoffnung. Fast jede Emotion kann auch bei moralischen oder politischen Fragen eine Rolle spielen. Die Angst vor Kriminellen, vorm Rechtsruck, vor Terroranschlägen, der Arbeitslosigkeit oder vorm Reaktorunglück sind nur einige der offensichtlichen Beispiele, daher muss man zuallererst besser verstehen, was Emotionen eigentlich sind. Alle Emotionen zeichnen sich durch dieselben Merkmale aus. An Darwins Angst vor der Schlange kann man das gut verdeutlichen. Erstens sind Emotionen *automatische Verhaltensmuster*. Wie Darwin beschreibt, haben wir kaum aktive Kontrolle darüber, dass sie auftauchen und wie wir dann reagieren. Wir können uns zwar manchmal selbst beruhigen, nachdem wir uns erschreckt haben, oder uns Ängste abtrainieren, zum Beispiel Flugangst. Doch das sind immer nur indirekte Wege der Kontrolle. Selbst geübte Bungee-Springer müssen sich einen Ruck geben, um in die Tiefe zu springen.

Angst ist, zweitens, immer auf etwas in unserer Umwelt gerichtet, in Darwins Fall die Schlange. Alle Emotionen haben diesen *Bezug*, eine »Intentionalität«, wie Philosophen sagen. Wir erleben nicht einfach so Angst, sondern haben immer Angst *vor* etwas. Ebenso bei anderen Emotionen: Wir ärgern uns *über* den Computerabsturz oder hoffen *auf* gutes Wetter. Die Objekte der Angst müssen dabei nicht tatsächlich existieren, es reicht schon, wenn wir es glauben, wie bei der Angst vor dem Monster unterm Bett. Angst erleben wir, drittens, subjektiv in unserem *Bewusstsein*, und zwar auf einer Skala der Intensität, die von leichter Nervosität bis zu blanker Panik reicht. Viertens äußern sich Angst und viele andere Emotionen durch einen typischen körperlichen *Ausdruck*: Die Augen weiten sich, und die Stimme schnellt in die Höhe. Das fünfte Merkmal schließlich ist das entscheidende: Angst bezieht sich nicht einfach nur auf Objekte wie Schlangen, sondern als Emotion gibt sie eine *Bewertung* der Situation ab. Die Angst sagt: »Vorsicht, da ist eine Gefahr!«, nur eben nicht mit Worten.

Emotionen sind Mechanismen, die wichtige »Lebensthemen« abbilden, wie der amerikanische Psychologe Richard Lazarus sagt. Dadurch konnten unsere Vorfahren besser in der Wildnis überleben und sich in die Gruppe integrieren. Wie unsere Angst uns mitteilt: »Das ist gefährlich«, sagt uns Ekel: »Das ist unrein«, Wut: »Das ist eine Störung oder ein Angriff«, Eifersucht: »Jemand bedroht meine enge Sozialbeziehung«, und so weiter. Diese Bewertungen sind aber keine Sätze oder bewusste Gedanken, sondern schnelle und automatische Einschätzungen einer Situation.

Der amerikanische Philosoph Jesse Prinz hat Lazarus' Idee zu einer raffinierten Theorie ausgebaut. Prinz zufolge sind Gefühle »verkörperte Bewertungen«. Die Angst vor der Schlange zum Beispiel beruht auf einem typischen Körpererleben: Herzklopfen, Aufregung, Zittern. Dieses Erleben, so Prinz, bewertet die Schlange als eine Gefahr. Angst funktioniert wie ein Rauchmelder. Wenn es piept, zeigt er Rauch an und warnt so vor Feuer, auch wenn er nicht wörtlich sagt: »Da ist ein Feuer!« Ebenso meldet uns Angst über einen Körperalarm eine Gefahr, ohne das zu verbalisieren.

Im Deutschen und in anderen natürlichen Sprachen finden sich Hunderte von Emotionswörtern wie »Grausen«, »Verblüffung«, »Verzweiflung«, »Irritation« oder »Erleichterung«. Folgt daraus, dass wir Hunderte von Emotionen erleben? Aus biologischer Sicht spricht viel dafür, dass Menschen weltweit nur etwa ein Dutzend Grundemotionen hegen. Klare Kandidaten sind Angst, Zorn, Ekel, Traurigkeit und Freude; andere wie Staunen, Eifersucht und Peinlichkeit sind umstrittener.

Die Nuancen der Grundemotionen fächern wir allerdings sprachlich sehr fein auf, und zwar oft nach den eben genannten Dimensionen von Emotionen: Verhalten, Bezug, Bewusstsein, Ausdruck, Bewertung.

Ganz gleich, wie wir uns ausdrücken, wenn wir über »Angst« sprechen: Am Ende pulsiert immer die Amygdala, also der Mandelkern, ein Neuronenhaufen, der nussgroß jeweils rechts und links im unteren Schläfenlappen liegt. Die Amygdala ist Teil des neuronalen Schaltkreises der Angst. Innerhalb der Gruppe der Ängste kann man aber viele Spielarten unterscheiden. Lampenfieber zum Beispiel ist eine Angst mit einem speziellen Bezug, nämlich vor anderen aufzutreten. Bei Wörtern wie »Flugangst« und »Prüfungsangst« nennen wir die Situation der Angst im Wort gleich mit. Nicht nur auf der Intensitätsskala unterscheiden wir zwischen leichter Aufregung und Heidenangst. Auch die Dimension der Bewertung kennt Abstufungen: Grusel ist die Angst vor dem Unheimlichen und zeigt uns eine latente, lauernde Gefahr an. Panik hingegen sagt: akute Lebensgefahr!

Manche Geisteswissenschaftler unterscheiden stipulativ zwischen »Furcht« und »Angst«, aber im Alltag gibt es zwischen beiden keinen Unterschied, außer dass »Furcht« altertümlicher klingt, weil wir das Wort aus Märchen und der Bibel kennen. Mischt sich Angst mit Vergnügen, etwa während wir einen Thriller schauen, wird sie zur Spannung. Sind wir selbst dabei beteiligt wie beim Bungee-Jumping, erleben wir diese Angstlust als Nervenkitzel. Und wenn uns die Angst daran hindert, jemanden zu töten, äußert sie sich als Scheu, mit anderen Worten: in einer Tötungshemmung.

Nicht nur für Angst, sondern für alle grundlegenden Emotionen kann man diese Nuancen durchspielen. Zur Zorn-Gruppe gehören unter anderen Wut, Ärger, Genervtsein, Aggression, Groll und, wie wir noch sehen werden, Empörung als moralischer Zorn.

Wer nicht denken will, muss fühlen

Stellen wir uns vor, ein Steinzeitmensch stößt auf eine Schlange im Unterholz. Er könnte Folgendes denken: »Die Schlange ist sehr nah an meinem Bein. Sie könnte hervorschießen und mich beißen. Andere sind nach solchen Angriffen gestorben. Vermutlich ist der Biss giftig. Ich sollte ihr lieber nicht zu nahe kommen.« Bevor er diesen Gedanken zu Ende führen kann, hat die Schlange längst zugebissen. In so einer Situation funktioniert Angst als automatischer Warnmechanismus viel effizienter als ein bewusster Gedanke. Sie lässt den Urmenschen zurückschnellen, bevor er überhaupt weiß, was los ist. Genau wie Darwin vor der Schlange im Terrarium.

Zwei evolutionäre Funktionen zeigen sich in diesem Automatismus. Angst warnt uns vor Gefahren, und sie leitet einen Abwehrmechanismus ein. In den meisten Fällen ist das die Flucht, oder zumindest ein Vermeidungsverhalten. Angst hat allerdings noch eine dritte Funktion, die Darwin überraschenderweise nur in einem einzigen Absatz erwähnt, und die liegt in der zwischenmenschlichen Kommunikation. Angst sieht man anderen an: Die Augen sind geweitet, das Kinn zur Brust geneigt, die Mundwinkel gerade nach hinten gezogen. Jeder kennt diesen Blick aus Hollywoodfilmen. Wenn einen alle plötzlich anstarren, dann sollte man lieber weglaufen, denn das Monster lauert direkt hinter einem. Thriller und Horrorfilme wirken überhaupt nur, weil Angst diese kommunikative Funktion hat. Obwohl das Publikum weiß, dass es nicht in Gefahr ist, erzeugen die bloßen Bilder der bedrohten Figuren ein mulmiges Gefühl. Angst kann man anderen natürlich nicht nur ansehen, sondern man kann sie auch hören. Schreien kleine Kinder »Mami« oder »Papi«, hören die Eltern sofort, ob die Kleinen bloß bockig sind oder ob Angst in ihrer Stimme liegt.

Emotionen haben also diese drei Funktionen: Sie informieren uns durch eine automatische *Bewertung* über unsere Umwelt, sie leiten ein *Verhalten* ein und sie sind Teil der nichtsprachlichen *Kommunikation*, denn andere können an unserem Verhalten ablesen, wie es uns geht.

Angeboren und erlernt

Was spricht dafür, dass der Mechanismus der Angst angeboren ist? Erstens hat Angst einen festen Schaltkreis im Hirn, zu dem die Amygdala gehört. Der Angst-Schaltkreis arbeitet schnell, automatisch und ohne willentliche Kontrolle. Man findet ihn in den Köpfen von Affen, Hunden und Ratten. Biologen vermuten, dass er schon vor gut 500 Millionen Jahren im Hirn der ersten Wirbeltiere verdrahtet war. Angst beruht also auf einer Urschaltung.

Außerdem ist der Gesichtsausdruck vieler Emotionen universell. Selbst blind geborene Menschen lachen bei Freude, runzeln die Brauen bei Zorn und ziehen ihre Nasenlippenfurchen bei Ekel hoch. Das können sie aber nicht erlernt haben. Der amerikanische Psychologe Paul Ekman, einer der einflussreichsten Emotionsforscher des 20. Jahrhunderts, hat gezeigt, dass Bewohner von Papua-Neuguinea, die damals kaum Kontakt mit der westlichen Zivilisation hatten, Emotionen in den Gesichtsausdrücken von Amerikanern genauso gut erkennen konnten wie diese in ihren. Auch das spricht für ein biologisches Programm, das unabhängig von der Kultur abläuft.

Emotionen sind komplexe Verhaltensmuster. Daher ist es unwahrscheinlich, dass sie sich in der Evolution ohne eine adaptive Funktion für das Überleben der Spezies entwickeln und halten konnten. Der Überlebensvorteil der drei Funktionen »Bewertung«, »Verhalten«, »Kommunikation« zeigt sich in vielen Fällen. Wer zum Beispiel Angst vor Schlangen hat, hält sich von ihnen fern, wird seltener gebissen und kann sich erfolgreicher fortpflanzen.

Nicht nur der Mechanismus der Angst ist angeboren, sondern auch die Voreinstellung für einige ihrer Auslöser: Schlangen, Spinnen, Raubtiere und Abgründe beispielsweise. Wer schon einmal im Zoo im Raubtiergehege war, weiß, dass allein der Geruch von Tigern zu starken Reaktionen führt. Er beschleunigt den Herzschlag, erhöht den Adrenalinspiegel, lässt Blut in unsere Beine laufen und bereitet uns so auf die Flucht vor. Die Angst vor Untiefen ist ebenfalls angeboren, wie Versuche an Kleinkindern zeigen. Sie wollen nicht über eine Glasplatte krabbeln, die so präpariert ist, dass sich ein Abgrund darunter aufzutun scheint. Mit anderen Worten: Sie haben schon Höhenangst, bevor sie überhaupt wissen, was das ist.

Das zeigt die Forschung auch für Schlangen. Wenn man Affen Bilder von Blumen zeigt und ihnen gleichzeitig einen harmlosen Stromstoß verpasst, entwickelten sie ziemlich schnell Angst vor Blumen. Lässt man die Stromstöße eine Zeit lang weg, verflüchtigt sich dieser Effekt wieder. Bei Schlangenbildern und Stromstößen ist das nicht so. Einmal aktiviert, bleibt die Schlangenangst bei Affen und auch bei Menschen ein Leben lang bestehen. Das Hirn von Primaten hat also eine klare Voreinstellung für die Kategorie »Gefahr: Schlange!«

An diesem letzten Versuch zeigt sich, dass wir vor so gut wie allem Angst haben können. Neben angeborenen Voreinstellungen gibt es auch kulturell erlernte wie die Angst vor Abiturprüfungen, Amokläufern oder dem Atomkrieg.

Natur und Kultur

Wachstum ist angeboren. Die Maximalgröße, die ein Mensch erreichen kann, ist in den Genen festgelegt. Kinder wachsen aber nicht einfach so, sondern sie müssen gut ernährt werden, sonst können sie sich nicht dem Bauplan entsprechend entwickeln.

Beim Wachstum kann wie bei allen angeborenen Fähigkeiten etwas dazwischenkommen. Ebenso bei der Farbwahrnehmung, die man Kindern nicht beibringen kann. Sind jedoch die zuständigen Gene geschädigt, kommen sie farbblind zur Welt.

Angeboren heißt also nicht: »tritt zwingend auf« oder »ist unveränderlich«. Darin liegt ein verbreitetes Fehlurteil über evolutionäre Thesen. Dass beispielsweise Angst als Warnmechanismus angeboren ist, bedeutet vielmehr, dass es eine biologische Voreinstellung gibt. Ein guter Beleg dafür ist, dass Angst bei allen Menschen vorkommt, sich unabhängig von der individuellen Prägung ausbildet und nicht erlernbar ist. Man kann Kindern zwar Angst machen, aber man kann sie nicht dazu erziehen, in dunklen Kellern Herzklopfen zu bekommen.

Geistes- und Sozialwissenschaftler hegen oft einen starken Abwehrreflex gegen die These, dass Eigenschaften und Fähigkeiten angeboren sind. Das hat historische Gründe: Rassisten und Sexisten haben mit der Angeborenheitsthese oft erschütternde Missstände gerechtfertigt. Ein Argument ging ungefähr so: Männer sind stärker als Frauen, also sollen Männer über Frauen das Sagen haben. Oder: Weiße sind von Natur aus anderen »Rassen« überlegen, deshalb ist es richtig, dass sie über sie herrschen.

Die falsche Folgerung von Fakten, oder oftmals vermeintlichen Fakten, auf die Moral nennt man in der Ethik den *naturalistischen Fehlschluss*. Schon David Hume, der schottische Philosoph der Aufklärung, hat das sinngemäß so ausgedrückt: Aus einem Sein kann man kein Sollen ableiten. Selbst wenn Männer im Durchschnitt stärker als Frauen *sind*, folgt daraus nicht, dass sie sie beherrschen *sollen*. Aus Fakten folgen keine Normen. Abgesehen davon kann man oft auch die Prämissen dieser kurzschlüssigen Argumente widerlegen. Die Biologie kennt bei der Spezies Mensch ohnehin keine Rassen, geschweige denn bessere und schlechtere.

Doch anstatt den Fehlschluss als Ganzes anzugreifen, stellen viele Geistes- und Sozialwissenschaftler vorsichtshalber grundsätzlich die These infrage, dass irgendetwas angeboren ist. Mit diesem argumentativen Schachzug geht man auf den ersten Blick auf Nummer sicher. Das Manöver entspringt dem ehrenwerten Impuls, Rassismus und Sexismus zu bekämpfen, und es passt zur Idee der Gesellschaftskritik, dass wir als unbeschriebene Blätter auf die Welt kommen und nur durch unsere Umwelt oder Kultur geprägt werden. Aus wissenschaftlicher Sicht ist es trotzdem falsch. Auch wenn uns die Gesellschaft prägt, kommen wir nicht als unbeschriebene Blätter auf die Welt. Wenn wir den Menschen zum Besseren wenden wollen, müssen wir also erst einmal seine Natur verstehen – und dazu gehören auch seine angeborenen Neigungen.

Kurz gefasst

Angst ist ein Warnmechanismus des Körpers, der unsere Umwelt bewertet, indem er sagt: »Da ist eine Gefahr!« Die Empfänglichkeit für einige Auslöser der Angst ist angeboren wie die für Schlangen und Spinnen, andere Auslöser sind kulturell erlernt wie die Angst vor der Abiturprüfung oder vor Terrorismus. Angst reguliert unsere Kommunikation und unser Handeln: Sie äußert sich in einem universellen Gesichtsausdruck, der anderen eine Gefahr anzeigt, und sie motiviert uns zur Flucht und zu Vermeidungsverhalten. Angst ist dann eine moralische Emotion, wenn sie uns hindert, andere zu töten, oder uns dazu verleitet, unsere Umwelt als bedrohlich anzusehen.

3 Mücken und andere Naturkatastrophen: Wie vernünftig ist Angst?

Politische Ängste

Die Angst vor der Schlange zeigt uns: Da ist eine Gefahr. Die Angst bewertet eine Situation also, indem sie sagt, dass ein Schaden entstehen kann. Spannend ist dabei folgende Parallele: Bei unseren moralischen Prinzipien geht es ebenfalls darum, Schaden zu vermeiden. Warum gilt: »Du sollst nicht töten« und »Du sollst nicht stehlen«? Weil die Folge einen Schaden für jemanden darstellt: den Verlust des Lebens und des Besitzes. Unsere moralischen Urteile drücken also Wertungen aus. Und unsere Emotionen in gewisser Weise auch.

Eine Spielart der Angst ist die Hemmung, andere zu töten. Auf der Seite der Moral ist das Tötungsverbot für alle Menschen und Kulturen ein universelles Gesetz. Jedem ist klar, dass das Leben einen Wert darstellt und der Tod als die Verkürzung des Lebens somit einen Schaden anrichtet.

Bei anderen Werten sieht die Sache schon ganz anders aus. Entsteht ein Schaden, wenn die weltweite Ungleichheit groß ist? Wenn Fremde ins Land kommen? Man nicht all das sagen darf, was man will? Jemand Marihuana raucht? Sich Menschen prostituieren? Offenbar kann die Stärke der Angst für die moralische Einschätzung eine Rolle spielen.

Ein kurioses Ergebnis der Forschung lautet, dass Angst auch mit politischen Vorlieben korreliert ist. Weltweit unterscheiden sich »Konservative« (*conservatives*), man könnte auch sagen: Traditionalisten, und »Progressive« (*liberals*), man könnte auch sagen: Linksliberale, darin, wie ausgeprägt ihre Angst ist. Ein Beispiel: Ein Forscher hat Fotos von Personen aufgenommen, die absichtlich sonderbare Gesichtsausdrücke machten, und die Fotos zusätzlich mit einem Bearbeitungsprogramm verfremdet. In diesen Bildern konnte man danach keine eindeutigen Emotionen erkennen. Als er die Fotos seinen Testpersonen präsentierte, sahen Konservative darin bedrohliche Gesichtsausdrücke, Progressive hingegen eher nicht. Der amerikanische Verhaltensforscher Robert Sapolsky drückt das scherzhaft so aus: »Ein Progressiver ist ein Konservativer, der noch nie überfallen wurde.«

Viele Versuche deuten in dieselbe Richtung. Testpersonen sollten einen Knopf drücken, sobald sie negative Wörter wie »Giftgas« oder »Schlange« lasen. Konservative reagierten dabei deutlich schneller als Progressive. Schauen Probanden auf Collagen, auf denen viele Dinge abgebildet sind, verweilen Progressive länger auf positiv besetzten Objekten wie etwa weißen Kaninchen, Konservative eher auf solchen, die Gefahr signalisieren wie Spinnen. Konservative reagieren zudem physiologisch messbar stärker, wenn man sie mit lauten Geräuschen erschreckt oder ihnen grausame Bilder zeigt. In den USA haben Republikaner nach eigenen Angaben dreimal so viele Albträume wie Demokraten. Man kann Menschen sogar durch Angst konservativer machen. Sobald man Progressive in den USA mit ihrer eigenen Sterblichkeit konfrontiert, fällen sie konservativere Urteile als üblicherweise. Sie sind dann zum Beispiel bereit, mehr für das Militär auszugeben, und lehnen häufiger eine gesetzliche Krankenversicherung ab.

Konservative halten die Welt für bedrohlicher als Progressive. Das ist inzwischen auch neurologisch nachgewiesen. Im Vergleich zu Progressiven haben Konservative im Schnitt eine größere Amygdala, die Schaltstelle der Angst im Hirn. Die unterschiedlichen Angstneigungen passen auch gut zu dem Bild, das beide Gruppen vom Staat haben. Konservative sagen, die Regierung soll die Bevölkerung vor Gefahren schützen, Progressive hingegen, die Regierung soll für die Bürger sorgen. Wenn ein Krankenwagen also mit heulenden Sirenen vorbeifährt, denken Konservative: »Es ist etwas Schlimmes passiert«, Progressive hingegen: »Hilfe ist unterwegs.«

Macht uns Angst zu Extremisten?

Viele Analysen über die Spaltung der Gesellschaft nennen Angst als Grund für den erstarkten Rechtspopulismus in Europa. So schließen sich beispielweise der Politikwissenschaftler Franz Walter und seine Kollegen der Analyse des amerikanischen Soziologen Seymour Lipset an, dass »Abstiegsängste« zum Extremismus führen. Und der Psychologe Borwin Bandelow meint, Fremdenfeindlichkeit entspringe »irrationalen Ängsten«.

Doch oft fehlt hier ein Bezug zur aktuellen Emotionsforschung. Angst allein macht Menschen nicht fremdenfeindlich oder antidemokratisch, sondern zunächst einmal empfänglich für Themen wie »Ordnung«, »Schutz« und »Sicherheit«, zum Beispiel für erhöhte Polizeipräsenz, Videoüberwachung oder den Einbau von Haustüren der Widerstandsklasse 6. Wie in den Folgekapiteln noch deutlicher wird, sind Angst und andere Emotionen keine niederen Instinkte, sondern komplexe Zustände, und es ist vor allem ein übersteigertes Ekelempfinden, das für rechtsradikales Denken verantwortlich ist.

Genau genommen spricht jede Partei Ängste an, die sich auf ganz unterschiedliche Bedrohungen beziehen. Die Linke und die SPD treibt die Angst vor dem sozialen Abstieg und der Altersarmut um. Die FDP hat Angst, dass Bürgerrechte und die unternehmerische Freiheit eingeschränkt werden. Die Wähler der Grünen haben Angst, dass die Natur Schaden nimmt, was man schon daran sieht, dass die Grünen immer dann in den Umfragen zulegen, wenn die Umwelt sichtbar in Gefahr ist: nach dem Atomunglück in Fukushima und nach dem langen Sommer 2018, einem der heißesten seit 130 Jahren. Die CDU und ein Teil der CSU setzen bei ihren Wählern auf die Angst vor dem Traditionsverlust und vor der Kriminalität. Die AfD schließlich und der andere Teil der CSU haben im Jahr 2018 die Angst vor Flüchtlingen in das Zentrum ihrer Agenda gerückt.

Ängste sind für sich genommen nichts Verwerfliches, denn sie zeigen erst einmal an, dass wir etwas als bedroht ansehen, das wir wertschätzen. Wir haben Angst vor Krankheit, weil uns an unserer Gesundheit gelegen ist, und Angst um unsere Kinder, weil wir sie lieben. Eine Schutzfunktion der Angst liegt auch darin, dass sie uns vorsichtig macht. In vielen Fällen ist das hilfreich, in manchen hingegen nicht, besonders wenn einige aus ihren ungerechtfertigten Ängsten auch noch die falschen Konsequenzen ziehen.

Rationale und irrationale Ängste

Einer Langzeitstudie zufolge haben die Deutschen am meisten Angst vor Terrorismus. Auch wenn viele diese Angst real verspüren, ist sie statistisch nicht gerechtfertigt. Anschläge sind gewiss schrecklich, aber zum Glück auch sehr selten: In den letzten 17 Jahren wurden in Deutschland 14 Menschen durch islamistischen Terror getötet. Im selben Zeitraum gab es 6500 andere Morde. Außerdem sind knapp 80 000 Menschen bei Verkehrsunfällen und über 160 000 bei Haushaltsunfällen umgekommen. Statt vor Attentätern müssten die Deutschen viel mehr Angst davor haben, über Teppichkanten zu stolpern oder auf glitschigen Badezimmerböden auszurutschen.

Zeigt die Angst vor dem Terrorismus, dass Emotionen grundsätzlich irrational sind? Sicherlich nicht. Es ist beispielsweise durchaus vernünftig, aus einer Angst heraus im Unterholz Schlangen zu meiden. Doch in der modernen Gesellschaft muss man immer die automatische Bewertung einer Emotion mit der Statistik abgleichen. Angst ist dann ein schlechter Ratgeber, wenn wir uns blind auf sie verlassen. So wittern wir Gefahren, bloß weil uns jemand fremd ist, und übersehen gleichzeitig Risiken, wenn das vertraute Umfeld uns Alltäglichkeit suggeriert. Der Denkfehler besteht darin, die subjektive Empfindung von Bedrohlichkeit mit der tatsächlichen Gefährlichkeit, also dem objektiven Risiko gleichzusetzen. Weil uns zum Beispiel die Vorstellung eines Terroranschlags stark verängstigt, schließen wir irrtümlich darauf, dass er uns jederzeit treffen kann. Doch die Intensität des Gefühls repräsentiert die Gefahr selten korrekt.

Dieser Fehlschluss zeigt sich auch in anderen Zusammenhängen. Was ist gefährlicher: Mücken oder Haie? Hunde oder Wölfe? Intuitiv antworten wir: Haie und Wölfe. Beide Tiere wirken bedrohlich. Mücken hingegen erscheinen harmlos, und Hunde sind unsere treuen Begleiter. Laut Weltgesundheitsorganisation (WHO) sind jedoch Mücken die gefährlichsten Tiere der Welt, weil sie Malaria übertragen. So starben nach Angaben mehrerer Studien im Jahr 2014 etwa 750 000 Menschen durch Mücken im Vergleich zu zehn tödlichen Hai-Attacken. Im selben Jahr kosteten tollwütige Hunde 25 000 Menschen das Leben, während Wölfe wiederum für nur zehn Todesfälle verantwortlich waren.

Ein anderes Beispiel: Wer regelmäßig Nachrichten schaut, kann den Eindruck gewinnen, dass die Kriminalitätsrate in Deutschland steigt. Tatsächlich ist sie seit fünfzig Jahren mit kleinen Ausnahmen kontinuierlich gesunken. Das aus dem Medienkonsum resultierende Angstgefühl ist irrational, denn es stellt die Welt gefährlicher dar, als sie tatsächlich ist. Die Schwerpunkte in der Berichterstattung führen dazu, dass wir nicht nur den Terrorismus, sondern besonders Naturkatastrophen, Morde und Flugzeugabstürze fürchten. Alles zusammen macht aber weltweit nur etwa 1 Prozent aller Sterbefälle aus. Allein Durchfall fordert jedes Jahr mehr Opfer, davon eine halbe Million Kinder unter fünf Jahren. Selbst wenn man nur Tod durch Gewalteinwirkung in den Blick nimmt, sind unsere größten Feinde immer noch wir selbst: Selbstmord ist eine häufigere Todesursache als Mord.

In der modernen Gesellschaft läuft die Angst als archaischer Schutzmechanismus immer wieder ins Leere, denn die Gefahren haben sich so fundamental verändert, dass die Stärke des Gefühls nicht mehr die tatsächliche Bedrohung abbildet. Daher unterschätzen wir oft, was bekannt und harmlos wirkt. Wir denken beispielsweise, der typische Vergewaltiger lauere nachts im Park, obwohl sexuelle Gewalt am häufigsten im Freundes- und Familienkreis auftritt.

Die Angst kann, wie jede andere Bewertung auch, auf zwei verschiedene Weisen danebenliegen. »Falsche Negative«, wie Statistiker sagen, liegen dann vor, wenn jemand im Angesicht einer Gefahr, etwa einer Giftschlange, keine Angst hat. »Falsche Positive« treten auf, wenn man Angst vor Dingen hat, die ungefährlich sind, wie zum Beispiel Hausspinnen in Deutschland.

Warum gibt es bei Angst so viele falsche Positive? Der Warnmechanismus »Angst« ist offenbar so fein eingestellt, dass er oft Fehlalarm schlägt. Der amerikanische Psychologe David Buss und seine Kollegin Martie G. Haselton erklären das mit ihrer *Fehler-Management-Theorie.* Evolutionär ist es besser, zu vorsichtig als zu risikofreudig zu sein. Die Unvorsichtigen sind gestorben, bevor sie ihre Gene weitergeben konnten. Die Vorsichtigen sind einfach öfter als nötig weggerannt. Diese vorteilhafte Hypersensibilität findet sich bei fast allen Emotionen.

Bis zum Aufkommen der evolutionären Psychologie galten Emotionen in der Geistesgeschichte als Störfaktoren, die der Vernunft in die Quere kommen. Selbst Darwin hielt menschliche Emotionen trotz der Parallelen zu anderen Tieren für Rudimente: für Überbleibsel der Evolution wie Körperbehaarung oder den Blinddarm. Inzwischen ist klar, dass Angst und andere Emotionen Warn- und Schutzmechanismen sind, die unsere Umwelt bewerten. In Urzeiten haben sie das Überleben in der Wildnis und der Gruppe sichergestellt.

Die Verbindung zur Moral liegt auf der Hand, denn auch hier geht es darum, nach Prinzipien zu leben, die Schaden verhindern.

Worin genau ein Schaden besteht, ist allerdings umstritten, wie die unterschiedlichen politischen Einstellungen und Ängste zeigen.

Kurz gefasst

Angst prägt unsere moralischen und politischen Intuitionen. Viele Untersuchungen zeigen, dass Konservative mehr Angst als Progressive haben und die Welt als bedrohlich wahrnehmen. Allerdings sprechen alle Parteien Ängste an: vor dem sozialen Abstieg, dem Klimawandel, dem Verlust der Freiheit oder vor der Kriminalität. Die Rechtspopulisten schüren die Angst vor den Fremden. Als Warnmechanismus läuft Angst oft ins Leere, weil das subjektive Gefühl von Bedrohlichkeit selten die tatsächliche Gefahr abbildet. Die Angst vor Terror beispielsweise ist irrational, denn es ist mehr als zehntausend Mal wahrscheinlicher, im Straßenverkehr oder bei einem Unfall im Haushalt zu sterben.

4 Der Terrorist, die Passagiere und der Mann auf der Brücke: Darf man zwischen Menschenleben abwägen?

Der Terror der Entscheidung

Ein Terrorist hat ein Flugzeug mit 164 Passagieren gekapert und steuert es auf das mit 70 000 Besuchern gefüllte Münchner Olympiastadion zu. Major Koch, Pilot der Bundeswehr, steigt mit einem Kampfflieger auf und steht vor einer dramatischen Entscheidung: Soll er die Maschine abschießen, um die Stadionbesucher zu retten? Er drückt den Feuerknopf, und das Flugzeug explodiert am Himmel. Alle Passagiere, die Besatzung und der Terrorist kommen dabei ums Leben. Die Zuschauer im Stadion bleiben unverletzt.

Diese Geschichte ist der Ausgangspunkt für den ARD-Film *Terror*, der auf dem gleichnamigen Theaterstück von Ferdinand von Schirach basiert. Der Film spielt die anschließende Gerichtsverhandlung durch, in der die Schuld des Piloten festgestellt werden soll. Die Pointe: Das Stück ist interaktiv. Wie auch nach der Theateraufführung durften die Zuschauer am Ende in die Rolle der Richter schlüpfen und über das Schicksal von Koch entscheiden. Ihr Urteil fiel am Abend der Ausstrahlung ziemlich deutlich aus: »Nicht schuldig«, sagten knapp 87 Prozent.

Wer meint, es sei Spielerei, sich mit solch hypothetischen Szenarien auseinanderzusetzen, der irrt. Das hat schon der Terroranschlag auf das World Trade Center am 11. September 2001 gezeigt. Wir können davon ausgehen, dass viele Staaten für das Flugzeug-Szenario inzwischen einen Einsatzplan erstellt haben, bei dem Kampfflugzeuge die entführte Maschine notfalls abschießen.

In der jüngeren Geschichte finden sich ähnliche Fälle. Eine Entscheidung zwischen Leben und Tod musste zum Beispiel ein britischer Soldat auf einem sinkenden Schiff treffen:

Die Autofähre *Herald of Free Enterprise* lief im Oktober 1987 vom belgischen Zeebrügge aus, um den Ärmelkanal zu überqueren und in Dover anzulegen. Doch dazu kam es nicht. Ein Bootsmann war in seiner Kabine eingeschlafen und hatte vergessen, die Bugklappen zu schließen. Innerhalb von zwei Minuten lief das Schiff voll und kenterte. Die Rettungshubschrauber trafen zwar schnell ein und konnten mehr als 400 Menschen retten, doch fast 200 ertranken im eisigen Wasser. Im Schiffsraum spielte sich eine dramatische Szene ab. Im Wasser half der britische Soldat den Passagieren, über eine Strickleiter zu entkommen, als ein junger Mann sich an ihr festklammerte und weder vor- noch zurückbewegte. Ob aus Angst oder wegen der Kälte, lässt sich nicht mehr rekonstruieren. Die anderen versuchten verzweifelt, ihn zum Weiterklettern zu bewegen. Irgendwann rief der Soldat nach oben: »Wirf ihn runter!« Ein Passagier packte den Mann und stieß ihn in die Tiefe. Die anderen konnten entkommen und wurden gerettet. Im anschließenden Verfahren sprach das Gericht beide Männer frei, den Soldaten und den Passagier, und die Presse feierte sie als Helden.

Was sollen wir tun? Manchmal müssen wir diese Frage auch in Extremsituationen beantworten. Ferdinand von Schirachs *Terror* ist sozusagen ein als Fernsehfilm getarntes Proseminar, allerdings kein juristisches, sondern ein ethisches, denn es geht um unsere moralischen Intuitionen.

Ethik ist die Wissenschaft der Moral. Wir alle haben eine Alltagsmoral, doch die wenigsten von uns versuchen, unsere Werte und Normen auszuformulieren oder sie von allgemeinen Prinzipien abzuleiten. Das ist Aufgabe der Ethiker, deren Theorien sich auch daran messen lassen müssen, wie gut sie unsere moralischen Intuitionen einfangen. Und oft genug machen sie deutlich, warum wir manchmal auch intuitiv falschliegen.

Pflicht oder Glück?

Wie muss man die Situation im Film bewerten? Hat Major Koch das Richtige getan? Die Diskussion zwischen der Staatsanwältin auf der einen Seite und dem Verteidiger auf der anderen kann man auf eine Grundfrage der Ethik zurückführen: Kommt es bei der moralischen Bewertung allein auf die Tat an, also darauf, dass jemand einen Menschen tötet, oder auf die Gesamtbilanz: dass die Zahl der Geretteten möglichst groß ist? So weit, so didaktisch.

Beide Möglichkeiten haben jeweils einen berühmten Vorläufer. Wer sagt, Töten sei immer verboten, folgt einer *Pflichtethik*, zu der man auch Immanuel Kants Moralphilosophie zählt. Der kategorische Imperativ ist das Kernstück dieser Theorie: »Handle so, dass du die Menschheit sowohl in deiner Person, als in der Person eines jeden anderen jederzeit zugleich als Zweck, niemals bloß als Mittel brauchst.« Wer jemanden als »Zweck an sich« ansieht, behandelt ihn als Person mit Würde. Wer jemanden nur als »Mittel« gebraucht, macht ihn zum Objekt. Daraus lässt sich ableiten, dass man Menschenleben niemals gegeneinander aufwiegen darf. Kant hätte den Abschuss wohl moralisch verurteilt.

Wer hingegen sagt, dass es beim Handeln immer auf das Ergebnis, also die Gesamtbilanz aller Konsequenzen des Abschusses ankommt, vertritt eine *konsequentialistische Ethik*. Hier zählen nicht Absicht und Tat, sondern die absehbaren Folgen der Tat: das größtmögliche »Glück« für die meisten Menschen. Darauf kommt es den Ethikern an, die sich auf John Stuart Mill berufen.

Vielleicht war es kein Zufall, dass Kant im preußischen Königsberg des 18. Jahrhunderts die Pflicht in den Mittelpunkt seiner Moralphilosophie gestellt hat. Während er sich sein Studium noch mit Billardspielen verdient hatte und gerne herausgeputzt feiern gegangen war, verwandelte sich Kant in seiner zweiten Lebenshälfte zum Inbegriff von Pflicht und Ordnung. Morgens um fünf vor fünf ließ er sich von seinem Hausdiener Lampe wecken. Punkt sieben stand er hinter dem Katheder im Hörsaal der Universität. Viertel vor eins gab es Mittagessen. Im Anschluss machte Kant einen Spaziergang, bei dem er peinlich darauf bedacht war, nicht ins Schwitzen zu geraten. Die Strecke war immer dieselbe. Seine Heimatstadt Königsberg verließ er nie, doch seine Schriften wirkten weit darüber hinaus. Kant hat nicht nur die Philosophie revolutioniert, sondern auch unsere heutige Idee des Völkerrechts geprägt. Sein Text *Zum ewigen Frieden* war die Grundlage für die Charta der Vereinten Nationen.

Mill dagegen führte ein ganz anderes Leben. Schnell zeigte sich, dass der Anfang des 19. Jahrhunderts in London geborene John Stuart ein Wunderkind war. Bereits als Dreijähriger lernte er Altgriechisch. Mit zehn Jahren beherrschte er Latein auf Universitätsniveau und sprach fließend Französisch und Deutsch. Mit vierzehn schrieb er sich an der Universität Montpellier in Frankreich ein, um Naturwissenschaften zu studieren, außerdem Geschichte, Ökonomie und Mathematik. Als Vertreter des Liberalismus wurde Mill der wichtigste englische Intellektuelle des 19. Jahrhunderts. Nebenbei war er noch Manager bei der Ostindischen Handelsgesellschaft und Politiker im englischen Parlament. Mill war ein Verfechter der Redefreiheit und verfasste zusammen mit seiner Frau Harriet Taylor und seiner Stieftochter Helen Taylor einen der ersten Aufrufe für Frauenrechte.

Auch als Moralphilosoph verfolgte Mill einen ganz anderen Ansatz als Kant. Die Spielart seines Konsequentialismus heißt *Utilitarismus,* weil er die Folgen der Tat am Nutzen (lateinisch *utilitas*) für die Menschheit festmacht. Bei Mill ist das Maß für diesen Nutzen das Glück. Eine Handlung ist gut, wenn sie das Glück der Menschen insgesamt vergrößert, wobei bis heute umstritten ist, wie hedonistisch Mill das gemeint hat. Er denkt bei »Glück« jedenfalls nicht ausschließlich an sinnliche Freuden wie etwa daran, ein Eis im Sommer zu essen, sondern auch an intellektuelle Zufriedenheit und die Vermeidung von Schmerz oder Tod.

Kant oder Mill? Darauf läuft der Film *Terror* hinaus. Ist der Abschuss der entführten Maschine verboten, weil es unsere Pflicht ist, niemanden zu töten? Oder ist der Abschuss gefordert, weil wir in der Konsequenz die größte Zahl an Menschen retten?

Hat der Pilot zwischen Menschenleben abgewogen?

Für ein paar Herbsttage im Jahr 2016 war die Aufregung in den Medien groß. Viele hatten Bedenken: Darf man die Zuschauer überhaupt nach dem Wert eines Menschenlebens fragen? Rechtfertigt man nicht allein schon mit der Themensetzung staatliches Töten?

Die kurze Antwort auf die erste Frage lautet: Ja, man muss sogar. Und auf die zweite: Nein. Doch zunächst zum Fernsehstück. Ist es überhaupt geeignet, die moralische Gesinnung der Deutschen ans Licht zu bringen?

Das ist fraglich, denn das Stück gründet auf einem Denkfehler. Der Verteidiger sagt: »Koch hat abgewogen, das Leben von 164 unschuldigen Menschen oder das von 70 000.« Die Staatsanwältin wiederholt das, der Angeklagte wiederholt das. Dabei ist diese Beschreibung schlicht falsch.

Das Stück stellt zwei Szenarien gegenüber. In einem, dem tatsächlichen Weltlauf, feuert der Pilot die Rakete ab: 164 Menschen sterben. Im anderen, dem hypothetischen, sterben dieselben 164 Menschen eine Minute später, und *zusätzlich* verlieren Tausende im Stadion ihr Leben, wenn die Maschine dort einschlägt. Es gibt also gar kein Abwägen, kein: »Entweder die Passagiere oder die Stadionbesucher sterben.«

Wenn die Passagiere in keinem Fall zu retten sind, dürften für die Beurteilung nur die Zuschauer im Stadion ausschlaggebend sein. Richtig formuliert lautet der Konflikt also: Darf ein Pilot das Leben von 164 Menschen um eine Minute verkürzen, um Tausende zu retten? Die Antwort lautet: Ja, er darf, er muss sogar. Beruhigend, dass die Zuschauer das ebenso sehen. Man könnte die Frage hypothetisch auch den Passagieren stellen, selbst wenn es makaber klingt: Sie könnten eine Minute länger leben, dafür sterben Tausende Menschen – wollen Sie das?

Im Stück bringt die Staatsanwältin Kant gegen eine Kosten-Nutzen-Rechnung in Stellung. Wie erwähnt sagt Kant sinngemäß, dass man Menschen immer als Personen, niemals als bloße Mittel betrachten muss. Der kategorische Imperativ verbietet zum Beispiel Sklaverei, weil man damit andere als Objekte behandelt. Dem strengen Kant zufolge ist sogar Selbstbefriedigung unmoralisch, weil man sich dabei selbst zum Objekt macht.

Dem kategorischen Imperativ folgt auch die Staatsanwältin, die meint, der Pilot habe zwischen Menschenleben abgewogen und die Passagiere so zu Objekten gemacht. Doch diese Einschätzung trifft den Fall nicht. Der Pilot behandelt die Passagiere keineswegs als bloße Mittel, denn er benutzt sie ja nicht, um den Terroristen auszuschalten. Ihr Tod ist vielmehr ein *Nebeneffekt* seiner Rettung der Stadionbesucher. Auch wenn er *absehen* konnte, dass sie sterben, wenn er schießt, hatte er niemals die *Absicht*, sie zu töten: Hätte er nur den Attentäter gezielt ausschalten können, hätte er genau das getan. Vielmehr hat er den Tod der Passagiere in Kauf genommen, um den Terroristen zu stoppen und die Stadionbesucher zu retten.

Diese Unterscheidung mag spitzfindig klingen, sie beinhaltet aber eine wichtige Erkenntnis für die Moral: Wir unterscheiden oft zwischen Handlungen und den Nebeneffekten dieser Handlungen. Das sieht man schon im Strafrecht. Wer den Nachbarn tötet, indem er ihn absichtlich überfährt, wird härter bestraft als derjenige, der ohne Schulterblick aus der Parklücke ausschert und den Nachbarn dabei unglücklich erwischt. Vorsatz ist etwas anderes als Fahrlässigkeit.

Würden Sie die Weiche umlegen?

Spannend wird die Debatte erst, wenn man weniger eindeutige Gedankenexperimente diskutiert. In der Philosophie sind sie seit jeher ein wichtiges Instrument, um unsere Intuitionen freizulegen. Descartes etwa hat sich vorgestellt, dass ein böser Dämon ihn in allem täuschen würde, und sich gefragt, was man dann überhaupt sicher wissen kann. Kant erörtert, ob Menschen böse Taten begehen würden, wenn die Strafe gleichsam auf dem Fuße folgte, der Mörder also sogleich die Schlinge des Galgens am Hals spüren würde.

Auf den ersten Blick erscheinen Gedankenexperimente oft ungewöhnlich und provozieren auch manchmal. Gerade in der Moralphilosophie helfen sie aber, unsere *Intuitionen*, das heißt unsere spontanen, unreflektierten Einschätzungen, ans Licht zu bringen. Die Frage lautet nämlich dann: Was würden wir in diesem Fall sagen? Philosophie beginnt allerdings erst danach, wenn man sich fragt: Kannst du deine Intuition begründen? Fällt sie unter ein allgemeines Prinzip?

Ein klassisches Gedankenexperiment sieht so aus:

> *Der Weichensteller-Fall*
> Ein Zug rast auf fünf Gleisarbeiter zu und wird sie sicher töten. Man kann den Zug weder stoppen noch die Arbeiter warnen, sondern einzig eine Weiche umlegen, sodass der Zug nur einen Arbeiter auf einem Nebengleis tötet. Andere Möglichkeiten gibt es in diesem Szenario nicht. Würden Sie die Weiche umlegen?

In Studien antworten 87 Prozent der Befragten mit »Ja«. Das zeigt, dass wir konsequentialistisch urteilen, sofern wir keinen weiteren Anhaltspunkt haben – fünf Überlebende sind besser als einer. Dieses Gedankenexperiment hat sich die englische Philosophin Philippa Foot vor über fünfzig Jahren ausgedacht. Solche Zug-Szenarien haben sich als hervorragender Test für moralische Intuitionen erwiesen. Foots Gedankenexperiment ist allerdings viel radikaler als der Abschuss im Film *Terror*, denn hier muss man wirklich zwischen Leben abwägen: In einer Variante stirbt der einzelne Gleisarbeiter, in der anderen überlebt er.

Vor Kurzem hat der amerikanische Moderator Michael Stevens diesen Versuch sogar lebensnah durchgeführt. Für die YouTube-Premium-Serie *Mind Field* ließ er die Attrappe einer Schaltstation neben echten Gleisen erstellen, auf denen sich Bauarbeiter befanden. Seine Versuchspersonen dachten, sie würden an einer Studie der Verkehrsbehörde teilnehmen. So schöpften sie auch keinen Verdacht, als der Leiter sie kurz allein in der Zentrale zurückließ. Auf dem Monitor über dem Schaltpult sahen sie dann einen Zug auf die fünf Gleisarbeiter zufahren. Tatsächlich handelte es sich aber nur um ein vorher aufgezeichnetes Video; die Bauarbeiter waren zu keinem Zeitpunkt in Gefahr. In Panik riefen die Probanden nach dem Leiter, der nicht antwortete. Vor die Wahl gestellt, legten viele im letzten Moment die Weiche um. Niemandem ist die Entscheidung leicht gefallen. Im Gegenteil: Einige Testpersonen waren nach ihrer Tat so aufgelöst, dass man sich als Zuschauer fragt, ob sie anschließend den Versuchsleiter verklagt haben.

Die »Zug-Szenarien« oder »Zug-Fälle« (»trolley cases«) sind inzwischen zu einem philosophischen Pop-Phänomen geworden. Bei Facebook und Twitter diskutieren Nutzer über Hunderte teils bizarre Varianten, in denen auch Hunde und Gorillas vorkommen. Fans können sich sogar T-Shirts bestellen mit dem Spruch »Ich habe die Weiche umgelegt«.

Dabei folgt die Abwägung in den ernsthaften Fällen immer

demselben Muster. Einige Ethiker bringen sie auf die Formel »kill 1, save n«: töte einen, rette viele. Unsere Intuition hängt dabei unter anderem von der Menge ab: Darf man einen Einzelnen töten, um tausend andere zu retten? Eine Million? Die ganze Menschheit? Je größer die Zahl wird, desto eher sagen Versuchspersonen: »Ja«. Selbst standhafte Kantianer kippen irgendwann um. Es geht noch raffinierter. Ein Beispiel:

> *Der Rucksack-Fall*
> Wieder rast der Zug auf die Gleisarbeiter zu. Man kann ihn nur stoppen, indem man einen Mann mit einem schweren Rucksack von einer Brücke schubst. Nur das Gesamtgewicht aus Mann und Rucksack kann den Zug zum Stehen bringen. Würden Sie den Mann herunterstoßen?

Jetzt antworten nur 31 Prozent der Befragten mit »Ja«. Die amerikanische Philosophin Judith Jarvis Thompson, die dieses Gedankenexperiment ersonnen hat, sprach ursprünglich von einem »fetten Mann«. Aus Gründen der politischen Korrektheit hat das Opfer in der heutigen Diskussion einen unbestimmten Körperbau, trägt aber einen schweren Rucksack, zumal da es ohnehin nur auf das Gewicht ankommt. Auch der Rucksack-Fall folgt dem Muster »Töte einen, rette fünf«. Was ist anders?

Tötungshemmungen

Um dem Unterschied auf die Spur zu kommen, konfrontierte der amerikanische Philosoph und Psychologe Joshua Greene seine Versuchspersonen mit unzähligen Varianten der Zug-Fälle. Mit seiner Forschung gehört Greene zu einem neuen Zweig der zeitgenössischen Philosophie, nämlich der *experimentellen Philosophie.* Jahrtausendelang haben Philosophen auf ihre eigenen Intuitionen vertraut und davon Thesen über die gesamte Menschheit abgeleitet. Seit etwa zwei Jahrzehnten jedoch verlassen immer mehr Philosophen ihren sprichwörtlichen Lehnstuhl. Im Labor wollen sie jetzt selbst herauszufinden, was philosophische Laien denken.

Greene zufolge ist das Szenario mit dem Mann auf der Brücke für die experimentelle Ethik, was die Fruchtfliege für die Genetik ist. Indem man das Szenario variiert, kann man gut testen, ob wir eher die Rechte des Individuums oder eher das Allgemeinwohl betonen. Worin liegt der Unterschied – warum sind wir an der Weiche bereit, einen Menschen zu opfern, haben aber Hemmungen, einen Menschen von der Brücke zu stoßen? Zweierlei ist auf der Brücke anders: Wir töten den Rucksackträger mit unseren eigenen Händen, und wir benutzen ihn als Mittel zum Zweck, nämlich als lebenden Zugstopper. Welcher der beiden Faktoren ist ausschlaggebend?

Um den ersten Vorschlag zu testen, hat sich Greene folgendes Szenario ausgedacht:

> *Der Falltür-Fall*
> Der Zug rast auf die fünf Gleisarbeiter zu. Der Mann mit Rucksack steht diesmal aber auf einer Falltür auf der Brücke, die man aus der Ferne mit einem Schalter öffnen kann. Würden Sie den Schalter betätigen?

Hier antworten immerhin schon 63 Prozent der Testpersonen mit »Ja«, also deutlich mehr als im Rucksack-Fall, wo man schubsen muss. Offenbar spielt der eigene Körpereinsatz eine Rolle. Mehr Einsatz heißt: mehr Hemmungen. Sobald wir jemanden selbst schubsen sollen, sagt etwas in uns: »Stop!«

Greene hat unzählige Varianten des Rucksack-Falls erforscht. Seine überraschende Einsicht lautet: Wir haben Hemmungen, andere als Objekte zu behandeln, wenn *zwei* Bedingungen zusammen erfüllt sind: Die Handlung muss unmittelbar von uns stammen (Stoßen durch eigene Kraft), und sie muss das Opfer als bloßes Mittel zum Zweck behandeln (als Zugstopper). Im Rucksack-Fall kommt beides zusammen, daher ist dort die Tötungshemmung so viel stärker als in den Zug-Fällen, bei denen man nur eine Weiche umlegt. Mit anderen Worten: Unsere moralische Intuition entspringt einem automatischen Warnmechanismus, der so funktioniert, als würde er sagen: »Töte niemals jemanden mit deiner eigenen Kraft als Mittel zum Zweck.« Dieser Mechanismus hemmt uns, Männer mit Rucksäcken von Brücken zu stoßen. Wenn wir die Weiche umlegen sollen, ist er daher nicht aktiv. Die fundamentale moralische Entscheidung über Leben und Tod treffen wir also aus dem Bauch heraus, ohne dass wir vernünftige Gründe angeben könnten.

Kurz gefasst

Philosophen benutzen Gedankenexperimente, um unsere moralischen Intuitionen freizulegen. Wer zwischen Menschenleben abwägen muss, ist in einem Konflikt. Die pflichtethische Intuition sagt uns: Du darfst niemals einen Menschen töten! Die konsequentialistische Intuition sagt: Rette so viele Menschen wie möglich! Unsere Urteile leiten wir nicht aus der Vernunft, sondern aus einem emotionalen Alarmsystem her, das sagt: Töte Menschen nicht mit deinen eigenen Händen als bloßes Mittel zum Zweck! Wer über Politik und Gesellschaft nachdenkt, muss sich klarmachen: Unsere Alltagsmoral ist emotional.

5 Heiße Gefühle oder kalte Vernunft: Wo entsteht die Moral?

Moralneuronen

Einen töten, um fünf zu retten. Was passiert im Kopf, wenn wir vor so ein moralisches Dilemma gestellt sind? Greene ist nicht nur experimenteller Philosoph, sondern auch Moralpsychologe. Im Gegensatz zur Ethik verfolgt die Moralpsychologie kein normatives Projekt. Sie will uns nicht sagen, was wir tun sollen, sondern erforschen, woher unsere moralischen Urteile stammen. So wollte Greene nicht nur die Antworten seiner Probanden erfahren, sondern auch herausfinden, was in ihnen vor sich geht. Dazu maß er ihre emotionalen Reaktionen unter anderem mit dem EEG, einer Haube auf dem Kopf, die Hirnströme misst. Und er schaute sich ihre neuronalen Erregungsmuster im Hirnscanner an. Inzwischen haben weitere Forscher Hunderte von neurologischen Experimenten und psychologischen Studien durchgeführt. Eine Umfrageseite der Harvard University zum Beispiel hat alleine über 200 000 Teilnehmer.

Dabei machten sie eine verblüffende Entdeckung. Wenn Probanden überlegen, ob sie die Weiche umlegen sollen, ist ihr *dorsolateraler präfrontaler Kortex* aktiv. Das ist der obere Teil des Frontallappens hinter der Stirn. Dort liegt die neuronale Grundlage für das Planen, die Impulskontrolle und das abstrakte Denken – wenn man beispielsweise eine Kosten-Nutzen-Rechnung aufstellt. Der Einfachheit halber spreche ich hier vom *kalten System.*

Wenn Versuchspersonen hingegen vor die Frage gestellt waren, ob sie den Mann mit dem Rucksack von der Brücke stoßen sollten, war ihr *ventromedialer präfrontaler Kortex* aktiv, der untere Teil des Frontallappens hinter der Stirn, sowie Teile des *limbischen Systems*, speziell die *Amygdala*, die Teil des neuronalen Schaltkreises der Angst ist. Das limbische System bildet die Grundlage für Emotionen, Motivation, Belohnung und Erregung. Ob es sich bei dem System um eine funktionale Einheit handelt, ist umstritten. Vereinfachend kann man es dennoch das *heiße System* nennen.

Greene und Kollegen kamen zu dem Schluss, dass unseren konsequentialistischen Urteilen eher kühles Abwägen zugrunde liegt. Unsere pflichtethischen Urteile hingegen, die sagen: »Diese Handlung ist verboten!«, beruhen auf dem heißen System, dem Angstschaltkreis, der für unsere Tötungshemmung verantwortlich ist. Viele Versuche bestätigen diese These. Fragt man Psychopathen, die wenig Angst verspüren, ob sie den Mann von der Brücke stoßen würden, so antworten etwa 60 Prozent mit »Ja«, doppelt so viele wie normalerweise. Wenig Angst: wenig Hemmungen. Versuchspersonen, die Medikamente wie Benzodiazepine gegen Angststörungen nehmen, entscheiden »kalt«, also seltener pflichtethisch und damit häufiger fürs Schubsen. Das gilt auch für Versuchspersonen, wenn sie gut gelaunt sind. Sie werden zu Konsequentialisten. Gute Laune heißt: weniger Angst. Weniger Angst heißt: mehr Schubsen.

Greene fasst die Ergebnisse so zusammen: Unser Moralsystem hat zwei Einstellungen, um das Töten anderer Menschen zu beurteilen, vergleichbar mit einer Digitalkamera. Die Standardeinstellung sagt: Tue nichts, was andere tötet, schon gar nicht, wenn du deine eigene Kraft einsetzt und sie bloß als Mittel zum Zweck benutzt. Die zweite Einstellung ist der manuelle Modus, der die Werkseinstellung aktiv ausschaltet, wenn es darum geht, andere zu töten, beispielsweise um Leben zu retten.

Die beiden Einstellungen hängen sogar mit der Berufswahl zusammen. Behandelnde Ärzte treffen deutlich mehr pflichtethische Entscheidungen als Ärzte, die in Gesundheitsbehörden arbeiten.

Erstere haben als Default-Modus den Eid des Hippokrates, der sinngemäß sagt: Rette jedes einzelne Leben, komme was wolle! Ärzte in den Behörden hingegen haben eher die Einstellung: Wie kann ich mit meinen Entscheidungen die größte Zahl an Menschen retten? Wenig überraschend denken auch Soldaten konsequentialistischer als Zivilisten. Inwieweit das Naturell die Berufswahl oder der Beruf das Naturell beeinflusst, ist bisher nicht geklärt.

Männer sind konsequentialistischer als Frauen: Sie neigen eher dazu, den Mann im Rucksack von der Brücke zu stoßen. Das Gleiche gilt für Probanden, die ihren Körper und ihre Emotionen nicht besonders gut spüren, also beispielsweise ihren eigenen Herzschlag schlecht von innen fühlen können. Es ist, als hörten sie die Alarmglocken des Angstschaltkreises nicht so gut wie solche mit einem feinen Körpergefühl. Und Testpersonen mit einem analytischen Denkstil, die also viel nachdenken und sich weniger auf ihren Bauch verlassen, tendieren ebenfalls mehr zum Konsequentialismus.

So ergeben sich die zwei Merksätze »heißes System, Tötungshemmung, Pflichtethik« und »kaltes System, ausgeschaltete Tötungshemmung, konsequentialistische Ethik«. Greenes Pointe lautet daher: Kant hatte unrecht. Das Herzstück seiner Pflichtethik, der kategorische Imperativ, leitet sich nun gerade nicht von der Vernunft ab, dem kalten System, sondern entspringt den emotionalen Regionen des Hirns. Mill hingegen, der auf den ersten Blick eine Emotion, nämlich das Glück, in den Mittelpunkt seiner Theorie gestellt hat, hat seine Ethik eher auf das kalte System des Abwägens gegründet.

Damit tut Greene Kant natürlich unrecht. Kant ging es in seiner Ethik um die Pflicht, um das, was wir tun *sollen*, nicht um das, was wir im Alltag tatsächlich tun. Kant zufolge ist eine Handlung nur dann moralisch, wenn wir sie aus Vernunftgründen ausüben. Er kannte aber sich selbst und seine Zeitgenossen und wusste, dass wir nur selten unserer Vernunft folgen. Vielleicht, so Kant, entscheiden wir sogar nie vernünftig, sondern immer aufgrund von Emotionen, von »Neigungen«, wie er sagt. Von Greenes Forschung wäre Kant also nicht unbedingt überrascht gewesen. Sie bleibt dennoch wichtig, denn wir messen jede Ethik auch daran, ob sie zu unseren Intuitionen passt. Und da ist entscheidend, woher die Intuitionen stammen.

Warum Politiker ständig zwischen Menschenleben abwägen

Die deutsche Rakete schlug am 18. Juni 1944 in der Nähe des Buckingham Palace ein und tötete 121 Menschen. Es handelte sich um eine V1-Rakete. »V« stand für »Vergeltungswaffe«, die ultimative Fernwaffe der Nationalsozialisten, eine unbemannte, zwei Tonnen schwere Rakete, die sich in eine Bombe verwandelt, wenn ihr der Treibstoff ausgeht. Die deutsche Artillerie benutzte Abschussrampen in Nordfrankreich und den Niederlanden, um die Raketen auf London zu feuern, wo sie verheerende Schäden anrichteten. Als Gegenstrategie fasste der britische Premierminister Winston Churchill daher den Plan, die Wehrmacht über die Einschlagsstellen zu täuschen. Seine Doppelagenten meldeten dem Feind, dass die Raketen zu weit nördlich einschlugen. Die deutsche Artillerie verkürzte daher die Flugbahnen, sodass die Raketen nicht mehr in der dicht besiedelten Londoner Innenstadt, sondern in den südlichen Vororten explodierten. Churchills Entscheidung hatte einen fahlen Beigeschmack, weil in den Vororten Arbeiter lebten, während im Zentrum die Menschen aus der Mittel- und Oberschicht wohnten. Ob die Operation ein Erfolg war, ist bis heute umstritten. Churchills Entscheidung jedenfalls war eindeutig konsequentialistisch: Lass einige sterben, um viele zu retten. Im Krieg, in Zeiten von Pandemien und in anderen Krisen erwarten wir von Politikern gerade, dass sie das Gemeinwohl im Auge haben, und das heißt oft genug, dass sie Menschenleben gegeneinander aufwiegen müssen.

Nicht nur in der Weltpolitik wird bilanziert, auch im Alltag finden sich viele Beispiele für konsequentialistische Überlegungen. Wenn Notärzte zu einem Massenunfall kommen, teilen sie die Opfer in drei Gruppen ein. Den Leichtverletzten muss man nicht helfen, während die Schwerstverletzten nur unter großem Aufwand zu retten sind. Daher sind es die Mittelschwerverletzten, um die sich die Rettungskräfte zuerst kümmern. Diese sogenannte »Triage« ist auch beim Militär und bei Naturkatastrophen üblich. Wenn die Ressourcen so knapp sind und nicht alle versorgt werden können, muss man schnell und nach Prinzipien handeln. Andernfalls droht die Gefahr, dass die Helfer die Opfer nach subjektiven und damit unfairen Kriterien einteilen. Die Triage ist purer Konsequentialismus.

Auch in Friedenszeiten müssen Politiker immer wieder abwägen. Angenommen, die Erforschung seltener Erbkrankheiten kostet 10 Millionen Euro. An Krankheit A sterben jährlich zehn Menschen, während Krankheit B fünfzig Opfer fordert. Sofern das Budget nur für eine Krankheit reicht, wird das Gesundheitsministerium natürlich die Erforschung von Krankheit B fördern, damit das entwickelte Medikament mehr Menschenleben rettet. Opfere zehn, rette fünfzig: ein klassischer Weichensteller-Fall.

Die doppelte Moral

Im Sommer 2018 erschien in der Wochenzeitung *Die Zeit* ein Pro und Contra zur privaten Seenotrettung von Flüchtlingen im Mittelmeer. Die Autorin Mariam Lau formulierte mit ihrem Artikel »Retter vergrößern das Problem« die Contra-Position. Sie sprach sich darin für die Pflicht zur Seenotrettung aus, gab aber auch zu bedenken, dass private Retter für die Schlepper einen Anreiz schaffen, Flüchtlinge auf Booten, die gar nicht seetüchtig sind, in die Nähe der Rettungsschiffe zu bringen, in dem Wissen, dass sie dort aufgegriffen werden.

Nicht zuletzt der unglücklich gewählte Obertitel »Oder soll man es lassen?« führte zu einem Empörungssturm in den sozialen Medien. Es klang, als suggerierte *Die Zeit*, es wäre eine ernsthafte Option, Menschen wissentlich im Meer ertrinken zu lassen. Dafür hat sich die Redaktion in der Folgeausgabe entschuldigt. Ein anderer Faktor spielte vermutlich auch eine Rolle. Lau hatte konsequentialistisch argumentiert: Die private Rettung führe in der Gesamtbilanz zu mehr Toten. Sie hat in dem Punkt recht, dass auch die Folgen einer Tat moralisch relevant sind, man sie also nicht einfach ausblenden kann. Doch solche berechtigten Argumente wirken auf Menschen mit starken pflichtethischen Intuitionen oft kaltherzig und buchstäblich berechnend, weil sie mit Mengen operieren und vom Einzelfall absehen.

Eine andere konsequentialistische Argumentationsstrategie wäre allerdings auch möglich gewesen: Solange der Aufwand für die Rettung verhältnismäßig klein ist (Kosten für Schiffe und Besatzung), der Nutzen für die Flüchtlinge aber ungeheuer groß (gerettetes Leben), vermehrt sich in der Gesamtbilanz das »Glück« der Menschheit. Genau darum ging es Mill – er hätte die private Seenotrettung sicherlich befürwortet.

Während Konsequentialisten bisweilen einen blinden Fleck für Einzelfälle haben, sind Pflichtethiker manchmal dort kurzsichtig, wo es abstrakter wird: bei großen Zahlen, fernen Gegenden und langfristigen Folgen. Anders gesagt: Wenn wir die Pflicht haben, uns auch privat für die Seenotrettung im Mittelmeer einzusetzen, stellt sich sofort die Frage: Warum nur dort, geht unsere Pflicht nicht viel weiter?

Der australische Philosoph Peter Singer, einer der einflussreichsten Konsequentialisten in der Ethik, hat sich ein viel diskutiertes Gedankenexperiment ausgedacht, um dieses Problem zu veranschaulichen:

Der Kind-im-Teich-Fall
Stellen Sie sich vor, Sie gehen an einem Teich vorbei, in dem ein Kind gerade zu ertrinken droht. Der Teich ist flach, und Sie können das Kind ohne Mühe retten, allerdings werden Sie dadurch Ihre Kleidung im Wert von 400 Euro ruinieren. Würden Sie das Kind retten?

Fast alle antworten hier mit »Ja«. Jetzt kommt der zweite Teil:

Der Spenden-Fall
Sie wissen, dass in den ärmsten Ländern der Welt Kinder an den Folgen von Unterernährung und mangelnder medizinischer Versorgung sterben oder weil sie keine Moskitonetze besitzen, die sie vor Malaria schützen. Eine Spende von 400 Euro würde schon ausreichen, um ein Kind zu retten. Ein Netz beispielsweise kostet nur 2 Euro. Würden Sie das Kind retten?

Auch hier müssten eigentlich fast alle mit »Ja« antworten. Aber nur wenige von uns geben Geld für gute Zwecke. Singer selbst ist da konsequenter. Er spendet mehr als ein Viertel seines Einkommens. Seine Frage an uns lautet: Warum hängt unsere moralische Entscheidung von etwas Zufälligem wie der Entfernung ab? Warum sind wir viel eher bereit, Menschen in unserer Nähe zu retten als in fremden Ländern?

Sein amerikanischer Kollege Peter Unger hat zu diesem Problem ein Buch geschrieben mit dem Titel *Living High and Letting Die*, also frei übersetzt *Auf großem Fuß leben und andere sterben lassen*. Er erläutert diesen Punkt so: Die im Teich ruinierte Kleidung hat 400 Euro gekostet. Wir sind offenbar bereit, diesen Betrag für die Rettung eines Kindes auszugeben. Mit demselben Geld könnten wir dafür sorgen, dass ein Kind in Somalia oder Kambodscha bis zur Volljährigkeit mit lebensnotwendigen Medikamenten versorgt wird. Unger merkt an, dass es uns leichtfallen würde, 400 Euro zu entbehren. Wir müssten im Jahr nur auf ein paar Restaurantbesuche verzichten, auf ein paar Kleidungsstücke, die wir gar nicht benötigen, oder wir könnten alle paar Jahre einen Urlaub weniger buchen. Nichts davon würde unser Wohlergehen wesentlich einschränken. Mit dem ersparten Geld könnten wir aber viel Gutes in der Welt tun.

Viele wenden hier ein, dass man bei Hilfsorganisationen nie genau weiß, wie viel bei den Bedürftigen landet. Diesen Punkt lässt Singer nicht gelten. Selbst wenn nur ein Teil der Spende ankommt, ist der Nutzen immer noch gewaltig.

Moralische Kurzsichtigkeit

Denken wir noch mal an den armen Mann mit Rucksack auf der Brücke zurück, den nur 31 Prozent herunterstoßen würden, um fünf Menschen zu retten. Es ist natürlich beruhigend, dass die meisten sich davor scheuen, andere mit ihren eigenen Händen zu töten.

Gleichzeitig ist bedenklich, dass bei vielen die Art des Tötens den moralischen Ausschlag gibt. Zur Erinnerung: Immerhin 63 Prozente der Befragten finden es völlig in Ordnung, wenn man den Mann mit Rucksack per Fernbedienung durch eine Falltür stürzen lässt. Solange sie nicht selbst stoßen müssen, sind doppelt so viele Personen bereit, den Rucksackträger in den Tod zu schicken. Sobald der direkte Kontakt fehlt, urteilen wir weniger pflichtethisch. Für den Rucksackträger sind beide Varianten gleich fatal. Die Mittel des Tötens, also Hand oder Falltür, sollten eigentlich überhaupt keine Rolle spielen. Wie im Teich-Beispiel von Singer scheint die Entfernung ein Faktor zu sein.

Wenn Greene recht hat, macht uns unsere emotionale Tötungshemmung zu Pflichtethikern. Das könnte evolutionär von Vorteil für unsere Spezies gewesen sein. Gruppen, in denen jeder nach Gutdünken andere umbringt, können in der Entwicklungsgeschichte keinen Bestand gehabt haben. So ist es kein Wunder, dass das Tötungsverbot ein Kernstück der Moralvorstellung in allen Kulturen bildet. Wenn die Neigung, diese Hemmung zu entwickeln, angeboren ist, dann ist naheliegend, dass sie unsere Vorfahren davor bewahrt hat, in der Gruppe allzu oft bis aufs Blut miteinander zu kämpfen, sei es mit den Händen oder mit Waffen.

Unsere intuitive Tötungshemmung mag einer evolutionären Voreinstellung entspringen. Sie ist jedoch nicht dafür angelegt, beim Töten auf Umwegen Alarm zu schlagen, oder wenn tödliche Nebeneffekte wie im Weichensteller-Fall im Spiel sind. Hier leiden wir Greene zufolge unter *moralischer Kurzsichtigkeit*. Ist der Weg zum Tod eines Menschen räumlich oder zeitlich weit genug entfernt, machen wir uns kaum Gedanken. Das Töten aus der Ferne halten wir für harmloser als den direkten Griff an die Gurgel. Ein Grund vielleicht, warum uns Opfer von Messerstechereien in unserem Kiez nahegehen, während uns die Hunderttausende, die anderswo auf der Welt ums Leben kommen, vergleichsweise kaltlassen, etwa seit 2012 im Krieg in Syrien (400 000 Tote) oder im Genozid in Ruanda im Jahr 1994 (800 000 Tote). Kurt Tucholsky drückt das satirisch so aus: »Der Tod eines Menschen: das ist eine Katastrophe. Hunderttausend Tote: das ist eine Statistik!«

Bei Nebeneffekten und Unterlassungen macht sich unsere Kurzsichtigkeit ebenfalls bemerkbar. Wer das ertrinkende Kind nicht aus dem Teich rettet, begeht unterlassene Hilfeleistung. In diesem konkreten Fall liegt das Leid des Kindes so augenscheinlich vor uns, dass unser Urteil deutlich ausfällt. Auch die Bilder und Berichte von Ertrinkenden im Mittelmeer gehen uns nahe.

Dennoch unterlassen wir jede Sekunde Taten, die Kindern weltweit das Leben retten könnten. Der Grund für diese Neigung könnte schlicht darin bestehen, dass wir Unterlassungen, also Nichthandlungen, und die Nebeneffekte von Handlungen kognitiv und sprachlich schwer fassen können. Denn zum einen gibt es davon unendlich viele. Zum anderen brauchen wir mehr gedankliche Kapazitäten, um Unterlassungen zu kategorisieren und uns die Folgen von Handlungen auszumalen. Was »Töten« ist, begreifen wir sofort. Ein Fall von »Nichthelfen« erfordert mehr Nachdenken. Darauf, was moralisch geboten ist, beispielweise einen Tod zu verhindern, sollte dieser Aufwand aber keinen Einfluss haben.

Die großen Fragen bleiben

Jährlich sterben weltweit etwa 1,2 Millionen Menschen bei Verkehrsunfällen. In den USA allein sind es rund 37 000 Verkehrstote, in Deutschland rund 3000. Die meisten Unfälle gehen auf menschliches Versagen zurück, beispielsweise auf Fälle von Sekundenschlaf und Alkoholeinfluss, oder auf Raser, die sich überschätzen. Sofern selbstfahrende Autos gut programmiert sind, würden diese Gefahrenquellen in der Zukunft wegfallen – übrigens auch ein konsequentialistisches Argument, in diesem Fall für das autonome Fahren.

Die Frage lautet nun: Wie soll man diese Autos für Notfälle programmieren?

> *Der Auto-Fall*
> Stellen wir uns vor, das System des selbstfahrenden Autos registriert, dass die Bremsen defekt sind. Es nähert sich einem Zebrastreifen, auf dem fünf Passanten gerade die Straße überqueren. Soll es das Auto links gegen das Haus steuern und den Fahrer opfern oder geradeaus weiterfahren und die Fußgänger töten?

Der französische Psychologe Jean-François Bonnefon und seine Kollegen haben an ihren Versuchspersonen etliche dieser Szenarien getestet. Spielt es eine Rolle, ob die Passanten Kinder oder Erwachsene sind? Männer oder Frauen? Jung oder alt? Sportlich oder übergewichtig? Menschen oder Hunde? Auf der Webseite der Forscher kann man den Test selbst durchspielen und so einen Einblick in seine eigenen Vorurteile erhalten. Überraschend ist das Ergebnis eines Teilversuches. Die Mehrheit der Probanden stimmte dafür, nur Autos zuzulassen, die in einer Notsituation den Fahrer opfern und die Fußgänger retten. Wie bei dem Weichensteller-Fall hatten sie also starke konsequentialistische Intuitionen. Doch dann kam die Frage: »Würden Sie sich ein Auto kaufen, das im Notfall den Fahrer opfert?« Darauf antworteten die Versuchsteilnehmer mit einem klaren »Nein«. Soziale und individuelle Moralvorstellungen gehen in diesem Fall also weit auseinander.

Unsere pflichtethischen Intuitionen haben uns mit einer nützlichen Angsthemmung, andere Menschen zu töten, ausgestattet, insbesondere wenn wir es aus eigener Kraft tun wollen und sie dabei als Mittel zum Zweck benutzen. Gleichzeitig machen sie uns aber kurzsichtig für abstrakte Fälle, die Nachdenken erfordern.

Wir können uns also in moralischen Fragen nicht blind auf unsere Intuitionen verlassen. Gerade deshalb ist die These, es sei gefährlich, öffentlich über den Abschuss von gekaperten Passagiermaschinen zu diskutieren, selbst gefährlich. In einigen Szenarien kann unsere Tötungsangst auch ein schlechter Ratgeber sein. Wann das der Fall ist, können wir nur beurteilen, wenn wir uns besser kennenlernen, etwa indem wir Versuche zu moralischen Entscheidungen durchführen. Wie das Beispiel mit den selbstfahrenden Autos zeigt, verschwinden die Fragen nicht einfach, sondern sind durch die moderne Technik drängender denn je.

Kant oder Mill? Darf man Menschen niemals töten, oder sollte man manchmal versuchen, so viele wie möglich zu retten? Solange nicht ausgemacht ist, wer von beiden recht hat oder welche anderen Optionen zur Wahl stehen, müssen wir die Debatte um Menschenleben auch jenseits akademischer Konferenzen führen, denn das Recht muss sich immer an der Moral messen. Und die Frage nach der Moral betrifft uns alle. Wenn solche Fragen nicht in den öffentlichen Raum gehören, welche dann?

Kurz gefasst

Soll man einen unbeteiligten Rucksack-Träger von der Brücke stoßen, um fünf Menschen zu retten? Neurologische Untersuchungen zeigen, dass hier nicht die kühle Vernunft, sondern das »heiße System« für Emotionen im Hirn eingeschaltet ist, das uns vor der Tat zurückschrecken lässt. Unsere Tötungshemmung ist eine vorteilhafte Spielart der Angst, die uns zu Pflichtethikern macht. Wir leiden allerdings an moralischer Kurzsichtigkeit. Sterben Menschen in räumlicher oder kultureller Distanz, machen wir uns kaum Gedanken. Moralische Fragen kann man aber nicht ignorieren. Die Balance zwischen Pflicht und Folgen ist elementar im Leben und in der Politik: bei der Seenotrettung von Flüchtlingen im Mittelmeer, bei Spenden für die Entwicklungshilfe, im Krieg und bei selbstfahrenden Autos.

6 Mord, Inzest und gebratene Hunde: Wie weit reicht die Moral?

Moralische Sprachlosigkeit

Die Zug-Fälle zeigen: Angst ist nicht nur ein automatischer Warnmechanismus des Körpers, sondern auch eine wichtige moralische Emotion. Um den anderen moralischen Gefühlen auf die Spur zu kommen, benötigt man manchmal Gedankenexperimente, die noch radikaler sind als die Zug-Fälle. Eins geht so:

Julie und Mark sind erwachsene Geschwister. Im Urlaub kommen sie auf die Idee, dass es toll wäre, miteinander zu schlafen. Julie nimmt die Pille. Um sicherzugehen, verwendet Mark zusätzlich ein Kondom. Beide erleben eine schöne Nacht. Niemand anderes bekommt etwas mit. Julie und Mark schlafen danach nie wieder miteinander, und die Nacht bleibt ihr Geheimnis. Sie leiden später nicht unter dem, was sie getan haben. Im Gegenteil: Es bringt sie noch näher zusammen.

Diese Geschichte hat der amerikanische Psychologe Jonathan Haidt seinen Versuchspersonen erzählt und ihnen dann die Frage gestellt: »War es falsch, was Mark und Julie getan haben?« Etwa 80 Prozent der Befragten antworteten mit »Ja«.

Noch eine kleine Geschichte:

Jennifer arbeitet in der Pathologie eines Krankenhauses und ist dort für die Leichenverbrennung zuständig. Eines Tages kommt ihr der Gedanke, es sei Verschwendung, das Fleisch einer frischen Leiche zu vernichten. Sie schneidet sich ein Stück aus der Hüfte, brät es sich zu Hause mit Rosmarin an und isst es auf. Niemand bekommt etwas mit. In seinem Testament hatte der Tote verfügt, dass sein Leichnam dem Krankenhaus zur freien Verfügung steht.

Wieder stellt sich die Frage: »War es falsch, was Jennifer getan hat?« In diesem Fall finden 87 Prozent aller Versuchspersonen ihr Verhalten moralisch falsch.

Mit einem Kollegen hat Haidt seine Testpersonen gebeten, ihre Urteile zu begründen. Die meisten betonten, es hätte ein Schaden entstehen können. Im Fall der Geschwister argumentierten sie zum Beispiel: »Was ist, wenn Julie und Mark doch ein Kind zeugen, das dann an einer Erbkrankheit leidet?« Doch Haidt und sein Kollege hatten ihre Beispiele absichtlich so konstruiert, dass Schaden ausgeschlossen war: In den Szenarien muss keiner leiden, niemand wird seiner Freiheit beraubt oder unfair behandelt, und selbstverständlich wird kein krankes Kind gezeugt. Typischerweise gaben die Testpersonen irgendwann auf und sagten: »Ich kann es nicht begründen, aber es fühlt sich falsch an.« Haidt nennt diesen Zustand *moralische Sprachlosigkeit* und zieht zwei Schlüsse daraus, nämlich erstens, dass unsere moralische Intuition nicht aus der Vernunft entspringt, sondern aus den Emotionen. Wir sagen mit Gewissheit, dass Inzest falsch ist. Würde diese Gewissheit aus der Vernunft stammen, müssten wir unser Urteil mit einem allgemeinen Prinzip begründen können.

Haidt und andere Psychologen gehen aber noch einen Schritt weiter, indem sie zweitens behaupten, dass nicht nur die wenigen Urteile, in denen es um Tabus geht, auf Emotionen beruhen, sondern vielmehr alle unsere moralischen Überzeugungen. Selbst wenn wir unsere Haltung zu Mord, Einwanderung, Abtreibung oder Steuern ausführlich rational begründen würden, handele es sich dabei nur um nachgereichte Scheinerklärungen.

Die Vernunft verhält sich zu den Gefühlen wie ein Reiter zu einem Elefanten, so Haidt. Der emotionale Dickhäuter bestimmt den Weg, und der Reiter redet sich ein, dass er in dieselbe Richtung will, obwohl er keine Kontrolle hat.

Moralische Vielfalt

Bei moralischen Prinzipien denken viele an universelle Menschenrechte wie Schutz vor Schaden an Leib und Leben, an Gleichheit vor dem Gesetz und an Freiheiten wie die Meinungs-, Reise- und Pressefreiheit. Diese drei Prinzipien sind absolut zentral. Sie sind die drei großen »F«s der Moral: *Fürsorge* als Schutz vor Gewalt und Notlagen, *Fairness* als eine gerechte Behandlung, und *Freiheit* als Selbstbestimmung und Abwesenheit von Zwang. Die drei Prinzipien sind weltweit allen Menschen wichtig, stehen aber vor allem im Zentrum der neuzeitlichen westlichen Moral. In der Französischen Revolution hießen »Freiheit, Fairness und Fürsorge«: liberté, egalité, fraternité. Wird eines dieser Prinzipien verletzt, entsteht ein Schaden, und wir haben es mit einem moralischen Unrecht zu tun.

Allerdings endet die Moral nicht bei diesen Prinzipien, wie die Tabu-Beispiele zu Inzest oder Kannibalismus zeigen, in denen es nicht um Schaden im engeren Sinne geht. Im ganzen Rest der Welt und unter den Traditionalisten im Westen sind noch andere Prinzipien wichtig, besonders solche, in denen es um die Gemeinschaft sowie um Reinheit und Heiligkeit geht.

Um zu verstehen, warum die Forschung das so lange übersehen hat, muss man einen kurzen Blick in die Geschichte der Moralpsychologie werfen. Der amerikanische Psychologe Elliot Turiel hat in einer einflussreichen Untersuchung gezeigt, dass schon fünfjährige Kinder zwischen moralischen Regeln wie »Man darf den Sitznachbarn nicht an den Haaren ziehen« und konventionellen Regeln wie »Man darf in der Schule kein Kaugummi kauen« unterscheiden können. Wenn man die Kinder nach Gründen fragt, sagen sie im ersten Fall eher: »Weil es wehtut«, im zweiten eher: »Weil man es nicht soll.« Turiel stellte seinen kleinen Versuchspersonen die Frage: »Stell Dir vor, in einer anderen Schule erlaubt der Lehrer Kaugummikauen – wäre es dann ok, es dort zu tun?«

Bei solchen konventionellen Regeln sagten die Schüler »Ja«. Doch wenn es um die moralische Frage ging, ob man anderen Schmerzen zufügen darf, antworteten die meisten mit »Nein«. Sie meinten, das sei niemals richtig, selbst wenn es der Lehrer erlaubt. Die Kinder schienen also verstanden zu haben, dass moralische Regeln universell gelten, während konventionelle Regeln über Kaugummikauen oder Schulkleidung vom Kontext abhängen.

Die Forschung von Turiel hatte dennoch einen blinden Fleck, denn er hat nur Versuchspersonen aus der westlichen Kultur befragt und keine weltweiten Studien durchgeführt. Das holte der amerikanische Psychologe Richard Allan Shweder beispielhaft in Indien nach. Er präsentierte Schulkindern und Erwachsenen in sehr traditionellen Regionen Szenarien wie: »Eine verheiratete Frau geht ins Kino, ohne es ihrem Mann zu sagen. Er droht ihr danach: ›Wenn du das noch einmal tust, schlage ich dich grün und blau.‹ Sie geht wieder allein ins Kino. Daraufhin schlägt er sie. Frage: Wie beurteilst du den Mann?« Ein anderes Szenario lautete: »Ein 25 Jahre alter Mann spricht seinen Vater mit Vornamen an. Frage: Wie beurteilst du den Sohn?« Sowohl Kinder als auch Erwachsene finden, der Ehemann habe sich richtig, der Sohn hingegen falsch verhalten. In der westlichen Welt antworten wir normalerweise umgekehrt.

Shweders Pointe ist nun, dass die traditionellen Inder nicht den Unterschied zwischen moralischen und konventionellen Regeln machen, der im Westen üblich ist. Die Frage nach dem Verhalten gegenüber den Eltern hat ihrer Meinung nach nichts mit einer zufälligen Konvention zu tun. Sie halten es nämlich niemals und an keinem Ort der Welt für richtig, die Eltern beim Vornamen zu nennen. Genauso sind ihrer Meinung nach Frauen zu verurteilen, die ihre Kleidung nicht wechseln, wenn sie auf der Toilette waren und danach etwas kochen wollen. Sie halten es auch für falsch, dass Frauen mit Männern zusammen an einem Tisch zu Abend essen.

Verrückter Westen

Den Testpersonen aus dem traditionellen Indien ist wichtiger, dass Männer das Sagen haben, als dass Frauen vor Gewalt geschützt sind. Hierarchie und Reinheit sind dort bei Themen wie Sex, Essen, Kleidung und Geschlechterrollen elementar. Offenbar kommen zu den im Westen favorisierten moralischen Prinzipen Fürsorge, Fairness und Freiheit in anderen Regionen der Welt weitere hinzu, die diese Prinzipien übertrumpfen können.

Shweder und viele seiner jüngeren Kollegen ziehen daraus den Schluss, dass die westliche Vorstellung von Moral nicht die ganze Bandbreite an moralischen Neigungen widerspiegelt, weil hier im Vordergrund steht, Schaden am Individuum zu vermeiden. Eine aktuelle Entwicklung deutet in dieselbe Richtung. Seit einigen Jahren erschüttert eine große Replizierungskrise die Psychologie. In letzter Zeit haben Forscherteams einige klassische Versuche, die inzwischen in Standardlehrbüchern stehen, wiederholt und keine brauchbaren Ergebnisse geliefert, schon gar nicht, wenn sie sie in nichtwestlichen Kulturen durchgeführt haben. Die Kritik lautet: Bisher waren die Versuchspersonen *weird*, was »sonderbar« oder »verrückt« bedeutet und als Akronym aus »*w*estern, *e*ducated, *i*ndustrialized, *r*ich, *d*emocratic« für gebildete Menschen aus industrialisierten reichen Demokratien des Westens steht. Die typischen Versuchspersonen sind nämlich Studenten der Psychologie an amerikanischen Eliteuniversitäten. Diese durch aufwändige Selektion gebildete Kleinstgruppe gibt aber andere Antworten als die Menschen im Rest der Welt, wie die Versuche in Indien belegen.

Als Alternative zur westlichen Alltagsmoral hat Shweder einen Ansatz entwickelt, der »Moral« weiter fasst und die weltweit verbreiteten Vorstellungen einfangen soll. Sein Modell lässt vieles in neuem Licht erscheinen, denn es enthält nicht einen, sondern drei Bereiche: Autonomie, Gemeinschaft und Heiligkeit. Unter die

»Ethik der Autonomie« fallen die drei progressiven »F«s, also Fürsorge, Fairness und Freiheit. Dazu kommt aber noch die »Ethik der Gemeinschaft«, in der es um Loyalität zu einer Gruppe, um Respekt und Ehre oder um Hierarchien wie das Patriarchat geht. Und schließlich die »Ethik der Heiligkeit«, in der sich alles um Reinheit und Religion dreht, also darum, dass man die Götter zu ehren hat und heilige Schriften oder Symbole nicht beschmutzen darf.

Das Leben der anderen

Es geht noch mal ans Eingemachte: »Ein Mann kauft sich im Supermarkt ein Suppenhuhn, benutzt es, um sich damit selbst zu befriedigen, reinigt es gründlich und kocht sich dann eine Hühnersuppe daraus.« Zweite Geschichte: »Der Hund einer Familie läuft auf die Straße und wird vom Auto überfahren. Die Familie überlegt, ob sie seine Überreste im Garten begraben soll, entscheidet dann aber, den Hund zu braten. Sie verspeisen ihn zum Abendessen.« Dritte Geschichte: »Eine Frau will ihr Badezimmer putzen, bemerkt aber, dass sie keinen Lappen mehr hat. Von der letzten WM ist allerdings eine Deutschlandfahne übrig geblieben. Kurzerhand putzt sie die Toilettenschüssel mit der Fahne und entsorgt sie danach, ohne dass es jemand mitbekommt.«

Die Beispiele klingen wie aus der satirischen Interview-Serie *Who Is America?* des englischen Schauspielers Sacha Baron Cohen von 2018, in der er in verschiedene Rollen schlüpft und seine Interviewpartner mit ähnlichen Geschichten provoziert. Tatsächlich stammen die Szenarien ebenfalls von Haidt. Wieder kommt niemand zu Schaden, und wieder zielen die Geschichten auf Themen wie Reinheit und Gruppenzugehörigkeit. Haidt hat seinen Versuchspersonen im Anschluss immer zwei Fragen gestellt: Ist das eklig? Und: Ist es moralisch falsch, was die Personen da tun?

Die Probanden im Westen finden die Geschichten, besonders die mit dem Huhn, zwar eklig, halten aber die Taten noch für moralisch akzeptabel. In anderen Teilen der Welt sieht das anders aus: Hier ist sich die Mehrheit einig, dass sie sowohl eklig als auch moralisch verwerflich sind. Überraschend ist eine weitere Entdeckung von Haidt: Schaut man sich nur die westlichen Studienteilnehmer an, tut sich ebenfalls ein großer Graben auf, denn Progressive finden die Handlungsweisen moralisch überwiegend in Ordnung, Konservative hingegen eher nicht. Besonders beim Beispiel mit der Landesfahne, die zum Kloputzlappen degradiert wird, verstehen Konservative in den USA keinen Spaß.

Als ich das Szenario einmal bei einem Vortrag in Süddeutschland dem Publikum am Beispiel der Deutschlandfahne präsentiert habe, fiel der Aufruhr eher schwach aus. Das änderte sich aber schlagartig, als ich das Reinigungsinstrument variierte. Auf das Szenario »Die Frau kratzt die Toilette mit einem christlichen Kreuz sauber« reagierte das Publikum weniger gelassen. Es kommt offenbar auf die richtigen Gruppensymbole an.

Haidts Diagnose lautet: Nur die Progressiven, besonders die im Westen, folgen der Ethik der Autonomie, in der es darum geht, Schaden an Individuen zu vermeiden. Alle anderen sind moralisch breiter aufgestellt. Wichtiger noch, als das Individuum zu schützen, ist für sie, dass die Gemeinschaft und die heilige Tradition keinen Schaden nehmen. Sie wollen verhindern, dass das Ansehen ihrer Symbole oder die Reinheit ihrer Lebensform beschmutzt wird.

Zusammen mit seinem Kollegen Jesse Graham hat Haidt aus Shweders drei Ethiken (Autonomie, Gemeinschaft, Heiligkeit) sechs emotionsbasierte Prinzipien herausgearbeitet, die auf den Ergebnissen von Hunderten von Versuchen aus der Psychologie und Evolutionsbiologie beruhen, mit inzwischen mehr als 100 000 Testpersonen. Die drei erwähnten »F«s der westlichen Moral gehören dazu. *Fürsorge* zeigt sich positiv in unserem Mitgefühl und stellt sicher, dass wir uns um Kinder und Hilfsbedürftige kümmern. *Fairness* äußert sich in unserem Gerechtigkeitssinn und sensibilisiert uns für das Gleichgewicht in der menschlichen Kooperation. *Freiheit* drückt sich in dem Wunsch aus, selbstbestimmt und ohne Zwang zu leben. Diese drei Prinzipien kann man in allen Kulturen und Religionen nachweisen. Wir reagieren mit negativen Emotionen auf Verletzungen dieser Prinzipien, und zwar mit moralischem Zorn. Wir sind empört, wenn Schwachen Leid widerfährt (Fürsorge), wenn andere unterdrückt werden (Freiheit) oder wenn man sie ungerecht behandelt (Fairness).

Bei Konservativen und bei Traditionalisten aus vielen nichtwestlichen Kulturen haben diese Prinzipien aber keinen absoluten Wert, sondern stehen gleichberechtigt neben drei weiteren Prinzipien. Erstens *Loyalität*. Da geht es um die Treue gegenüber dem eigenen Stamm: dem Volk, der Religion oder der Fußballmannschaft. Das zugehörige Gefühl sind der National- oder Vereinsstolz sowie die Verachtung für Fremde und Verräter.

Das zweite Prinzip ist *Autorität*. Hier geht es um Hierarchie und Anerkennung, um Rang und Ehre, Respekt und Unterordnung. Sie findet Ausdruck in Familienhierarchien wie dem Patriarchat, in Orden und Abzeichen.

Das Prinzip der *Reinheit* schließlich suggeriert einen Unterschied zwischen dem »Heiligen«, »Reinen« und »Natürlichen«, wie etwa der Ehe oder dem Christuskreuz, und dem »Unreinen« und »Unnatürlichen« wie etwa Inzest oder Selbstbefriedigung. Bei Verstößen gegen diese Prinzipien reagieren konservativere Menschen nicht nur mit moralischem Zorn, sondern vor allem mit Abscheu, den man als moralisch relevanten Ekel auffassen kann.

Die sechs Prinzipien sind zentral für dieses Buch, denn sie bilden weltweit die emotionale Grundlage des moralischen und politischen Denkens. Sie sind empirisch gut belegt und stellen eine gute Heuristik dar: Mit wenigen Annahmen lassen sich viele Phänomene besser verstehen, beispielsweise der globale Rechtsruck, die Motivation von Impfgegnern oder das Weltbild der kosmopolitischen Eliten. Sie machen deutlich, warum Neonazis und Salafisten so viel gemeinsam haben, warum man rechts und links verwechseln kann und warum wir im politischen Diskurs oft aneinander vorbeireden, obwohl wir dieselben Wörter verwenden.

Die Prinzipien stellen aber selbst keine Ethik dar, die uns sagt, was wir tun sollen. Vielmehr bilden sie eine Schablone, mit der wir besser verstehen können, wie Menschen im Alltag tatsächlich moralisch denken und handeln.

Kurz gefasst

Wir haben die Intuition, dass Inzest und Kannibalismus moralisch falsch sind, selbst wenn dabei niemand zu Schaden kommt. Diese Intuition können wir selten begründen, sondern verfallen in moralische Sprachlosigkeit. Die Grundidee der westlichen Moral ist, die Autonomie des Individuums zu schützen und Schaden von ihm abzuwenden. Kulturvergleichende Studien zeigen aber, dass die Alltagsmoral vieler Menschen weiter gefasst ist. Sie verurteilen auch Schaden an der Gemeinschaft und Verstöße gegen die Natur und das »Heilige«. Moral beruht weltweit auf sechs universellen Prinzipien, mit denen man die eigene Gesellschaft besser versteht: Die Progressiven legen Wert auf Fürsorge, Fairness und Freiheit, die Konservativen zusätzlich auf Autorität, Loyalität und Reinheit.

7 Die Sentimentalisten schlagen zurück: Wie emotional ist die Moral?

Moral in Wallung

Die Vernunft als blinder Passagier auf dem Rücken der Emotionen: Diese Idee von Haidt hat neben Freud noch einen früheren Vorläufer. David Hume hat schon 1738 in seinem *Traktat über die menschliche Natur* gesagt »Die Vernunft ist nur ein Sklave der Affekte und soll es sein; sie darf niemals eine andere Funktion beanspruchen als die, denselben zu dienen und zu gehorchen.«

Moralische Themen lassen uns nicht kalt. Wenn wir hören, dass Maskierte einer Rentnerin den Ehering geklaut haben oder, noch drastischer, dass der Nachbar zum Spaß brennende Zigaretten auf den Armen seiner Kinder ausdrückt, zucken wir nicht bloß mit den Schultern. Die Taten gehen uns nahe, und wir bilden uns augenblicklich ein Werturteil. Das gilt auch für Themen, die zur Moral im weiteren Sinne gehören, wie jeder weiß, der sich schon mal öffentlich zu Homöopathie, Pflichtimpfungen, Sterbehilfe oder zum Feminismus geäußert hat. Immer wenn es um Werte geht, fühlen sich manche Zeitgenossen dazu aufgerufen, wütende Leserbriefe und Rezensionen zu schreiben oder einen Shitstorm auf Twitter zu starten, von Hasskommentaren einmal ganz abgesehen. Diskussionen über Computersprachen oder Onlinebanking bringen das Blut nicht so in Wallung.

Je mehr es bei Themen um Moral geht, desto stärker verbinden wir sie mit unserer Identität und desto emotionaler reagieren wir. Die Verbindung zwischen Moral und Emotionen scheint nicht zufällig zu sein, sondern tiefer zu reichen, als es die westliche Tradition der Moralphilosophie bisher wahrhaben wollte.

Folgt daraus, dass wir ohne Emotionen gar keine Werte hätten, die Emotionen also notwendig für unsere Moral sind? Diese Frage gehört zur *Metaethik*, in der es unter anderem darum geht, was moralische Urteile eigentlich sind. Während man in der *normativen Ethik* fragt: »Soll der Pilot die entführte Passagiermaschine abschießen?«, fragt man in der Metaethik: »Was machen wir eigentlich, wenn wir solche Fragen beantworten?«

Wie erwähnt würden Kant und Mill vermutlich unterschiedliche Urteile über den Abschuss der Passagiermaschine fällen. Die meisten von uns halten es zum Beispiel für eine moralische Tatsache, dass man andere nicht einfach so töten darf. Wie die Untersuchungen zu den Zug-Fällen nahelegen, entspringt unser Urteil manchmal einer Emotion, nämlich Angst. Gleichzeitig hat sich gezeigt, dass Angst uns oft in die Irre leitet. Können wir ein moralisches Urteil dann überhaupt mit Rückgriff auf Angst rechtfertigen?

Die Metaethik stellt unter anderem die Frage: Gibt es moralische Tatsachen? Wenn ja, kann man sie in der Welt empirisch entdecken, so wie die Tatsache, dass Wasser die chemische Formel H_2O hat? Oder erfassen wir sie beispielsweise mithilfe der Vernunft, so wie wir durch Nachdenken erkennen, dass 5 eine Primzahl ist? Wer sagt, es gebe keine moralischen Tatsachen, muss sich fragen, ob die Menschenrechte universelle Gültigkeit haben. Die meisten von uns jedenfalls gehen stillschweigend davon aus, dass es keine zufällige Übereinkunft wie beim Rechts- oder Linksverkehr ist, wenn wir sagen, niemand darf gegen seinen Willen als Sklave gehalten werden. Dieses Prinzip scheint auch nicht bloß einer Mehrheitsmeinung zu entspringen. Vielmehr sind wir der Auffassung, dass das Verbot von Sklaverei immer und universell gilt, also eine moralische Tatsache ist, auch wenn viele es in der Vergangenheit verletzt haben und einige bis heute verletzen. Sagt uns das die Vernunft? Oder ein Gefühl?

Sentimentalismus in der Moral

Unsere Moral stammt wesentlich aus unseren Gefühlen, eine Bewertung ist in diesen Gefühlen schon enthalten, und die Gefühle motivieren uns zum Handeln. So lautet der provokante Vorschlag von Jesse Prinz, der damit die philosophische Theorie zu den Ergebnissen aus der Psychologie liefert. Gleichzeitig beantwortet Prinz so eine weitere zentrale Frage der Metaethik, nämlich die nach der Motivation: Wie entspringt aus der moralischen Überzeugung »Man sollte das Kind im Teich retten« die Handlung »Ich rette das Kind«? Emotionen motivieren uns zum Handeln, daher ist Prinz zufolge eine Verbindung naheliegend.

Seinen von Hume inspirierten Ansatz könnte man als *Sentimentalismus* bezeichnen, denn Prinz sagt, dass Emotionen wie Wut oder Ekel nicht für sich genommen der Kern unserer Urteile sind, sondern genauer gesagt unsere *Neigungen*, diese Emotionen bei moralischen Verstößen zu verspüren. Im Englischen heißen solche Gefühlsneigungen *sentiments*. Wir kennen sie aus dem Alltag. Ein ängstlicher Mensch hat nicht permanent Angst, sondern die Neigung, in vielen Situationen Angst zu zeigen. Und eine cholerische Person ist nicht dauerhaft im Zustand der Wut, sondern neigt dazu, schon bei Kleinigkeiten auszurasten. »Ängstlich« und »cholerisch« bezeichnen emotionale Neigungen. Sentimentalisten glauben, dass solche emotionalen Grunddispositionen auch für die Moral einschlägig sind: Wenn wir die Intuition haben, dass man weder Rucksackträger von Brücken stoßen noch Menschenfleisch essen darf, dann ist das in Wirklichkeit eine emotionale Neigung.

Während uns Angst hemmt, Menschen zu töten, sind es vor allem Zorn und Ekel, die unsere moralischen Urteile über andere bestimmen. Zorn bewertet ursprünglich ein Ereignis als Störung, etwa wenn uns ein Stein auf den Fuß fällt. In der menschlichen Evolution hat sich daraus der moralische Zorn entwickelt, der

Störungen des Zusammenlebens anzeigt. Genau diesen verspüren wir, wenn der Vater seine Kinder mit Zigarettenstummeln quält oder wenn Menschen andere als Sklaven behandeln.

Unsere emotionale Neigung sagt also: »Moralisch falsch ist alles, was Empörung erzeugt.« Und genau das sind die Verstöße gegen die progressiven Prinzipien Fürsorge, Fairness und Freiheit sowie gegen das Prinzip Autorität. Traditionalisten und sehr konservative Menschen haben jedoch noch einen zweiten Mechanismus, der sagt: »Moralisch falsch ist alles, was Abscheu erzeugt.« Darunter fallen Verstöße gegen das Prinzip Loyalität, etwa wenn Abtrünnige ihre Gruppe verraten oder jemand heilige Gruppensymbole schändet. Und darunter fallen auch Verstöße gegen das Prinzip Reinheit, etwa Fälle von Inzest, Masturbation oder Abtreibung.

Prinz stellt fest, dass sich auch unsere Selbsteinschätzungen aus emotionalen Neigungen speisen. Unser Schuldgefühl sagt uns, dass wir es sind, die ein Prinzip verletzt haben, zum Beispiel Fürsorge, wenn wir nach einem Unfall Fahrerflucht begehen. Unser Schamgefühl sagt, dass wir gegen das Prinzip Reinheit verstoßen haben, wenn man etwa beim ersten Date mit Durchfall auf der Toilette der fremden Wohnung sitzt und merkt, dass die Wände extrem hellhörig sind. Das Schuldgefühl ist eine Art Selbstzorn, das Schamgefühl eine Art Selbstekel.

Prinz geht sogar so weit zu behaupten, dass wir ohne Emotionen gar keinen Begriff von Moral haben können. Psychopathen zum Beispiel, deren Gefühlsleben nachweislich stark vermindert ist, sprechen über Moral allenfalls so, wie Blinde über Farben sprechen. Psychopathen können als »Emotionsblinde« nur oberflächlich mitreden, wissen aber nicht, wovon sie sprechen.

Wie mächtig ist der Elefant?

Drei starke Metaphern sind hier also im Spiel. Haidt sagt, die Vernunft sei der hilflose Reiter auf dem Rücken eines emotionalen Elefanten. Greene, der sich intensiv mit Zug-Fällen auseinandergesetzt hat, meint, die Vernunft sei vielmehr die manuelle Einstellung einer Kamera, die sonst im emotionalen Auto-Modus läuft. Und Prinz hält Emotionen für Rauchmelder, die unter anderem moralische Verstöße verlässlich anzeigen. Hier scheint die Vernunft gar nichts zu sagen zu haben. Alle Forscher sind sich immerhin darin einig, dass Gefühle nicht irrationale Störgrößen des Denkens darstellen, sondern uns wichtige Informationen über die Moral vermitteln.

Wer hat nun recht? Haidt und Greene vertreten beide sogenannte »duale Theorien« der Moral. Vernunft und Gefühl sind Gegenspieler. Bei Haidt sind die Emotionen stark, und die Vernunft ist machtlos. Bei Greene sind die Emotionen zwar mächtig, die Vernunft kann aber eingreifen.

Falls Sie Haidts Bild von Reiter und Elefant an Sigmund Freud erinnert, ist das kein Zufall. Freud hat sein Modell der Psyche in eine ähnliche Metapher gekleidet, nämlich in die von Reiter und Pferd. Das »Es« als Sitz unserer archaischen Triebe, nämlich Sexualität und Aggression, würde uns ständig in die eine oder andere Richtung lenken. Das »Ich«, also unser Bewusstsein, sitze als Reiter obenauf, in der Illusion, es habe die Zügel dieses Wildpferdes in der Hand. Genau genommen hat diese Metapher ebenfalls einen Vorläufer. Freud hat nur Platons Gleichnis von der Seele als einem Pferdewagen tiefer gelegt. Bei Platon steuert der vernünftige Lenker einen Wagen, der von einem wilden, emotionalen sowie einem edlen, mutigen Pferd gezogen wird. Der Lenker muss das in unterschiedliche Richtungen strebende Gespann im Zaum halten.

Die blinden Flecken der Sentimentalisten

Haidt scheint sich dieses Beispiels nicht bewusst zu sein. Hätte er sich die Inspiration bei Freud geholt, wären ihm vielleicht zwei blinde Flecken in seiner Theorie aufgefallen. Schon Freud hat nämlich betont: »Wo Es war, soll Ich werden.« Das war als ein Projekt der Emanzipation gemeint. Das Bewusstsein sollte sich über die dunklen Triebe des Unbewussten erheben.

Diese Möglichkeit blendet Haidt aus, wie übrigens auch Prinz, und darin liegt der erste blinde Fleck seines Ansatzes. Wir können unsere emotionalen Impulse nämlich zensieren und kontrollieren. So verspüren Progressive zwar auch Ekel bei den Tabu-Geschichten, aber sie gründen darauf kein moralisches Urteil, sondern schalten die Vernunft ein. Der Reiter hat in diesem Fall Verfügungsgewalt über den Elefanten. Schon philosophische Diskussionen genügen oft, um den emotionalen Dickhäuter zu zähmen. Als ich vor einigen Jahren ein Seminar über Moralpsychologie abgehalten habe, hielt am Anfang des Semesters ein guter Teil der Studenten die Inzest-Geschichte von Julie und Mark für moralisch verwerflich, am Ende aber so gut wie niemand mehr.

Der zweite blinde Fleck liegt darin, dass Haidt und Prinz moralischen Fortschritt nicht erklären können. Wären wir unseren emotionalen Neigungen hilflos ausgeliefert, würden wir immer noch so denken und handeln wie Urmenschen in der Steinzeit. Gerade in der Zeit nach dem Zweiten Weltkrieg aber war der weltweite moralische Fortschritt beispiellos. Zuvor existierte allenfalls die Idee der Menschenrechte, aber keine verpflichtende Charta der Vereinten Nationen, die inzwischen 193 Staaten unterzeichnet haben. Noch nie in der Menschheitsgeschichte gab es so viele Staaten, die frei und demokratisch verfasst sind wie heutzutage. Im Westen haben Frauen nicht zufällig dieselben Rechte wie Männer, sondern weil uns Fairness inzwischen wichtiger ist als Autorität. Und Homosexualität ist in Europa zu Recht keine Straftat mehr. Übrigens seit Herbst 2018 auch nicht mehr in Indien, das sonst im Vergleich eher traditionelle Werte hochhält.

Meiner Ansicht nach ist unsere Alltagsmoral tatsächlich dualistisch, aber nicht so, wie uns Haidt und einige seiner Kollegen glauben machen wollen. Ein Großteil unserer moralischen Urteile und Entscheidungen entspringt sicherlich unseren Emotionen. Doch wir können in automatische Prozesse eingreifen und unsere Natur zum Besseren korrigieren. Allerdings ist das mühsam und kostet Zeit und Aufmerksamkeit. Sicherlich machen wir in moralischen und politischen Fragen zu selten Gebrauch von der Vernunft. Wir folgen lieber unseren emotionalen Intuitionen. Kant drückt das in seiner eigenwilligen Prosa folgendermaßen aus: »Aus so krummem Holze, als woraus der Mensch gemacht ist, kann nichts ganz Gerades gezimmert werden.«

Aber immerhin können wir durch Nachdenken mehr klare Kante zeigen, selbst wenn wir moralisch vielleicht nie ganz scharf urteilen und handeln werden. Zuallererst muss man sich dafür aber ein genaueres Bild der menschlichen Natur machen, beispielsweise seine eigenen Gefühlsneigungen erkennen, um dann in einem zweiten Schritt zu lernen, mit den falschen umzugehen.

Kurz gefasst

Unsere Moral stammt großenteils aus unseren Emotionen, die eine moralische Bewertung enthalten. Diese Emotionen motivieren uns zum Handeln. Verletzt jemand die progressiven Prinzipien Fürsorge, Fairness, Freiheit, reagieren wir mit moralischem Zorn: mit Empörung. Verletzt jemand die konservativen Prinzipien Autorität, Loyalität, Reinheit, reagieren wir mit moralischem Ekel: mit Abscheu. In der Ethik, also der Wissenschaft der Moral, sagen die Sentimentalisten, dass ausnahmslos alle Werte und Normen aus Emotionen entspringen. Sie haben aber nur zur Hälfte recht, denn wir können in emotionale Prozesse eingreifen. Das zeigt unter anderem der moralische Fortschritt. Die richtige Theorie der Alltagsmoral ist dual: Die Moral ist von Emotionen geprägt, die wir mit der Vernunft kontrollieren können.

8 Eiter, Blut und Käse: Warum ekeln wir uns?

Alles muss raus

Bitte einmal tief durchatmen, jetzt wird es unappetitlich. Ehrlich gesagt wird es richtig widerlich. Doch wir müssen darüber reden. Die Frage lautet: Wovor ekeln wir uns? Die ausführliche Antwort, so viel vorab, wird Sie nicht beruhigen, aber dennoch Ihren Herzschlag verlangsamen. Das passiert, wenn wir uns ekeln, denn Ekel aktiviert unser vegetatives Nervensystem.

Also, wovor ekeln wir uns? Erstens vor all dem, was vom menschlichen Körper kommt. Die vollständige Liste von oben nach unten lautet: Haare, Schuppen, Talg, Schlafsand, Ohrenschmalz, Schnodder und Popel, Speichel, Hustenschleim, Mundgeruch, Erbrochenes, Eiter, Blut, Schweiß, Bauchnabelschmiere, Sperma, Smegma, Vaginalflüssigkeit, Urin, Kot, Blähungen, Hautreste, sowie Finger- und Fußnägel.

Zweitens ekeln wir uns vor Kadavern und verdorbenen Speisen, oder allgemeiner vor dem Geruch von Fäulnis. Drittens ekeln wir uns vor sichtbaren Erkrankungen wie offenen Wunden, entzündeten Pickeln und Hautausschlag und, viertens, vor Kleingetier wie beispielweise Ratten, Kakerlaken, Fliegen, Maden, Läusen und anderen Insekten, besonders vor ihrem »Gewimmel und Gekribbel«, wie der Philosoph Aurel Kolnai 1929 festgestellt hat.

All diese Dinge haben etwas gemeinsam. Wir ekeln uns vor dem, was potenziell ansteckend oder giftig ist, auch wenn uns das nicht bewusst ist. Körperflüssigkeiten und andere Ausscheidungen können Viren, Bakterien, Parasiten wie Würmer, Milben und Amöben sowie Pilze und andere Schadstoffe enthalten. Dasselbe gilt für Ratten und Insekten, die Krankheiten übertragen. Von Leichen und verdorbenen Nahrungsmitteln ganz zu schweigen.

Der amerikanische Psychologe Paul Rozin nennt den grundlegenden Infektionsschutz, der sich auf Essen bezieht, »Kern-Ekel«. Die anderen Formen könnte man »Ekel vor dem Tierischen« und »Ekel vor Menschen« nennen. In der Fachwelt heißt Rozin übrigens scherzhaft »Dr Disgust«, weil er sein Leben lang tapfer untersucht hat, was wir so richtig abstoßend finden. Da Nahrung, Tiere und andere Menschen uns potenziell infizieren können, sehen der amerikanische Psychologe Mark Schaller und seine Kollegen Ekel als *emotionales Immunsystem* an. Während das biologische Immunsystem Infektionen innerhalb des Körpers bekämpft, ist das emotionale Immunsystem noch davorgeschaltet. Es verhindert, dass wir überhaupt mit Schadstoffen in Kontakt kommen. Was uns ekelt, meiden wir, sodass Keime nicht in unseren Körper gelangen können.

Wenn wir angewidert sind, schließen wir Augen und Lippen, verdecken Nase und Mund mit unseren Händen, halten die Luft an und wenden uns ab. Diese instinktiven Sicherheitsvorkehrungen schützen unsere Körperöffnungen vor Eindringlingen. Man findet sie bei allen Menschen, und sie könnten sich in der Stammesgeschichte schrittweise erweitert haben. So wie unser Mund evolutionär zuerst nur die Funktion hatte, Nahrung aufzunehmen, und erst danach als Sprachorgan diente, hat Ekel bald nicht mehr nur den Mund, sondern den ganzen Körper vor Kontamination geschützt.

Wie Angst und andere Emotionen drückt auch Ekel eine Bewertung aus. Er sagt so viel wie: »Das ist unrein«, oder: »Das ist infektiös.« Ähnlich wie Angst warnt uns Ekel vor einer Gefahr, nur eben vor einer speziellen Gefahr für Leib und Leben, und zwar durch Schadstoffe.

Ekel beruht auf einem eigenen Schaltkreis im Hirn, der sogenannten *Inselrinde*, einer Region im Großhirn tief hinter den Schläfen. Die Inselrinde sendet übrigens Signale an die Amygdala, die nicht nur bei Angst, sondern auch beim Ekelempfinden eingeschaltet ist. So ist es vielleicht kein Zufall, dass Schlangen und Spinnen, die giftig und darum gefährlich sind, nicht nur Angst, sondern auch Ekel hervorrufen.

Wir spüren Ekel im Bewusstsein als innere Abneigung, und er äußert sich, wie andere Grundemotionen, in vielen Formen und Nuancen. Überdruss ist ursprünglich der Ekel vor dem Zuviel an Nahrung. Abscheu ist Ekel, der sich auf Personen oder Ideen bezieht. Gesteigert wird Abscheu zu Verachtung und Hass, wenn er sich mit Aggression mischt. Darin zeigt sich, dass Ekel auch eine moralische Emotion sein kann.

Angeborener Schutz, erlernter Auslöser

Wir können anderen den Ekel am Gesicht ablesen. Rümpft jemand die Nase, zieht die Nasenlippenfurchen hoch und verschließt dabei den Mund, teilt er anderen so mit, dass etwas nicht ganz koscher ist. Ekel hat also auch eine kommunikative Funktion, was man schon daran erkennt, dass der Ausdruck von Ekel ansteckend ist. Psychologen gehen davon aus, dass ansteckende Verhaltensweisen wie beispielsweise Lachen oder Gähnen eine adaptive Funktion in der Gruppe gehabt haben.

Bei Ekel ist das naheliegend. Wenn der Urmensch sich vor dem verwesten Tierkadaver geekelt hat, haben sich die anderen auch nicht an das faule Fleisch gewagt. So hat Ekel die gesamte Gruppe vor Keimen geschützt. Bis heute tragen wir diesen Schutzmechanismus in uns. Allein das Geräusch des Erbrechens beispielsweise kann einen Brechreiz auslösen. Wer schon einmal eine turbulente Flugzeuglandung erlebt hat, weiß, wovon die Rede ist.

Viele Säugetiere und sogar einige Insekten haben Verhaltensweisen entwickelt, um Schadstoffe zu vermeiden, doch nur beim

Mensch übernimmt Ekel diese Funktion. Ekel ist also im Gegensatz zu Angst und Aggression eine allzu menschliche Emotion.

Ekel ist angeboren, seine Auslöser müssen aber erlernt werden. Diese paradox klingende Erkenntnis erklärt, warum Freud und andere Gelehrte Ekel für ein kulturell erworbenes Gefühl hielten. Auf den ersten Blick ist das auch plausibel. Kleinkinder beispielsweise spielen fröhlich mit ihren Exkrementen und ekeln sich nicht davor. Auch grob vernachlässigte Menschen, die ohne Erziehung aufgewachsen sind, ekeln sich vor nichts. Erst im Alter von drei Jahren, nachdem das Toilettentraining schon begonnen hat, entwickeln Kinder in der Interaktion mit Erwachsenen eine Sensibilität für Verunreinigung. Diese Fähigkeit ist gedanklich anspruchsvoll, denn Kinder müssen lernen, dass unsichtbare Schadstoffe existieren.

Auf den ersten Blick scheint Ekel ausschließlich kulturell erlernt zu sein. Doch gegen diese These spricht einiges. Erstens ist der Gesichtsausdruck des Ekels universell. Menschen zeigen ihn in allen Kulturen. Zweitens gibt es Dinge, die weltweit Ekel auslösen, wie Kadavergeruch. Fragt man Versuchspersonen, welche Vorstellung sie am widerlichsten finden, dann antworten sie kulturunabhängig am häufigsten mit: Tote berühren.

Drittens haben Kinder eine angeborene Voreinstellung, um auf Ekelsignale zu reagieren. Wenn Eltern in einem Experiment beispielsweise bei einem Ball einen angewiderten Gesichtsausdruck zeigen, dann erzeugt das bei Kleinkindern eine Abneigung gegen das Spielzeug. Kinder lernen zwar durch Konditionierung und durch Schlussfolgern, dass flockige Milch eklig ist, nachdem sie gelernt haben, dass saure Milch flockt. Diesem Verhalten liegt aber, viertens, immer dasselbe Prinzip zugrunde: Eklig ist, was unrein, verkommen oder infektiös ist.

Das zeigt sich auch beim Ekel von Erwachsenen. Niemand ekelt sich vor reifen Äpfeln, frischer Petersilie oder anorganischen Dingen wie Füllhaltern oder Fahrrädern, es sei denn, man glaubt, sie seien mit etwas Organischem in Berührung gekommen. Einige

Menschen verziehen zwar das Gesicht beim bitteren Geschmack von Endiviensalat oder schwarzem Kaffee. Doch das ist keine Ekelreaktion, sondern hat mit einer genetischen Voreinstellung für das Schmecken von Bitterstoffen zu tun. Dasselbe gilt für Koriander, der nur für eine genetisch markierte Teilgruppe der Menschen seifig schmeckt.

Herrlich widerlich

Ab dem Alter von drei Jahren werden Kinder empfindlich für alles, was sie an Exkremente oder an Verrottung erinnert, und ekeln sich plötzlich vor Speisen wie Fleisch, Käse, Rosinen oder getrockneten Tomaten. Manchmal spielt dabei die Konsistenz eine Rolle wie bei Pilzen oder Marzipan. Und manchmal sind es Aussehen und Konsistenz gemeinsam wie beim Labskaus, einem Brei aus Rindfleisch, Matjeshering, Roter Bete und Speck, der in Schweineschmalz gedünstet und danach in Gurkenwasser gekocht wird – nicht ganz ideal für den Kindergeburtstag.

Speisen können köstlich oder widerlich sein, je nach Perspektive. In diesem delikaten Zwiespalt befinden sich nicht nur Kinder, sondern auch Erwachsene. Die Gastronomie reagiert auf dieses Dilemma, indem sie Beschönigungen verwendet wie »Ragout fin« statt »Eintopf aus Innereien« oder »Bregenwurst« statt »gekochte Hirnmasse in einer Dünndarmhülle«. Außerdem schneiden Köche Fleisch meist so, dass man den Ursprung nicht erkennen kann. Nur Fisch wird bevorzugt am Stück serviert, sodass es passieren kann, dass die trüben Augen einer gebratenen Forelle dem Gast den Appetit verderben.

Stichwort: Augen. Weltweit verzehren Menschen äußerst selten Tiere, die ihnen emotional nahestehen wie ihre Haustiere, und selten solche, die ihnen physiologisch nah sind wie Affen. In Europa stellen Kaninchen eine der wenigen Ausnahmen von dieser Regel dar, weil sie sowohl Haus- als auch Nutztiere sind.

In einigen Regionen von China sind es Hunde, die eher als Wildtiere denn als treue Freunde des Menschen gelten. Wer meint, es sei barbarisch, Hunde zu essen, muss sich fragen, wie man puschelige Häschen niedlich finden und gleichzeitig toskanischen Kaninchen-Schmorbraten essen kann. Im Übrigen ist in Deutschland Hundeschlachtung erst seit 1986 verboten.

Nicht nur Tiere können unappetitlich sein, wir finden auch andere organische Stoffe eklig, besonders dann, wenn sie den Körper verlassen haben. Haare von Fremden stören uns an deren Haupt nicht so sehr wie in unserer Suppe. Dasselbe gilt für Haut und Nägel. Am Körper sind sie unproblematisch, im Müsli hingegen kein Spaß. Probanden wollen nicht einmal aus einem Glas Wasser trinken, in das sie kurz zuvor selbst gespuckt haben. Sobald der Speichel den Körper verlässt, wird er eklig, sogar wenn es der eigene ist.

Für kleine Kinder gibt es zwar nichts Schöneres, als mit dem Strohhalm im Apfelsaft zu blubbern und immer wieder das Speichel-Saft-Gemisch einzuziehen und auszuspucken. Doch diese Vorliebe hält nicht lange an. Bald sind auch sie sensibilisiert für die Regel »Was den Körper verlässt, ist eklig.« Obwohl viele Kinder Mukophagen sind, zu Deutsch: Popel-Esser, finden selbst sie schon in jungen Jahren den Vorschlag eklig, die Popel in einer Schachtel für den späteren Verzehr aufzubewahren.

Frauen ekeln sich schneller als Männer, besonders in den ersten drei Schwangerschaftsmonaten und nachdem sie Kinder bekommen haben. Das zeigen viele Experimente. Frauen sind auch reinlicher als Männer, wie vergleichende Studien belegen. So waschen Frauen sich die Hände nach dem Toilettengang mehr als doppelt so oft wie Männer. Evolutionsbiologen erklären das damit, dass Frauen, sobald sie ein Kind haben, zweifach vorsichtig sein müssen. Das erklärt vielleicht, warum viele Paare auf Bionahrung umstellen, sobald sie Kinder haben, selbst wenn sie sich das ganze Leben zuvor nur von Dosensuppen und anderen Fertiggerichten ernährt haben.

Kontaktmagie

Nachdem ich irgendwo gelesen hatte, dass etwa 80 Prozent aller Krankheiten über die Hände durch Tröpfchen- und Schmierinfektion übertragen werden, änderte ich mein Leben. Weil ich damals regelmäßig mit dem Zug pendelte, habe ich mir unverzüglich ein antibakterielles Desinfektionsgel für die Hände gekauft. Ich bildete mir ein, dass ich seitdem seltener krank wurde. Das Gel hatte noch einen anderen Effekt. Es machte süchtig. Ich verwendete es zunächst nur, bevor ich einen Sandwich aß, bald schon im Stundentakt, und irgendwann ertappte ich mich dabei, wie ich mir auch zu Hause die Finger desinfizierte, bevor ich die Computertastatur berührte. Wäre das so weiter gegangen, hätte ich bald das Haus nur noch mit Gummihandschuhen und Mundschutz verlassen. Zum Glück irritierte mich mein Verhalten irgendwann selbst, und ich kehrte zu einem überschaubaren Gebrauch von Seife zurück.

Das Beispiel zeigt, dass Ekel als Schutzmechanismus so fein eingestellt ist, dass er schnell über das Ziel hinausschießt. Das belegt auch ein klassischer Versuch von Paul Rozin, der seinen Versuchspersonen zwei Gläser hinstellte, die er mit Wasser aus einer Flasche auffüllte. Auf einem der Gläser klebte ein Schild mit der Aufschrift »Gift«. Das andere hatte kein Schild. Rozin bat die Testpersonen, aus einem der Gläser zu trinken. Obwohl die Personen wussten, dass es sich bei beiden um denselben Inhalt handelt, wählten die meisten das Glas ohne Etikett.

Der Schutzmechanismus kann sogar so weit über das Ziel hinausschießen, dass er ein Ekeltrauma erzeugt. Zu meiner Schulzeit musste ich mich einmal übergeben, nachdem ich die Königsberger Klopse meiner Großmutter gegessen hatte. Das hatte aber gar nichts mit dem Gericht zu tun: Meine Großmutter stammt aus Königsberg; niemand kochte bessere Klopse als sie. Vielmehr hatte ich mir in der Schule einen Infekt zugezogen, der mich tagelang ans Bett fesselte. Dennoch hatte irgendetwas in mir eine Verbindung hergestellt. Nach dem Erlebnis konnte ich etwa ein Jahr lang mein Leibgericht nicht mehr essen.

Dieser Effekt nennt sich *Sauce-Béarnaise-Syndrom*. Man könnte auch *Tequila-Problem* sagen. Es ist für den Ekel das, was eine posttraumatische Belastungsstörung für die Angst ist. Das Syndrom macht deutlich, dass so wie Angst auch Ekel zu viele »falsche Positive« erzeugt, also Fälle, bei denen wir uns ekeln, obwohl gar keine Infektions- oder Vergiftungsgefahr besteht. Wie bei der Angst ist das evolutionär sinnvoll: lieber zu vorsichtig als zu risikofreudig.

Wie die Angst ist also auch der Ekel häufig irrational, weil er uns gar nicht vor Verunreinigungen schützt. Einige ekeln sich zum Beispiel davor, auf einem Sitz im Bus Platz zu nehmen, der noch warm vom Vorgänger ist. Hier greift das *Gesetz der Kontaktmagie*, das sagt: Ist eine Person einmal in Kontakt mit einem Gegenstand gekommen, bleibt diese Verbindung ewig bestehen, im Guten wie im Schlechten.

Das Prinzip »einmal Kontakt, immer Kontakt« liegt nicht nur dem Ekelmechanismus zugrunde, sondern findet sich im Denken vieler Menschen. So essen die Krieger einiger Naturvölker die Herzen von Raubtieren, um sich deren Kräfte dauerhaft einzuverleiben. Dieselbe Idee des magischen Kontakts bringt Autogrammjäger dazu, die Unterschrift von Prominenten für wertvoll zu halten, weil das Autogramm einen Kontakt zum Urheber herstellt. Die Idee ist auch am Werk, wenn Sammler auf Auktionen viel Geld für ein altes Kleid bieten, nur weil es Marilyn Monroe getragen hat. Wenn wir bei Kunstwerken und Einzelstücken also eine »Aura« verspüren, wie der Philosoph Walter Benjamin es nennt, dann geht diese Empfindung auf einen uralten biologischen Vorgang zurück.

Beim Ekel gehört die Vorstellung von Kontaktmagie zum Schutzmechanismus. Wer für Kontakt sensibilisiert ist, meidet lieber einmal mehr die Berührung als einmal zu wenig. So wollten in einem anderen klassischen Versuch die wenigsten Versuchspersonen ein Glas Orangensaft trinken, in das Forscher eine tote und vollkommen sterile Kakerlake einmal kurz eingetunkt hatten. Auch wenn die Personen rational verstanden haben, dass von dem Saft keine Gefahr ausging, hat der Ekel die Situation anders bewertet. Der Saft war für sie durch die Kakerlake für immer verunreinigt.

Ekel vor Menschen und anderen Tieren

Wenn wir uns vor den Körperflüssigkeiten anderer ekeln, warum haben wir dann überhaupt Sex? Wie Nahrung hat unsere Sexualität auch diese merkwürdige Ambivalenz: Sie kann angenehm, aber auch widerlich sein.

Freud meinte, wenig überraschend, Ekel habe vor allem mit Sexualität zu tun. Doch das war eine Fehleinschätzung. Sexualität ist nur eine von vielen Gelegenheiten, bei denen Körperflüssigkeiten im Spiel sind, die Keime übertragen können. Zu Freuds Zeiten und die Jahrtausende zuvor, als es weder Antibiotika noch Impfungen gab, waren Geschlechtskrankheiten wie Syphilis, Gonorrhoe und Trichomonaden weit verbreitet. Viele dieser Infektionen sind in unseren Breitengraden durch die moderne Medizin inzwischen so selten, dass nicht einmal das Korrekturprogramm von *Word* ihre Namen kennt. Das ist vermutlich einer der Gründe, warum wir Sex nicht mehr unverzüglich mit Ekel verbinden. In der Vergangenheit war das anders, und in vielen nichtwestlichen Kulturen ist es das noch immer.

Geschlechtsverkehr funktioniert ohnehin nur, weil die sexuelle Erregung das normalerweise einsetzende Ekelgefühl überdeckt, was man schon daran sieht, dass man nicht gerne mit der Genitalflüssigkeit von Menschen in Berührung kommt, die man nicht attraktiv findet. Selbst Zungenküsse mit dem Liebespartner gelten keineswegs in allen Kulturen als erotisch. Evolutionsbiologen erklären dieses merkwürdige Verhalten geschlechtsreifer Großstädter zur Paarungszeit damit, dass Ekel als Selbstschutz immer dann wegfällt, wenn man den Partner als Teil des »eigenen Selbst« auffasst. Biologisch gesehen ist also ein Zungenkuss ein guter Liebesbeweis. Noch besser ist, gemeinsam die Schmutzwäsche in die Waschmaschine zu stecken.

Freud lag immerhin darin richtig, dass alle Kulturen diejenigen Körperfunktionen regulieren, die wir mit den Tieren teilen: Sex, Essen, Verdauung und Tod. Auch der Soziologe Norbert Elias hat darauf aufmerksam gemacht, dass wir einen Großteil unserer menschlichen Kulturarbeit darauf verwenden, nicht wie ein Tier zu wirken.

Der Ekel vor dem Tierischen hat dabei zwei Aspekte. Zum einen finden Menschen viele Tiere eklig und meiden sie deshalb. Auch das ist vorteilhaft, denn die meisten Krankheiten, die früher Menschen hinweggerafft haben, wie etwa Grippeepidemien, stammen von Tieren. Alle Kulturen haben Speiseregeln, die bestimmte Tiere tabuisieren, selbst das Volk der sogenannten »!Kung«, die sehr ursprünglich als Jäger und Sammler in Südafrika leben, isst keine Kleinnager und Insekten. Nicht alle Speiseregeln sind medizinisch sinnvoll. Einige Regeln sind kulturell überformt, etwa dass das Fleisch von Schlachtvieh nur dann rein ist, wenn man die Tiere geschächtet hat.

Menschen meiden nicht nur Tiere, sondern vermeiden auch, selbst wie ein Tier zu sein. So ist in fast allen Kulturen Sex mit Tieren tabuisiert. Und es gilt als unkultiviert, öffentlich seine Notdurft zu verrichten. Die Scheu vor dem Tierischen zeigt sich auch darin, dass wir alles daransetzen, dass andere uns nicht eklig finden. Wenn Gäste zu Besuch kommen, putzen wir daher die Toilette, die Küche und oft auch uns selbst.

Außerdem ekeln sich die meisten Menschen weltweit vor anderen Menschen, die ungewöhnlich dünn, ungewöhnlich fettleibig oder deformiert sind oder amputierte Gliedmaßen haben, also vom »Normalbild« eines gesunden und symmetrischen Körpers abweichen. Einige dieser Reaktionen könnten ebenfalls einer archaischen Schutzfunktion entspringen. So haben in Urzeiten

Erbkrankheiten und Parasiten Gesichter halbseitig gelähmt. Beim Abscheu vor fehlenden Gliedmaßen hingegen ist wohl eher eine falsche Assoziation schuld, sodass wir diese Asymmetrie, ohne es zu merken, als gefährlich empfinden.

Gefährlicher Ekel

Sitten und Umgangsformen regulieren unsere tierische Natur. Trotz kultureller Unterschiede geht es immer darum, Ekelgefühle zu minimieren und damit Reinheit und einen Infektionsschutz sicherzustellen. Je nach Perspektive kann dieselbe Handlung in einem Kulturkreis akzeptiert, in einem anderen hingegen widerlich sein. Wenn Menschen im Westen die Nase läuft, schnäuzen sie sich mit einem Taschentuch. In Ostasien hingegen zieht man die Nase hoch, weil es als unfein gilt, seine Körperflüssigkeiten in Gegenwart anderer auszuscheiden. Im Westen wiederum empfinden wir Nasehochziehen als unhöflich, vermutlich weil es unsere Aufmerksamkeit umso mehr auf den Rotz lenkt. Und während der Olympischen Sommerspiele 2008 in Peking hat die chinesische Regierung das verbreitete Spucken auf die Straße unter Strafe gestellt, um die Empfindlichkeiten der internationalen Gäste nicht zu verletzen.

Reinlichkeitsgebote können manchmal so tiefgehend sein, dass sie moralisches Gewicht bekommen. So geben Männer im traditionellen Indien menstruierenden Frauen nicht die Hand. Sie halten das nicht bloß für eine nützliche Konvention, so wie wir uns im Westen vor dem Abendessen die Hände waschen, sondern für ein Gebot.

Der Ekel gibt hier ein moralisches Urteil ab, so wie in den Tabu-Geschichten über Inzest und Kannibalismus, bei denen kein Schaden entsteht. Der Ekel bewertet eine Handlung als »unnatürlich« oder »unrein« und sagt damit für einige Menschen: »Das ist moralisch nicht akzeptabel.«

Ähnlich wie Angst mag dieser Mechanismus in dunklen Vorzeiten eine adaptive Funktion gehabt haben. In der modernen Gesellschaft jedoch ist Ekel meist irrational und gefährlich, etwa wenn er Männer in traditionellen Regionen von Indien dazu bringt, Frauen als nicht gleichwertig zu behandeln. Noch deutlicher zeigt sich die Gefahr, wenn Menschen andere als minderwertig ansehen, weil sie »unnatürlich«, »unrein« und »fremd« auf sie wirken, etwa wenn ihr Körper oder ihr Verhalten nicht dem Ideal entspricht. Für einige Traditionalisten ist das schon der Fall, wenn jemand nicht heterosexuell ist oder sich nicht eindeutig einem Geschlecht zuordnen lässt. Hier sind sich Rechtsextremisten und fundamentalistische Religionsgruppen wie Islamisten überraschend einig.

Kurz gefasst

Als biologischer Mechanismus hat Ekel unsere Vorfahren vor Schadstoffen geschützt. Sie ekelten sich vor Kleintier, Kadavern, Körperflüssigkeiten, fauler Nahrung und vor fremden Menschen, die allesamt Keime, Würmer oder Parasiten übertragen konnten. Noch heute ist Ekel ein angeborenes emotionales Immunsystem, auch wenn seine Auslöser kulturell erlernt werden. Moralisch ist Ekel dann, wenn er eine Handlung als »unnatürlich« oder »unrein« bewertet und so für einige sagt: »Das ist moralisch nicht akzeptabel.« Ekel ist hypersensibel und in der modernen Kultur dadurch oft irrational und gefährlich. So scheuen sich einige Menschen unbegründet vor Homosexualität und vor Personen, die ihnen fremd erscheinen oder optisch nicht dem Normalbild entsprechen.

9 Das Dilemma der Allesfresser: Wann ist Ekel politisch?

Abscheuliche Taten

Stellen Sie sich vor, Freunde haben Ihnen einen Vintage-Pullover zum Geburtstag geschenkt. Das Kleidungsstück ist chemisch gereinigt, geruchlos und sieht aus wie neu. Tatsächlich handelt sich um einen Pullover, den Adolf Hitler getragen hat. Würden Sie ihn anziehen? Diese Frage hat Paul Rozin seinen Versuchspersonen gestellt. Die meisten lehnten ab. Auch hier liegt Kontaktmagie zugrunde. Selbst wenn kein Molekül von Hitlers Körper mehr am Pullover hängt, ist er durch Berührung verunreinigt. Aber offenbar bewertet der Ekel die Situation hier nicht als biologisch, sondern als moralisch infektiös.

Ein anderes Beispiel: Sie werden verletzt in ein Krankenhaus eingeliefert und benötigen eine Blutspende. Der einzige Spender, der Ihre Blutgruppe hat, ist ein vorbestrafter Pädophiler. Würden Sie Blut von ihm annehmen? Auch hier stimmen die wenigsten zu, obwohl das Spenderblut sicher keine Pädophilie-Keime enthält.

Die Verbindung von Ekel und Moral spiegelt sich auch in unserem Sprachgebrauch wider. Wer Kinder sexuell missbraucht, den bezeichnen wir als »verkommen« und seine Taten als »abstoßend«. Wir reagieren auf Sexualverbrecher mit Verachtung, also mit einer Mischung aus Wut und Ekel. Verachtung empfinden wir auch gegenüber unliebsamen Gruppen. So haben sich Versuchspersonen in den USA deutlich messbar geekelt, als sie einen Aufmarsch von Neonazis gesehen haben, die sie verurteilten.

Ekel liegt aber vor allem dem moralischen Grundprinzip Reinheit zugrunde, das sich um Sex, Nahrung und den Tod dreht, und dem Prinzip Loyalität, bei dem es um Treue und Verrat geht. Wer diese Prinzipien verletzt, offenbart in den Augen von traditionell denkenden Menschen seine tierische Natur. Auch das zeigt sich manchmal im Sprachgebrauch. Der Satz: »Er benimmt sich wie ein Schwein« ist ein ästhetisches Urteil, das einen moralischen Unterton hat. Bei Ausdrücken wie »hinterhältige Schlange«, »miese Ratte« und »Kumpelschwein« ist das Urteil eindeutig moralisch.

Dazu eine kleine Geschichte: Sie haben einen neuen Nachbarn. Bei seinem Einzug begrüßt er Sie freundlich und macht einen guten Eindruck. Sie erfahren allerdings aus sicherer Quelle, dass er ein vorbestrafter Kaufhausdieb ist. Jetzt zum Vergleich ein zweites Szenario: Wieder zieht ein netter neuer Nachbar ein. Doch diesmal erfahren Sie, dass er schon einmal Sex mit Tieren hatte. Wenn Sie die Wahl hätten: Neben wem wollen Sie lieber wohnen?

Nimmt man sich bei der Antwort das deutsche Strafrecht zum Vorbild, müsste die Abneigung gegen den Ladendieb stärker ausfallen. Ladendiebstahl ist eine Straftat, die mit Freiheitsstrafe bewehrt sein kann. Wer Tiere schändet, begeht hingegen eine Ordnungswidrigkeit, die lediglich eine Geldstrafe nach sich zieht. Die meisten Personen antworten aber anders: Sie wollen jemanden mit einer »kranken Sexualität« nicht in ihrer Nähe haben.

Ekel lässt einige Menschen harsche Urteile über andere fällen, die in ihren Augen die falschen Ideen, Symbole oder Lebensweisen haben, selbst wenn von diesen gar keine Gefahr ausgeht. Das zeigt sich zum Beispiel am Hass im Netz. Die Onlineausgaben vieler Zeitungen müssen inzwischen die Kommentarfunktion bei bestimmten Themen ausschalten, weil sie sich sonst vor Hasskommentaren nicht mehr retten können. Betroffen sind Autoren und besonders Autorinnen, die für Sterbehilfe oder Abtreibung, für den Feminismus, für die Rechte von Homosexuellen oder gegen den Einfluss von Religionen argumentieren. Für die Traditionalisten unter den Lesern, oft Männer und oft jenseits der fünfzig, geht es dabei aber um »heilige« Werte: das Leben, die Religion, die heterosexuelle Ehe und das Patriachat. Wer heilige Werte verletzt, verursacht Abscheu, also moralischen Ekel. Und Ekel ist ein starker Antrieb.

Wie man an diesen Beispielen allerdings auch sieht, ist die Ausprägung der Ekelneigung eine Typ-Frage. Um das zu verstehen, muss man noch einmal zu den Anfängen der Menschheit zurückkehren.

Das wird man ja wohl noch essen dürfen

Einer meiner Brüder hatte mir einmal Surströmming von seinem Urlaub in Stockholm mitgebracht. Bei dieser schwedischen Delikatesse handelt es sich um Hering, der in Dosen verrottet. Ein Jahr später fiel mir ein, dass das Mitbringsel noch im Schrank lagert. Inzwischen war die Dose bombiert, also durch die Faulgase fast zu einer Kugel verformt. Auf dem Deckel stand extra: »Nicht in geschlossenen Räumen öffnen!« Ich hielt mich nicht daran. Wer nicht hören will, muss riechen. Der Gestank ist schwer in Worte zu fassen. Er hing noch Wochen in der Wohnung. Schweren Herzens habe ich das Geschenk entsorgt, ohne es zu probieren. Bis heute ist mir schleierhaft, wie jemand fauligen Fisch mit Genuss verspeisen kann.

Eine Spezialität aus der chinesischen Küche sind »Tausendjährige Eier«, hergestellt aus rohen Enteneiern, die für Monate in einen Brei aus Teeblättern, Piniennadeln und Gewürzen gebettet werden. Bakterien bringen dann einen Verwesungsprozess in Gang, der das Eigelb dunkelgrün verfärbt und das Eiweiß in eine karamellfarbene Gelatine verwandelt.

Wer meint, nur fremde Völker würden sonderbare Dinge verspeisen, muss sich Folgendes klarmachen: In Europa lassen wir Kuhmilch sauer werden, warten dann, bis sie zuerst mit Bakterien und darauf mit Schimmelsporen befallen wird, und nennen das feste Endprodukt »Käse«. Manche sind bereit, für ausgewählte Sorten mehr als 100 Euro pro Kilo zu zahlen. Außerhalb von Europa, wo ein Großteil der Menschen ohnehin laktoseintolerant ist, fallen die Reaktionen auf Käse ähnlich aus wie hier, wenn uns jemand verrotteten Hering kredenzt.

Einige Menschen essen fremde Speisen mit Freude, andere ekeln sich davor und bleiben lieber beim Alten. Diese schwankende Ausprägung menschlicher Ekelneigungen kann man aus dem *Dilemma der Allesfresser* heraus verstehen. Unsere Vorfahren mussten bei Nahrungsknappheit Neues ausprobieren, also *neophil* sein, denn sonst wären sie verhungert. Gleichzeitig mussten sie dem Neuen vorsichtig begegnen, also *neophob* sein, denn vieles davon war giftig oder ansteckend. Zugespitzt lautet das Dilemma also: beim Alten bleiben und verhungern oder etwas Neues ausprobieren und im Extremfall daran sterben.

Das gilt auch für das Erkunden neuer Jagdgebiete, das zum Erfolg oder aber zum Untergang führen konnte. Solange alles glatt läuft, ist die Scheu vor Neuem eine Tugend: wenig zu experimentieren vermindert das Risiko. Wenn sich die Umwelt hingegen schnell ändert, ist Offenheit geboten. Die Kunst unserer Vorfahren bestand also darin, die Balance zu finden zwischen Neophobie, der Angst vor dem Neuen, und Neophilie, der Lust an dem Neuen.

Diesen Zwiespalt tragen wir bis heute in uns, und Menschen unterscheiden sich darin, zu welcher Strategie sie neigen. Experimentell gut nachgewiesen ist, dass das sowohl mit einer vererbten Voreinstellung als auch mit der kulturellen Erziehung zu tun hat.

Lassen Sie vor Ihrem inneren Auge die folgenden Vorstellungen auf sich wirken: Jemand isst Würmer; in einer Toilette schwimmen Exkremente; der Typ neben Ihnen hat eine eitrige Wunde an seinem Unterschenkel. Solche Bilder mussten sich knapp 40 000 Versuchspersonen auf der ganzen Welt anschauen und danach angeben, wie sehr sie sich dabei auf einer Skala von 0 bis 5 ekeln.

Anders als bei Auslösern von Angst wie Schlangen und Spinnen variieren die Ekelurteile zwischen Menschen extrem. Sie sind auch innerhalb des Lebens einer Einzelperson schwankungsanfällig. Ekel kann zwar schnell in uns aufkeimen, aber man kann ihn sich auch wieder abgewöhnen. Das dauert allerdings in der Regel deutlich länger.

Parasiten machen konservativ

In denjenigen Gegenden der Welt, in denen Krankheiten und Parasiten gang und gäbe sind, bereiten Menschen ihr Essen mit schärferen Gewürzen zu als Menschen in ungefährlichen Regionen. Scharfe Gewürze funktionieren wie natürliche Antibiotika und haben sich deshalb in den Küchen vieler Kulturen unabhängig voneinander durchgesetzt. Kulturen mit scharfen Speisen haben oft auch scharfe Regeln, wenn es um Sex, Religion und den Umgang mit Fremden geht. Das ist kein Zufall, denn auch Ekel ist eine Art Antibiotikum. Das zeigen zahlreiche unabhängige Studien an mehr als 30 000 Versuchspersonen in 121 Ländern der Welt.

Auch wenn es auf den ersten Blick unglaubwürdig erscheint: Der amerikanische Evolutionsbiologe Randy Thornhill und seine Kollegen erklären diesen Sachverhalt mit einer erstaunlichen Theorie, dem *Parasitenmodell der Demokratisierung*. Dazu haben sie die Verbreitung von 22 für den Menschen gefährlichen Parasiten in allen Weltregionen ermittelt und diese Daten mit den politischen Systemen verglichen. Das Ergebnis ist faszinierend. In Gegenden mit großer Parasitenbelastung tendieren Menschen zum Kollektivismus statt zum Individualismus. Kollektivisten fügen sich dem Willen der Gemeinschaft und betonen Traditionen und Regeln, also die Prinzipien Autorität, Loyalität und Reinheit. Kollektivistische Gesellschaften weisen höhere Werte bei Vetternwirtschaft und Fremdenfeindlichkeit auf, die man als Strategien gegen Ansteckung mit fremden Parasiten betrachten kann: Man bleibt lieber unter sich. Individualisten hingegen tolerieren Autonomie und Abweichungen von der Norm.

Dem Parasitenmodell zufolge ist es kein Zufall, dass in den warmen Regionen um den Äquator nicht nur die meisten der 1400 bekannten Infektionskrankheiten, sondern auch autokratische Regime verbreitet sind, bei denen rigide Religionsvorschriften, die Todesstrafe und harte Sanktionen bei Ehebruch, Homosexualität sowie Alkohol- und Drogenkonsum üblich sind. Umgekehrt erklärt das Modell die sexuelle Revolution und Liberalisierung des Westens in den Sechziger- und Siebzigerjahren, da zu diesem Zeitpunkt im Westen zum ersten Mal in der Menschheitsgeschichte Antibiotika und Schutzimpfungen flächendeckend eingesetzt wurden.

Noch verblüffender: Die Verbreitung von Keimen sagt auch die weltweite Variation im Sexualverhalten von Menschen voraus. In einer Studie mit 15 000 Menschen aus knapp fünfzig Ländern mussten die Versuchspersonen Fragen zu ihren sexuellen Präferenzen beantworten, etwa mit wie vielen Partnern sie schon Sex hatten, ob sie Erfahrung mit Gruppensex haben und wie oft Fremde in ihren Phantasien auftauchen. Anhand der Antworten ergab sich für die Personen dann ein eher monogames oder ein eher polygames Sexualprofil.

Während die Paarungswünsche der Männer weltweit tendenziell auf einen polygamen Lebensstil hinauslaufen, ist bei Frauen entscheidend, wie hoch die allgemeine Infektionsgefahr und wie gut die Gesundheitsversorgung in ihrem Land ist. Je geringer die Gefahr, desto polygamer ist ihr Lebensstil. Laut der Studie sind Finninnen und Sloweninnen äußerst experimentierfreudig, Frauen aus Bangladesch und Zimbabwe hingegen sehr sittsam. Evolutionsbiologen erklären das damit, dass in ansteckungsschwachen Regionen für Frauen die »Kosten« von Sex in Form von ungewollter Schwangerschaft oder Geschlechtskrankheiten niedrig sind und damit einem polygamen Lebensstil nicht im Weg stehen. Natürlich sind gesellschaftliche Erwartungen an die Rolle von Mann und Frau, die die Bewohner in einer Region verinnerlicht haben, ein prägender Faktor. Die Idee des Parasitenmodells ist aber, dass Menschen eher geneigt sind, traditionelle Erwartungen zu entwickeln oder überzeugend zu finden, wenn die Parasitenbelastung hoch ist.

Die Ansteckungsgefahr innerhalb einer Region hat auch Einfluss auf die Persönlichkeitsprofile der dort lebenden Menschen, besonders auf das Merkmal »Offenheit«. Menschen mit einem hohen Wert an Offenheit sind neugierig, gehen Risiken ein und weichen gerne von sozialen Normen ab. Diese Einstellungen können dazu führen, dass sich Schadstoffe verbreiten, etwa wenn man Hygieneregeln missachtet. In Gegenden mit hoher Ansteckungsgefahr haben Menschen einen niedrigen Wert an Offenheit oder, umgekehrt ausgedrückt, eine starke Ekelneigung und damit eine Vorliebe für das moralische Prinzip Reinheit. Übrigens kann man anhand der Verbreitung von Parasiten besser vorhersagen, welche moralischen und politischen Einstellungen die Menschen in verschiedenen Weltgegenden haben, als wenn man von der durchschnittlichen Lebenserwartung oder der ökonomischen Entwicklung der verglichenen Länder ausgeht.

Dass ein erhöhtes Infektionsrisiko die Moral beeinflusst, kann man auch unabhängig von geografischen Faktoren nachweisen. Kranke und geschwächte Menschen ekeln sich schneller als Gesunde, sind dem Neuen gegenüber weniger offen und haben konservativere Einstellungen.

Selbst Gedanken an Infektionen machen Menschen Fremden gegenüber verschlossener. Versuchspersonen, die Filme über Infektionen sahen, urteilten danach beispielsweise strenger über Einwanderung als die Vergleichsgruppe. Auch in Zeiten von Infektionsgefahr sind Menschen fremdenfeindlicher. In einem Versuch während der Schweinegrippe-Epidemie 2009 haben Personen mehr Vorurteile gegenüber Immigranten geäußert, wenn man sie zuvor auf die Seuche aufmerksam gemacht hat. Testpersonen, die eine Schutzimpfung hatten, ließen sich davon nicht beeindrucken und gaben deutlich liberalere Antworten. Auch der Ausbruch von Ebola in Westafrika im Jahr 2014 war politisch relevant. So legen Studien nahe, dass in den USA die Angst der Menschen vor Ebola bei den Kongresswahlen von 2014 den Sieg der Republikaner, also der Konservativen, begünstigt hat. Mit einem Wort: Konservativismus ist ein Gefahrenabwehrsystem, das sich aus Angst und Ekel speist. Was auf den ersten Blick absurd anmutet, ist inzwischen empirisch gut belegt.

Politischer Ekel

In einem Interview mussten Versuchspersonen Fragen zu politischen Themen beantworten und dabei üble Gerüche ertragen. Das hatte Einfluss auf ihre Antworten. So verurteilten sie beispielsweise die Gleichstellung der Homo-Ehe häufiger als die Vergleichsgruppe im frisch gelüfteten Raum. Derartige Versuche sind zwar mit Vorsicht zu genießen, weil der kurzfristige Einfluss von Gerüchen auf moralische Überzeugungen nicht so stabil ist wie etwa der Einfluss langfristiger Charaktermerkmale. Die Ergebnisse mehrerer Untersuchungen deuten aber in dieselbe Richtung. In einem anderen Experiment bekamen die Personen Wasser zu trinken, in das die Forscher zuvor Schwedenbitter geträufelt hatten, eine Spirituose, die geschmacklich eher an alte Arzneimittel als an einen Kräuterlikör erinnert. Auch diese Testpersonen gaben strengere Urteile ab als die Vergleichsgruppe, die Limonade getrunken hatte.

Die Interpretation der Forschergruppe, zu der auch der Philosoph Jesse Prinz gehört, lautet: Ekel macht uns moralisch strenger. Bei genauerer Betrachtung verändert Ekel aber kaum die drei großen »F«s, also Fürsorge, Fairness und Freiheit, die zusammen im Mittelpunkt vieler westlicher Ethiken stehen. Ekel macht uns nicht allgemein moralisch strenger, sondern er macht uns konservativer, vor allem wenn es um Sexualität und andere Reinheitsthemen geht.

Noch aussagekräftiger sind Experimente, bei denen man die dauerhafte Ekeldisposition untersucht und sie mit den politischen Einstellungen abgleicht. So zeigen Messungen an der Haut von Versuchspersonen, die abstoßende Bilder sehen, dass die Fingerspitzen bei Ekel automatisch etwas mehr transpirieren. An der Stärke der Schweißbildung kann man dann die Einstellung der Versuchspersonen zu Reinheitsthemen wie Sex vor der Ehe verlässlich vorhersagen. Bei Fragen zu Waffenbesitz oder Welthandel funktioniert das nicht.

Eine starke Ekelneigung führt oft zu rigiden Urteilen über Sex, Tod und Leben. Je stärker sie ausfällt, desto konservativer ist eine Person. Und je konservativer jemand ist, desto wichtiger ist ihm das Prinzip *Reinheit* und desto unnatürlicher und verachtungswürdiger erscheinen ihm Prostitution, Sterbehilfe oder Homosexualität.

Ekel macht Menschen außerdem zu Traditionalisten. So begegnen Konservative dem Neuen ganz allgemein mit Misstrauen. Sie reagieren selten positiv auf überraschende Stimuli. Das zeigt sich an ihren eigenen Aussagen genauso wie an ihren messbaren Körperreaktionen. Stattdessen wollen sie lieber Ordnung und Vertrautheit im Leben. Die Ekeldisposition ist dabei ein besserer Indikator, um Wahlverhalten vorherzusagen, als klassische Merkmale wie die Auffassung über Steuerpolitik.

Bedrohte Grenzen

Ekel schützt also nicht nur die Außengrenzen des Körpers vor Keimen, sondern wirkt sich überraschenderweise auf alle Grenzziehungen aus. So verstärkt er auch den Wunsch, die moralischen und staatlichen Grenzen zu schützen, was oft heißt, zügelloses Sexualverhalten einzuhegen und die Einwanderung von Immigranten zu beschränken. Damit ist Ekel eine zentrale politische Emotion.

Mit dieser Erkenntnis ist natürlich nicht gesagt, dass eine verstärkte Angst- und Ekelneigung Menschen automatisch konservativer denken lässt oder gar ihr Handeln determiniert, geschweige denn sie ohne Weiteres zu Rassisten macht. Doch Angst und Ekel machen Menschen eher empfänglich für Wertesysteme, die im Einklang mit ihrem emotionalen Resonanzraum sind. Als autonome Wesen können wir zwar unsere emotionalen Neigungen kontrollieren und uns sogar selbst umerziehen, doch das kostet Einsicht und Anstrengung. Beides vermeiden wir gerne. Auch das ist eine Neigung, die bei Menschen fast universell verbreitet ist.

Man kann sich fragen, warum die Forschung Ekel als politische Emotion so lange übersehen und das Thema allenfalls mit spitzen Fingern angefasst hat. Dafür gibt es verschiedene Gründe. Im Gegensatz zu anderen Emotionen wie Angst und Zorn wird Ekel erst seit etwa dreißig Jahren systematisch untersucht. Die Erkenntnisse müssen sich also noch herumsprechen. Noch etwas anderes könnte eine Rolle spielen. Weil das Tierische ein Auslöser von Ekel ist, haben die Wissenschaftler Ekel selbst oft für eine tierische und damit niedere Emotion gehalten und so seinen Einfluss auf Moral und Politik ausgeblendet.

Zusammen mit anderen Emotionen zieht Ekel allerdings einen tiefen Riss durch die Gesellschaft. In Europa und dem Rest der Welt verläuft die Bruchlinie nicht mehr primär zwischen Reich und Arm, sondern vor allem zwischen Stadt und Land, Jung und Alt, Fortschritt und Rückschau, Internationalismus und Nationalismus. Oder allgemeiner: zwischen Offenheit und Tradition. Die Progressiven haben eine schwache Ekelneigung, weniger Angst und sind neophil. Sie fühlen sich in einer weltweit vernetzten Welt wohl, schauen englischsprachige Serien, empfinden internationale Freundschaften als Bereicherung, wollen neue Speisen probieren und fremde Länder erkunden. Diese urbane Elite kann durchaus einkommensschwach sein. Sie sieht aber einen Wert in der Vielfalt und kann mit Unübersichtlichkeit leben.

Konservativismus hingegen basiert auf Angst und Ekel. Traditionalisten sind neophob und halten die Welt eher für bedrohlich. Fasst man Konservativismus als Strategie auf, sich in der Welt zurechtzufinden, so lautet sein Leitprinzip »Schutz vor Gefahr«. Als Extremform kann er in Rechtsradikalismus umschlagen. Dieser beruht vor allem auf Ekel und Zorn. Sein Leitprinzip lautet daher: »Kampf gegen Eindringlinge«.

Kurz gefasst

Unser Ekelgefühl bewertet Handlungen als infektiös, besonders wenn sie gegen die konservativen Prinzipien Reinheit und Loyalität verstoßen. In Regionen mit hoher Ansteckungsgefahr durch Parasiten sind Menschen konservativer, kollektivistischer und religiöser. Die Ekelneigung entspringt dem Dilemma der Allesfresser. Unsere Vorfahren hatten verschiedene Strategien. Konservative waren neophob: Sie blieben beim Alten; Progressive waren neophil: Sie probierten Neues aus. Bis heute lebt das in uns fort. Politischer Konservativismus beruht auf Angst und Ekel und folgt dem Leitprinzip »Schutz vor Gefahr«. Konservative wollen die Außengrenzen ihrer Körper, Traditionen und Staaten schützen. Die Extremform davon ist Rechtsradikalismus mit dem Leitprinzip »Kampf gegen Eindringlinge«.

10 Wir gegen die anderen: Warum haben wir Sehnsucht nach einem eigenen Stamm?

Urbane Stämme

Gegen gefährliche Falschparker muss man etwas tun. Davon ist der ökologische Verkehrsclub VCD überzeugt und hat im Sommer 2018 zu einer Aktion aufgerufen, die in der Heimat der urbanen Avantgarde, im Berliner Stadtteil Neukölln, ihren Ausgang nahm. Die Radler steckten mit Verkehrshütchen einen Fahrradweg ab, den Autos immer wieder versperrt hatten. Illegal parkende Autofahrer sollten mit Sprühsahne oder mit Anzeigen bei der Polizei zur Räson gebracht werden. Die Initiative *Critical Mass* fordert: »Radfahrer sollen nicht länger auf minderwertige Nebenwege geschickt werden.« Dafür veranstaltet sie einen monatlichen Fahrradumzug in Berlin und anderen Städten, bei dem ein Schlachtlied aus Klingeln, Hupen und Musik ertönt.

Die Antwort auf solche Aktionen bleibt natürlich nicht aus. Auch Autofahrer haben sich zusammengeschlossen. Der Twitter-Account »Kampfradler Watch« beispielsweise postete: »Neben ISIS (!) gibt es weltweit keine andere ›Gruppierung‹, die dermaßen hasserfüllt und aggressiv auftritt« wie die Fahrradaktivisten. Was der aufmerksame Verhaltensforscher hier im urbanen Habitat beobachten kann, ist pures Stammesverhalten. Zwei Stämme kämpfen um ein von beiden Seiten beanspruchtes Territorium. Und die von der anderen Seite sind in jedem Fall die Bösen.

Als Radfahrer verstehe ich das Anliegen der Fahrradaktivisten gut. Für mich gibt es kaum ein größeres Freiheitsgefühl, als mit meinem Rennrad auf der gesperrten Straße des 17. Juni Richtung Siegessäule zu fahren. Autofahrer sind im Straßenverkehr meine natürlichen Feinde, denen ich mit tiefem Argwohn begegne. Ich gehe grundsätzlich davon aus, dass sie beim Rechtsabbiegen den Schulterblick vergessen. Für das Anliegen der Fahrradfreunde kann ich viele rationale Argumente finden. Schließlich geht es um Umweltschutz und Sicherheit, manchmal sogar um Menschenleben.

Gleichzeitig nutze ich auch Carsharing-Angebote. Kaum sitze ich im Auto, ändert sich meine Perspektive. Jetzt nerven mich die Radfahrer, die ohne Handzeichen auf die Autospur wechseln. Noch schlimmer sind die Fahrrad-Hipster, die nachts ohne Licht auf ihren Single-Speed-Bikes herumcruisen und glauben, man würde sie gut sehen, nur weil sie selbst alles gut sehen können. Und am allerschlimmsten sind die Sonntagsfahrer aus der Provinz, die mit touristischen Veranstaltern wie *Berlin on Bike* in unkoordinierten Kolonnen auf der Straße nebeneinanderher radeln, bis mal wieder einer in den Schienen der Tram stecken bleibt.

Der Drang, sich mit einem Stamm zu identifizieren und für diesen Stamm zu kämpfen, ist tief in uns verwurzelt. Weil in der modernen Kultur am freien Markt viele solcher Stämme zur Auswahl stehen, beispielsweise Antifa, Skinheads, Christen, Muslime, Jäger, Veganer, Polyamouröse, Retro-Computerspiel-Liebhaber und Apple-Benutzer, können wir uns frei entscheiden und manchmal sogar gleichzeitig Mitglieder von Stämmen sein, die sich bekämpfen. Doch woher entspringt überhaupt unsere Stammesmentalität?

Die Adler gegen die Klapperschlangen

Der polnisch-britische Sozialpsychologe Henri Tajfel hat Stammesverhalten in einem klassischen Experiment mit englischen Schuljungen nachgewiesen, die sich nicht kannten. Im ersten Durchlauf mussten die Jungen Gemälde beurteilen. Tajfel teilte sie dann nach Zufallsprinzip in zwei Gruppen ein. Der einen sagte er, sie hätten eine Vorliebe für Paul Klee, der anderen, sie hätten eine für Wassily Kandinsky gezeigt. Im zweiten Schritt musste jeder Junge mathematische Aufgaben lösen und wurde im Anschluss daran von allen anderen bewertet und mit Geld belohnt. Das Ergebnis spricht für sich. Obwohl die Jungen nur vom Testbogen wussten, wer zur eigenen Gruppe gehörte, behandelten sie die eigene Gruppe fair. Sie gaben für bessere Leistung mehr Geld. Doch die Teilnehmer der fremden Gruppe bekamen eine unfaire Behandlung: Sie erhielten weniger Geld, selbst wenn sie genauso gut waren. Das Kuriose: Die Gruppendynamik wirkte, obwohl niemand die anderen Mitglieder kennenlernte.

Das Folgeexperiment war noch überraschender. Jetzt konnten einzelne Probanden einer Geldvergabe an die Teilnehmer beider Gruppen zustimmen oder sie ablehnen. Die meisten Schuljungen waren bereit, auf kleine Belohnungen für die eigene Gruppe zu verzichten, wenn dadurch der Verlust für die andere Gruppe noch größer war. Tajfel zufolge ist das ein klarer Fall von Diskriminierung: Die Jungen nahmen sogar in Kauf, selbst ohne Taschengeld nach Hause zu gehen, nur um der anderen Gruppe zu schaden.

Wer dieses Experiment auf die Welt der Erwachsenen überträgt, findet viele Parallelen. Im US-Bundesstaat Kansas beispielsweise wählt die Arbeiterschicht die Republikaner, obwohl sie deutlich mehr von den Projekten der Demokraten wie einer soliden Sozial- und Krankenversicherung profitieren würden. Wichtiger als ihre eigene wirtschaftliche Lage ist ihnen offenbar, gegen ihre Feinde zu stimmen, die Demokraten, die sie mit der liberalen Elite der Küstenstädte verbinden.

In einem anderen klassischen Experiment lud der türkisch-amerikanische Psychologe Muzafer Sherif im Jahr 1954 Jungen im Alter von zwölf Jahren zu einem Ausflug in ein Ferienlager nach Oklahoma ein. Auch diese Teilnehmer kannten sich vorher nicht. Sherif teilte die Jungen in zwei Gruppen ein, die nichts voneinander wussten, und platzierte sie an zwei entfernten Orten im Park. Schnell bildeten die Jungen eine Gruppenidentität aus – mit einem Anführer, Gruppenregeln und Lieblingsliedern. Eine Schar nannte sich »Die Adler«, die andere »Die Klapperschlangen«. Am sechsten Tag des Aufenthalts ließ Sherif beide Gruppen die Umgebung erkunden, sodass sie unweigerlich aufeinandertrafen. Doch anstatt sich mit der anderen Schar anzufreunden und eine große Gemeinschaft zu bilden, wollten sie sich sofort in einem Wettkampf messen. Nach ein paar Tagen reichte Sport nicht mehr aus. Die Adler und die Klapperschlangen hatten inzwischen Kriegsflaggen entworfen, Angriffe auf die Zelte und Fahnen der anderen gestartet und Waffen gebaut, um für einen Kampf gerüstet zu sein.

Das Experiment erinnert an William Goldings *Herr der Fliegen*, der zufällig ebenfalls im Jahr 1954 herauskam. Der Roman erzählt davon, wie britische Jungen auf einer Insel stranden und sich selbst versorgen müssen. Auch in dieser Geschichte bilden sich nach einiger Zeit zwei Lager, die sich mit Kriegsfarben bemalen und erbittert bekämpfen. Für das Buch erhielt Golding später den Literaturnobelpreis.

Als Versuchsleiter ließ Sherif der Natur übrigens nicht ihren freien Lauf, sondern griff rechtzeitig ein, bevor sich Adler und Klapperschlangen gegenseitig verletzen konnten. Sein Experiment deutet darauf hin, dass die Neigung zum Stammesverhalten angeboren ist, wobei die Gruppenbildung offenbar von zufälligen Faktoren abhängt. Viele Studien legen nahe, dass Männer, besonders die jungen, deutlich empfänglicher für kämpferische

Gruppenbildung sind als Frauen. In zivilisierten Kulturen zeigt sich das noch heute im männlichen Konkurrenzdenken, im sportlichen Wettkampf und im Drang, sich überall zu vergleichen, wer der Schnellste, Stärkste, Schlauste oder Lustigste ist.

Um zu verstehen, warum all das einmal eine gute Anpassung an eine raue Umwelt dargestellt hat, muss man zunächst einmal schauen, wie das Leben in vorzivilisatorischen Zeiten ausgesehen hat, als unsere Vorfahren noch mit Lendenschurz dem Mammut hinterhergelaufen sind.

Jeder gegen jeden

Lange bevor es Staaten gab, als die Menschen noch in kleinen Gruppen durch die Landschaft gezogen sind, war das Leben »einsam, armselig, ekelhaft, tierisch und kurz«. So zumindest beschreibt der britische Philosoph Thomas Hobbes den *Naturzustand* des Menschen. Jeder muss permanent fürchten, vom anderen ermordet zu werden. Es ist ein »Krieg eines Jeden gegen Jeden«. Oder, wie Hobbes es auch ausdrückt: »Homo homini lupus« – »Der Mensch ist dem Menschen ein Wolf.«

Hobbes, der von 1588 bis 1679 in England lebte, benutzt den Naturzustand als Gedankenexperiment, um den Staatsvertrag zu begründen. Erst wenn sich die Menschen untereinander einigen, ihre Macht an einen Souverän abzugeben, der über sie richtet und das Gewaltmonopol innehat, können Frieden und Wohlstand herrschen. Hobbes hat dabei an einen König gedacht. Heute ziehen wir den demokratischen Staat als Souverän vor.

Als Gedankenexperiment ist der Naturzustand eine Abstraktion. Hobbes räumt ein, dass es ihn in reiner Form vielleicht nie gegeben hat. Er hat aber reale Vorbilder im Kopf. Die Wirren des Englischen Bürgerkriegs von 1642 bis 1649 hat Hobbes selbst miterlebt. Er wusste, wie die »Amerikaner« zu seiner Zeit ohne Staat lebten, und er kannte Berichte von »wilden heute lebenden Völkern«.

Warum sieht es im Naturzustand so düster aus? Jeder Einzelne könnte zwar mit seinem Nachbarn kooperieren, indem er gemeinsam mit ihm auf die Jagd geht oder Viehzucht betreibt. Es besteht allerdings dauerhaft das Risiko, dass der andere die Kooperation ausnutzt. Er könnte einen zum Beispiel auf der Jagd töten, um die gemeinsame Beute für sich zu haben. Vor einem Gericht muss er sich danach ja nicht verantworten. Weil jeder weiß, dass der andere ebenso denkt, herrscht Misstrauen. Selbst friedliebende Menschen sind zur Gewaltanwendung gezwungen, um den anderen zuvorzukommen. Rudimentäre Kooperation mag es laut Hobbes zwar gegeben haben. Aber weil die Menschen in ständiger Angst lebten, war an gemeinsame Projekte wie Handel, Städtebau oder Wissenschaft nicht zu denken. Wer schon einmal einen Endzeitfilm oder eine Zombieserie wie *The Walking Dead* gesehen hat, weiß, wovon Hobbes redet.

Mithilfe der Spieltheorie kann man Hobbes' Szenario gut verdeutlichen. Die Spieltheorie entwirft Modelle für die menschliche Kooperation, also für Entscheidungen, die wir auf andere abstimmen. Das berühmteste Modell ist das *Gefangenendilemma*: Stellen wir uns vor, Bonnie und Clyde haben gemeinsam einen Raub verübt, werden gefasst und in getrennte Gefängniszellen gesperrt. Gestehen beide den Raub, werden sie jeweils zu zwei Jahren Haft verurteilt. Schweigen beide, bekommen sie nur ein Jahr Haft für unerlaubten Waffenbesitz. Gesteht nur Bonnie den Raub, Clyde aber nicht, kommt Bonnie als Kronzeugin frei, und Clyde erhält stattdessen die Höchststrafe von vier Jahren. Und umgekehrt.

Man sieht schnell, dass es in dieser Konstellation für jeden Einzelnen besser ist, den Überfall bei der Polizei zu gestehen, sich also gegen eine Kooperation mit dem Partner zu entscheiden. Falls der Partner nämlich nicht gesteht, wird man als Kronzeuge in die Freiheit entlassen. Und falls doch, vermeidet man die Höchststrafe. Ganz gleich, wie der andere sich verhält: Nicht mit ihm zu kooperieren ist aus individueller Sicht immer die beste Strategie. Das Gesamtergebnis lässt dann aber beide schlechter dastehen als bei einer Kooperation. Sie bekommen zwei Jahre Haft statt nur ein Jahr. Kurz gesagt: Die individuell beste Entscheidung führt kollektiv zu einem schlechten Ergebnis. In gewisser Weise ist das die Grundkonstellation menschlichen Handelns: Wir können die Gutgläubigkeit des anderen ausnutzen, uns aber nie sicher sein, dass er nicht genauso denkt und handelt. Im Naturzustand, so Hobbes, ist das immer das Problem. Wie kommt man da heraus?

Sobald ein Schiedsrichter im Spiel ist, stellt sich die Sache plötzlich anders dar. Wieder befinden sich Bonnie und Clyde in dem geschilderten Dilemma, nur sind sie diesmal Testpersonen in einem Experiment und bekommen nur dann einen hohen Geldbetrag, wenn sie miteinander kooperieren. In Experimenten geht das Spiel normalerweise so aus wie in der Gefängnissituation. Weil beide einander misstrauen, erzeugen sie ein schlechtes Gesamtergebnis. Doch sobald beide Spieler wissen, dass sie von einem unabhängigen Dritten bestraft werden können, steigt die Kooperationsbereitschaft deutlich an. Die Versuchspersonen nehmen dann im Schnitt ein Drittel mehr Geld ein, als wenn keiner über sie richtet.

Der Schweizer Ökonom Ernst Fehr und seine Kollegen, die dieses Szenario getestet haben, konnten außerdem zeigen, dass in diesen Spielen die »Richter«, also die unabhängigen Dritten, sogar dazu bereit waren, eigenes Geld einzusetzen, um Normverstöße zu sanktionieren. Was sie antrieb, war eine Emotion, nämlich Empörung, mit anderen Worten: moralischer Zorn. Die Autoren sehen in dem Ergebnis ein gutes Beispiel für die Macht sozialer Normen. Man könnte noch allgemeiner sagen: für die Macht des Staates, der Fehlverhalten sanktionieren kann.

Mit Blick auf Hobbes hat der amerikanische Psychologe Steven Pinker in seinem Buch *Gewalt. Eine neue Geschichte der Menschheit* unzählige Belege dafür angeführt, dass das staatliche Gewaltmonopol tatsächlich einen wichtigen Faktor für den Zivilisationsfortschritt darstellte. Unabhängige Gerichte und Polizeikräfte haben die Gewaltspirale in der Vergangenheit unserer Spezies durchbrochen, die von Misstrauen, Abschreckung, Revierkämpfen und Rache am Laufen gehalten wurde, wie man sie heutzutage eher aus Mafiafilmen kennt.

Kurz gefasst

Der Mensch ist ein Herdentier, das einen Verstand hat. Selbst im individualistischen Westen hat er sein archaisches Stammesdenken nicht vollständig abgelegt. Heute bekriegen sich urbane Stämme, etwa Rechte gegen Linke oder Autofahrer gegen Radfahrer. Im vorzivilisatorischen Naturzustand, als noch keine Staaten existierten, befanden sich Menschen im Gefangenendilemma: Weil jeder die Kooperationsbereitschaft des anderen ausnutzen konnte, herrschte Misstrauen. Gruppen waren stärker, wenn die Mitglieder eng zusammenhielten. Vor allem Männer sind bis heute für eine hierarchische Gruppenbildung empfänglich und wollen ihre Gruppe von anderen abgrenzen.

11 Allein unter Wölfen: Was hält Gruppen zusammen?

Rudel gegen Rudel

Affen, die sich bis aufs Blut bekämpfen und buchstäblich die Köpfe einschlagen. Davon berichtet die britische Primatenforscherin Jane Goodall, die im Nationalpark von Tansania Mitte der Siebzigerjahre über den Zeitraum von mehreren Jahren eine Kolonie Schimpansen beobachtete. Nachdem sich die männlichen Affen in zwei Teilgruppen gespalten hatten, begannen sie, einander brutal zu bekämpfen. Und das, obwohl sie noch kurz zuvor zusammen gejagt, gefressen und gespielt hatten. Die größere Gruppe drang systematisch in das Gebiet der kleineren ein. Meist attackierten sie in der Überzahl. Bekamen sie einen einzelnen Gegner zu fassen, töteten sie ihn, indem sie ihm Arme und Beine ausrissen. Danach tranken sie sein Blut. Die Gruppe hörte erst mit den Überfällen auf, als alle Feinde ausgelöscht waren. Der Krieg dauerte vier Jahre. In anderen Langzeitstudien konnten Forscher beobachten, wie die Schimpansenmännchen nach einem Massaker die Weibchen des fremden Stammes entführten.

Schimpansen sind unsere nächsten Verwandten. Vergleiche sind daher schnell suggestiv, also ist erst einmal Vorsicht vor schnellen Rückschlüssen geboten. Wir haben ohnehin die Neigung, alles zu vermenschlichen. Das fängt bei unseren Haustieren an, die wir für unglaublich intelligent halten, vor allem wenn sie klein und niedlich sind, und hört bei Staubsaugerrobotern auf, denen wir Kosenamen geben. Auch Tierforscher sind nicht immer objektiv, weil sie oft über Jahre mit Tieren arbeiten, leben und sie in ihr Herz schließen. Das ist ein bisschen so, als würde man Eltern bitten, die Kritzelbilder ihrer Kinder objektiv zu bewerten. Kein Wunder, dass es in frühen Experimenten zum Geist der Tiere schien, als würden sich Affen, Hunde und Delphine in ihren Fähigkeiten kaum vom Menschen unterscheiden. Um Voreingenommenheit zu vermeiden, teilt man Experimente inzwischen auf. Ein Forscherteam erhebt die Daten, und ein zweites, unabhängiges Team übernimmt die Auswertung.

Trotz dieser Schwierigkeiten ist Tierforschung, vor allem an Affen, aufschlussreich. Menschen sind schließlich auch Tiere, wie Aristoteles festgestellt hat, und zwar solche, die denken und sprechen können und gerne Netflix-Serien schauen. Unser tierisches Erbe haben wir durch die Kultur nicht einfach so verloren. Noch immer teilen wir viele stammesgeschichtliche Überbleibsel mit unseren nächsten Verwandten. Manchmal sind die Parallelen augenfällig. So verüben auch unter Menschen die Männer den Großteil der Gewalt, und sie bevorzugen wie Schimpansen Dominanz-Gewalt, also feige Angriffe in der Überzahl. U-Bahn-Schläger beispielsweise greifen typischerweise in Gruppen an und suchen sich schwache Opfer. Auch Territorialkämpfe zwischen kriminellen Gangs unterscheiden sich im Kern wenig vom Krieg der Affen in Tansania.

Übrigens sind wir Menschen als Primaten auch nah mit den Bonobos verwandt, wie der niederländische Affenforscher Frans de Waal betont. Bonobos sind Zwergschimpansen, die deutlich sanftmütiger sind als ihre größeren Cousins. Nach Konflikten vertragen sich Bonobos wieder, indem sie sich küssen, streicheln oder Sex miteinander haben. Doch selbst diese Hippies unter den Menschenaffen sind *tribalistisch*, also stammesorientiert. Sie schmusen nur mit denjenigen Mitgliedern der Gruppe, mit denen sie langfristige Ziele teilen. Und sie sind nur entspannt, solange genug Nahrung vorhanden ist. Werden die Vorräte knapp, ähnelt ihr Verhalten immer mehr dem von Schimpansen. Auch hier ist die Parallele zum Menschen suggestiv: Kooperation, wenn alles gut läuft; strategische Allianzen, harte Kämpfe, wenn die Lage schlecht aussieht; und Sex zwischendurch zum Abbau von Spannungen. Das Verhalten der Bonobos ähnelt sehr deutlich dem Alltag im Großraumbüro.

Wie Schimpansen, Bonobos und andere Menschenaffen sind auch wir Menschen für zwei Komponenten sensibilisiert, die den Gruppenzusammenhalt sicherstellen, nämlich die schon erwähnten Prinzipien Autorität und Loyalität. Das zeigen unzählige Versuche. Autorität regelt über Hierarchien, wer das Sagen hat. Loyalität bindet die Gruppe zusammen und grenzt sie gegen andere Gruppen ab. Autorität ist die vertikale Achse des sozialen Lebens, Loyalität die horizontale. Die vertikale Achse sagt, wer in der Gruppe über oder unter mir steht. Die horizontale Achse, wer mir nah und wer weiter weg ist.

Die Familie gehört immer zum Nahbereich, aber die Gruppen in den Anfängen der Menschheit waren größer als heutige Familien und nicht nur durch Blutsverwandtschaft verbunden. Schätzungen zufolge haben zwischen 150 und 200 Menschen einen Stamm gebildet. Natürlich gab es Animositäten, Kämpfe und Gewalt innerhalb der Gruppen. Richtig gefährlich waren aber die fremden Stämme. Aus evolutionsbiologischer Sicht sollte Hobbes' Einschätzung des Naturzustands also nicht lauten: »Der Mensch ist dem Menschen ein Wolf«, sondern: »Eine Gruppe ist der anderen Gruppe ein Wolfsrudel.« Oder noch genauer: ein Affenrudel.

Einer für alle

Schon Darwin hat sich gefragt, wie man *altruistisches Verhalten* evolutionär erklären kann. In der Biologie ist damit nicht Hilfsbereitschaft im Alltag gemeint. »Altruismus« heißt hier allgemeiner, dass ein Tier etwas auf Kosten des eigenen Lebens zum Vorteil der Gruppe tut. Das ist aus biologischer Sicht erst einmal sonderbar, denn wenn sich jemand für die Gruppe opfert, kann er seine Gene nicht weitergeben. Es könnte aber ein Vorteil bei der Gruppenselektion sein. Altruismus könnte einen Clan stärker machen als andere, sodass die Gruppengene dadurch insgesamt bessere Chancen haben, weitergegeben zu werden. Auf die menschliche Evolution bezogen heißt das: Gruppen, in denen die Mitglieder bereit waren, sich für die anderen zu opfern, überlebten eher als ihre Konkurrenten.

Was hinter Altruismus im Tierreich steckt, ist noch nicht abschließend verstanden. Die Prinzipien Loyalität und Autorität jedenfalls tragen entscheidend zu diesem Gruppenverhalten bei. Loyalität sorgt dafür, dass die Gruppe zusammenhält und sich gegen Fremde verteidigt. Wie der Krieg unter den Schimpansen zeigte, haben Einzelgänger deutlich geringere Überlebenschancen. Nicht zuletzt Pflicht- und Ehrgefühl stellen sicher, dass Menschen bereit sind, sich für die Gruppe zu opfern. Jeder scheut sich also davor, unkooperativ zu sein und auf Kosten der anderen zu leben. In Urzeiten war es nicht der Staat, der Trittbrettfahrer und Verräter gestraft hat, sondern der Rest der Gruppe. Dieser archaische Mechanismus hat den frühen Menschen geholfen, dem Gefangenendilemma zu entkommen und zu beiderseitigem Vorteil zu kooperieren. Staaten gibt es nämlich, selbst wenn man großzügig rechnet, erst seit einigen Jahrtausenden. Der Homo sapiens existiert aber schon seit mindestens 100 000 Jahren. Unsere Vorfahren hätten nicht überlebt, wenn tatsächlich ständig jeder egoistisch gehandelt hätte und daher mit jedem anderen »im Krieg« gewesen wäre.

Das zweite Prinzip, Autorität, stellt sicher, dass die Gruppe eine hierarchische Struktur hat, was Vorteile beim Jagen und Kämpfen mit sich bringt. In heutigen Jägerkulturen, die am ehesten so leben und jagen, wie unsere Urväter und Urmütter es getan haben, sind die meisten Entscheidungen basisdemokratisch. Autorität hat hier nur, wer sie sich durch Leistung, beispielsweise beim Fährtenlesen oder Jagen, erworben hat. Erst mit der Sesshaftigkeit, so die Vermutung, kamen leistungsunabhängige Statusmerkmale auf, wie wir sie heute kennen, beispielsweise Wohlstand und Herrschertitel. In der Moderne schließlich kann so gut wie alles Status ausdrücken: Positionen im Unternehmen wie Abteilungsleiter oder CEO. Militärische Dienstgrade wie Feldwebel oder Major. Die Businessclass im Flugzeug. Der privilegierte Zugang zum VIP-Bereich im Nachtclub. Die Größe des Autos. Die Zahl der Likes bei einem Foto auf Instagram. Selbst die akademische Sphäre ist nicht frei von Statusdünkel. Man erzählt sich Geschichten, dass früher einige C4-Professoren, also »Ordinarien«, nicht gern mit geringer bezahlten C3-Professoren ohne Leitungsfunktion gesprochen haben. Und wenn, dann nur von oben herab.

All diese Beispiele deuten darauf hin, dass wir von Geburt an für Status sensibilisiert sind. Was dann in der jeweiligen Umwelt als Status zählt, hängt von der Kultur ab, in der wir aufgewachsen sind. Ein Beispiel zur Verdeutlichung: In traditionellen Hindufamilien in Indien lernen die Kinder, sich vor Familienälteren und vor Götterstatuen zu verneigen, wobei sie mit dem Kopf meist sogar ihre Füße oder den Boden berühren. Treffen sie später auf andere Respektspersonen, zum Beispiel prominente Politiker, verbeugen sie sich ganz automatisch, ohne dass ihnen jemand das eigens beigebracht hat. Bei anderen Erwachsenen tun sie es hingegen nicht. Mit anderen Worten: Sie sind für eine kulturspezifische Form der Autorität sensibilisiert. Die Kategorie Respektsperson löst das unterwürfige Verhalten des Verbeugens aus.

Autorität gibt Gruppen Struktur, Loyalität bindet sie zusammen und grenzt sie gegen fremde Gruppen ab. Zusammen stellen diese Mechanismen sicher, dass Kooperation innerhalb der Gruppe möglich ist, die Gruppe als Ganzes Bestand hat und dass Menschen so auch ohne Staat im Naturzustand kooperieren.

Empathie für den Weltfrieden

Unsere Vorfahren haben in kleinen Stämmen gelebt. Schon der Stamm auf der anderen Seite des Flusses war der Feind. In der Zivilisationsgeschichte sind die Stämme langsam größer geworden. Irgendwann gehörten Mitglieder der gemeinsamen Religionen dazu, auch wenn sie in der Ferne lebten, dann irgendwann die Mitbürger in den Nationalstaaten. Der letzte Schritt zur globalen Verbundenheit scheint da in greifbarer Nähe. Diese Hoffnung jedenfalls hegt der US-Soziologe Jeremy Rifkin, der meint, wir könnten die Welt nur retten, wenn wir unser engstirniges Stammesgebaren ablegen. Dazu müssten wir unsere Empathie auf die gesamte Menschheit, andere Säugetiere und sogar auf die Biosphäre ausdehnen. Als Beleg, dass das möglich ist, führt Rifkin die weltweite Anteilnahme für die Opfer des Erdbebens in Haiti im Jahr 2010 an.

Tatsächlich haben Wissenschaftler in den letzten zwei Jahrzehnten viele Versuche zum Altruismus und zur menschlichen Empathie durchgeführt. Diese Forschung hat grundlegend infrage gestellt, dass der Mensch ein *homo oeconomicus* ist, der nur egoistisch seinen individuellen Profit maximiert. Die Hoffnung, Empathie oder Altruismus seien die Schlüssel zum Weltfrieden, war dennoch etwas verfrüht, denn Empathie, verstanden als sorgendes Mitgefühl, macht uns zwar anderen gegenüber fairer, verständnisvoller und hilfsbereiter, doch auch hier favorisieren wir immer zuerst die eigene Gruppe. Von Natur aus ist der Mensch also kein *homo empathicus*. Für globale Empathie müssten wir unseren Stammesfilter aktiv ausschalten. Und das fällt uns schwer.

Für einen ersten Eindruck ein paar Beispiele. Wie schon Tajfels Experiment mit der Klee-Gruppe und der Kandinsky-Gruppe gezeigt hat, sind Menschen innerhalb ihrer Gruppe durchaus fair, behandeln Außenstehende aber deutlich schlechter. Auch Kooperation und Hilfsbereitschaft sind tribalistisch, wie Versuche zu

Oxytocin nahelegen. Dieses Hormon spielt eine wichtige Rolle in der menschlichen Interaktion. Mütter schütten es aus, wenn sie sich um ihre Kinder kümmern, und Liebespaare, nachdem sie Sex hatten. Das Hormon trägt daher auch die Bezeichnung »Bindungshormon« und spielt, etwas vereinfacht gesagt, für Liebe, Vertrauen und Zuneigung eine Rolle.

Inzwischen kann man es auch als Nasenspray verabreichen. In Experimenten waren Versuchspersonen danach hilfsbereiter und kooperativer. Nach den ersten experimentellen Erfolgen war die Euphorie groß, man hätte ein Wundermittel für den Weltfrieden gefunden. Zwei Sprühstöße am Morgen, und Krieg und Gewalt gehörten bald der Vergangenheit an, so die Hoffnung. Nur stellte sich auch hier heraus: Durch Oxytocin nimmt nur die Kooperation innerhalb der eigenen Gruppe zu. Sahen die Testpersonen andere nicht als Gruppenmitglieder an, machte sie das »Bindungshormon« den Fremden gegenüber eher aggressiv.

Selbst bei Entscheidungen in Gedankenexperimenten wie den Zug-Fällen aus dem vierten Kapitel spielt der Stamm eine Rolle. Zur Erinnerung: Nur 31 Prozent würden einen unbeteiligten Mann mit Rucksack in die Tiefe stoßen, um einen Zug zu stoppen und fünf Menschen zu retten. Diese Prozentzahl geht allerdings bei derjenigen Gruppe von Versuchspersonen nach oben, die sich selbst als Progressive (*liberals*) einschätzen, und zwar sobald die Frage darauf hindeutet, dass es sich bei dem Mann mit Rucksack um einen Feind handelt, also um einen traditionell Konservativen der weißen Oberschicht in den USA, erkennbar am Namen in der Frage »Würden Sie Chip Ellsworth III. hinunterstoßen, um hundert Mitglieder des Harlem Jazz Orchestra zu retten?« Überraschenderweise antworten Konservative umgekehrt nicht tribalistisch oder gar rassistisch, wenn sie gefragt werden, ob man den Rucksackträger »Tyrone« (ein typischer Name für einen Afroamerikaner) hinunterstoßen soll, um die New Yorker Philharmoniker zu retten.

Selbst Affen sind nicht nur für die Unterscheidung sensibilisiert, wer zur eigenen Gruppe und wer zu den Feinden gehört, sie verbinden mit Fremden auch negative Gefühle, wie eine Studie an Rhesusaffen verdeutlicht. Zeigt man ihnen Bilder von Artgenossen, die entweder zur eigenen Gruppe oder zu einer fremden gehören, und kombiniert man sie mit Bildern von Spinnen oder von saftigen Früchten, so sind die Rhesusaffen immer dann verwundert, wenn zwei Bilder in ihrer Wertigkeit nicht zusammenpassen. Früchte und eigene Leute passen, gefährliche Spinnen und fremde Affen auch. Aber Feinde und Früchte zusammen macht sie stutzig.

Nach einer universellen Moral zu leben, unabhängig von der eigenen Gruppe, fällt Menschen schwer. Dazu müssen sie ihre archaische Neigung zum Tribalismus überschreiben. Um auf globale Empathie und universellen Altruismus umzuschalten, muss man das kalte System einsetzen, die Vernunft. Unser gefühlsbasierter Moralinstinkt ist dafür jedenfalls nicht ausgelegt.

Religiöse und politische Stämme

Hunderte Jünger sind zum Tempel gepilgert. Voller Sehnsucht erwarten sie den Priester. Als er vor die versammelte Schar ins Licht tritt und das heilige Objekt in die Höhe hält, bricht Jubel aus. Der Priester trägt einen schwarzen Rollkragenpulli und hält das Heiligtum in seinen Händen. Die Hostie hat einen Touchscreen. Er nennt sie »iPhone«. Steve Jobs, der Gründer von Apple, war natürlich kein Priester, als er 2007 das iPhone präsentierte. Er war vielmehr der Erlöser.

Der Religionsvergleich ist bei Kulturwissenschaftlern beliebt. Man liest immer wieder: Fußball ist eine Religion, die Hackerszene eine Sekte, Homöopathen sind Fanatiker und Einkaufszentren Kathedralen des Konsums. Tatsächlich handelt es sich bei all diesen Fällen um ein allgemeineres Phänomen, nämlich um Stämme und den Ausdruck von Stammesverhalten. Religion ist dabei nur ein besonders einschlägiges Beispiel, das sich gut für Vergleiche eignet.

Stämme bekommen durch Autorität und Loyalität nach innen und nach außen Struktur. Dabei verwandeln sich ursprünglich zufällige Symbole oder Markierungen der Gruppe in definierende Erkennungszeichen: Fahnen, Kreuze, Kopfbedeckungen, Haartracht, Beschneidung, Tätowierungen, Gesichtsbemalung, Federschmuck und Ohrringe, aber eben auch iPhones oder Fahrräder und Autos. Bald verbinden die Gruppenmitglieder positive Gefühle mit den Symbolen und verehren sie als »heilig«. Auch Orte, Rituale und Prinzipien können so spirituell aufgeladen sein. Wer die heiligen Prinzipien und Orte verletzt, muss mit dem Groll der ganzen Gruppe rechnen.

Moderne Nationalstaaten haben uns zwar ermöglicht, den Naturzustand zu verlassen, aber unsere Stammesmentalität ist dadurch nicht ausgelöscht. Selbst in der heutigen Zivilisation sind wir Tribalisten geblieben. Über diesen Punkt habe ich einmal mit dem Herausgeber einer politischen Zeitschrift gestritten. Er fand die These zu »biologistisch« und meinte, heutzutage seien wir eher alle Individualisten. Damals fiel mir kein gutes Beispiel ein, um ihn zu überzeugen. Heute würde ich sagen: Dann gehen Sie mal mit einem roten Bayern-München-Schal in die Fankurve von 1860 München und schauen, was passiert! Die Fans beider Clubs stammen aus derselben Stadt, ähneln sich inzwischen in Alter, Beruf und Einkommen. Und sie alle mögen Fußball. Doch die Stammeszughörigkeit macht den Unterschied. Und die erkennt man an den heiligen Farben. Wahlweise kann man auch als Düsseldorfer über Twitter ein paar abfällige Bemerkungen über Köln veröffentlichen und die Reaktionen abwarten. Oder als Jäger neben einem erlegten Reh posieren und herausfinden, wie das in der Facebook-Gruppe *Vegans United* ankommt.

Es stimmt natürlich, dass unsere Stammesmentalität stärker oder schwächer ausgeprägt sein kann. Das kulturelle Umfeld spielt eine verstärkende oder entschärfende Rolle. So zeigen viele

Versuche, dass Menschen im Westen beispielsweise im Vergleich zu denen aus asiatischen Ländern individualistischer denken und handeln.

Allerdings besteht dieser Unterscheid nur im Großen und Ganzen, nicht unbedingt, wenn man sich einzelne Regionen genauer anschaut. Eine aufsehenerregende Studie zur »Reistheorie«, die vor kurzem in der Wissenschaftszeitschrift *Science* erschienen ist, verdeutlicht das. In den südlichen Regionen von China ist Reis das Hauptnahrungsmittel, in den nördlichen ist es Weizen. Der Anbau von Reis erfordert viel Kooperation zwischen den Bauern, die zwar einzelne Felder bewirtschaften, aber auf ein kollektives Bewässerungssystem angewiesen sind. Beim Anbau von Weizen ist das nicht der Fall. Hier kann sich jeder Landwirt um sein eigenes Feld kümmern, ohne auf die anderen zu achten. Die Studie zeigt nun, dass sich der Anbau auf die Denk- und Lebensweise der Regionen auswirkt. Chinesen aus Reisgebieten denken eher holistisch, sehen sich mehr als Teil einer Gruppe und betrachten auch die Ehe als eine bindende Vereinigung. Sie lassen sich seltener scheiden.

Chinesen aus Weizengebieten hingegen denken eher analytisch wie Menschen aus dem Westen, sie leben individualistischer und lassen sich öfter scheiden. Wer meint, andere Faktoren wie beispielsweise der Kontakt zum Westen hätten hier einen Einfluss gehabt, der irrt. Chinesen in den Handelsstädten Hongkong und Shanghai denken eher kollektivistisch, obwohl diese historisch gesehen früh mit dem Westen in Berührung gekommen sind und sich früher in moderne Großstädte verwandelt haben als andere Orte im Norden Chinas. Mit anderen Worten: Wie schon im Fall der Parasitenbelastung kann die Umgebung Menschen dazu bringen, kollektivistischer zu leben. Die Umgebung prägt also indirekt eine Moral, die zum vorteilhaften Lebensstil passt.

Man sieht an dieser und anderen Untersuchungen: Wir tragen beide Neigungen in uns, die zum Individualismus und die zum Kollektivismus. Richtig ist sicher, dass wir weltweit insgesamt individualistischer sind als noch vor hundert Jahren. Für Stammesdenken sind wir aber noch immer anfällig. In der Moderne haben wir nicht mehr eine lebenslange Identität durch Herkunft, Beruf und Religion, sondern sind Mitglieder wechselnder, sich überlappender und teilweise bekämpfender Stämme.

Seit einigen Jahren zeigt sich allerdings ein ganz neues Phänomen. Durch die Digitalisierung hat sich auch der Markt der Identitäten globalisiert. In vielen Fällen kann man sich die Gruppenzugehörigkeiten selbst aussuchen. Diese neuen digitalen Stämme haben auch ihre ganz eigenen Riten, Prinzipien und heiligen Figuren. Während die traditionellen Stämme durch eine geteilte Herkunft verbunden waren, eint die neuen Stämme hingegen eine gemeinsame Vorstellung von der Zukunft.

Kurz gefasst

Wie bei unseren nächsten Verwandten, den Schimpansen, beruht die menschliche Gruppendynamik auf zwei Prinzipien. Autorität regelt die Hierarchien auf der vertikalen Achse, Loyalität legt auf der horizontalen Ebene fest, wer zur Gruppe gehört und wer der Feind ist. Noch heute zeigen Abzeichen und Titel Autorität an. Loyalität äußern wir mit Symbolen für Stammeszugehörigkeit, etwa mit Fahnen, Kreuzen oder den Farben des Fußballclubs. Empathie und Altruismus sind für Menschen selten global und universell, sondern meist tribalistisch. In Zeiten der Digitalisierung kann sich jeder seine Gruppenzugehörigkeiten am freien Markt selbst aussuchen.

TEIL II

Politik

12 Konservative gegen Progressive: Warum ist die Welt so polarisiert?

Die alten Mächtigen und die jungen Wilden

Überall auf der Welt tun sich die gleichen Brüche auf. Die jungen und progressiven Städter wollen Freiheit und Offenheit, während sich die konservative, eher ältere Landbevölkerung nach Autorität und Tradition sehnt. Bei vielen Wahlen der letzten Jahre war das der Fall: Beim Brexit wollten die jungen Londoner in der EU bleiben, die alten Bauern aus Wales hingegen austreten. In den USA wählten im Jahr 2016 vor allem die Alten im Mittleren Westen Donald Trump, die Jungen in den Küstenstädten stimmten für Hillary Clinton. Bei den Wahlerfolgen der Rechtspopulisten in Frankreich, Deutschland und Österreich im Jahr 2017 war der Bruch zwischen Stadt und Land nicht anders. Auch der im Winter 2010 beginnende Arabische Frühling passt zu diesem Muster. Die jungen Demonstranten in Tunis, Kairo und Damaskus waren in Jeans und T-Shirt nicht von jungen Menschen im Westen zu unterscheiden. Sie gingen für die Freiheit auf die Straße, während die Machthaber in Uniform und traditionellen Gewändern versuchten, den Status Quo zu verteidigen – in Syrien mit verheerendem Erfolg nach einem langjährigen Bürgerkrieg.

Nicht nur die Demonstranten, auch die jungen Wähler weltweit motiviert die ungewisse Lage am Arbeitsmarkt. Aber insgesamt sind sie vor allem neophiler als ihre Eltern und wollen daher freier leben. Und das heißt immer auch: weniger Tradition. Schon Leibniz hat darauf aufmerksam gemacht, dass man Freiheit *positiv* und *negativ* verstehen kann. Positiv verstanden ist Freiheit Autonomie, also Selbstbestimmung, die freie Entfaltung der Persönlichkeit. Negative Freiheit haben wir dann, wenn wir nicht in Ketten liegen, wie David Hume sagen würde, oder allgemeiner: bei der Abwesenheit von Zwang.

Beide Spielarten der Freiheit sind nur auf Kosten traditioneller Normen zu haben. Daher verstoßen die jungen Neophilen zwangsläufig gegen die drei konservativen Prinzipien. Sie legen weniger Wert darauf, was die Älteren oder die Religionen sagen (gegen Autorität), sie fühlen sich weniger der Familie, dem Clan oder dem Heimatland verpflichtet (gegen Loyalität), dafür wollen sie mehr Alkohol konsumieren, feiern gehen und sich schon vor der Ehe sexuell ausprobieren (gegen Reinheit).

Während die Konservativen sagen: »Früher war alles besser«, denken die Progressiven: »In Zukunft wird alles besser.« Früher war die Zeit der Nationalstaaten. Die Zukunft jedoch gehört einer globalen und vernetzten Welt. Den Konservativen und vor allem den Rechtsradikalen geht das alles viel zu schnell. Ihnen erscheinen die progressiven Prinzipien oft als entartete Extremformen, in Deutschland zum Beispiel als Hyper-Fürsorge, wenn die Ökos jedes Schaf vor dem Schlachthof schützen wollen und wenn man mit dem Gender-Sternchen politisch korrekt sein muss, weil man sonst Frauen missachtet. Sie kritisieren die Hyper-Fairness der »links-grün versifften« Eliten, die sich um Flüchtlinge kümmern, aber nicht um die Großmutter nebenan, die mit Flaschensammeln ihre Rente aufstockt. Und sie sehen Hyper-Freiheit in vielen Formen: im extremen Hedonismus, im Konsum, im Narzissmus der Instagram-Generation und bei den abenteuerlustigen Studenten, die lieber mit dem Rucksack durch Südamerika reisen wollen, als hart zu arbeiten.

Die Konservativen sind gewissenhaft und legen Wert auf Tugenden wie Pflichtbewusstsein, Pünktlichkeit und Sorgfalt. Das international ausgerichtete Leben der Progressiven, mit ihren lockeren Freund- und Liebschaften, erscheint ihnen entwurzelt und selbstsüchtig. Die Progressiven hingegen legen Wert auf Offenheit: auf Vielfalt, Kreativität und Selbstverwirklichung. Nationalisten und Kosmopoliten passen daher nicht zusammen. Beide lehnen den Lebensstil der anderen Seite ab.

Die Traditionellen und die Modernen

Nach dem Zweiten Weltkrieg ist die Welt insgesamt deutlich progressiver geworden, also fürsorglicher, fairer und freier. Im Jahr 1987 waren nur etwa ein Drittel aller Staaten der Welt in Grundzügen demokratisch, im Jahr 2017 sind es immerhin fast die Hälfte. Frauen haben mehr Rechte, auch wenn sie weltweit alles andere als gleichgestellt sind. Zur Erinnerung: In den Siebzigerjahren mussten Frauen in Westdeutschland noch ihren Ehemann fragen, wenn sie eine Arbeitsstelle annehmen wollten. Der Mann konnte es nach der Gesetzeslage untersagen, wenn er ihre »ehelichen Pflichten« beeinträchtigt sah. Vor dem Jahr 1900 hatte nur ein einziger souveräner Staat das Frauenwahlrecht eingeführt, nämlich Australien. Heute dürfen Frauen überall auf der Welt wählen. Die Todesstrafe wurde 1950 noch in über 180 Ländern vollstreckt. Heute hat sich die Zahl halbiert, allerdings gibt es die Todesstrafe immer noch in 89 Ländern.

Homosexualität stand nach dem Zweiten Weltkrieg noch in fast allen Ländern der Welt unter Strafe, heute können homosexuelle Paare in 25 Staaten heiraten. Auch Sex außerhalb oder vor der Ehe wird in vielen Ländern nicht mehr sanktioniert. In Westdeutschland war Ehebruch bis 1969 noch eine Straftat.

Die Meinungsfreiheit ist ebenfalls insgesamt besser geschützt, auch wenn Journalisten immer noch in vielen Ländern verfolgt werden. Obwohl autokratische Staaten den Zugang zum Internet kontrollieren, kann im Prinzip jeder mit jedem weltweit in Echtzeit kommunizieren.

Manche der progressiven Errungenschaften wären auch in

Deutschland noch vor dreißig Jahren undenkbar gewesen. Im Jahr 1990 hätte niemand eine Frau zum Bundeskanzler gewählt, und es hätte niemals einen offen schwul lebenden Außenminister oder einen Vizekanzler mit Migrationshintergrund gegeben. Nur zwanzig Jahre später war das mit Angela Merkel, Guido Westerwelle und Philipp Rösler in der schwarz-gelben Koalition möglich.

Die progressive Modernisierung geht seit einiger Zeit allerdings mit größeren Schritten voran als in den Jahrzehnten nach dem Zweiten Weltkrieg. In Zeiten der Digitalisierung ereignen sich die Umbrüche schnell und großflächig. In Iran beispielsweise wollten die jungen Leute den Sprung vom Mullah-Regime direkt in das digitale Zeitalter wagen, was ihnen aber von der Staatsmacht verwehrt wurde. Zum Vergleich: In Europa hatten die Menschen über hundert Jahre Zeit, sich parallel zum technischen Fortschritt auf die Moderne vorzubereiten.

Die Reaktionären und die Utopisten

Wenn sich alles zur progressiven Seite hin verschiebt, dann klafft der Riss zu den Traditionalisten zwangsläufig weiter auf. Konservativismus war eine Strategie, die über Jahrtausende belohnt wurde, weil sich die Welt nur sehr langsam veränderte. Wer jedoch in den letzten Jahrzehnten am Altbekannten festgehalten hat, dem muss der Graben zur progressiven Welt unüberbrückbar erscheinen.

Als Antwort auf diesen Riss ergeben sich drei Möglichkeiten: mehr Offenheit wagen, beim Alten bleiben oder reaktionär werden, also noch konservativer leben, als man es ohnehin schon tut. Überraschenderweise wählt ein Teil der Traditionalisten die letzte Strategie. Ihre Haltung ist: Jetzt erst recht! Als Antwort auf die Moderne werden sie moralisch strenger und konservativer. Das gilt gleichermaßen für schwedische Nationalisten, Salafisten in

Frankreich, bibeltreue Christen in den USA, Neurechte in Österreich, ägyptische Muslimbrüder oder Neonazis in Deutschland.

Wie der amerikanische Politikwissenschaftler Mark Lilla feststellt, haben die Reaktionären einen Vorteil gegenüber den progressiven Utopisten, denn als Nostalgiker haben sie immer schon etwas im Angebot, auch wenn sie kein realistisches Bild der Vergangenheit zeichnen. Außerdem neigen die Reaktionären zur Radikalisierung. Sie glauben, dass das System ohnehin marode ist, und wollen daher auf ihrem Weg zurück in die gute alte Zeit keine kleinen Sprünge machen.

Ein dritter Faktor fehlt aber noch in der Erklärung für die Radikalisierung, und das ist die Stammesmentalität. Die Reaktionären wollen den Markenkern ihres Stammes stärken. Sie kämpfen nicht nur für die eigene Sache, sondern vor allem gegen die anderen, von denen sie sich abgrenzen.

Zwei Beispiele: Vor der iranischen Revolution im Jahr 1979 gab es in der islamischen Welt keinen Fall, bei dem ein Mann aufgrund seiner Homosexualität angeklagt, geschweige denn dafür verurteilt und getötet wurde. Heute wird die Todesstrafe für Homosexualität in acht Staaten der Welt verhängt, in fünf weiteren steht sie immerhin im Gesetz. Alle diese Länder sind mehrheitlich muslimisch. Die strenge, fundamentalistische Auslegung des Islam entwickelte sich erst in den Siebzigerjahren. Ein Teil der Muslime hat sich als Gegenentwurf zum westlichen Liberalismus radikalisiert oder »re-islamisiert«, wie Forscher sagen. Deshalb reiben sich viele Beobachter verwundert die Augen, wenn sie Filmaufnahmen und Fotos vom öffentlichen Leben im Kabul und Teheran der Sechzigerjahre sehen und darin kaum einen Unterschied zu Europa erkennen können.

Ein anderes Beispiel für eine Radikalisierung stammt aus den USA. Unter den konservativen Republikanern leugnen viele den menschengemachten Klimawandel, sogar diejenigen, die nachweislich wissenschaftlich denken können. Auch das ist überraschend, denn Naturschutz war in den USA ursprünglich ein

Thema der Konservativen, die eher auf dem Land leben und gerne auf die Jagd gehen. Erst als der damalige Vizepräsident, der Demokrat Al Gore, mit seinem Film *Eine unbequeme Wahrheit* von 2006 den Klimawandel als Thema für seine Partei entdeckte, wandte sich das Blatt. Nun war Klimaschutz ein progressives Thema und damit Stammessymbol der Demokraten.

Dieser eigenartige Trotz ähnelt dem »backfire effect«, dem *Gegenschlag-Effekt*, einem Denkfehler, der aus der Argumentationstheorie bekannt ist. Wenn man Menschen moralische Widersprüche nachweist, beharren einige noch stärker auf ihrer Position, statt sie zu revidieren. Diese Reaktion ist klar tribalistisch und auch bei vielen Radikalisierungen am Werk. In den USA meinen daher einige Kritiker, Al Gore habe mit seinem Engagement im Gesamtergebnis dem Klimaschutz mehr geschadet als geholfen.

Radikalisierung kann man auch auf der linken Seite beobachten, bei den Utopisten, die Mark Lilla »Revolutionäre« nennt. Sie haben eine bessere Zukunft im Blick, und ihnen kann der Fortschritt nicht schnell genug gehen. Daher stellen sie alles infrage, was irgendwie an die »problematische« Tradition erinnert: Straßennamen, Statuen, die Polizei oder den freien Markt. Das kann so weit gehen, dass sie gegenaufklärerische Positionen vertreten und sagen, es gebe keine Wahrheit, weil sie den Verweis auf Wahrheit für autoritär halten.

Polarisierung erkennt man daran, dass sich die Extreme verstärken: starke Außenpositionen mit einer eingedellten Mitte. Die Verteilungskurve sieht dann nicht mehr wie der Höcker eines Dromedars aus, sondern eher wie der eines Kamels. In der Politik der USA beispielsweise ist das schon der Fall, in Deutschland deutet sich diese Entwicklung an. Die sechs Prinzipien, Fürsorge, Fairness und Freiheit sowie Autorität, Loyalität und Reinheit, stellen auch hier eine gute Schablone dar, um die Konflikte zu verstehen.

Die Strengen und die Lässigen

Stellen Sie sich vor, jemand singt aus voller Kehle auf dem Bürgersteig. Wo würden Sie dieses Verhalten auf einer Skala von »absolut unangemessen« bis zu »absolut angemessen« ansiedeln? Und wie ist es mit: im Klassenzimmer laut lachen, in einem Fahrstuhl essen, seinen Partner in einem Restaurant auf den Mund küssen, Schimpfwörter am Arbeitsplatz verwenden? Menschen im Westen finden diese Verhaltensweisen vergleichsweise unproblematisch. Einiges davon ist sogar ausdrücklich erwünscht, lachende Schulkinder zum Beispiel. In anderen Teilen der Welt sieht das anders aus.

In einer großen Untersuchung haben die amerikanische Kulturpsychologin Michele J. Gelfand und ihre internationalen Kollegen solche Fragen gestellt und die Antworten von über 6800 Menschen aus 33 Nationen gesammelt. Die Forscher unterscheiden anhand der Antworten zwei Arten von Regionen, und zwar die *strengen Länder* und die *lässigen Länder*. Die strengen Länder sind kollektivistisch, und sie erwarten in sozialen Situationen wie in der Schule oder am Arbeitsplatz mehr Selbstkontrolle vom Einzelnen. Lässige Länder hingegen sind individualistisch, erlauben mehr Vielfalt im Verhalten und erwarten weniger Selbstkontrolle.

In den strengen Ländern sind die Einwohner pflichtbewusster, vorsichtiger und kontrollierter. Wie schon bei den Studien zur Infektionsgefahr spielt hier die Umwelt eine entscheidende Rolle. In den strengen Ländern leben mehr Menschen auf engem Raum zusammen, ihnen stehen weniger Ackerland und weniger wertvolle Nahrungsmittel zu Verfügung, die Luft ist eher verschmutzt, sie sind durch Naturkatastrophen wie Dürre und Fluten bedroht, und die Kindersterblichkeit ist vergleichsweise hoch. Regelkonformes Verhalten kann hier eine überlebensnotwendige Strategie sein.

Randy Thornhill, der das *Parasitenmodell der Demokratisierung* entwickelte, hat Gelfands Forschung zur Bevölkerungsdichte mit seinen eigenen Daten zur Infektionsgefahr und mit anderen weltweiten Studien zusammengebracht. Zusammen mit seinem Kollegen Corey Fincher entwirft er eine große Gegenüberstellung von *kollektivistischen Kulturen* und *individualistischen Kulturen*. Man könnte auch sagen: von konservativen und progressiven Kulturen. Einige Fakten dazu: Kollektivistische Kulturen hegen mehr Misstrauen gegenüber Fremden, bilden eine starke Gruppenidentität, halten wenig von Individualismus und Selbstverwirklichung, und die Einzelnen sehen sich mehr als Teil einer Gruppe. In diesen Kulturen ist die Heirat eher von den Eltern arrangiert, die Sexualmoral ist streng, die Treue der Frau nimmt einen extrem hohen Stellenwert ein, und die Ungleichheit zwischen den Geschlechtern ist groß. Gewalt gegen Frauen ist nicht nur verbreitet, sondern wird tendenziell auch geduldet.

In diesen konservativen Ländern leben die Einwohner zum Großteil religiös und pflegen die Tradition. Die Regierungen sind eher autokratisch, und die Oberschicht regiert das Land. Kollektivisten schätzen intellektuelle Autonomie gering ein, haben wenig Erfolg in der Wissenschaft und Technik, tun sich nicht mit Erfindungen hervor und sind ökonomisch wenig erfolgreich.

Bürgerkrieg oder Fehden zwischen verfeindeten Clans sind häufiger anzutreffen. Gewalt ist in diesen Ländern allgemein weit verbreitet, und sie belegen auf fast jedem Index für Entwicklung die unteren Ränge, sei es bei der Lebenserwartung oder bei der Rede- und Pressefreiheit.

Wie die Forschung nahelegt, ist die Alltagsmoral zwar oft die Antwort auf eine bedrohliche und prekäre Umwelt. Doch selbst wenn man Moral nur als eine Strategie betrachtet, Gruppenzusammenhalt zu erhalten, um in einer gefährlichen Welt zu überleben, stellt sich natürlich immer die Frage, welche Folgen die Strategie langfristig hat.

Die Schamhaften und die Schuldhaften

Unterdrückung, Gewalt und wenig Freiheiten: Das klingt nicht nur aus der Perspektive der westlichen, individualistischen Kultur negativ, sondern auch mit Blick auf universelle Werte wie etwa Menschenrechte. Dies übersehen Kulturrelativisten im eher linken Diskurs, wenn sie Forschern, die solche Listen erstellen, »Eurozentrismus« vorwerfen. Oft ist ihre Argumentation von der Sorge getrieben, der Westen könnte mit seinen »Werten« ähnlich missionieren wie einst zur Zeit der Kolonialherrschaft.

Doch ihre Argumentation hat einen blinden Fleck, denn wenn jede Kultur ihre eigene Moral hat, die wir als gleichwertig ansehen müssen, dann dürfte man auch nicht von »Fortschritt« innerhalb einer Kultur sprechen, etwa dass Frauen in Deutschland das Wahlrecht haben oder dass Homosexualität keine Straftat mehr ist. Niemand sieht jedenfalls das kollektivistische Deutschland des vorletzten Jahrhunderts als moralisch gleichwertige Kultur mit dem Deutschland der heutigen Zeit an. So zeigen die kulturübergreifenden Studien jedenfalls deutlich, dass kollektivistische Staaten eher dazu neigen, Menschenrechte zu verletzen.

Allerdings betonen Kollektivisten auch Werte, deren allmähliches Schwinden viele Menschen im Westen bedauern. Kollektivisten haben eher wenige Freunde, doch diese Freundschaften sind eng und halten ein Leben lang. Sie zeigen sich in der Gruppe kooperativer und hilfsbereiter als Individualisten. Respekt und Harmonie in der Familie und der Partnerschaft zählen viel. Kollektivisten leben in der Nähe ihrer Eltern und besuchen sie, wie auch entferntere Verwandte, öfter als Individualisten. Sie lassen sich seltener scheiden, kultivieren einen langsamen Lebensstil und legen Wert auf eine höfliche Form der Kommunikation. Ältere genießen in kollektivistischen Kulturen ein hohes Ansehen und sind oft moralische Autoritäten.

Wie gesagt nehmen Kollektivisten, oder allgemeiner: Konservative, die Welt als bedrohlicher wahr als Progressive. Sie ängstigen und ekeln sich schneller und sind weniger offen: Sie scheuen Neues, Abstraktes und Mehrdeutiges und sehnen sich nach Struktur, Ordnung und Hierarchien.

Und sie schämen sich eher als Individualisten. Kollektivistische Kulturen sind *Schamkulturen*, individualistische sind *Schuldkulturen*. Als eine Form von Selbstekel ist Scham eine soziale Emotion. Wir schämen uns vor anderen, entweder in ihrem Angesicht oder wenn wir uns ihre Reaktionen ausmalen. Wer sich schämt, meint, er habe die eigene Ehre oder die Ehre der Familie oder Gruppe beschmutzt. Schon dieser Gedanke deutet an, dass es sich bei Scham um eine Reaktion auf eine moralische Infektion handelt.

Während sich Schuldgefühle als eine Form von Selbstzorn eher auf einzelne Handlungen beziehen, schämen sich Menschen eher dafür, wie sie sind. Wer sich schämt, will sich vor den Augen der anderen verstecken. Wer Schuld empfindet, also Gewissensbisse hat, will auf die Geschädigten zugehen und sich entschuldigen. Schuld sagt: »Meine Tat ist falsch.« Scham sagt: »Ich bin falsch.« Bei Schuld fragt man sich, wie man mit seiner Tat leben kann, bei Scham eher, ob man noch in der Gruppe leben darf.

Scham findet ihre Gegenspielerin in der Ehre. Wer unter Konservativen die Ehre der Gruppe oder Familie verletzt, erzeugt bei anderen Ekel und bei sich selbst Scham, also Selbstekel. Wie die Schablone der sechs Prinzipien besagt, beruht nicht nur Reinheit, sondern auch Loyalität auf einer Ekelneigung. Dabei zeigen sich diese Unterschiede nicht nur zwischen Kulturen, sondern auch innerhalb ein und derselben Kultur.

Kurz gefasst

Die Welt ist polarisiert. Die Jungen in den Städten wollen eher Offenheit, die Älteren auf dem Land eher Tradition. Seit einiger Zeit schreitet der progressive Wandel immer schneller voran, daher vergrößert sich der Bruch zum Altbekannten. Ein Teil der Bevölkerung reagiert darauf mit reaktionärem Trotz. Sie werden zu Nationalisten oder religiösen Fanatikern. Konservative Länder sind kollektivistisch und erwarten mehr Unterordnung vom Einzelnen. Diese Staaten sind arm, wenig innovativ und verletzen eher die Menschenrechte. Progressive Länder fördern Individualismus, Vielfalt und Selbstverwirklichung, und sie regulieren Vergehen über Schuld. Konservative Länder hingegen sind Schamkulturen, die Wert auf die Ehre der Gruppe oder der Familie legen. Wer sie verletzt, erzeugt bei anderen Ekel, bei sich selbst hingegen Selbstekel, also Scham.

13 Globalisierung als Bedrohung: Wie kann man den Rechtsruck erklären?

Die Verschlossenen und die Offenen

Wer neigt in Europa dazu, Rechtspopulisten zu wählen? Um das herauszufinden, muss man nur eine einzige Frage stellen, nämlich: »Was bedeutet die Globalisierung für Sie: eine Chance oder eine Bedrohung?« Diese Frage haben Teilnehmer einer europaweiten Studie beantwortet. Sie alle fassten Globalisierung als weltweite Bewegung von Waren, Kapital, Kultur und Menschen auf, urteilten aber ganz unterschiedlich über dieses Phänomen. In Deutschland sieht etwas mehr als die Hälfte Globalisierung als Chance, die andere Hälfte als Bedrohung. Unter den Wählern am linken und rechten Rand jedoch sind die Werte im Gesamtvergleich besonders hoch. So fühlen sich 78 Prozent der AfD-Wähler und 54 der Linken-Wähler von der Globalisierung bedroht. Bei allen anderen Parteien liegen die Werte nur zwischen 23 und 38 Prozent.

In ganz Europa verbindet die Wähler von Rechtspopulisten nicht Einkommen oder Bildungsstand, sondern diese Gemeinsamkeit: Globalisierung stellt für sie eine Gefahr dar. Die Werte liegen zwischen 50 Prozent bei den UKIP-Wählern in Großbritannien und den besagten 78 Prozent bei den Wählern der AfD, die damit europäischer Spitzenreiter sind. Die Anhänger der Rechtspopulisten sind also nicht primär Systemkritiker, sondern vor allem Modernitätsverweigerer, was auf einen niedrigen Wert bei Offenheit hindeutet.

Die Angst vor der Globalisierung ist europaweit am stärksten unter den Österreichern und Franzosen. Frankreich ist übrigens zudem besonders polarisiert. Dort verorten sich nur etwa 30 Prozent der Wähler in der politischen Mitte, während der Mittelwert der EU bei etwa 60 Prozent liegt. Je jünger die Europäer, desto weniger Angst haben sie vor der Globalisierung. Bei Unter-25-Jährigen ist es nur ein Drittel, bei den Über-56-Jährigen schon die Hälfte.

Wie zu erwarten, nennen die Globalisierungsgegner die Flüchtlinge als Hauptgrund für ihre Abneigung, auch wenn die Hälfte von ihnen angibt, im Alltagsleben keinen Kontakt mit Migranten zu haben. Wie so oft haben diejenigen, die mit Fremden am wenigsten in Berührung kommen, die größte Angst vor ihnen.

Durch die Globalisierung sind nicht nur vordergründig Arbeitsplätze in Gefahr, sondern vor allem die alten Gewissheiten, denn auf einmal ist alles neu: die Menschen, die Technik, die Arbeit und die Lebensstile. Auch wenn man es immer wieder liest: Die Wähler der Rechtspopulisten sind nicht ökonomisch abgehängt. Das zeigt beispielhaft die AfD, deren Wählerschaft sich fast zu gleichen Teilen in die untere, mittlere und obere Einkommensklasse aufteilt.

Die Rechten fühlen sich allerdings sozial abgehängt. Diese Grundstimmung muss man berücksichtigen, um den Rechtsruck zu erklären. Denn viele Analysen neigen dazu, nur nach Einzelereignissen zu suchen wie der Finanzkrise von 2008 und der Flüchtlingssituation von 2015, die als Phänomene der Globalisierung sicherlich viel verändert haben. Doch einzelne Ereignisse können nur dann zum rechtsradikalen Denken und damit zur Menschenfeindlichkeit führen, wenn der Nährboden dafür schon geschaffen ist. Die Verschiebungen haben viel früher begonnen. Die Flüchtlingssituation von 2015 hat zwar dazu geführt, dass einige Menschen aus der politischen Mitte nach rechts gewandert sind. Bei den Rechtsradikalen hat die Flüchtlingssituation aber nicht Hass ausgelöst, sondern ihn konkretisiert. Ihr Unmut ist seitdem nicht mehr diffus. Sie haben einen konkreten Vorfall, *für den* sie den Eliten Vorwürfe machen können. Und die Fremden, die ihr Territorium betreten haben, können sie als ganz konkrete Feinde ansehen. Männer legen mehr Wert auf die Prinzipien Autorität und Loyalität und sind deutlich anfälliger für Stammesdenken als Frauen. So ist es kein Wunder, dass bei der Bundestagswahl 2017 unter den Wählern der rechtspopulistischen AfD der Anteil der Frauen bei 37 Prozent und der Männer bei 63 Prozent lag. Am Beispiel von rechtsradikalen Wählern in Ostdeutschland kann man die Dynamik des Rechtsrucks gut veranschaulichen.

Landnahme im Osten

Nach Recherchen des Berliner *Tagesspiegels* gab es seit der Wiedervereinigung in Deutschland 169 Todesopfer rechter Gewalt, davon 86 Fälle im Westen und 83 im Osten, also gemessen an der Einwohnerzahl viermal so viele in den neuen Bundesländern. Auf dem Zenit der »Flüchtlingskrise« waren die Angriffe auf Flüchtlingsheime von allen Bundesländern in Sachsen pro Einwohner am höchsten. Bei flüchtlingsfeindlichen Straftaten sind laut einer Studie von Amadeu Antonio Stiftung und Pro Asyl alle neuen Bundesländer zusammen in Relation zur Einwohnerzahl »traurige Spitzenreiter«.

In der »Mitte-Studie«, einer repräsentativen Umfrage im Jahr 2016, äußerten sich 47 Prozent der Bundesbürger im Westen abwertend gegenüber Asylsuchenden, im Osten waren es 60 Prozent. Unter den Westlern hatten 17 Prozent klar fremdenfeindliche Einstellungen, unter den Ostlern 29 Prozent. In der »Leipziger Studie« von 2018 stimmten 33 Prozent der Einwohner aus dem Westen dem Satz zu, Deutschland sei »durch die vielen Ausländer in einem gefährlichen Maß überfremdet«, unter Einwohnern aus dem Osten waren es 45 Prozent. Die AfD hat bei der Bundestagswahl 2017 in fast allen Wahlbezirken der neuen Bundesländer über 20 Prozent erreicht, in vielen Bezirken in Sachsen sogar über 30 Prozent. Im Westen liegt sie in allen Bezirken unter 18 Prozent. Insgesamt lag der Stimmanteil der AfD in den ostdeutschen Bundesländern bei 21,8 Prozent, in den westdeutschen bei 12,6 Prozent.

Warum haben die Rechtspopulisten in den neuen Bundesländern so viel Erfolg? Das hat sicherlich auch mit der prekären wirtschaftlichen Situation in vielen Regionen zu tun. Allerdings fällt auf, dass sich Ost und West in der subjektiven Lebenszufriedenheit inzwischen kaum noch unterscheiden. Auf einer Skala von 0 für »vollkommen unzufrieden« bis 10 für »vollkommen zufrieden« kamen die Ostdeutschen im Jahr 1991 auf 6,3 Punkte und die Westdeutschen auf 7,5. Heute liegen die Werte im Osten bei 7,4 und damit fast gleichauf mit den 7,6 im Westen. Tatsächlich gehen die Verwerfungen auch hier tiefer und haben mehr mit Anerkennung als mit Lebenszufriedenheit zu tun. Anhand der Schablone von progressivem und konservativem Denken kann man das verdeutlichen.

Die DDR-Bürger sind kollektivistischer als die Westdeutschen aufgewachsen. Die Familienbande waren enger, Gemeinschaft zählte mehr als Selbstverwirklichung. Sich individuell hervorzutun galt als arrogant. Nach dem Fall der Mauer war plötzlich die Freiheit da. Doch Freiheit ist auch eine Bürde. Wir sind zur Freiheit verurteilt, wie Sartre sagt: Je freier der Mensch, desto mehr muss er selbst wählen, was er tut. Etwa zwei Millionen Ostdeutsche haben in den letzten dreißig Jahren eine solche Entscheidung getroffen. Sie haben die Heimat verlassen und sich dauerhaft Arbeit im Westen gesucht. Darunter waren vor allem Menschen mit einem hohen Wert beim Merkmal Offenheit: die Beweglichen, die Hochqualifizierten und die Wagemutigen, die ihr Glück anderswo versuchen wollten.

Unter den Zurückgebliebenen ist der Anteil an weniger Offenen, Unbeweglichen und Heimatverbundenen dadurch automatisch größer. Auch wenn das Leben in der DDR sicher nicht immer leicht war, sind die Ostdeutschen mit einer Stabilitätserfahrung in der Arbeitswelt und der Lebensführung aufgewachsen. Das war auch in der alten Bundesrepublik der Fall, aber da war der kapitalistische Individualismus prägend: das Leben selbst in die Hand nehmen, Karriere machen, Vorteile nutzen und einen gesunden Egoismus entwickeln.

Während sich der bewegliche, neophile Teil der Ostdeutschen schnell an die Kultur des Westens assimilierte, haben paradoxerweise vor allem diejenigen Ostdeutschen, die in ihren Heimatorten geblieben sind, eine Art Migrationserfahrung gemacht. Ihre Erfahrung ähnelt denen vieler Gastarbeiter, die nach Westdeutschland gekommen sind. Die erste Generation spürt, dass sie im neuen Land nicht willkommen ist und sehnt sich nach der Heimat und der Vergangenheit, die sie verklärt. Im Fall der ehemaligen DDR sind das die Ostalgiker. Die zweite Generation wächst mit einer zerrissenen Identität auf. Wenn sie sich an die neue Umgebung anpasst, stellt sie das Leben der Eltern infrage. Wenn sie der elterlichen Tradition folgt, akzeptiert die Mehrheitsgesellschaft sie nicht, oder zumindest nicht vollständig.

In Ostdeutschland sind vor allem die unqualifizierten, neophoben Männer zurückgeblieben, während die gut ausgebildeten Männer die Heimat verlassen haben. Noch mehr trifft das auf die ohnehin mobileren Frauen zu, die zudem tendenziell Männer mit einem höheren Status geheiratet haben. Ein hoher sozialer Status macht Männer attraktiver, doch was als Status zählt, hängt stark vom kulturellen Umfeld ab. Plötzlich hing der Status nicht mehr an der Rolle im sozialistischen Kollektiv, sondern an Einkommen und Anerkennung für individuellen Erfolg.

In den neuen Bundesländern übernahmen Männer aus dem Westen die heimischen Firmen, und zwar insgesamt 80 Prozent aller ehemaligen DDR-Betriebe. Die schönsten Seegrundstücke in Potsdam sind inzwischen in westlicher Hand, ebenso die besten Immobilien in den Innenstädten von Dresden und Leipzig. Und die Frauen vor Ort verabredeten sich schon in den Neunzigerjahren verstärkt mit den Abteilungsleitern aus dem Westen.

Man kann auch durch die Brille der Evolutionsbiologie auf diesen Vorgang blicken. Dann ähnelt er erstaunlich genau dem Stammesverhalten der Affen, das Jane Goodall beschrieben hat. Die stärkere Affengruppe erobert das Land, vernichtet die Rivalen und raubt die Weibchen. Nach der Wiedervereinigung ist die Landnahme zwar unblutig ausgegangen, doch evolutionsbiologisch handelte es sich um den Angriff eines feindlichen Stammes. Die Eroberung des fruchtbaren Bodens, des »guten Landes«, ist eines der Hauptmotive für Mord und Gewalt in der Geschichte von den Anfängen bis in die Gegenwart, wie es der australische Historiker Ben Kiernan in seiner Weltgeschichte der Genozide beschrieben hat. Nach der Wiedervereinigung war die Gewalt nicht physisch, sondern materiell.

Das Ereignis

In Gesamtdeutschland stammen die Meinungseliten, also Politiker, Journalisten und Prominente, größtenteils aus dem Westen. Bundeskanzlerin Angela Merkel und Ex-Bundespräsident Joachim Gauck sind da Ausnahmen. Laut der Studie »Wer beherrscht den Osten?« der Universität Leipzig von 2016 sind in den neuen Bundesländern nur 23 Prozent der Führungspositionen in Politik, Wirtschaft und Gesellschaft von Ostdeutschen besetzt. Bei Richtern sind es lediglich 13, bei vorsitzenden Richtern sogar nur 6 Prozent. Ostdeutsche bekleiden nur 3 von 14 Leitungspositionen der öffentlich-rechtlichen Rundfunkanstalten (MDR, NDR, rbb), die in den neuen Bundesländern senden. Bundesweit ist die Lage noch drastischer: Nur 1,7 Prozent der Führungskräfte in der Wirtschaft sind ostdeutsch. Und nur 2 von 200 Generälen der Bundeswehr stammen aus den neuen Bundesländern, ebenso wie lediglich 5 von 156 Staatssekretären der Bundesregierung im Jahr 2016.

Die Westdeutschen machen sich außerdem über sächsische und thüringische Akzente lustig und damit über regionale Identitäten. Der Westen ist zwar von der Nordsee bis zu den Alpen ebenfalls durch Dialekte eingefärbt, die in den Ohren eines Hannoveraners allesamt putzig klingen, aber dort trifft die Häme allenfalls die Schwaben.

Die Westdeutschen haben in den neuen Bundesländern eine Atmosphäre der Kränkung und Zurücksetzung geschaffen. Und dann kommt das Ereignis, an dem sich alles entlädt: die Flüchtlingssituation im Sommer 2015. Wieder dringen fremde Männer in das eigene Territorium ein. Und manche im Osten denken sich: »Die Eliten, die uns schon alles genommen haben, unser Land, unsere Frauen und unsere Würde, lassen das zu. Die Fremden, die nicht dazugehören, bekommen mehr Achtung als wir.«

Für die jungen Männer, die zum sogenannten »Dienstleistungsproletariat« zählen, entsteht durch die Flüchtlinge eine echte Konkurrenzsituation am regionalen Arbeitsmarkt. Für die älteren Männer ist eher physische Angst vor den virilen Fremden auf der Straße von Bedeutung, aber vor allem Hilflosigkeit und Zorn auf die Machthaber. Erst wenn sich der Zorn mit Ekel mischt, wird er zur Verachtung, im Extremfall zum Hass. Die Eliten im Westen sind die ungreifbaren Feinde, die jungen Syrer vor Ort wurden für einige zu den greifbaren. Natürlich wehrt sich immer noch die Mehrheit im Osten wie im Westen gegen Rechtsradikalismus. Im Westen leben sogar zahlenmäßig mehr Rechtsradikale, doch im Osten ist die Gruppe prozentual deutlich größer. Daher haben es die progressiven Ostdeutschen vor Ort umso schwerer, sich gleichzeitig gegen die Radikalen und gegen das Stigma aus dem Westen zu behaupten.

Im rechtsradikalen Lager ist nicht nur Islamfeindlichkeit, sondern auch Antiamerikanismus eine Reaktion vor allem von Männern, die sich in ihrer Identität bedroht fühlen. Als kulturelle Übermacht stellen die USA die regionale und nationale Identität infrage. Die US-Kultur steht für den internationalen Lebensstil der Progressiven und überquert, wie die Flüchtlinge, die Außengrenzen der Heimat. So ist es wenig überraschend, dass sich im Januar 2015 neben der Pegida-Bewegung (»Patriotische Europäer gegen die Islamisierung des Abendlandes«) auch eine Pegada-Bewegung (»Patriotische Europäer gegen die Amerikanisierung des Abendlandes«) gebildet hat.

In Ostdeutschland machen vor allem die zurückgesetzten Männer einen Großteil der AfD-Wähler aus. Zusammen mit den Westalgikern, den ebenfalls sozial abgehängten, deklassierten Wählern aus dem Westen, reagieren sie auf den progressiven Wandel mit einer Radikalisierung: Jetzt erst recht!

Kurz gefasst

Die Wähler der Rechtspopulisten in ganz Europa verbindet nicht Einkommen oder Bildungsstand, sondern etwas anderes: Für sie ist die Globalisierung eine Bedrohung. Sie sind also nicht primär Systemkritiker, sondern Modernisierungsverweigerer. Insgesamt sind die Rechtsradikalen nicht ökonomisch abgehängt, sondern sie fühlen sich deklassiert und sozial isoliert. Die Flüchtlingssituation von 2015 hat ihren Hass auf die Eliten nicht ausgelöst, sondern konkretisiert. Im rechtsradikalen Lager sind Islamfeindlichkeit und Antiamerikanismus Reaktionen auf neue Menschen, Kulturgüter und Lebensstile, die die eigene, vor allem die männliche Identität infrage zu stellen scheinen. Die Globalisierung bedroht nicht nur Arbeitsplätze, sondern die alten Gewissheiten.

14 Konservative Grüne, fremdenfeindliche Linke, autoritäre Liberale: Kann man rechts und links verwechseln?

Die Qual der Wahl

In Deutschland sind die Wähler zunehmend verunsichert, weil ihnen die Parteien unklare Angebote machen. Als konservative Partei besetzte die Union aus CDU und CSU bisher die Themen Tradition, Heimat und Religion. Doch im Jahr 2010 sagte der frühere niedersächsische CDU-Ministerpräsident Christian Wulff als neuer Bundespräsident: »Der Islam gehört zu Deutschland.« Und Bundeskanzlerin Angela Merkel machte 2015 im Bundestag den Weg frei für die rechtliche Gleichstellung der Homo-Ehe, auch wenn sie selbst dagegenstimmte.

Unter Bundeskanzler Gerhard Schröder hat die SPD mit den Hartz-IV-Reformen 2003 den Arbeitsmarkt liberalisiert und zum wirtschaftlichen Aufschwung in Deutschland beigetragen. Gleichzeitig haben sie die traditionellen Wähler der Partei, Arbeiter und einfache Angestellte, besonders hart getroffen. So sind beispielsweise Langzeitarbeitslose, Kranke und Alleinerziehende insgesamt schlechter gestellt als vor den Reformen.

Bei den anderen Parteien ist die Lage ähnlich. Die FDP steht als liberale Partei für Freiheit und Bürgerrechte, doch im Wahlkampf 2017 meinte ihr Spitzenkandidat Christian Lindner, man müsse dem russischen Präsidenten Wladimir Putin »Angebote« machen. Drei Jahre zuvor hatte Putin die ukrainische Krim annektiert und damit das Völkerrecht gebrochen.

Die Partei Die Linke war ursprünglich einmal mit der Idee angetreten, dass sich die Ärmsten aller Länder vereinigen, also die, die Opfer der Globalisierung sind. Die Fraktionsvorsitzende Sahra Wagenknecht sagte dann aber 2016: »Wer Gastrecht missbraucht, hat Gastrecht verwirkt.« Das war zwar eine Reaktion auf die Übergriffe in der Kölner Silvesternacht, doch die Redeweise erinnerte Kommentatoren an Forderungen wie »Kriminelle Ausländer raus!«

Die Grünen sind als progressive Revolutionäre zur Politik gekommen. Einige, wie der spätere Außenminister Joschka Fischer, hatten sogar eine radikale Vergangenheit als Straßenkämpfer. Inzwischen ist das moderne Bürgertum grün. Viele Grünen-Wähler hegen sogar einen konservativen, nahezu religionsartigen Glauben an die »Mutter Natur«.

Wir haben gelernt, die politische Debatte linear in Rechts und Links aufzuteilen. Dieses Schema bot über Jahrzehnte eine gute Orientierungshilfe, führt uns heute aber oft auf die falsche Fährte, schon deshalb, weil wir die Attribute »links« und »rechts« in Deutschland nicht gleichwertig gebrauchen wie etwa in Großbritannien und den USA. Der bayrische CSU-Ministerpräsident Franz Josef Strauß hat sich noch aus der bloßen Symmetrie heraus als »rechts« von der Mitte bezeichnet. Inzwischen ist »rechts« eine abwertende Bezeichnung, die sogar der rechte Rand selten zur Selbstbeschreibung verwendet. So erklärt sich der Bedarf an Ersatzausdrücken wie »konservativ«, »deutschnational« oder »alt-right«, also »alternative right«, in den USA. In der öffentlichen Diskussion sind noch andere unklare Ausdrücke im Umlauf wie »liberal«, »reaktionär« und »progressiv«.

Alle Parteien stellen beispielsweise gern das Wort »Freiheit« in den Vordergrund, meinen damit aber bei Weitem nicht dasselbe. Von dem, was Menschen vordergründig sagen, darf man daher keine gewichtigen Schlüsse ableiten. Es gilt vielmehr, die Motivation hinter ihren Worten freizulegen. Zwei Werkzeuge helfen hier bei der Orientierung. Das eine ist die begriffliche Genauigkeit der

Philosophie, das andere ist die Schablone der Moralpsychologie mit ihren sechs Prinzipien.

Demnach ergibt sich folgendes Bild: Die Progressiven unter den Wählern zerfallen in zwei Gruppen. Die *Linken* (nicht zu verwechseln mit der Partei Die Linke) legen besonders Wert auf Fürsorge und Fairness. Ihr Leitmotiv ist Minderheitenschutz. Den *Liberalen* (nicht zu verwechseln mit der FDP) hingegen ist Freiheit am wichtigsten, während sie Fürsorge wenig und Fairness nur unter bestimmten Vorzeichen betonen. Beide Untergruppen sind progressiv, weil sie neophil sind. Sie lehnen die drei Prinzipien der *Konservativen* ab, also Autorität, Loyalität und Reinheit.

Diese Dreiteilung der Wähler in Linke, Liberale und Konservative wird durch Versuche in den USA nahegelegt, die sich an der Schablone der sechs Prinzipien orientieren. Die Ergebnisse sind sicherlich nicht eins zu eins auf Deutschland übertragbar. Allerdings deuten auch hierzulande Umfragen und Studien indirekt auf diese Zuordnung. Ich fasse die Dreiteilung daher als eine von Idealtypen auf. Einige Parteien in Deutschland kommen einem Idealtyp nahe, etwa die FDP dem Typ der liberalen Progressiven oder die Grünen dem Typ der linken Progressiven. Die ehemaligen Volksparteien CDU/CSU und SPD allerdings sind nicht so leicht zuzuordnen, was besonders am zeitgenössischen Konservativismus deutlich wird.

Wie Konservative Neues bewahren

Niemand kann genau sagen, was es heutzutage bedeutet, konservativ zu sein. »Konservativismus« ist inzwischen vermutlich einer der am häufigsten umgedeuteten Begriffe der Politik. Bei vielen aktuellen Definitionen jedenfalls würde sich kein Konservativer des 20. Jahrhunderts wiedererkennen, oder sie sind so allgemein gehalten, dass sie auf fast alle politischen Strömungen zutreffen. Das hat vor allem mit dem progressiven Wandel der letzten dreißig Jahre zu tun. CDU-Wähler beispielsweise sind bei der Selbstbezeichnung »konservativ« geblieben, obwohl sie ihre Einstellungen modernisiert haben und daher das Prädikat »bürgerlich« viel eher auf sie zutrifft.

Der CDU-Politiker Jens Spahn sagte im Frühjahr 2017: »Wenn konservativ heißt, es geht um Werte, Verbindlichkeit, Verlässlichkeit, Leistungsbereitschaft, Familie, Zusammenhalt, Identität: Dann bin ich gerne konservativ.« Mit Blick auf die Schablone der sechs Prinzipien handelt es sich bei diesen Merkmalen allenfalls um eine Sparversion des Konservativen. Spahn stellt stillschweigend das Persönlichkeitsmerkmal Gewissenhaftigkeit in den Vordergrund mit den Untermerkmalen: Verbindlichkeit, Verlässlichkeit und Leistungsbereitschaft. Doch eine klare Abgrenzung ist das nicht, denn Progressive sind ebenfalls zuverlässig und ehrgeizig. Außerdem appellieren Spahns Begriffe Familie und Zusammenhalt in so schwacher Form an das Prinzip Loyalität, dass sie fast jeder hochhalten würde. Zentrale Begriffe wie »Heimat«, »Tradition« und »Religion« erwähnt er hingegen nicht und verzichtet damit auf die Prinzipien Autorität, Loyalität und Reinheit.

Auch der Historiker Jörg Baberowski verfehlt den Kern des Konservativismus, wenn er in einem Interview sagt: »Konservative sind im politischen Kampf unterlegen, weil es ihnen zuwider ist, sich in Herden zu organisieren, Ideen wie Ikonen zu verehren und endgültige Wahrheiten herauszuschreien«, und hinzufügt: Konservative »wissen, dass die Welt nicht eindeutig, sondern vielstimmig ist«. Dabei ist genau das Gegenteil der Fall. Erstens sind Konservative weltweit tribalistischer, weil sie Autorität und Loyalität hochhalten, also gerade die beiden zentralen Prinzipien, die den Zusammenhalt in der Herde sichern. Zweitens können Konservative nicht gut mit Mehrdeutigkeit und Vielfalt umgehen, sondern sehnen sich nach Klarheit und Eindeutigkeit, wie viele Versuche belegen.

Ein anderer Vorschlag charakterisiert »konservativ« über das Merkmal »Altes bewahren«. Doch das ist ebenfalls wenig hilfreich, denn was als alt oder traditionell in einem Land gilt, schwankt bekanntlich stark. So würde das Paradox entstehen, dass zwei Menschen konservativ sind, obwohl sie gegenteilige Auffassungen vertreten: Eine holländische Soziologie-Professorin will den Status quo in ihrem Land ja ebenso bewahren wie ein saudischer Imam in seinem. Wie der Ausdruck »progressiv« ist auch »konservativ« zwar ein *relationaler* Begriff: Man kann ihn also immer nur mit Bezug auf die Gegenposition verstehen. Gleichzeitig ist es sinnvoll, ihn nicht rein relational zu verstehen, sondern ihn an unabhängig kennzeichnenden Merkmalen festzumachen.

Vielleicht kann man »das Alte« oder »die Tradition« ja inhaltlich näher bestimmen? Der Philosoph Peter Sloterdijk hat in einem *Spiegel*-Interview seinen Konservativismus »prozessual« definiert und an »zivilisatorischen Errungenschaften« wie dem Rechtsstaat oder dem Sozialstaat festgemacht. Doch auch das trivialisiert den Begriff, denn es macht aus jedem Europäer einen Konservativen: Wer will schon den Rechtsstaat aufgeben? Die Definition schließt auch den US-amerikanischen Konservativismus aus, der traditionell den Sozialstaat ablehnt. Und Sloterdijks Definition verfehlt die Fakten, denn je individualistischer und progressiver die Kulturen sind, desto besser ist es in ihnen um den Rechtsstaat und den Sozialstaat bestellt, und zwar weltweit.

Vielversprechender ist es auch hier, sich bei der Definition von Konservativismus auf die sechs Grundprinzipien zu stützen: Konservative legen besonders viel Wert auf Loyalität zu einem Volk oder einer Religion. Außerdem ist ihnen Autorität wichtig, also klare Hierarchien und Ehre, sowie Reinheit in Bezug auf Körper, Sex und fremde Menschen. Das Reinheitsprinzip unterstellt Sloterdijk übrigens stillschweigend in besagtem Interview, wenn er von der »Immunität« des Staates spricht und »bestimmte Kommunitäten« als eine »kulturelle Infektion« ansieht. Ob er dabei an muslimische Flüchtlinge denkt, bleibt bei ihm durch den raunenden Duktus, wie so oft, im Dunkeln.

Die meisten Definitionen, die sich nicht an den drei konservativen Prinzipien orientieren, sind also aus zwei Gründen fraglich. Entweder sie sehen Konservativismus als eine Theorie über die Rolle des Staates und nicht primär als einen Lebens- und Denkstil, der wie alle politischen Haltungen auf emotionalen Prinzipien beruht. Oder sie fassen Konservativismus als bloße Gegenposition zur radikalen Linken auf. Das ist aber wenig hilfreich, weil dann alle jenseits des linken Randes notwendigerweise konservativ sind, also auch die Liberalen und die bürgerliche Mitte.

Die Bürgerlichen und ihre Freiheiten

Mit der 68er-Bewegung haben die Studenten in Deutschland nicht nur eine anti-autoritäre, sondern auch eine anti-loyale und antireine Revolte gestartet. Seitdem ist die Bevölkerung immer progressiver geworden. So sind in der Union nur noch wenige Politiker konservativ im Sinne der Schablone der sechs Prinzipien. Selbst der Versuch der AfD, konservative Wähler mit einer Retro-Fiktion, einer Verklärung der Vergangenheit, anzusprechen, wirkt wie ein erfolgloses Aufbäumen gegen die digitalisierte Globalisierung. In der westlichen Welt besteht die junge Generation zunehmend aus urbanen, nichtreligiösen Kosmopoliten, die mit den alten Traditionen wenig anfangen können.

Das erklärt auch, warum der Ausdruck »bürgerliche Parteien« als Sammelbezeichnung für Union und FDP dem sozialen Wandel nicht mehr gerecht wird. Denn er schließt neben Teilen der SPD-Wähler auch die der Grünen aus, die nicht nur einen höheren Bildungsstand und ein höheres Einkommen als CDU- und CSU-Wähler haben, sondern auch mehrheitlich in Städten leben. Und das sind drei einschlägige Merkmale, an denen man das Bürgertum festmachen kann. Die Parteien CDU/CSU, FDP und Grüne haben im Mittel die wohlhabendsten Wähler. Während die 68-er gegen ein spießiges Bürgertum aufbegehrten, das vor allem durch

Konservative vertreten war, ist das europäische Bürgertum heutzutage oftmals linksliberal.

In einem viel zitierten Artikel hat sich Frank Schirrmacher, der ehemalige Herausgeber der *FAZ*, als »bürgerlich« bezeichnet und nach der Finanzkrise 2008 mit den Linken sympathisiert. Doch auch Schirrmacher fasst »das Bürgerliche« nicht als »das Konservative«, sondern als »das Liberale« auf. Denn zum »imaginativen Depot des bürgerlichen Denkens« zählt Schirrmacher »Freiheit, Autonomie, Selbstbestimmung bei gleichzeitiger Achtung von individuellen Werten, die Chance, zu werden, wer man werden will, bei gleichzeitiger Zähmung des Staates und seiner Allmacht«. Mit diesen Worten umschreibt er aber nur ein einziges Prinzip, und zwar Freiheit. Autonomie, Selbstbestimmung und Selbstverwirklichung sind Spielarten positiver Freiheit. Und der gezähmte Staat ist notwendig für negative Freiheit, nämlich die Abwesenheit von Zwang. Das Prinzip Freiheit steht jedoch im Mittelpunkt des liberalen, nicht des konservativen Denkens.

Um das Freiheitsfeld zu vermessen, muss man sich klarmachen, dass das Wort »Freiheit« diese zwei Lesarten hat, eine negative (Freiheit von Zwang) und eine positive (Freiheit zur Entfaltung). Beide Freiheiten kann man dann jeweils auf die Gesellschaft und auf die Wirtschaft beziehen und erhält so vier Kombinationsmöglichkeiten. An den Liberalen, die das lateinische Wort *liber*, also »frei«, schon im Namen tragen, kann man diese Vielfalt gut verdeutlichen. Weil »Freiheit« als Wort so mehrdeutig ist, hilft ein unqualifizierter Freiheitsbegriff nicht, den Liberalismus zu kennzeichnen. Wenn zum Beispiel von der Verteidigung der »liberalen« Demokratie gegen populistische Gefahren die Rede ist, sind Werte wie Rechtsstaatlichkeit und Gewaltenteilung gemeint. Mit diesen Merkmalen kann man das moralische Profil der Liberalen aber nicht abgrenzen, weil die Linken und die Konservativen diese Grundform der politischen Freiheit ebenfalls hochhalten.

Die Forschung macht auch hier die Unterschiede deutlich. Liberale halten Freiheit hoch, fassen sie aber eher im negativen

Sinn auf, als Freiheit von Zwang, genauer von einem zu großem Einfluss des Staates auf das Individuum, sei es in der Wirtschaft oder der Gesellschaft. Sie lehnen einen paternalistischen Staat ab, der die Unternehmen und das Zusammenleben stark reguliert. Im Kontrast dazu haben die Linken eher einen positiven Freiheitsbegriff, denn sie verstehen darunter die Möglichkeit, sich zu entfalten. Hier darf der Staat ruhig stark sein und in die Wirtschaft und das Privatleben eingreifen, sofern er dadurch die Gesellschaft gerechter macht und gesellschaftliche Freiheiten für Minderheiten sicherstellt.

Der Vergleich zu den Konservativen ist hier aufschlussreich. Linke konzentrieren sich eher auf persönliche Freiheit, Konservative eher auf ökonomische. Daraus folgt auch die Rolle, die sie jeweils für den Staat vorsehen. Die Konservativen wollen eher, dass sich der Staat ökonomisch zurückhält, um nicht die Freiheit, verstanden als freie Handlungsfähigkeit der Unternehmen, zu gefährden. Die Linken wollen, dass der Staat gesellschaftlich eingreift, um Freiheit als freie Entfaltung von Minderheiten und Benachteiligten zu sichern. Die Liberalen liegen genau zwischen den Konservativen und den Linken. Sie wollen sowohl im bürgerrechtlichen als auch im wirtschaftspolitischen Bereich Freiheit, fassen diese aber negativ auf, und das heißt: weniger Eingriffe des Staates in das Privatleben und in die Wirtschaft.

Der Prototyp des Liberalen ist der kosmopolitische Start-up-Gründer. Er will autonom leben und von der staatlichen Bürokratie in Ruhe gelassen werden. Hier machen sich übrigens auch Gender-Unterschiede bemerkbar. Überspitzt gesagt sind in der Gruppe der Progressiven die Frauen eher links, grün und hilfsbereit, die Männer eher liberal, hedonistisch und egoistisch. In Deutschland dürfte das bei den Wählern der Grünen und der FDP sehr ähnlich sein. Auch wenn diese Parteien die Binnendifferenz zur anderen Seite überdeutlich betonen, wohnen ihre Wähler nah beieinander, und nicht wenige sind sogar miteinander verheiratet.

Alle reden also von »Freiheit«, gemeint ist damit aber nicht dasselbe. Bei dem Schlagwort »Fairness« ist es nicht anders. Auch das hat mindestens zwei Lesarten. Konservative und Liberale verstehen darunter eher *Leistungsgerechtigkeit*, einfach gesagt: Jeder kriegt das, was er sich erarbeitet hat. Linke haben eher eine soziale *Verteilungsgerechtigkeit* im Blick: Jeder sollte ungefähr so viel haben wie die anderen auch. Die Linken verbinden ökonomische Fairness eng mit Fürsorge, die Konservativen eher mit Loyalität. Wer ihrer Meinung nach auf Kosten der Gruppe lebt, darf keine Milde erwarten. Die Liberalen sehen ökonomische Fairness als eine Frage von Freiheit, weil jeder seines Glückes Schmied ist. Das erklärt, warum sich beispielsweise FDP und CDU in Wirtschaftsfragen, wo es um Leistung geht, nahestehen, auch wenn sie in Gesellschaftsfragen bei Fairness oft weit auseinanderdriften, etwa wie bei der Gleichstellung der Homo-Ehe.

Konkurrierende Prinzipien

Der tiefere Grund für unsere Ratlosigkeit, den Parteien eindeutig einen Platz im politischen Spektrum zuzuordnen, liegt darin, dass sie nicht einem einzigen Prinzip, sondern mehreren folgen, die sich oft in Konkurrenz befinden. So verstehen die Wähler der FDP unter »Freiheit« die Bürgerrechte in der Gesellschaft ebenso wie die Gestaltungsfreiheit der Unternehmen in der Wirtschaft. Beide Freiheiten passen aber nicht immer zusammen. Für die ökonomische Freiheit der international agierenden Unternehmen kann eine Kooperation mit einem autokratischen Herrscher wie Putin vorteilhaft sein, wie von FDP-Chef Lindner vorgeschlagen. Mit diesem Manöver hat er aber diejenigen Wähler vor den Kopf gestoßen, denen Bürgerrechte als zivile Freiheit am Herzen liegen.

Freiheit und Autorität stehen ohnehin dauerhaft in einem Spannungsverhältnis. In einer arbeitsteiligen Gesellschaft werden Menschen zu Experten, weil sie sich spezialisieren. Experten haben zwangsläufig mehr Macht, schon allein weil sie durch ihre

Funktion autorisiert sind. Sie haben beispielsweise eine staatliche Zulassung als Arzt oder als Richter oder Entscheidungskompetenz als Unternehmerin, Politikerin oder Universitätsprofessorin. Mehr zu sagen zu haben heißt aber automatisch: weniger Freiheit für die anderen.

Den progressiv linken Wählern ist oft jede Form von Autorität suspekt, daher stellt Leistungsautorität sie vor eine Herausforderung, denn in der modernen Gesellschaft sind fast alle Einrichtungen hierarchisch organisiert, unter anderem auch die Parteien, selbst wenn ihre Mitglieder oder die Wähler antiautoritär sind. Unter anderem daran ist die Piratenpartei im Wahlkampf 2013 gescheitert. Presse und Öffentlichkeit erwarteten eine Führungsgruppe mit Spitzenkandidaten, die Partei selbst bevorzugte das hierarchielose Kollektiv, was in der Praxis fehlschlug und im Chaos endete.

Auch die Partei Die Linke ist in einem Dilemma, und zwar zwischen Nationalismus und Internationalismus. Für die progressiven linken Wähler ist Solidarität, also universelles Mitgefühl mit den Schwachen auf der ganzen Welt, ein zentrales Anliegen. Dem folgt auch die Partei, allerdings muss sie gleichzeitig vom »kleinen Mann« im eigenen Land gewählt werden, der sich mitunter von ausländischen Minderheiten bedroht fühlt. Wenn die Partei den Internationalismus überbetont, verliert sie Wähler, besonders an die AfD.

Linkssein schützt übrigens nicht vor der Faszination des Autoritären. Die progressiven Linken betonen das Prinzip Fürsorge, vor allem den Minderheitenschutz. Bei einigen fällt diese Neigung so stark aus, dass sie bereit sind, ein anderes progressives Ideal dafür aufzugeben, nämlich Freiheit. Ein Beispiel ist die Forderung, dass »weiße Männer« sich nicht zu Gleichstellungsfragen äußern sollen, weil sie ohnehin zur Gruppe der Unterdrücker von Frauen und aller nicht-weißen Menschen gehören. Dieses Manöver wird von vielen als autoritär wahrgenommen. Allerdings besteht ein Unterschied zu den Rechten. Die autoritäre Linke bevormundet andere aus dem Gedanken des Schutzes heraus. Autoritäre Rechtsradikale bevormunden andere, einfach weil sie es gerne tun.

Linke und Liberale machen zusammen die Progressiven aus. Sie ähneln sich in ihrem emotionalen Profil, weil beide die konservativen Prinzipien geringschätzen. Dennoch erscheinen sie weit voneinander entfernt, wenn man ihre Haltung zum Kapitalismus, genauer zum Neoliberalismus anschaut. Der Begriff »Neoliberalismus« hat einen kuriosen Bedeutungswechsel erfahren. Ursprünglich war damit die frühe Idee der sozialen Marktwirtschaft gemeint im Gegensatz zum radikal freien Markt. Seit den späten Siebzigerjahren steht der Begriff allerdings für das genaue Gegenteil, den entfesselten Laissez-faire-Kapitalismus.

War in den Neunzigerjahren noch »die Gesellschaft« schuld an den Missständen der Welt, ist es im intellektuellen linken Diskurs heute neben dem »Patriachat« und dem »Kolonialismus« der »Neoliberalismus«, auch wenn nicht alle sagen können, was damit genau gemeint ist. Weil Fürsorge das Hauptprinzip für die linken Progressiven ist und die Ärmsten der Welt oft unter der Ausbeutung westlicher Firmen leiden, fassen jene Kapitalismuskritik als zentrales Merkmal der Gruppenidentität auf und grenzen sich besonders stark von den liberalen Progressiven ab. Aus der Innenperspektive mag der Unterschied groß erscheinen, auch wenn er mit Abstand betrachtet klein ausfällt.

Die Unionsparteien stehen ebenfalls vor neuen Herausforderungen, weil sie mit Home-Ehe, Atomausstieg und Flüchtlingsaufnahme ihren konservativen Markenkern aufgegeben haben. Ein Konflikt entspringt hier aus dem Widerstreit von Fürsorge und Loyalität. Für Konservative ist Fürsorge selten universell, sondern eher tribalistisch, also nur auf den eigenen Stamm, die eigene Nation bezogen. Doch in Deutschland liegt vielen CDU- und CSU-Wählern die christliche Nächstenliebe am Herzen, die keine Nationen und keine Staatsgrenzen kennt. Vielleicht war Nächstenliebe der Impuls, warum Angela Merkel 2015 entschieden hat, dass Deutschland die syrischen, irakischen, afghanischen und nordafrikanischen Flüchtlinge aufnimmt. Die Entscheidung missfiel dem rechten Flügel der Partei, der eher auf Loyalität und weniger auf universelle Fürsorge setzt. Dessen neu erwachter Nationalismus war wiederum der Grund, warum ein Teil der Wähler der CDU und CSU zu den Grünen abwanderte, bei denen Fürsorge ganz oben auf der Agenda steht.

Die Autoritären und die Loyalen

Als sich der Schriftsteller Botho Strauß in seinem *Spiegel*-Essay »Anschwellender Bocksgesang« von 1993 über »die Verhöhnung des Soldaten, die Verhöhnung von Kirche, Tradition und Autorität« beschwerte, hat er Kernaspekte des psychologischen Profils von Konservativen umrissen, nämlich Autorität und Neophobie. Auch wenn Strauß nach dem Essay als »reaktionär« galt, macht allein die Vorliebe für Autorität niemanden rechtsradikal, schon deshalb nicht, weil das Prinzip Loyalität in seiner radikalen Form, nämlich als Verachtung der Fremden, in Strauß' Artikel fehlt.

Den rechten Rand des politischen Spektrums kann man allerdings als die Extremform der gesamten konservativen Moral ansehen. Im rechtsradikalen Lager verwandeln sich Loyalität und Tribalismus in eine Treue zu »Blut und Boden« und damit in Fremdenfeindlichkeit und Rassismus. Der Wunsch nach Autorität und Struktur schlägt um in eine Sehnsucht nach dem autokratischen Führer, der »richtig aufräumt«. Das kann so weit gehen, dass die Rechten bereit sind, dafür die Demokratie zu opfern. Die Präferenz für Reinheit ist zum Abscheu gesteigert: Fremde werden als minderwertig betrachtet, und Homosexualität gilt als widerlich, ebenso unklare Genderrollen, ganz zu schweigen vom »links-grün versifften« Gedankengut. Mit einem Wort: »Wutbürger« sind tatsächlich Ekelbürger.

Den Vorschlag, Rechtsradikalismus als Extremform von Konservativismus anzusehen, muss man allerdings mit einem Vorbehalt versehen. Damit ist nicht gemeint, dass Konservative zum Rechtsradikalismus neigen. Im Gegenteil, gerade weil sich viele Konservative einer gewissen Nähe zwischen ihren Gefühlsneigungen und denen am rechten Rand bewusst sind, legen sie Wert auf eine klare Abgrenzung und sind für autoritäre Verlockungen oftmals besonders sensibilisiert.

In Deutschland wird die politische Lage in Zukunft kaum klarer, sondern wohl noch unübersichtlicher. Die sechs Parteien im Bundestag nähern sich allmählich in der Größe einander an. Sie sprechen teils konkurrierende moralische Prinzipien an und senden sogar widersprüchliche Signale. Für die Regierungsbildung gibt es zwar mehr Kombinationsmöglichkeiten, aber gleichzeitig wird der Zwang verstärkt, heterogene Koalitionen zu bilden. Das wird dazu führen, dass immer mehr Wähler von den notwendigen Kompromissen enttäuscht sind.

Kurz gefasst

In Deutschland sind Ausdrücke für politische Positionen mehrdeutig, die Parteien sprechen konkurrierende moralische Prinzipien an und senden widersprüchliche Signale an ihre Wähler. Die Progressiven zerfallen in zwei Gruppen. Den Linken ist Fürsorge als Minderheitenschutz wichtig, den Liberalen Freiheit. Beide grenzen sich von den konservativen Prinzipien ab, deren Extremform das rechtsradikale Denken ausmacht. Durch den progressiven Wandel besteht die bürgerliche Mitte aus Wählern der Grünen, der FDP und aus Teilen von SPD und CDU/CSU, die allesamt nur noch wenig konservativ sind. Den Linken unter den Wählern liegen Verteilungsgerechtigkeit und positive Freiheit, also Selbstverwirklichung, am Herzen. Liberale und konservative Wähler hingegen legen eher Wert auf Leistungsgerechtigkeit und negative Freiheit, also einen Staat, der wenig in die Gesellschaft eingreift.

15 Status, Rang und Dominanz: Warum sehnen sich Menschen nach Hierarchie?

Die Autoritären und die Antiautoritären

Wer Macht hat, hat das Sagen. Diese Verbindung spiegelt sich in den Metaphern wider, mit denen wir über Macht sprechen. Wer »gehorcht«, der »hört« auf jemanden. Und wem etwas »gehört«, der hat Verfügungsgewalt darüber. Die etymologische und inhaltliche Nähe zwischen *hören*, *gehören* und *gehorchen* findet sich in vielen indogermanischen Sprachen. Nur wenn jemand Ansagen macht, hat eine arbeitsteilige Gruppe oder Gesellschaft eine Struktur. Genau das regelt das Prinzip der Autorität.

Schon John Stuart Mill, einer der Gründerväter des Liberalismus, hat im Jahr 1859 festgestellt, dass neben Fortschritt auch »Ordnung« und »Stabilität« Grundbedürfnisse des Menschen sind. Wie gesagt unterscheiden wir uns aber darin, wie wichtig uns Hierarchie ist, also Ordnung in der vertikalen Rangfolge. Die Sehnsucht nach Autorität ist unter Konservativen stark und am rechten Rand extrem ausgeprägt, aber auch die Linken und die Liberalen sind nicht immer frei davon.

Ein alltägliches, aber tief greifendes Autoritätsmerkmal liegt in der Anrede mit Höflichkeitsformen, beispielsweise in Sprachen wie dem Deutschen oder dem Französischen. Wir siezen all jene, die horizontal entfernt sind, weil wir sie nicht kennen, und jene, die vertikal entfernt sind, wenn sie über uns stehen: Schüler siezen Lehrer, und Arzthelferinnen siezen Ärztinnen, während sie geduzt oder mit dem »Hamburger Sie« (Vorname plus Sie) angesprochen werden. Im Großbürgertum war es bis in das 20. Jahrhundert hinein noch üblich, sich von seinen Kindern siezen zu lassen. In sehr traditionalistischen Regionen der Welt ist das heutzutage noch verbreitet. Der Geschäftsführer des neurechten Verlags Antaios, Götz Kubitschek und seine Frau Ellen Kositza, siezen sich in gemeinsamen Interviews. Das ist sehr wahrscheinlich eine Inszenierung und entbehrt nicht einer gewissen Ironie, denn es verfehlt die Grundidee des Siezens, da sich die Eheleute gar nicht sozial fremd sind und die Anrede auch keine Asymmetrie ausdrückt. Die Botschaft jedenfalls soll auch hier lauten: Das Formale, also die Autorität ist entscheidend.

Der Stellenwert von Autorität offenbart sich außerdem bei der Verwendung akademischer Titel. Im eher progressiven Milieu der Universitäten, wo fast jeder Lehrende Doktor oder Professor ist, wird die Anrede mit Titel immer seltener. Außerhalb der Universitäten legen vor allem Konservative Wert auf Titel, was vielleicht erklärt, warum bei Doktorarbeiten vermehrt CDU- und CSU-Politiker plagiiert haben, wie etwa die ehemalige Bildungsministerin Annette Schavan oder der ehemalige Verteidigungsminister Karl-Theodor zu Guttenberg. Der Druck, auch akademisch einen hohen Rang zu bekleiden, ist unter Konservativen größer als unter Progressiven.

In klassischen Berufen wie dem Bankwesen, in Großkanzleien, Konzernen und der Bürokratie ist Autorität durch etliche Hierarchieebenen geregelt, die notwendig sind, damit das Kollektiv entscheidungsfähig bleibt. Allerdings ist die Rangordnung oft so dicht geschichtet, dass sie von außen völlig intransparent ist. In der Unternehmensberatung gibt es neben dem »Junior Consultant« und »Senior Consultant« noch »Manager«, »Senior Manager«, »Director« und »Partner«. In anderen Einrichtungen hingegen bezeichnet »Direktor« die Spitzenposition. In einigen Konzernen ist der »Vice President« ein Frühstücksdirektor ohne Einfluss, in anderen berichtet er direkt an den Vorstandsvorsitzenden, der sich jetzt CEO nennt, »Chief Executive Officer«. Den Mitarbeitern steht dann mit jeder neuen Karrierestufe ein größeres Auto zu, wobei alle peinlich genau darauf achten, dass der Hubraum kleiner als beim Wagen des unmittelbaren Vorgesetzten ist. Auch die PS-Zahl kann ein Autoritätsmerkmal sein.

Digitale Start-up-Unternehmen inszenieren sich als Gegenentwurf oft ausdrücklich unhierarchisch bei ihrem »Employer Branding«, also wenn sie die Qualität des Arbeitsumfeldes herausstreichen, wie etwa der vegane Kondomhersteller *Einhorn*, bei dem die Chefs sich selbst abgeschafft haben. Wird das Unternehmen dann allerdings erfolgreich, entpuppen sich die flachen Hierarchien schnell als steile Pyramide.

In Krankenhäusern sieht es ähnlich aus: Ärzte, Pfleger und das Reinigungspersonal sind nicht nur strikt nach Farben und Uniformen getrennt, auch innerhalb der Gruppen ist die Weisungsbefugnis streng geregelt, vom Arzt über den Oberarzt und Chefarzt zum Klinikleiter.

Die Grundidee der klaren Rangordnung stammt ursprünglich aus dem Militär, das kulturgeschichtlich älter ist als Konzerne und Krankenhäuser. Auch hier finden sich etliche Hierarchieebenen. Bei der deutschen Bundeswehr zum Beispiel stehen über den Mannschaftsdienstgraden die Unteroffiziers- und darüber die Offiziersdienstgrade, die allerdings alles andere als logisch aufgebaut sind. Während der Major deutlich über dem Leutnant steht, ist der Generalmajor unter dem Generalleutnant angesiedelt. Intern lösen beide mit ihren goldenen Sternen Respekt aus, von außen erscheint diese Codierung dem Laien eher sonderbar.

Respekt oder Mitgefühl

Konservative legen mehr Wert auf Hierarchie als Progressive. So überrascht es wenig, dass die moralischen Prinzipien bei der Einschätzung angesehener Berufe ebenfalls durchschlagen. In einer

Studie aus den USA sind Konservative von Polizisten und Soldaten beeindruckt, also von Berufen, die Status und Macht ausstrahlen. Je konservativer jemand ist, desto mehr verurteilt er Respektlosigkeit gegenüber diesen Berufsgruppen. Das bekam die Amerikanerin Lindsey Stone zu spüren, die auf dem Militärfriedhof in Arlington vor einem Schild mit der Aufschrift »Silence and Respect«, Ruhe und Respekt, mit ausgestrecktem Mittelfinger für ein Foto posierte. Ihr Bild war Teil einer Serie, in der sie mit einer Freundin die Aufforderungen auf Schildern absichtlich missachtete. Man könnte ihr Verhalten als pubertär und unsensibel abtun. So milde fielen die Urteile der konservativen Facebook-User allerdings nicht aus, als sie das Foto entdeckten. Die Ausdrücke »respektlos« und »abscheulich« gehörten noch zu den harmloseren Kommentaren. Einige wünschten Lindsey Stone den Tod, andere drohten ihr eine Vergewaltigung an. Die Facebook-Gruppe »Fire Lindsey Stone« hatte schnell fast 20 000 Unterzeichner und erreichte tatsächlich, dass Stone von ihrem Arbeitgeber *Life* gekündigt wurde, einer gemeinnützigen Organisation, in der sie sich darum kümmerte, Menschen mit Behinderungen das Leben im Alltag zu erleichtern.

Als Sozialpädagogin hatte Stone einen unter Progressiven angesehenen Beruf ergriffen. Die Linken, das zeigt eine Umfrage, schätzen im Vergleich zu Konservativen insbesondere Berufe wie Krankenschwester, Kindergärtnerin und andere, die auf Fürsorge beruhen, selbst wenn sie in der Gesellschaft keinen sonderlich hohen Status haben. Linksradikale gehen bei Berufsbildern noch einen Schritt weiter und sind oft ausdrücklich antiautoritär. Sie zeigen also besonders deutlich, dass sie Soldaten und Polizisten stellvertretend für die Staatsmacht verachten, etwa mit Sprüchen wie »ACAB: all cops are bastards«, also frei übersetzt: »Bullen sind Schweine«, oder mit Bannern wie »Soldaten sind Mörder«.

Umgekehrt zeigt sich der Stellenwert von Autorität im bürgerlich-konservativen Lager beim Urteil über Kriegseinsätze. Als sich die Hinweise häuften, dass der syrische Diktator Baschar al-Assad

Giftgas gegen seine eigene Bevölkerung einsetzt, sprachen sich vor allem Unionswähler für einen Militärschlag der USA aus. Je konservativer jemand ist, desto eher will er mit »Entschlossenheit« und »Härte« gegen Diktatoren, Terroristen und andere Verbrecher vorgehen oder es zumindest androhen. Typisch für Liberale ist, dass sie die Freiheit verteidigen wollen, was ebenfalls einen Kriegseinsatz rechtfertigen kann. Bei den eher pflichtethisch und fürsorglich denkenden Linken sind Krieg und Gewalt hingegen so verpönt, dass sie sich mit Militäreinsätzen schwertun, selbst wenn durch diese auf lange Sicht mehr Menschen gerettet werden.

Der Sinn für Autorität spiegelt sich sogar im Habitus wider. In einem Experiment zur nichtverbalen Kommunikation zeigte sich, dass Konservative im Durchschnitt in ihrer Körpersprache eher verschlossen sind, selten lächeln und schon gar nicht herzlich lachen. Wer Putin bei einem Staatsempfang oder Thilo Sarrazin und den AfD-Politiker Björn Höcke in einer Talkshow gesehen hat, weiß, wovon die Rede ist. Progressive hingegen lächeln häufiger, zeigen einen lebhafteren Gesichtsausdruck, sitzen ihrem Gesprächspartner entspannter gegenüber und sind im Umgang freundlicher.

Politische Kinder

Ein Gespür für Rangordnungen entwickeln Kinder sehr früh. In einem Versuch sahen Kleinkinder einen Zeichentrickfilm, in dem zwei abstrakte Figuren, ein kleines und ein großes Rechteck, aneinandergeraten, wobei das kleine Rechteck das große so lange attackiert, bis dieses zur Seite weicht. Kinder sind bei diesem Szenario sichtbar erstaunt. Sie sind hingegen wenig überrascht, wenn es umgekehrt abläuft. Das deutet daraufhin, dass sie die Situation als unnatürlich empfinden, also schon die Annahme gebildet haben: »Normalerweise haben große Rechtecke mehr zu sagen als kleine.«

Als Erwachsene erkennen wir einen dominanten Gesichtsausdruck schneller, als ein Wimpernschlag dauert, weil wir so sehr für Macht und Status sensibilisiert sind. In einem Experiment mussten Testpersonen Fotos von Menschen einschätzen, die entweder mit vorgeschobenem Kinn dem Betrachter ins Gesicht starrten oder verschüchtert nach unten blickten. Die Bilder blitzten nur 40 Millisekunden lang auf, eine Fünfundzwanzigstel-Sekunde, gerade oberhalb der Wahrnehmungsschwelle, so lang, dass die Versuchspersonen nur sagen konnten, dass sie »irgendetwas« gesehen hatten. Dennoch urteilten sie relativ verlässlich darüber, wer auf dem Foto einen dominanten und wer einen unterwürfigen Blick hatte.

Menschen, die Autorität ausstrahlen, haben es auch in der Politik leichter. In Platos Schrift *Politeia* sagt Sokrates sinngemäß, dass Demokratien nicht funktionieren, weil das Volk unfähige Anführer aus seiner eigenen Mitte wählt. In seinem Gleichnis wollen unqualifizierte Matrosen auf einem Schiff Kapitän spielen und das Ruder selbst in die Hand nehmen. Die Demokratie kommt bei Platon nicht gut weg. Seine antidemokratische Staatstheorie ist sicherlich aus vielerlei Gründen fragwürdig, aber seinen Pessimismus zum Wahlverhalten kann man inzwischen empirisch gut nachweisen. Dazu haben Forscher Schweizer Kindern im Alter zwischen fünf und dreizehn Jahren auf dem Computer zwei Fotos mit Gesichtern gezeigt und sie gefragt, wer von beiden der Kapitän auf einem Schiff sein soll. Bei den Personen handelte es sich um Kandidaten aus einer Regionalwahl in Frankreich. Das Ergebnis war verblüffend: Die Entscheidungen der Kinder stimmten zu 70 Prozent mit dem tatsächlichen Wahlergebnis überein, also stärker, als es durch puren Zufall möglich wäre. Der Umkehrschluss ist ernüchternd: Ein Teil der französischen Wähler hat offenbar ebenfalls nur nach Aussehen entschieden, sonst hätten die Kinder nicht so nah beim tatsächlichen Wahlergebnis liegen können. Oder, wie es Robert Sapolsky ausdrückt: Viele Erwachsene entscheiden bei einer politischen Wahl wie Kinder, die man fragt:

»Wer soll Kapitän auf dem Schiff der Teletubbies sein?« Verwandte Experimente zeigen, dass äußerlich sichtbare Merkmale für Intelligenz und Gesundheit politischen Kandidaten Vorteile bei Wahlen verschaffen. Vor allem aber müssen sie Vertrauenswürdigkeit oder Dominanz ausstrahlen. Bei männlichen Kandidaten sind für Letzteres ein breiter Kiefer und ein markantes Kinn hilfreich, die Wähler weltweit mit Autorität und Durchsetzungskraft verbinden. Sowohl in westlichen als auch in südostasiatischen Ländern bevorzugen die Wähler in Kriegszeiten eher Kandidaten und Kandidatinnen mit älteren, maskulinen Zügen und in Friedenszeiten eher solche mit jüngeren, femininen Zügen.

Kurz gefasst

In unserer Kultur zeigen sich Hierarchien im Siezen, in akademischen Titeln und in der Rangordnung großer Kollektive, etwa in Konzernen oder der Armee. Vertikale Entscheidungsebenen sind notwendig, damit große Gruppen handlungsfähig sind. Menschen sind schon als Kleinkinder für Rang und Status sensibilisiert, unterscheiden sich jedoch in ihrer Vorliebe für starre Hierarchien, die unter Konservativen stark und am rechten Rand extrem ausgeprägt ist. Wer sich so politisch einordnet, bevorzugt autoritäre Institutionen wie die Polizei oder das Militär, verurteilt Respektlosigkeit ihnen gegenüber und stimmt bei Normverletzungen eher für Vergeltungsmaßnahmen und harte Strafen. Und lässt sich besonders in Krisenzeiten von Politikern mit einem dominanten Aussehen und Auftreten beeindrucken.

16 Starke Führer und glorreiche Nationen: Wie werden Menschen autoritär?

Der autoritäre Charakter

Der Philosoph Theodor W. Adorno, geboren 1903 in Frankfurt, erhielt aufgrund seiner jüdischen Herkunft von den Nationalsozialisten 1933 ein Lehrverbot an der Universität Frankfurt. Er immigrierte in die USA und wurde dort Mitarbeiter an dem von Max Horkheimer gegründeten Institut für Sozialforschung, das nach dem Ende des Zweiten Weltkriegs zurück an die Universität Frankfurt zog, wo Adorno den Posten des Direktors übernahm. Die von ihm und Horkheimer entwickelte »Kritische Theorie« ist als sogenannte »Frankfurter Schule« bis heute eine einflussreiche philosophische Strömung, die unter anderem die Achtundsechziger-Generation prägte.

Während seines Exils in Kalifornien führte Adorno zusammen mit Kollegen ab 1943 empirische Studien zum *autoritären Charakter* durch. Dabei hatte er den typischen deutschen Nationalsozialisten genau vor Augen. Da Faschisten ihre Gesinnung normalerweise ihrer Umgebung verhehlen, fragte Adorno sich, ob man sie auch über indirekte Hinweise verlässlich erkennen kann. Inspiriert war er durch Vorarbeiten von Erich Fromm und durch Sigmund Freuds Studien zum »Analcharakter«. Freud beschrieb damit einen Typen, der durch strenge Erziehung »ordentlich, sparsam und eigensinnig« ist und zur Pedanterie und übermäßigen Reinlichkeit neigt.

Diese Merkmalsliste hat Adorno erweitert. Der autoritäre Charakter denkt konventionell, ordnet sich den Autoritäten in der Gruppe unter, ist aggressiv gegenüber Regelbrechern, verachtet Phantasie und Kreativität, glaubt an Schicksal, will Stärke beweisen und Schwache dominieren, hält die Welt für bedrohlich und lehnt ausschweifende Sexualpraktiken ab.

Um diese Merkmale zu testen, bat Adorno seine Versuchspersonen, Aussagen zu beurteilen wie: »Wer unsere Ehre kränkt, sollte nicht ungestraft bleiben«, »Homosexualität ist eine besonders verderbte Art von Vergehen«, oder: »Viel stärker, als die meisten Menschen erkennen, wird unser Leben durch Verschwörungen bestimmt.« Dem autoritären Typ hat Adorno damit stillschweigend einen demokratischen Typ gegenübergestellt, der liberal und kosmopolitisch ist und sich für Kunst und Literatur interessiert.

Adornos Ansatz ähnelt in verblüffender Weise einer Analyse der Gegenseite. Der Psychologe und überzeugte Nationalsozialist Erich Rudolf Jaensch hat nämlich diese zwei Typen im Jahr 1938 ebenfalls beschrieben, nur eben mit umgekehrten Vorzeichen. Hier stellt der gute Nazi das kulturelle Ideal dar: Er ist hart, männlich und verlässlich, fällt eindeutige Urteile und lässt sich von Blut, Boden und der nationalen Tradition bestimmen. Im Gegensatz dazu haben Jaensch zufolge Mitglieder von »Mischrassen«, zu denen er Juden, Pariser, Ostasiaten und Kommunisten zählt, einen Hang zur Mehrdeutigkeit und zur Synästhesie, also zu einer Vermischung von Wahrnehmungsarten, etwa wenn Menschen Töne als Farben sehen. Außerdem seien sie individualistisch, exzentrisch und hedonistisch. Jaensch und Adorno waren sich also in wesentlichen Punkten einig, bewerteten die zwei Typen jedoch genau gegensätzlich.

Auch wenn Adornos Untersuchung, die 1950 erschien, als Pionierstudie in der Sozialforschung gilt, ist sie vielleicht die wissenschaftlich »mangelhafteste« aller berühmt gewordenen Studien, wie der amerikanische Psychologe John Levi Martin sagt. So wählten Adorno und Kollegen bei Versuchspersonen, die nicht in ihr Schema passten, nur diejenigen Antworten aus, die die Theorie bestätigten, und verwarfen andere, die ihr widersprachen, womit sie ein Grundprinzip des experimentellen Forschens verletzten. Außerdem waren die zu bewertenden Aussagen ausschließlich positiv formuliert, was nachweislich zu Verzerrungen bei Antworten führt.

Generell zielte die Studie nicht auf Persönlichkeitsmerkmale, die man tatsächlich unabhängig bestimmen kann, sondern allein darauf, ob jemand einer Ideologie zustimmt. Das ist besonders problematisch, denn bei moralisch aufgeladenen Themen sind Sprachdaten für sich genommen wenig aussagekräftig. Das verdeutlicht schon das Problem der *sozialen Erwünschtheit*. So zeigen beispielsweise weiße US-Amerikaner in einigen Untersuchungen Vorurteile gegenüber Afroamerikanern, was sie aber nicht offen zugeben und was durch Fragen wie »Was denkst Du über Schwarze?« nicht zutage gefördert wird.

Unabhängig von diesen methodischen Mängeln hatte Adorno jedoch eine beispiellose Intuition für die Hauptelemente der faschistischen Gesinnung. Folgestudien lassen das Bild zwar deutlich differenzierter erscheinen, belegen aber in weiten Zügen seine Grundidee.

Adornos Vorarbeiten finden bis heute in der empirischen Sozialforschung Anwendung, beispielsweise in den »Mitte-Studien« der Friedrich-Ebert-Stiftung und der Universität Leipzig. Beide Studien ermitteln alle zwei Jahre den Grad der »gruppenbezogenen Menschenfeindlichkeit« in Deutschland, die Rechtsradikale unter anderem gegenüber Muslimen, Juden, Homosexuellen und Frauen zeigen. Typischerweise misstrauen Rechtsradikale der Demokratie, sind nationalistisch, lehnen die EU ab, halten Gewalt für ein probates Mittel gegen Fremde und bevorzugen eine harte Linie bei »Recht und Ordnung«.

Die Liste beschreibt sicherlich den rechten Rand in Deutschland sehr treffend. Doch wie schon bei Adorno fragt man sich, wie diese Merkmale zusammenhängen. Warum verachten Rechtsradikale sowohl Ausländer als auch homosexuelle Landsleute? Warum kritisieren sie die Eliten, wollen aber gleichzeitig in einer hierarchischen Gesellschaft leben? Auch hier kann man mithilfe der Schablone der sechs Prinzipien die Fäden zusammenziehen, denn eine extreme Vorliebe für Hierarchien, Abscheu gegenüber Fremden und Vorstellungen über Widernatürlichkeit sind Extremformen der konservativen Prinzipien Autorität, Loyalität und Reinheit.

Autoritarismus und Menschenfeindlichkeit

Der autoritäre Typ, um den es Adorno ging, hat der aktuellen Forschung zufolge zwei Eigenschaften: Ihm ist Hierarchie wichtig, und er hat eine menschenfeindliche Gesinnung. Die Vorliebe für starre Hierarchien entspricht der Extremform des Prinzips Autorität und heißt »rechtsradikaler Autoritarismus« (»right wing authoritarianism«). Die gruppenbezogene Menschenfeindlichkeit hingegen entspricht der Extremform des Prinzips Loyalität und heißt »sozialdominante Orientierung« (»social dominance orientation«). Große Untersuchungen der letzten Jahre legen allerdings nahe, dass das Attribut »rechtsradikal« besser zum sozialen Dominanzdenken passt, also zur Menschenfeindlichkeit. Eine Vorliebe für Autorität allein, die man in vielen politischen Strömungen findet, macht Menschen nicht rechtsradikal, denn dafür ist die menschenfeindliche Vorstellung, es gäbe »minderwertige« Gruppen, ausschlaggebend.

Auch in ihrer Extremform sind die Prinzipien Autorität und Loyalität stark korreliert, sie tauchen also bei vielen Menschen zusammen auf, weshalb Adorno sie für Untermerkmale des »autoritären Charakters« gehalten hat. Dennoch kann man sie mit geeigneten Untersuchungen deutlich voneinander trennen. So zeigt eine Metaanalyse aus siebzig früheren Studien mit mehr als 22000 Versuchspersonen, dass beide Einstellungen einem niedrigen Wert beim Merkmal Offenheit beruhen. Eine weitere Metaanalyse aus 24 Studien deutet in dieselbe Richtung: Beide Neigungen entspringen einer erhöhten Angst- und Ekelneigung. Die Autoritären sind besonders verschlossen, lehnen Hedonismus eher ab, halten die Welt für bedrohlich, haben eher einen hohen Wert bei Gewissenhaftigkeit und bevorzugen daher Struktur und Hierarchien. Aber sie beschreiben sich überraschenderweise tendenziell als mitfühlend. Menschenfeinde hingegen sind deutlich weniger regelkonform, dafür eher hedonistisch, sie fühlen sich anderen überlegen und haben kaum Mitgefühl.

Daher lassen sich bei Adornos »autoritärem Charakter« zwei Typen unterscheiden: zum einen der klassische Mitläufer, der *unterwürfige autoritäre Typ*, der regelkonform und angepasst ist, aber nicht unbedingt andere Gruppen abwertet. Zum anderen der *dominante autoritäre* Typ, bei dem sich beide Neigungen, Autoritarismus und Menschenfeindlichkeit, paaren. Dieser Menschenfeind ist kaltherzig und blickt auf »andersartige« Gruppen herab, beispielsweise auf Obdachlose, Ausländer oder Homosexuelle. Den wichtigen Unterschied macht hier das Persönlichkeitsmerkmal Verträglichkeit, speziell das Untermerkmal Warmherzigkeit. Wem neben Offenheit auch noch Warmherzigkeit fehlt, der neigt besonders zur dominanten Menschenfeindlichkeit.

Wer wie der Mitläufer einen niedrigen Wert bei Offenheit hat, legt Wert auf Sicherheit, Kontrolle und Stabilität. Menschen mit einem niedrigen Wert bei Verträglichkeit hingegen sind kompromisslos und zäh. Bei ihnen stehen Genuss und Egoismus im Vordergrund, und sie fassen die Lebenswelt als einen Kampf um Macht und Dominanz auf. In Kombination gehen beide Merkmale, niedrige Offenheit und niedrige Verträglichkeit, eine unheilvolle Allianz ein, verkörpert durch den dominanten autoritären Typen: den kompromisslosen, unbarmherzigen Machtmenschen, kurz: den Faschisten. Genau an diesen Typ hat Adorno gedacht, als er mit Kollegen seine Untersuchungen durchgeführt hat.

Menschenfeindliche Gene und autoritäre Erziehung

»Einige Gruppen sind besser als andere«, »Wir sollten nicht universelle Gleichheit anstreben«, und: »Man sollte einigen Gruppen ihren Platz zuweisen.« Wer diesen und etwa einem Dutzend weiterer Aussagen zustimmt, tendiert zur Menschenfeindlichkeit. Zum Kontrast: »Unser Land braucht nicht noch mehr Freiheiten, sondern mehr Recht und Ordnung«, »Gehorsam und Respekt sind die wichtigsten Werte, die ein Kind lernen sollte«, oder: »Wir brauchen einen starken Anführer, der das tut, was zu tun ist.« Wer diese Aussagen für richtig hält, tendiert zum Autoritarismus. Und wer all diese Aussagen zusammen mit Nachdruck bejaht, ist mit hoher Wahrscheinlichkeit rassistisch, sexistisch und intolerant, also rechtsradikal oder ein anderer Extremist.

Autoritäre wenden sich nicht unbedingt gegen Außengruppen, sondern sie haben eher Angst um ihren Status in der Hierarchie der eigenen Gruppe. Sie teilen die Welt in »Oben« und »Unten« ein und gehen mit Abweichlern von der Gruppe hart ins Gericht. Menschenfeinde hingegen sondern die Welt in Innengruppe und Außengruppe. Sie sehen den eigenen Stamm als besonders homogen an und wollen mit Leuten aus fremden Gruppen nichts zu tun haben.

Der neuseeländische Psychologe John Duckitt hat erforscht, wie Persönlichkeitsmerkmale und Erziehung das extremistische Denken prägen. Wie zu vermuten, wurden Autoritäre streng erzogen mit der Vorstellung, dass die Welt bedrohlich ist, und dem Ziel, dass sie gehorchen. Menschenfeinde hingegen wurden gefühlslos erzogen mit der Vorstellung, dass die Welt ein Kampf um Macht und Anerkennung ist, und dem Ziel, dass sie sich abhärten. Beide Erziehungsstile sind unabhängig voneinander, verschmelzen aber oft zu einem. Unter den eher autoritär Erzogenen ist das Geschlechterverhältnis übrigens ungefähr ausgeglichen, während sich unter den Menschenfeinden deutlich mehr Männer finden.

Gene und Erziehung tragen etwa zu gleichen Teilen zum Charakter und zur Ideologie bei. Mit der falschen Erziehung kann man aus fast jedem Kind einen autoritären Menschenfeind machen, und das passiert umso nachhaltiger, je schwächer bei den Kindern die Merkmale Offenheit und Mitgefühl ausgeprägt sind. Es geht auch dann leichter, wenn die Kinder in einer Kultur aufwachsen, in der eine Ideologie religiöser oder ethnischer Überlegenheit vorherrscht. Schon starke Ungleichheit in einem Land prägt indirekt das Verhalten von Kindern. In einer Studie der Vereinten Nationen an knapp 67 000 elfjährigen Kindern aus 37 Ländern zeigte sich, dass sie in der Schule andere Kinder umso mehr mobben, je größer die soziale Ungleichheit in ihrem Land ist. Der von den Eltern vorgelebte Kampf um Anerkennung und Status färbt offenbar auf das Verhalten ihrer Kinder ab.

Das erste Mal, dass sich eine Generation dem autoritären Lebensmodell widersetzte, war der »Summer of Love« 1967 in Kalifornien. Die Hippies feierten mit Blumen im Haar und Joints in der Hand. Sie protestierten gegen den Vietnamkrieg und wollten den Weltfrieden. Sie lehnten Autoritarismus wie Menschenfeindlichkeit ab, indem sie sich gegen das Patriarchat und die strenge Sexualmoral ihrer Eltern ebenso wandten wie gegen Rassismus und gegen den Imperialismus der USA.

Sehnsucht nach Stärke

Wladimir Putin, Viktor Orbán, Recep Tayyip Erdoğan: Die Wähler von rechtspopulistischen Parteien hegen weltweit im Vergleich zu anderen Wählern eine besondere Faszination für solche autokratischen Führerpersönlichkeiten. So lehnt die AfD zwar den Internationalismus und damit oft auch den Amerikanismus ab, bewundert aber Donald Trump für sein autoritäres Auftreten. Einige Forscher beobachten bei den Neuen Rechten eine heimliche Eifersucht gegenüber den islamisch regierten Ländern, die zwar die erklärten Feinde sind, aber mit ihrer streng patriarchalen Gesellschaftsform für sie eine Vorbildfunktion innehaben.

Die Autoritären sehnen sich nicht nur nach dem starken Herrscher, sondern auch nach der starken eigenen Nation, die international Bedeutung hat. Oft ist das eine Kompensationsstrategie. Wer wenig Bedeutung im eigenen Leben sieht, will wenigstens in einem Land leben, das auf eine glorreiche Geschichte zurückblickt, und ist daher für Nationalismus empfänglich. Ein Beispiel ist Erdoğan, der den Völkermord der Türken an den Armeniern leugnet und die türkischstämmigen Politiker im Deutschen Bundestag als »degeneriert« bezeichnete und von ihnen einen »Bluttest« forderte, als der Bundestag im Jahr 2016 den Völkermord anerkannte. Ein anderes Beispiel ist der chinesische Präsident Xi Jinping, der auf dem 19. Parteikongress im Oktober 2018 von der »Renaissance der chinesischen Nation« sprach, die »ins Zentrum des Weltgeschehens« zurückkehre.

Dazu passt auch, dass Björn Höcke das Holocaust-Mahnmal in Berlin als »Mahnmal der Schande« betitelt, dass Alexander Gauland den Nationalsozialismus für einen »Vogelschiss« in der sonst glorreichen deutschen Geschichte hält und dass seine Co-Fraktionsvorsitzende Alice Weidel die deutsche Erinnerungskultur als »Schuldkult« abtut. Sie alle wollen in einem ruhmreichen Land leben, das Autorität ausstrahlt. Die Erinnerung an den von Deutschen organisierten Massenmord an den Juden passt für sie nicht dazu. Oder wie der israelische Psychoanalytiker Zvi Rex bemerkt: »Die Deutschen werden den Juden den Holocaust nie verzeihen.«

Auch in den USA entspringt die Begeisterung für das Autoritäre aus einer gefühlten Machtlosigkeit. Ein sicherer Indikator dafür, ob ein Amerikaner Trump gewählt hat, war die Zustimmung zu folgenden Aussagen: »Ich habe keinen Einfluss auf das, was die Regierung tut«, und: »Politikern ist es egal, was Menschen wie ich denken.« Daran hat Trump zwar seit seinem Amtsantritt nichts geändert, aber er hat mit dem Versprechen Wahlkampf gemacht, den von den Eliten Abgehängten eine Stimme zu geben. Nicht Angst um ihr finanzielles Wohlergehen hat die Trump-Wähler angetrieben, wie eine Untersuchung zeigt, sondern tatsächlich der Wunsch nach globaler Dominanz. Daher hat der Wahlkampfslogan »Make America Great Again!« ihren Nerv getroffen.

Weltweit hat autoritäres Denken zwar in den Jahrzehnten nach dem Zweiten Weltkrieg abgenommen, aber gerade in den letzten Jahren ist es leicht gestiegen. So meinen zum Beispiel nur noch ein Drittel der US-Amerikaner unter 35 Jahren, es sei wichtig, in einer Demokratie zu leben. Eine Militärdiktatur würden inzwischen 18 Prozent begrüßen. Im Jahr 1995 waren es nur 7 Prozent. In Deutschland stimmten in einer repräsentativen Umfrage von 2018 immerhin 11 Prozent der Befragten der Aussage zu, dass Deutschland einen »Führer« benötige, der mit »starker Hand« regiert, und 19 Prozent wünschten sich »eine einzige starke Partei, die die Volksgemeinschaft insgesamt verkörpert«. Nach »Mut zu einem starken Nationalgefühl« sehnen sich knapp 37 Prozent der Befragten.

Die klassisch »linken« Ideologien sind ebenfalls durch autoritäres Denken charakterisiert. So wurden die ehemals sozialistischen Länder von Einheitsparteien und Zentralkomitees regiert, die die Autonomie des Einzelnen (Freiheit) zugunsten des Kollektivs (Loyalität) einschränkten. Im Gegensatz zu den kommunistischen Idealen der Gleichheit (Fairness) und Solidarität (Fürsorge) fanden sich überall strenge Hierarchien (Autorität). Es ist zu vermuten, dass der linke Denkstil weniger für die eigene Anfälligkeit gegenüber autoritärer Macht sensibilisiert ist, weil er Autorität und Unterdrückung mit den zu überwindenden Staats- und Gesellschaftsformen, nämlich Monarchie und Kapitalismus, assoziiert. Nach der Schablone der sechs Prinzipien sind die Spielarten des realen Sozialismus der DDR, der Sowjetunion und der Volksrepublik China autoritäre und kollektivistische Gesellschaftsformen und damit eindeutig konservative Systeme.

Kurz gefasst

Die Forschung hat in Adornos Analyse des »autoritären Charakters« zwei unabhängige Aspekte isoliert, die oft zusammen auftauchen: Autoritarismus und Menschenfeindlichkeit. Daher gibt es zwei autoritäre Typen, den unterwürfigen Mitläufer und den dominanten Menschenfeind. Beide haben einen niedrigen Wert beim Merkmal Offenheit, der Menschenfeind ist darüber hinaus noch kaltherzig. Autoritäre Neigungen sind zu einem gewissen Grad angeboren und werden verstärkt durch eine strenge und konkurrenzbetonte Erziehung, eine Ideologie der Überlegenheit sowie durch soziale Ungleichheit in der Gesellschaft. Dann kann der Hang zur Hierarchie umschlagen in eine Sehnsucht nach dem starken Herrscher und den Wunsch, in einer glorreichen Nation zu leben, notfalls auch auf Kosten der Demokratie und der Freiheit.

17 Der Abscheu vor dem Anderen: Wie entsteht Fremdenfeindlichkeit?

Flüchtlingskrisen

Rostock-Lichtenhagen im August 1992: Rechtsextreme setzen einen Plattenbau in Brand, in dem sich ehemalige vietnamesische Vertragsarbeiter der DDR befinden. Schon davor hat es etliche Attacken auf Asylbewerberheime in Hessen, Baden-Württemberg, Sachsen und Mecklenburg-Vorpommern gegeben. Seit dem Fall der Mauer ist in Deutschland die Zahl der Asylsuchenden kontinuierlich gestiegen, hinzu kommen Spätaussiedler aus den ehemaligen Sowjetrepubliken und Flüchtlinge aus dem jugoslawischen Bürgerkrieg.

In diesem schicksalhaften Sommer versammeln sich im Nordwesten Rostocks Tausende vor dem sogenannten »Sonnenblumenhaus«, einem Plattenbau, in dem die Vietnamesen untergebracht sind. Sie randalieren vier Tage lang, rufen »Sieg Heil« und »Deutschland den Deutschen, Ausländer raus!«

Als die Rechtsextremisten am dritten Tag das Nachbargebäude mit Molotowcocktails in Brand setzen, klatschen die Zuschauer Beifall. Zu diesem Zeitpunkt befinden sich in dem Haus 120 Vietnamesen, darunter Kinder und schwangere Frauen, sowie ein Fernsehteam des ZDF. Die Polizei handelt unkoordiniert und zieht sich, nachdem sie von der wütenden Meute angegriffen wird, zeitweise ganz aus dem Geschehen zurück. Die Zuschauer hindern auch die Feuerwehr an den Löscharbeiten. Währenddessen haben die im brennenden Plattenbau eingeschlossenen Vietnamesen Todesangst. Nur mit Glück können sie sich vor den Rauchschwaden aufs Dach retten. Es dauert Stunden, bis Polizei und Feuerwehr die Eingeschlossenen schließlich in Sicherheit bringen.

Die Union aus CDU und CSU sowie die rechten Splitterparteien hatten schon Ende der Achtzigerjahre die Angst vor den Asylsuchenden als zentrales politisches Thema besetzt. Die deutschen Wähler hielten damals die Asylfrage für politisch wichtiger als die Wiedervereinigung oder die Arbeitslosigkeit. Bundesinnenminister Rudolf Seiters (CDU) sagte am Tag nach dem Pogrom in Rostock-Lichtenhagen: »Wir müssen handeln gegen den Missbrauch des Asylrechts, der dazu geführt hat, dass wir einen unkontrollierten Zustrom in unser Land bekommen haben.« Die traumatisierten Vietnamesen wurden nach dem Vorfall nie entschädigt, sondern zum Großteil abgeschoben. Von den Hunderten von Tätern erhielten nur vier eine Gefängnisstrafe von maximal drei Jahren. Keiner der Zuschauer dieses schlimmsten Pogroms seit Kriegsende wurde strafrechtlich belangt.

Gut zwanzig Jahre später wiederholte sich mit der Flüchtlingssituation von 2015 parallel zur Willkommenskultur das fremdenfeindliche Muster, auch wenn die Sicherheitskräfte diesmal den Ausschreitungen nicht ohnmächtig zuschauten. Wieder nahm mit der Ankunft der Fremden die Gewalt zu. Allein im Jahr 2017 gab es mehr als 2000 Angriffe gegen Flüchtlinge und ihre Unterkünfte.

Ist Fremdenfeindlichkeit angeboren?

Ein Blick in die Kulturgeschichte von den Griechen und Römern bis zu den Genoziden im 20. Jahrhundert zeigt, dass Menschen zu allen Zeiten fremdenfeindlich waren, andere Gruppen als minderwertig angesehen, versklavt und vernichtet haben. Auch die empirische Psychologie legt nahe: Wir haben eine angeborene Neigung zur Fremdenfeindlichkeit, die man nur mit zivilisatorischer Anstrengung kontrollieren kann, was inzwischen auch von der Neurologie erforscht ist. Zeigt man Probanden Fotos nur für eine Zwanzigstelsekunde, können sie die Gesichter darauf nicht bewusst erkennen. Sie haben allenfalls eine Ahnung, dass da »etwas war«. Handelt es sich allerdings um Gesichter einer anderen Ethnie, beispielsweise wenn weiße Amerikaner Gesichter von Afroamerikanern sehen oder umgekehrt, reicht dieser kurze Augenblick aus, um die Amygdala zu aktivieren, die bei Angst und Ekel eingeschaltet ist und als Warnmechanismus funktioniert. Das Erschreckende dabei: Die Neuronen für Gesichtserkennung reagieren zu diesem Zeitpunkt noch gar nicht.

Zur Erinnerung: Affen, denen man Bilder von Schlangen zeigt und dabei einen harmlosen Stromstoß verpasst, entwickeln eine lang anhaltende Schlangenphobie. Einen ähnlichen Effekt kann man auch bei Menschen beobachten. Sehen sie das Gesicht einer fremden Ethnie, funktioniert Angst-Konditionierung durch einen leichten Stromstoß oder Knall deutlich schneller als mit einem Gesicht der eigenen, vertrauten Ethnie. Und wer ohnehin schon Vorurteile über eine fremde Gruppe hat, überschätzt auch deren physische Nähe. Im Vergleich zum Rest der Bevölkerung glauben fremdenfeindliche US-Amerikaner, Mexiko-Stadt würde deutlich näher an den USA liegen, als es tatsächlich der Fall ist.

Noch mehr Hinweise deuten darauf hin, dass die Neigung zur Fremdenfeindlichkeit angeboren ist. Kinder gelten zwar als unvoreingenommene Kosmopoliten, da sie unterschiedslos mit allen spielen. Die gängige Meinung ist deshalb, dass erst die Gesellschaft sie zu Rassisten macht. Doch das stimmt nur zum Teil, denn die Neigung zur Abgrenzung ist in ihnen schon angelegt. Nur wenn Kinder in einer ethnisch gemischten Umgebung aufwachsen, bleiben sie relativ vorurteilsfrei, doch sobald eine Ethnie überwiegt, kann man schon bei Kindern im Alter von vier Jahren negative Einstellungen über Spielkameraden einer anderen Hautfarbe nachweisen.

Dennoch argumentieren die amerikanische Evolutionsbiologin Leda Cosmides und ihre Kollegen, dass »Rasse« keine psychologisch relevante Kategorie darstellt. Menschen neigen zwar von Natur aus zur Fremdenfeindlichkeit, Rassismus ist aber nur ein Spezialfall dieser Neigung. Die Urmenschen haben in Stämmen gelebt und waren mit dem Nachbarclan verfeindet, von deren Mitgliedern sie sich äußerlich nicht unterschieden. Sie bekamen Stämme mit anderen Haut- und Haarfarben so gut wie nie zu Gesicht, lagen doch Gebirge und Weltmeere zwischen ihnen.

Dass es nicht auf die Hautfarbe ankommt, hat schon das Ferienlager-Experiment gezeigt, bei dem sich die Jungen aus den Gruppen der »Klapperschlangen« und der »Adler« mit selbst gebauten Waffen bekämpften. Für ein anderes eindrückliches Experiment zur Gruppenbildung haben Kinder im Alter zwischen sechs und neun Jahren ebenfalls ein Ferienlager besucht. Während des Aufenthalts trug eine Gruppe blaue, die andere gelbe T-Shirts. Die Lehrer teilten die Gruppen für Spiele oder Sport konsequent nach den Farben ein, bewerteten die Farben aber nicht. Schon nach vier Wochen hatten die Kinder positive Auffassungen über ihre eigene Gruppe und negative über die andere entwickelt. Als die Lehrer beim Kontrollversuch die Gruppen nicht nach Farben einteilten, hatte auch keines der Kinder Vorurteile über die eigene oder die fremde Gruppe.

Unzählige historische Konflikte zeigen, dass sich verfeindete Gruppen bis aufs Blut bekämpfen, obwohl sie sich tatsächlich nicht nur ethnisch sehr ähnlich sind. Man denke an die Auseinandersetzung zwischen Sunniten und Schiiten im Nahen Osten oder zwischen Katholiken und Protestanten in Nordirland.

Die Gruppenzuordnung ist dabei an so subtilen Feinheiten erkennbar wie an der Verehrung der richtigen Propheten oder der korrekten Auslegung einer Heiligen Schrift. Bei Fremdenfeindlichkeit ist die Hautfarbe einfach deshalb oft ausschlaggebend, weil sie deutlich sichtbar ist – wie übrigens auch das Geschlecht. Erkennbarkeit und Andersartigkeit sind auch der Grund, warum

Rothaarige, die nur etwa 1 Prozent der Weltbevölkerung ausmachen, in der Schule oft gehänselt werden. Kinder haben stärkere Vorurteile gegenüber anderen Kindern, die einen fremden Akzent haben, als gegenüber Kindern, die eine andere Hautfarbe haben. Bei amerikanischen Erwachsenen reicht schon ein fremder Dialekt, um Abneigung zu erzeugen, wie eine klassische Studie in den Sechzigerjahren gezeigt hat. Rassenideologien, mit denen Menschen zu allen Zeiten ihre Fremdenfeindlichkeit gerechtfertigt haben, sind aus evolutionsbiologischer Sicht also nur nachgereichte, pseudowissenschaftliche Scheinerklärungen für einen archaischen Instinkt.

Die geschlossene Gesellschaft und ihre Freunde

In der Zeitung steht: »Der Täter hat einen Migrationshintergrund.« Ganz ehrlich: Welche Haarfarbe hat der Täter vor Ihrem inneren Auge? Wir denken nicht an blonde Dänen oder braunhaarige Franzosen, obwohl über vier Millionen Einwanderer in Deutschland aus EU-Ländern stammen. Wir denken bei »Migrationshintergrund« vielmehr an den Nahen und Mittleren Osten oder an Afrika. Hat man in den Achtziger- und Neunzigerjahren noch gesagt: »Mein Klassenkamerad ist Türke«, oder: »Meine Ärztin ist Perserin«, lautet die Sammelbezeichnung für sie heute »Muslim«, selbst wenn die Deutschen türkischer, syrischer oder libanesischer Herkunft gar nicht gläubig sind. »Muslim« ist inzwischen eine Chiffre für das bedrohliche Fremde geworden.

Vor allem Menschen, die einen niedrigen Wert bei den Persönlichkeitsmerkmalen Offenheit und Mitgefühl haben, neigen zur gruppenbezogenen Menschenfeindlichkeit. Sie tendieren auch eher zu einer essentialistischen Denkweise, die man mit dem Prinzip »Kennst Du einen, kennst Du alle« charakterisieren kann. Das führt zu Fehlschlüssen wie: »Weil einige Terroristen Muslime waren, führen alle Muslime Böses im Schilde.«

Wissenschaftler vom Göttinger Institut für Demokratieforschung führen gruppenbezogene Menschenfeindlichkeit auf zwei Mechanismen zurück. Erstens diene die Abwertung einzelner Gruppen der »Kompensation der eigenen Unwertigkeitsgefühle«. Und zweitens würden die Statusängste in der Unter- und Mittelschicht zu einer Verrohung, einer »Entnormativierung« und »Verwilderung« sozialer Konflikte führen, wie es der Sozialwissenschaftler Oliver Nachtwey ausdrückt. Beides mag in einigen Fällen zutreffen, kann aber nicht erklären, warum beispielsweise in Deutschland und den Niederlanden die Rechtspopulisten in den letzten Jahren Wahlerfolge hatten, obwohl in beiden Ländern die Arbeitslosigkeit deutlich zurückgegangen ist. Außerdem werten Personen mit einer menschenfeindlichen Gesinnung fremde Gruppen zwar ab, müssten allerdings, um sich selbst dadurch aufzuwerten, die Fremden ständig als Kontrastfolie in ihrer Nähe haben, um auf sie herabblicken zu können. Tatsächlich wollen Menschenfeinde aber oft, dass die Fremden verschwinden, und einige sind sogar bereit, dabei Gewalt einzusetzen, wie die Vorfälle in Rostock-Lichtenhagen und andere Angriffe auf Flüchtlingsheime zeigen.

Auch die These, die Fremden stellten eine Konkurrenz am Arbeitsmarkt dar oder würden als Sozialschmarotzer wahrgenommen, greift zu kurz. Gruppenbezogene Menschenfeindlichkeit ist viel zu breitflächig, als dass sie primär ökonomisch motiviert sein könnte. So hat zum Beispiel der kürzlich zum Präsidenten Brasiliens gewählte rechtsradikale Politiker Jair Bolsonaro in seinem Wahlkampf die für sein Land ohnehin kaum relevante Migration gar nicht thematisiert, vielmehr Frauen, Arme und einheimische Schwarze herabgesetzt. Doch diese Gruppen sehen seine Wähler gerade nicht als Konkurrenten an. Bolsonaro warf seinen Gegnern vor, Kinder zu Homosexuellen zu machen, und der Polizei empfahl er, Verbrecher zu töten.

Nach drastischer: Der philippinische Präsident Rodrigo Duterte hat seit seinem Amtsantritt im Sommer 2016 öffentlich dazu aufgerufen, Drogensüchtige und Drogenhändler ohne Gerichtsprozess zu töten. Inzwischen wurden über 2000 Menschen von der Polizei, dem Militär, von Todesschwadronen und Privatpersonen ermordet. Die Motivation hinter diesen Taten ist weder Konkurrenzdenken, noch wollen die Täter sich durch ihre Morde aufwerten, vielmehr sehen sie in den Drogenhändlern eine Bedrohung der Gemeinschaft und der Reinheit. Duterte drückt das so aus: »Das sind Hurensöhne, die unsere Kinder zerstören.«

Auch in Deutschland trifft Fremdenfeindlichkeit nicht nur diejenigen »Fremden«, die keinen deutschen Pass haben. Es ist auch so gut wie nie der Fall, dass gewisse Menschenfeinde ausschließlich Sinti und Roma abwerten, andere nur Muslime und wieder andere nur Obdachlose. Menschenfeindlichkeit ist unter Männern deutlich verbreiteter als unter Frauen und richtet sich, wie die Beispiele zeigen, als eine Extremform des Prinzips Loyalität immer gegen Außengruppen, die in irgendeiner Form anders sind. Das sind je nach Kontext Ausländer, Menschen mit Migrationshintergrund, Kriminelle, Frauen, Homosexuelle, Trans-Personen, »Asoziale«, Sinti und Roma, Juden, Muslime, Behinderte, Drogenabhängige und Obdachlose, oder auch alle zusammen. Mitglieder dieser Gruppen haben eines gemeinsam: Sie weichen von der Normvorstellung des heterosexuellen, arbeitenden Mannes der Mehrheitsgesellschaft ab. Und sie lösen in den Menschenfeinden meist Abscheu aus, eine Form von Ekel. Auch wenn Menschenfeinde ihre Gesinnung mit Sätzen begründen wie »Die nehmen uns unsere Arbeitsplätze weg«, »Das sind Sozialschmarotzer«, »Die bedrohen unsere Frauen«, »Das sind Kriminelle«, handelt es sich dabei oft nur um nachgereichte Pseudo-Rechtfertigungen für einen archaischen Instinkt.

Die Guten, die Bösen und die Widerlichen

Kann man fremdenfeindlich sein, ohne es zu merken? Das legt der sogenannte »implizite Assoziationstest« nahe, der etwas vereinfacht folgendermaßen abläuft. Testpersonen sehen auf einem Bildschirm abwechselnd Bilder und Wörter. Bei den Bildern handelt es sich um Fotos von Hundewelpen oder von Männern in Nazi-Uniformen. Bei den Wörtern um positive oder negative Ausdrücke wie »gut« oder »schlecht«, »intelligent« oder »dumm«, »Sonnenschein« oder »Regen«. Die Aufgabe lautet: Drücke den rechten Knopf bei Nazis und bei negativen Wörtern, den linken Knopf hingegen bei Hundebabys und bei positiven Wörtern! Die meisten Probanden reagieren schnell, wenn die Bilder und Wörter kongruent sind: »böse« und »Nazi« passt zusammen, »gut« und »Hundebaby« auch. Bei inkongruenten Aufgaben, also wenn man positive Wörter mit Nazis und negative mit Welpen paaren muss, benötigen die Testpersonen deutlich länger. Die längere Reaktionszeit ist ein Hinweis darauf, dass die Personen innerlich umschalten, also ein automatisches Vorurteil zensieren.

Diesen Test kann man auch mit weniger eindeutigen Paarungen durchspielen, etwa: Männer und Frauen, Muslime und Christen, Schwarze und Weiße, Heteros und Homos, Dicke und Dünne, Junge und Alte. Wer keine Angst vor seinen eigenen Vorurteilen hat und sich selbst besser kennenlernen will, sollte den Test einmal online ausprobieren. Sogar bei Probanden, die sich selbst aufrichtig als liberal und kosmopolitisch bezeichnen, kann man oft ein schwaches, unbewusstes Vorurteil (»bias«) nachweisen. Sie brauchen dann beispielweise etwas länger, um »Muslim« und »gut« zu verbinden als »Christ« und »gut« oder um auf »intelligent« und »Frau« anstatt »intelligent« und »Mann« zu reagieren. Was der Test genau verdeutlicht, ist bis heute umstritten. Er legt aber nahe, dass fast alle Menschen zu automatischen stereotypen Urteilen neigen. Das ist die schlechte Nachricht, doch die gute lautet: Offenbar handeln viele nicht danach. Das zeigt, dass man seine spontanen, automatisierten Impulse kontrollieren kann. Psychologen nennen das eine »interessengeleitete Korrektur« (»motivated correction«), man könnte auch von Selbstzensur sprechen.

Besonders bei ekelbasierten Urteilen wirkt sich die Fähigkeit zur Selbstzensur aus. So neigen Menschen dazu, sich schneller zu ekeln, wenn sie einen niedrigen Bildungsstand, Intelligenzquotienten oder sozioökonomischen Status haben. Dasselbe gilt für Testpersonen, die wenig kognitive Kontrolle haben, etwa weil sie in einem Versuch schwierige Rechenaufgaben lösen müssen und nur nebenbei Fragen zu Fremden beantworten. Sie zeigen in diesen Antworten dann mehr Vorurteile, als in denjenigen, die sie konzentriert geben können. Daraus lässt sich ableiten, dass eine gewisse Fremdenfeindlichkeit offenbar den Standardmodus darstellt.

Im Umkehrschluss heißt das aber auch, dass Ekelkontrolle erlernbar ist. Genau wie man lernen kann, trotz der Angst Spinnen ins Freie zu tragen, kann man lernen, seiner Ekelneigung nicht nachzugeben. Menschenfeinde reagieren nicht nur mit Abscheu auf Fremde, sie sind außerdem nicht gewillt oder befähigt, diese Neigung zu zensieren. Daher sind in Versuchen Aussagen wie »Ich würde mich nie auf einen Sitz setzen, der noch warm vom Vorgänger ist« oder »Ich würde nie einen Secondhand-Pullover anziehen« nicht nur gute Indikatoren für eine Ekelneigung, sondern auch dafür, gruppenbezogene Menschenfeindlichkeit vorauszusagen.

In einer großen Vergleichsstudie an über 30 000 Versuchspersonen aus 121 Ländern stellte sich heraus, dass die über Fragebögen ermittelte Ekelneigung der Personen ihre Vorliebe für politischen Konservativismus verlässlich vorhersagen ließ und zwar unabhängig von Geschlecht, Alter, Bildung und Religion. Abscheu als moralischer Ekel ist, wie gesagt, eine Reaktion auf Verletzungen der Prinzipien Autorität, Loyalität und Reinheit. Eine extreme Ekelneigung gegenüber Fremden macht Menschen rechtsradikal. Die

Ekelneigung erklärt daher das rechte Weltbild zuverlässiger als Merkmalslisten von Extremismusforschern. Die Moralpsychologie kann auch erklären, warum Rechtsradikale und andere Extremisten oft zugleich rassistisch, frauenfeindlich und homophob sind. Und sie macht verständlich, warum sich Fremdenfeindlichkeit niemals gegen Fremde in der Fremde richtet. Auf Menschen, die in Afrika leben und nach Europa wollen, verschwenden Rechtsradikale keine Gedanken, sondern sie stören sich an denen, die schon hier sind. Die Empfindung einer konkreten Bedrohung vor Ort durch Fremde, mit denen man sonst nichts zu tun hat, zeigt, dass Menschenfeinde hier einem fatalen Urinstinkt folgen.

Ekel im Nationalsozialismus

In einer Propagandabroschüre der damals noch unbedeutenden Nationalsozialistischen Deutschen Arbeiterpartei aus dem Jahr 1922 heißt es, man solle, bei »einfacheren Schichten« an Gefühle appellieren, um »die Abneigung gegen die Juden« zu steigern, Gebildete hingegen solle man mit der Rassenlehre überzeugen. Adolf Hitler schreibt 1925 in *Mein Kampf* über Juden: »Dass es sich hier um keine Wasserliebhaber handelte, konnte man ihnen ja schon am Äußeren ansehen, leider sehr oft sogar bei geschlossenen Augen.«

Die Nationalsozialisten haben Ekel nicht bloß als Mittel der Propaganda verwendet, um Juden zu entmenschlichen, die Führungsspitze hat an die Infektionsidee der Rassenlehre auch selbst geglaubt. Als der Krieg längst verloren war, diktierte Hitler sein Testament, in dem er auf die »Einhaltung der Rassegesetze« und den »Widerstand gegen die Weltvergifter aller Völker, das internationale Judentum« bestand. Kurz danach beging er Selbstmord.

Reichsführer SS Heinrich Himmler schrieb in einem Brief, die Ausrottung der Juden sei nicht nur im Interesse der Sicherheit, sondern auch der Sauberkeit notwendig; sie werde einen »politischen«, »moralischen« und »physischen Seuchenherd« beseitigen. Joseph Goebbels, Propagandaminister des NS-Regimes, sah in den Juden »Parasiten unter den Völkern«, den »Bazillus der Dekomposition« und, hier zitierte er den Komponisten Richard Wagner, den »plastischen Dämon des Verfalls«.

Diese Infektionsmetaphern haben die Nationalsozialisten allerdings nicht erfunden, sie waren schon Jahrzehnte zuvor verbreitet. So schrieb Paul de Lagarde, Professor für Orientalistik in Köln, im Jahr 1887, Juden seien »wuchernde Ungeziefer«. Zudem hielt er fest: »Mit Trichinen und Bacillen wird nicht verhandelt, Trichinen und Bacillen werden auch nicht erzogen, sie werden so rasch und so gründlich wie möglich vernichtet.« Den Juden Heinrich Heine hielt er für »eines der widerlichsten Subjekte, das je die Erde gedrückt hat«.

Die Nationalsozialisten haben die gesellschaftlich verbreitete Infektionsabscheu durch Propaganda systematisiert, mit dem Effekt, dass einige NS-Funktionäre Ansteckung durch den körperlichen Kontakt mit Juden so sehr scheuten, dass ein »unbestimmter Schauder« sie erfasste, wie ihn »die Gläubigen mancher Religionen in der Gegenwart des rituell ›Unreinen‹ verspüren«, so der Historiker Erich Goldhagen. Dieser Abscheu fand auch Eingang in die Wortwahl. Wer als Arier mit Juden Kontakt hatte, galt als »verjudet« oder »Gesinnungsjude«. Jüdische Kinder wurden verdächtigt, durch Kontakt die »Seele« der deutschen Kinder mit »Schwermut« zu füllen. Hatten Arier mit Juden geschlafen, hatten sie sich »besudelt« oder »verunreinigt«.

Vorstellungen von Reinheit und Kontaktmagie fanden sich überall. In einigen polnischen Ghettos war, so Goldhagen, die Reichsmark als Währung verboten, damit das auf den Geldnoten gedruckte Bild des »Führers« durch jüdische Hände nicht berührt würde. Tassen, aus denen Juden getrunken hatten, wurden von den Nationalsozialisten vernichtet, Hunde, die zuvor einen jüdischen Besitzer hatten, getötet. Bis schließlich 1941 die systematische physische Vernichtung in den Konzentrationslagern einsetzte, hatten die Nationalsozialisten etwa 2000 antijüdische Gesetze erlassen, die Juden etwa verboten, öffentliche Badeanstalten zu besuchen, oder vorschrieben, auf Parkbänken zu sitzen, die mit »Nur für Juden« bezeichnet waren.

Rechter, linker und muslimischer Antisemitismus

Schon die Antisemiten in der Weimarer Republik sahen in den Juden eine Bedrohung »durch ihre Positionen in Handel und Finanz – und einer angeblich dekadenten Moral durch ihre avantgardistische Position in Kunst und Literatur; sie schienen die erfolgreichen Konkurrenten zu sein – sexuell und beruflich«, so der deutsch-amerikanische Politikwissenschaftler Franz Neumann. Zwei moralische Emotionen motivieren den Antisemitismus: Ekel und Neid, wobei die Propaganda der Nationalsozialisten zeigt, dass Antisemiten bemüht sind, Neid in Ekel umzuwandeln.

Das kann man mit dem Stereotypen-Modell der amerikanischen Sozialpsychologin Susan Fiske veranschaulichen. Laut Fiske bilden wir Stereotype anhand zweier Achsen. Erstens *Wärme*, man könnte auch sagen: soziale Nähe, nach dem Prinzip Loyalität, und zweitens *Kompetenz*, man könnte auch sagen: sozialer Status, nach dem Prinzip Autorität.

Erwachsene Familienmitglieder, Freunde und Anhänger der eigenen Gruppe haben für uns auf beiden Achsen einen hohen Wert: Sie sind warm, weil sie uns nah sind, und sie haben für uns einen hohen Status, daher erfüllen sie uns mit Stolz. Das andere Extrem bilden Menschen, die uns sozial fern sind und die wir auf der Statusskala weit unten ansiedeln. In den meisten Versuchen sind das Obdachlose oder drogensüchtige Kleinkriminelle, auf die Testpersonen tendenziell mit Abscheu reagieren. Das muss nicht immer ein bewusst erlebter Ekel sein, manchmal äußert sich diese Distanz auch in einem leichten Unwohlsein, einem unangenehmen Ziehen in der Zwerchfellgegend.

Aufschlussreich sind nun die anderen zwei Extremfälle. Auf Menschen, die uns sozial nahestehen, aber in ihren Fähigkeiten oder ihrem Status deutlich eingeschränkt sind, reagieren wir mit Mitleid. Das sind die Schwachen und Alten der eigenen Gruppe, beispielsweise der demenzkranke Großvater. Wie sieht es nun mit dem vierten Fall aus, mit Menschen, die uns sozial fernstehen, aber dennoch besondere Fähigkeiten und damit einen hohen sozialen Status haben? Auf sie reagieren wir typischerweise mit Neid. Den verspüren beispielsweise weiße Amerikaner, wenn sie über ihre beruflich erfolgreichen Landsleute asiatischer Herkunft nachdenken, oder Indonesier gegenüber der chinesischen Minderheit in ihrem Land. Und so haben zu allen Zeiten die Mehrheitsgesellschaften über Juden gedacht, besonders deutlich im Deutschland der Zwanziger- und Dreißigerjahre des 20. Jahrhunderts. Neid ist nicht nur eine Form der Bewunderung, sondern zugleich immer auch ein Eingeständnis der eigenen Unfähigkeit. Daher neigen viele dazu, als Kompensationsstrategie Neid durch ein Stigma in Abscheu zu verwandeln. Die nationalsozialistische Propaganda folgte genau diesem Muster.

Fiskes Modell kann auch erhellen, warum Antisemitismus historisch und weltweit eine der beharrlichsten Formen der Fremdenfeindlichkeit darstellt. Der von Neumann beschriebene Erfolg der Juden in der Weimarer Zeit bezieht sich auf progressive Berufsfelder, die Offenheit voraussetzen, also Handel, Finanzwesen, Kunst, Literatur und, das muss man noch hinzufügen, Wissenschaft. Der Erfolg gründet sich unter anderem auf eine über zweitausendjährige Schrifttradition und einen nicht immer freiwillig gelebten Kosmopolitismus. Mit dem Erfolg kommt die Kritik. So ist es kein Zufall, dass die Globalisierung den Kern vieler antisemitischer Klischees bildet, manchmal verschleiert in Formulierungen wie dem »internationalen Großkapital«, manchmal ganz unverkennbar wie bei der »jüdischen Weltverschwörung« oder »den Rothschilds«. Hitler nannte die Juden in einer Rede vor Siemens-Arbeitern »eine kleine wurzellose Clique, die die Völker gegeneinanderhetzt«.

Während sich der rechtsradikale Antisemitismus eher auf Entmenschlichung durch Abscheu konzentriert, äußert sich linker Antisemitismus zwar auch in einer diffusen Globalisierungs- und Kapitalismuskritik, entspringt aber oft dem progressiven Prinzip der Fairness. Linker Antisemitismus sieht Juden als prototypische Kapitalisten und, besonders wenn es sich um US-amerikanische Juden handelt, als Imperialisten, die am Leid der global schlechter Gestellten eine Mitschuld tragen.

Noch eine dritte Gruppe neigt zur Judenfeindlichkeit. Unter muslimischen jungen Erwachsenen in Deutschland ist Antisemitismus verbreiteter als im Rest der Gesellschaft. Zu diesem Schluss kommt eine Expertenkommission der Bundesregierung in ihrem Bericht aus dem Jahr 2017, auch wenn bisher nur eine Handvoll Umfragen vorliegen. Der Anlass für den muslimischen Antisemitismus ist der Nahost-Konflikt. Die Identifikation mit der Situation der Palästinenser mischt sich bei Arabern oft mit einem arabischen Nationalismus und dem verbreiteten Klischee von den Juden als globaler Elite. Je religiöser sich Muslime in Deutschland einschätzen, desto stärker ist ein antizionistischer Antisemitismus bei ihnen ausgeprägt, der keinen Unterschied zwischen Israelis und nichtisraelischen Juden macht. In vielen europäischen Ländern geben Muslime in repräsentativen Umfragen deutlich häufiger als Nicht-Muslime an, dass man Juden »nicht trauen« kann. Auch bei antisemitischer Gewalt sind sie nach Auskunft jüdischer Opfer deutlich überrepräsentiert. Muslime sind zwar oft selbst Opfer von Diskriminierung in Deutschland. Das bewahrt einige aber nicht davor, anderen Minderheiten gegenüber fremdenfeindlich zu sein.

Im linken Einsatz für das Schicksal der Palästinenser, der vordergründig von Fürsorge für die Schwachen motiviert ist, verbirgt sich auch oft eine subtile Form der Fremdenfeindlichkeit, nämlich israelbezogener Antisemitismus. Kritik an Israels Regierung kann natürlich gerechtfertigt sein. Auffällig ist dennoch, dass viele linke Israelkritiker besonders, manchmal ausschließlich mit Israel ins Gericht gehen, während vergleichbar zweifelhafte Regierungsentscheidungen in Österreich, Pakistan, Australien, Ecuador oder der Türkei sie spürbar weniger anfechten. Wenn das der Fall ist, liegt die Vermutung nahe, dass es sich um eine, wenn auch schwache, Form von Antisemitismus handelt.

Die Juden werden auch hier als die Fremden angesehen, die zur unliebsamen Außengruppe zählen. Selbst wenn ihre Motivation grundverschieden ist, sind linke, rechte und muslimische Antisemiten traditionell Globalisierungskritiker, die sich darin einig sind, dass an den negativen Folgen der Globalisierung die Juden eine Mitschuld tragen.

Kurz gefasst

Wir haben eine angeborene Neigung zur Fremdenfeindlichkeit, die man nur mit zivilisatorischer Anstrengung kontrollieren kann. Daher greifen Theorien zu kurz, die Fremdenfeindlichkeit durch Konkurrenz am Arbeitsmarkt oder als Kompensation für Minderwertigkeitsgefühle erklären. Vielmehr richten sich Menschenfeinde gegen all jene Gruppen, die von der Normvorstellung des heterosexuellen Mannes der Mehrheitsgesellschaft abweichen. Rassismus ist ein Spezialfall von Fremdenfeindlichkeit, weil sich die Hautfarbe als gut erkennbares Merkmal für Ausgrenzungen eignet. Rassenideologien sind demnach bloß Scheinerklärungen für einen archaischen Instinkt. Viele hegen eine unbewusste Form von Fremdenfeindlichkeit, handeln aber nicht danach. Die Nationalsozialisten haben verbreitete Infektionsängste in ihrer Propaganda systematisiert und mit dieser Strategie den Neid gegenüber den Juden in Abscheu verwandelt. Linken und rechten Antisemiten ist gemein, dass sie Juden, wenn auch aus unterschiedlichen Motivationen, für die negativen Folgen der Globalisierung verantwortlich machen.

18 Framing und Populismus: Wie bestimmt die Sprache die Politik?

Verachtung in der Sprache

Die Ausschreitungen in Chemnitz Ende August 2018 erschütterten die Öffentlichkeit. Als bekannt wird, dass zwei Flüchtlinge einen Deutsch-Kubaner ermordet haben, ziehen teils vermummte Männer durch die Straßen und brüllen »Wir sind die Krieger, wir sind die Fans, Adolf-Hitler-Hooligans.« Einige zeigen den Hitlergruß. Tagelang versammeln sich Neonazis, Reichsbürger und Schaulustige vor dem Karl-Marx-Monument, dem Wahrzeichen der Stadt. Später stellte sich heraus, dass einige Rechtsradikale nicht nur Menschen mit Migrationshintergrund, sondern auch Polizisten, Journalisten und ein jüdisches Restaurant angegriffen hatten. So schlimm das für sich genommen ist: Wir tendieren dazu, verbale Provokationen auf der Straße zu überschätzen. Wie Kinder manchmal »Arsch« sagen und sich danach ganz schnell den Mund zuhalten, weil sie wissen, dass man das nicht darf, klingen die Sprechchöre in Chemnitz stellenweise so, als seien die Rechtsradikalen von ihrer Tollkühnheit überrascht. Allein an den Parolen kann man nicht erkennen, wer auf der Straße bloß Mitläufer war und wer ein geschlossenes rechtes Weltbild hat. Weil wir zur moralischen Vereindeutigung neigen, also alle Menschen einer klar definierten politischen Gruppe zuordnen wollen, fassen wir es als eindeutiges Signal auf, wenn Leute »Hitler« brüllen. Das Verhalten deutet in jedem Fall auf Dummheit hin. Aber ob sich dahinter auch eine rechtsradikale Gesinnung verbirgt oder nur eine trotzige Provokation von Sympathisanten, hängt von der Motivation ab, die wir nicht unmittelbar an den Worten ablesen können.

Uns sollten diejenigen Rechtsradikalen viel mehr beunruhigen, die ihre Absichten geschickt hinter ihren Worten verbergen. Menschen sagen selten genau das, was sie meinen, sondern passen ihre Urteile den Erwartungen der Zuhörer an. Diese Antwortverzerrung durch *soziale Erwünschtheit*, wie Psychologen sagen, spielt auch in Meinungsumfragen eine Rolle. Umfrageergebnisse sind daher immer mit Vorsicht zu genießen. Meinungsforscher lagen in ihren Vorhersagen beim Brexit, bei der US-Wahl 2016 und bei den AfD-Stimmen in der Bundestagswahl 2017 auch deshalb so deutlich daneben, weil die Befragten ihre Wahlabsichten nicht ehrlich oder gar nicht geäußert hatten.

Eine Sensibilität für soziale Erwünschtheit haben auch viele rechtsradikale Politiker kultiviert, die genau wissen, wie man auf dem schmalen Grat zwischen gezielter Provokation und Verfassungsfeindlichkeit wandert. So hat der AfD-Politiker Björn Höcke seine Gesinnung lange Zeit vor anderen verborgen. Alte Lehrerkollegen können sich nicht erinnern, dass er jemals durch politische Äußerungen aufgefallen wäre. Auch als Mitglied der Deutschen Patriotischen Gesellschaft traf er Gleichgesinnte nur fernab der Öffentlichkeit. Erst seit er Chef der AfD in Thüringen ist, findet der gebürtige Westfale deutlichere Worte. Nun spricht er vom »Verwesungsgeruch einer absterbenden Demokratie«, meint, nur ein »alleiniger Inhaber der Staatsmacht« könne das »zerrüttete Gemeinwesen« restaurieren, auch wenn einige »Volksteile« zu schwach seien, sich der »fortschreitenden Afrikanisierung, Orientalisierung und Islamisierung« zu widersetzen. So wie sein AfD-Kollege Marc Jongen vom »Zorn« auf die Eliten spricht, redet Höcke von der »Sorge« um die Zukunft des Landes. Dieses *Framing*, also eine sprachliche Einrahmung mit Edel-Substantiven, verhüllt aber, was sie und ein Teil ihrer Wähler tatsächlich motiviert, nämlich Hass auf Fremde und auf die Eliten. Weil man Flüchtlinge nicht öffentlich diffamieren darf, reden rechtsradikale Politikerinnen wie Alice Weidel stellvertretend von »Messermännern«. Weil verfassungsfeindliche Aussagen unter Strafe stehen, sprechen sie wie Alexander Gauland nebulös davon, dass wir »ein neues System« bräuchten. Sie kritisieren das muslimische Kopftuch zwar unter dem Vorwand, die Freiheit zu verteidigen, sind aber in Wirklichkeit von einer Abneigung gegenüber Fremdheit motiviert. Und unter ihnen leugnet niemand den Holocaust, weil auch das strafbewehrt ist, doch der AfD-Politiker Martin Hohmann hatte im Jahr 2003, damals noch als CDU-Abgeordneter, die Juden indirekt als »Tätervolk« bezeichnet.

Politisches Framing

Die Wortwahl der AfD erfüllt zwei Funktionen: zum einen klare Signale an die rechtsradikalen Wähler zu senden, zum anderen dabei die Radikalität gegenüber der Mehrheitsgesellschaft zu verharmlosen. Während sich die Horden auf den Straßen von Chemnitz bewusst gegen die soziale Erwünschtheit richteten, loten rechtsradikale Politiker die Grenzen des Sagbaren immer wieder aufs Neue aus.

Politiker haben zu allen Zeiten ihre Programme in wirksame Worte verpackt. Vor allem in moralisch umstrittenen Fragen ist die sprachliche Fassung entscheidend. Deshalb nannte das US-Militär seinen Einsatz in Afghanistan 2001 *Operation Enduring Freedom*, also »Operation dauerhafte Freiheit« und nicht »Angriffskrieg«. Ein typisches Beispiel für sprachliche Einrahmungen im Alltag sind Euphemismen wie »entschlafen« für »sterben« oder »Lebenskünstler« für »Arbeitsloser«.

Verharmlosende Beschönigungen sind meist leicht zu durchschauen, allerdings können Wörter auch einen Einfluss auf Entscheidungen haben. Das haben die israelisch-amerikanischen Psychologen Amos Tversky und Daniel Kahneman in einer Reihe berühmter Versuche zum Framing nachgewiesen. Sie präsentierten Personen eine kleine Geschichte, die vereinfacht so lautet: »Bei einem ärztlichen Eingriff ist die Überlebenswahrscheinlichkeit 80 Prozent. Soll die Ärztin operieren?« Bei Fragen dieser Art stimmen mehr als zwei Drittel der Probanden einer Operation zu. Die Vergleichsgruppe erhielt die Frage: »Bei einem ärztlichen Eingriff ist das Sterberisiko 20 Prozent. Soll die Ärztin operieren?« Beide Fragen unterscheiden sich nur in der Wortwahl, drücken aber dieselbe Tatsache aus. Doch im zweiten Fall antwortete lediglich ein Drittel mit »Ja«. Mit anderen Worten: Das Framing, die sprachliche Verpackung, hat hier den Ausschlag gegeben, nicht die nackten Zahlen. Der tiefere Grund für diesen Effekt sind Emotionen. Weil ein Wort wie »Sterben« den Angstschaltkreis im »heißen System« aktiviert, reagieren wir auf Fragen zum Tod meist mit einer automatischen innerlichen Abwehrreaktion.

Der Versuch zeigt: Wer es schafft, mit seinen Worten die passenden Emotionen anzusprechen, kann die Entscheidungen von Menschen beeinflussen. Allerdings ist dieser Effekt bisher nur für wenige Szenarien nachgewiesen. Bei vielen Fällen in der Diskussion, wie beispielweise um das Wort »Flüchtlingskrise«, sind negative Effekte bisher gar nicht durch Studien belegt. Dennoch erhielt das Wort »Framing« im politischen Diskurs der letzten Jahre selbst ein positives Framing, was dazu geführt hat, dass sprachsensible Geistes- und Sozialwissenschaftler jetzt bei jedem neuen Ausdruck die Ohren spitzen.

Um nur ein fragwürdiges Beispiel zu nennen: Die Linguistin Elisabeth Wehling behauptet, das Wort »Islamophobie« erzeuge wie das Wort »Spinnenphobie« einen »Frame von Panik«. Es mache Muslime wie Spinnen zu »Angstauslösern« und suggeriere damit, dass sich Menschen zu Recht vor dem Islam fürchten. Diese Behauptung ist abenteuerlich, zumal Wehling sie nicht empirisch belegt. Ihrer Argumentation zufolge müsste man diesen Effekt dann auch bei Wörtern wie »Xenophobie« und »Homophobie« beobachten können. Tatsächlich stellt die Wortbildung der deutschen Sprache einfach mehrere Möglichkeiten bereit, die Abwertung anderer zu beschreiben, zum Beispiel mit »Antisemitismus« oder »Judenfeindlichkeit«, »Xenophobie« oder »Fremdenangst«. Nur wer ohnehin schon islamophob ist, sieht die Schuld an seiner Islamophobie bei den Muslimen. Das Wort »Islamophobie« hat damit nichts zu tun.

Die Auffassung, Wörter würden unser Weltbild beeinflussen oder gar festlegen, auch als »sprachliche Relativitätsthese« bekannt, hat mehr mit Sprachmystik als mit seriöser Wissenschaft zu tun. Für sich genommen beeinflussen Wörter nicht unser Denken, sondern sie rufen allenfalls manchmal Emotionen hervor, die wiederum Einfluss auf Entscheidungen haben. Versetzt man Versuchspersonen in Angst- oder Ekelzustände, fällen sie zwar etwas konservativere moralische Urteile als im neutralen Zustand, doch solche Emotionen hängen nicht an Wörtern. Mit Bildern kann man sie genauso gut und oft sogar besser hervorrufen. Die Wörter sind also lediglich Vermittler, nicht die direkten Auslöser.

Natürlich stimmt es, dass Wörter wie »Flüchtlingswelle« und »Flüchtlingsflut« Flüchtlinge entindividualisieren und als bedrohliche Naturkatastrophe darstellen. Dass so jedoch ein Gefühl der Bedrohung durch Wörter entsteht, ist meines Wissens bisher nicht empirisch nachgewiesen. Nicht das Wort »Schmarotzer« macht Menschen fremdenfeindlich, sondern umgekehrt: Wenn jemand fremdenfeindlich ist, wird er eher Worte wie »Schmarotzer« verwenden. Die Verrohung des Diskurses ist also eher ein Symptom als ein Auslöser des Rechtsrucks. Man muss schon eine menschenfeindliche Einstellung haben, um darauf anzusprechen, wenn ein Politiker wie André Poggenburg Türken als »Kümmelhändler«, »Kameltreiber« und »vaterlandsloses Gesindel« diffamieren. Bei Menschen mit einem progressiven Emotionsprofil lösen solche Wörter das Gegenteil aus, nämlich eine Abwehrreaktion.

Rechtsradikale Politiker setzen in ihrer Rhetorik allerdings darauf, bei den Verunsicherten die Angst vor Fremden und die Wut auf die Mächtigen zu einer handfesten Fremdenfeindlichkeit und zu Hass auf die Eliten auswachsen zu lassen – eine typische Strategie von Populisten.

Populismus

Woran kann man populistische Parteien erkennen? Dem Politikwissenschaftler Jan-Werner Müller zufolge werden linke und rechte Politiker zu Populisten, wenn sie behaupten, das »wahre«, »echte« oder »einzige« Volk zu repräsentieren. Diese Aussage, so Müller, enthalte drei Teilaspekte: erstens die Idee einer korrupten Elite, die nicht zum wahren Volk gehört, zweitens die Idee eines homogenen Volkswillens, den nur der Populist vertreten kann, und drittens Antipluralismus, also die Idee einer homogenen Wählerschaft.

Müllers Analyse ist inzwischen weit verbreitet, hat aber einen Haken, denn auch sie beschreibt lediglich ein rhetorisches Manöver und liefert kein tieferes Verständnis für das Phänomen des Populismus, weil sie nichts über die Motivation der Populisten sagt. So trifft es zwar auf den ersten Blick zu, dass Populisten wie Trump über das echte Amerika oder Orbán über das wahre Ungarn gesprochen haben oder dass Gauland nach der Bundestagswahl 2017 sagte: »Wir holen uns unser Land zurück«. Auch die Anti-Establishment-Rhetorik, mit der Parteien wie die AfD andere Politiker als »Volksverräter« abstempeln, ist unter Populisten verbreitet.

Bei genauerer Betrachtung jedoch sind die Teilelemente der Analyse fraglich. Erstens glauben weder die Populisten an ihre eigene Rhetorik noch ihre Wähler. Trump hat von »real Americans« geredet, aber nur die Hälfte des Volkes angesprochen, nämlich die Wähler der Republikaner, nicht die der Demokraten. Die AfD positioniert sich gegen alle anderen Parteien, die über 80 Prozent der Wähler repräsentieren. Mit seiner These, Populisten »behaupten von sich nichts weniger, als die 100 Prozent zu repräsentieren«, verfehlt Jan-Werner Müller also schlicht die Tatsachen.

Wenn AfD-Politiker vom »wahren Volk« sprechen, meinen sie sicher nicht ein homogenes Volk. Im Gegenteil, laut populistischer Logik stehen die Gegner, also die »links-grün versifften« Deutschen und die Ausländer, der Homogenität ja gerade im Wege. Unter den Rechtsradikalen ist Homogenität nicht der Ausgangspunkt populistischer Politik, sondern ihr Ziel. Die Rede vom »wahren Volk« ist nichts weiter als die Beschönigung der bekannten Stammeslogik: wir gegen die anderen. Statt »Wir vertreten das wahre Volk« könnten die Populisten auch einfach sagen: »Unser Stamm ist besser.« Mehr noch: Käme es auf die Formulierung an, würde ein Politiker aufhören, Populist zu sein, sobald er auf die Aussage »Wir vertreten das wahre Volk« verzichtet.

Das tiefere Problem an der »Definition« ist unser Wunsch zur moralischen Vereindeutigung. Wir würden am liebsten an einer einzigen Formulierung erkennen, dass ein Politiker Populist ist, so wie die Redeweise von der »jüdischen Weltverschwörung« eindeutig Antisemitismus markiert. Leider ist das nicht so einfach. Die wenigsten unserer Begriffe liegen als *Definitionen* im klassischen Sinne vor, die man an einem einzigen Kriterium eindeutig bestimmen kann wie »Vater« als »männlicher Elternteil« oder »Wasser ist H_2O«. »Populismus« ist dagegen ein *Bündelbegriff* wie »Religion« oder »Kunst«, der eine Liste von Merkmalen umfasst, von denen lediglich eine hinreichende Menge, aber nicht jedes Merkmal in jedem Fall erfüllt sein muss.

Welche sind das? Eine Anti-Establishment-Haltung ist sicherlich ein zentrales Merkmal. Linke und rechte Populisten können sich darauf einigen, dass die Welt oder zumindest ihr Land von korrupten Eliten regiert wird.

Der zweite Vorschlag von Müller, das Merkmal des »homogenen Volkswillens«, ist schon sehr viel fraglicher. Tatsächlich wenden sich Populisten oft gegen das Mehrheitsprinzip und glauben an einen Volkswillen, dem sich alle anschließen würden. Diese These scheint eine homogene Wählerschaft zu unterstellen, was zwangsläufig Antipluralismus mit sich bringt. Auf Homogenität zielen allerdings nur die Rechten, die zur Extremform von Antipluralismus, zur gruppenbezogenen Menschenfeindlichkeit neigen. Wäre die Ablehnung von Vielfalt notwendiger Bestandteil des Begriffs, könnten linke Bewegungen wie die spanische Populistenpartei Podemos per Definition niemals populistisch sein. Auch die Idee der Volkssouveränität kann kaum als Kriterium für Populismus dienen, weil sonst alle Verfechter der direkten Demokratie unter Populismusverdacht stünden, und damit fast alle Schweizer.

Statt von »Populismus« könnte man also auch schlicht von einer »rechten und linken Anti-Establishment-Haltung« sprechen. Der Politikwissenschaftler Philip Manow hat gezeigt, dass es kein Zufall ist, dass in den südlichen EU-Ländern, also Griechenland, Spanien, Italien und Portugal vornehmlich linke Populisten Wahlerfolge feiern, während in Mittel- und Nordeuropa die rechten Populisten auf dem Vormarsch sind. Wähler aller Populisten sehen die Globalisierung als Bedrohung an. Doch im Süden stellen die billigen Waren aus der Ferne eher eine Konkurrenz für die heimischen Produkte dar und machen die Einheimischen zu Globalisierungsgegnern. Die nördlicheren Industrieländer hingegen profitieren als Exportnationen von der Globalisierung, daher gelten hier eher die Menschen aus der Ferne als Schmarotzer im hochentwickelten Sozialstaat. Auch in der Anti-Establishment-Haltung unterscheiden sich beide Lager. Linke Elitenkritik ist eher antiautoritär und rechte eher autoritär. Es geht den Rechtsradikalen nicht darum, Eliten generell abzuschaffen, sondern lediglich darum, dass die Falschen an der Macht sind.

Für Populismus sind allerdings noch zwei weitere Merkmale typisch. Weil Populisten ihrer Elitenkritik alles unterordnen, haben sie zum einen keinen Respekt vor der Wahrheit und setzen zum anderen in extremer Weise auf politische Emotionen. Natürlich sagen alle Politiker ab und zu die Unwahrheit und appellieren an die Gefühle ihrer Wähler, etwa an ihren Gerechtigkeitssinn, ihre Empörung über Korruption, ihre Zukunftsängste oder an ihr Mitgefühl mit den Schwachen.

Populisten setzen jedoch Lüge, Täuschung und Emotionen in besonders strategischer Weise ein, indem sie den bisher akzeptierten Schwellenwert deutlich überschreiten. Sie arbeiten auch deshalb mit überzogenen Feindbildern und extremen Formen von Angst, Ekel und Zorn, weil sie darauf setzen, dass diese Emotionen vernünftige Wahlentscheidungen außer Kraft setzen. Emotionalisierung und Wahrheitsverachtung gehen bei ihnen Hand in Hand.

Kurz gefasst

Durch unsere Neigung zur moralischen Vereindeutigung überschätzen wir Hetzparolen auf der Straße und unterschätzen Beschönigungen durch soziale Erwünschtheit, mit denen Rechtsradikale ihre Motivation verschleiern. Theorien zu diesem politischen Framing grenzen allerdings manchmal an Sprachmystik. Nicht Wörter für sich genommen, sondern die Emotionen, die sie hervorrufen, beeinflussen unser Denken und Handeln. Darauf setzen auch Populisten. Ein Kernmerkmal von Populismus ist eine Anti-Establishment-Haltung. Die Rede vom »wahren« oder »einzigen« Volk ist dagegen nicht wesentlich, sondern ein rhetorisches Manöver der Stammeslogik »Wir gegen die anderen«. Unter Rechtspopulisten ist Homogenität nicht Ausgangspunkt, sondern Ziel ihrer Politik. Typisch für linke und rechte Populisten ist mangelnder Respekt vor der Wahrheit und eine extreme Emotionalisierung des politischen Diskurses.

19 Verletzende Worte und hasserfüllte Taten: Wie entsteht politische Gewalt?

Ekel als politische Taktik

Im Jahre 2016 nannten AfD-Anhänger in Blogs und Foren Sigmar Gabriel »das Schweinchen«, Cem Özdemir »Kümmel-Lümmel«, Claudia Roth »Warzenschwein« und Angela Merkel »die Kanzlerschlange«. Die damalige AfD-Vorsitzende Frauke Petry sprach in einer Neujahrsansprache von einem »friedlichen Gestern« und kontrastierte es mit der heutigen Zeit, in der »Frauen und Mädchen massenhaft sexuell belästigt und vergewaltigt« würden. André Poggenburg nannte Linke »Wucherungen am Volkskörper«, was einen Einblick in seine Literaturquellen eröffnet. Der reaktionäre Kulturhistoriker Oswald Spengler hat schon im Jahr 1924 Parteien als »Schwärme von Parasiten am Körper des Reiches« bezeichnet. Wie der Historiker Volker Weiß zeigt, entspringt das Gedankengut und Vokabular der Neuen Rechten, von denen Teile der AfD beeinflusst sind, aus den Schriften des Schweizer Publizisten Armin Mohler, der lange Zeit Ernst Jüngers Privatsekretär war, und anderen Vertretern der *Konservativen Revolution*, deren Themen immer wieder um Macht durch Autorität, Loyalität zum Volk und um Reinheit kreisen: Die politischen Feinde sind wie unreine Tiere, sie praktizieren unreinen Sex und haben eine unreine Gesinnung.

Diese Taktik hat auch Trump in seinem Wahlkampf angewendet. Während der Vorwahlen urteilte er über seinen republikanischen Konkurrenten John Kasich: »Es ist widerlich, wie er isst. Wollt ihr so jemanden zum Präsidenten?« Als im Hauptwahlkampf Hillary Clinton in der Pause einer Debatte auf die Toilette ging, sagte Trump: »Ich weiß, wohin sie geht. Es ist ekelhaft. Ich möchte nicht darüber sprechen.« Und nachdem die damalige Fox-Journalistin Megyn Kelly ihn in einem Interview unter Druck gesetzt hatte, meinte Trump danach: »Blut floss aus ihren Augen und überall sonst heraus.«

Diese Strategie passte zu den Trump-Wählern, wie eine Studie zeigt. Forscher fragten Probanden, wie sehr sie sich vor dem Körpergeruch anderer ekeln. Man wird sich denken können, was dabei herauskam: Anhand der Antworten konnten sie recht genau sagen, ob jemand für Trump gestimmt hatte. In den USA sind Reinheitsthemen im rechten Lager schon lange verbreitet. Der Anführer der amerikanischen Alt-Right-Bewegung, Richard Spencer, träumt von einer »Erneuerung« des weißen Volkes durch »Wiedergeburt«, und die bibeltreuen Christen halten Homosexualität für eine moralische Verunreinigung und die Homo-Ehe für das Werk Satans.

Vor allem Verunglimpfungen, also abfällige Bezeichnungen für Fremde und Minderheiten, funktionieren oft über Ekel, durch den deren Aussehen, Essgewohnheiten und Sitten als abstoßend erscheinen, wie zum Beispiel »Schlitzaugen« von Europäern für Chinesen, »Langnasen« von Chinesen für Europäer, »Sumpfgarnele« für Italoamerikaner in den USA, »Froschfresser« für Franzosen oder »Affe« für ziemlich viele Gruppen. Vergleiche mit Tieren, Essen oder Exkrementen sind ebenfalls weit verbreitet. Ein Ausdruck wie »Krauts« oder »Kartoffeln« für Deutsche erscheint im internationalen Vergleich da fast wie ein Kosename. Der Ausdruck »links-grün versifft« leitet sich übrigens über »Syph« von der Geschlechtskrankheit Syphilis ab. Auch wenn das den meisten Rechtsradikalen nicht bewusst ist, drücken sie damit ihren Ekel aus.

Ansteckung und Verunglimpfung

Selbst Intellektuelle bedienen sich manchmal bei Reinheits- und Infektionsthemen. So hat der Publizist Henryk M. Broder auf der Webseite *Achse des Guten* unter dem Titel »Wir bekommen die Krätze geschenkt« gemutmaßt, dass die Flüchtlinge diese ansteckende Krankheit nach Deutschland bringen. Krätze wird durch Milben hervorgerufen, die sich unter der Haut einnisten und Juckreiz erzeugen, sodass man sich kratzen muss, daher der Name. In unseren Breitengeraden ist die Ansteckungsgefahr gering und der Befall leicht zu behandeln.

Ob damals eine Ansteckungsgefahr von den Flüchtlingen ausging, ist bisher nicht belegt. Die Ansteckung verläuft ohnehin in die andere Richtung. Von der beschwerlichen Reise erschöpft, waren vielmehr die Flüchtlinge für hiesige Keime anfällig, gegen die sie keine Resistenzen hatten. Die Suggestion von Broders kurzem Artikel war jedoch, dass die Migranten eine Infektionsgefahr darstellen. Trotz moderner Medizin taucht diese Assoziation in der Debatte um Flüchtlinge immer wieder auf. Sie ist besonders perfide, weil man den Ekel vor Infektionen und damit vor den ansteckenden Fremden schnell erzeugen kann, es aber deutlich länger braucht, sich davon wieder zu befreien.

Untersuchungen zeigen, dass Personen mit einer menschenfeindlichen Gesinnung einen stärkeren Drang verspüren, sich über fremde Gruppen lustig zu machen. Sie sehen die anderen meist als eine homogene und anonyme Gegengruppe. Zwar machen sich auch Progressive über andere lustig, etwa wenn sie mit Satire an der Position der Mächtigen rütteln, doch diese Art von Humor ist antiautoritär. Abfällige Witze über Fremde hingegen dienen der eigenen Gruppenbildung und der Ausgrenzung der anderen nach der Extremform des Prinzips Loyalität.

Die Taktik von konservativen und rechtsradikalen Politikern funktioniert auch deshalb, weil sie aktive Emotionen ansprechen:

Wut, Angst und Ekel, die üblicherweise die Handlungsmuster »Kampf«, »Schutz« und »Vermeidung« auslösen. Mit dem Mitgefühl oder dem Gerechtigkeitssinn verspüren Progressive zwar auch aktive Emotionen, doch sie empfinden ebenso Enttäuschung über den Rechtsruck oder Traurigkeit über das Leid der Welt. Diese passiven Emotionen bringen Menschen eher selten dazu, auf die Straße zu gehen.

Verunglimpfungen allein stacheln natürlich noch nicht zur Gewalt an. Allerdings kann man mit den richtigen Wörtern denjenigen, die ohnehin schon eine menschenfeindliche Neigung haben, die Hemmungen nehmen, Gewalt anzuwenden.

Gewalt durch Entmenschlichung

Der Sozialwissenschaftler Harald Welzer schildert in seinem Buch *Täter* die Gräueltaten der nationalsozialistischen »Sonderkommandos«, die 1941 in der Ostukraine über 30 000 Juden erschossen haben. Unter den Führern eines Kommandos befanden sich viele Kaufleute und promovierte Akademiker, die zuvor keine überzeugten Nationalsozialisten waren. Als Erklärung für ihr Morden führt Welzer neben der Gruppendynamik und der Autoritätshörigkeit an, dass sich der »normative Referenzrahmen« verschoben habe. Das ist allerdings keine Erklärung, sondern bloß eine Feststellung der Tatsachen. Die entscheidende Frage lautet: Wie konnten sich die Normen verschieben? Darauf gibt die Moralpsychologie eine Antwort. Studien zu Genoziden von der Antike über den Holocaust bis zu den Massakern der Gegenwart in Darfur 2003 zeigen, dass Menschen erst dann zum Massenmord bereit sind, wenn sie ihre Opfer entmenschlichen, indem sie sie als minderwertig und infektiös darstellen. Im Licht der aktuellen Forschung erscheint auch extreme Gewalt in neuer Gestalt, denn hier spielt Ekel ebenfalls die entscheidende Rolle.

So hat die Hutu-Mehrheit in Ruanda im Jahr 1994 innerhalb

von etwa drei Monaten annähernd eine Million Menschen der Tutsi-Minderheit mit Macheten und Stöcken in einem der grausamsten Völkermorde der Nachkriegszeit umgebracht. Zuvor hatten die Hutu dazu aufgerufen, die Tutsi wie »Kakerlaken« zu zertreten, weil sie »Vergewaltiger« seien.

Denken wir an die Zug-Fälle zurück, bei denen man eine Weiche umlegen oder einen unbeteiligten Mann mit Rucksack von der Brücke stoßen muss, um fünf Gleisarbeiter zu retten. Unsere Angstneigung hemmt uns, andere mit unseren eigenen Händen zu töten. Wir können sie aber aktiv überstimmen, etwa wenn es darauf ankommt, eine Millionenstadt vor dem Untergang zu bewahren. Dann sind 70 Prozent bereit zu schubsen. Dieses Überstimmen fällt Tätern auch dann leichter, wenn es sich beim Opfer um das Mitglied einer Außengruppe handelt.

Steven Pinker hat gezeigt, dass mehrere Mechanismen ineinandergreifen, wenn Menschen ihre Tötungshemmung ablegen und zu Massenmördern werden. Ein Faktor ist das Framing über Euphemismen wie »Endlösung« oder »ethnische Säuberung« für »Massenmord«. Die geschönten Wörter rufen weniger starke Emotionen hervor und verschieben das Augenmerk vom eigentlichen Töten auf ein vermeintlich höheres Ziel. Ein zweiter Faktor ist die Verschiebung der Verantwortung an höhere Autoritäten, die auch Harald Welzer beschreibt. Ein eindrückliches Beispiel ist das berühmte Experiment von Stanley Milgram, das zwar aus heutiger Sicht wissenschaftlich ungenügend ist, allerdings in wesentlichen Punkten repliziert werden konnte. Im Originalexperiment mussten Probanden einer Person, die sie nicht kannten und nur über Mikrofon hörten, Stromschläge für falsche Antworten auf Fragen verpassen. Dass es sich bei den »Opfern« um Schauspieler handelte, war ihnen nicht bewusst. Sobald der Versuchsleiter sagte, er übernehme die volle Verantwortung, war ein Teil der Probanden eher bereit, den »Opfern« gefährliche oder potenziell tödliche Stromstöße zu verpassen. Auch Mörder, die an Genoziden teilgenommen haben, rechtfertigen ihre Taten im

Rückblick meist damit, dass sie nur »Befehle ausgeführt« hätten.

Ein dritter Faktor ist Abstraktion. Wie schon die Zug-Fälle gezeigt haben, sind deutlich mehr Testpersonen bereit, jemanden mit einem Hebel aus der Ferne als mit den eigenen Händen in den Tod zu befördern. Der US-amerikanische Drohnenkrieg in Afghanistan und Pakistan, bei dem schon über 8000 Menschen getötet wurden, ist auch deshalb so effizient, weil es sich um ein für die Öffentlichkeit unsichtbares Töten aus der Distanz handelt, bei dem die Drohnenpiloten Tausende Kilometer von den Einschlagstellen entfernt in der Kommandozentrale in Nevada sitzen. Oder wie es Pinker drastisch veranschaulicht: Der Pilot, der die Atombombe über Hiroshima abgeworfen hat, wäre niemals dem Befehl gefolgt: Töte über 100 000 Menschen mit einem Flammenwerfer und schau ihnen dabei in die Augen!

Der vierte und oft entscheidende Faktor ist die Herabwürdigung der Opfer über Ekel, der sie nicht mehr als vollwertige Menschen erscheinen lässt, sondern als »Untermenschen« oder Tiere. So hat der kanadische Psychologe Albert Bandura Versuche im Stil von Milgram durchgeführt und sich vor seinen Probanden absichtlich abfällig über die Ethnie oder das Aussehen der »Opfer« geäußert, etwa mit Sätzen wie: »Der sieht aus wie ein Tier.« Danach waren die Testpersonen bereit, deutlich höhere Stromstöße zu verabreichen.

Kurz gefasst

Das rechte Lager verfolgt die politische Taktik, Ekel in den Wählern hervorzurufen. Weltweit verunglimpfen Menschen Außengruppen und Minderheiten, indem sie Aussehen, Speisen und Sitten der Fremden als widerlich erscheinen lassen. Wer eine menschenfeindliche Gesinnung hat, neigt besonders dazu, andere Gruppen durch abfällige Sprache auszugrenzen. Studien zu Genoziden von der Antike bis zur

Gegenwart zeigen, dass Täter zum Massenmord bereit sind, wenn vier Faktoren ineinandergreifen: Euphemismen, die die Tötungshemmung vermindern, die Abgabe von Verantwortung an eine Autorität wie im Milgram-Experiment, eine Abstraktion durch räumliche und emotionale Distanz und, oft als entscheidender Faktor, Ekel: Täter entmenschlichen ihre Opfer, indem sie sie als minderwertig, tierisch und infektiös darstellen.

20 Anders gleich oder gemeinsam verschieden: Wie prägt uns die Gruppenidentität?

Identitätspolitik

Wer bin ich? Diese schwierige Frage haben Menschen lange Zeit für sich selbst mit ihrer Herkunft oder ihrem Beruf beantwortet, etwa mit »Schweizer« oder »Argentinierin«, »Postbote« oder »Ärztin«. Seit einigen Jahren geben einige aber eher Antworten, die auf eine besondere *Gruppenzugehörigkeit* abzielen wie »Feministin«, »African American«, »Veganer«, »Buddhist«, »New Born Christian«, »schwul und stolz darauf«, »Trans-Person« oder manchmal ironisch: »Biodeutscher« und »Kanake«.

Als Angehörige von Minderheiten und diskriminierten Gruppen betreiben Menschen oft *Identitätspolitik*: Sie wollen die Besonderheiten ihrer Gruppe gegenüber der Mehrheitsgesellschaft sichtbar machen. Die Grundidee dieser Selbstbehauptung ist nicht primär, von den anderen als »gleich« akzeptiert zu werden, sondern vor allem als »anders«, also als gleichwertig im Anderssein anerkannt zu werden. In den USA beispielsweise heißt das für Afroamerikaner oder LGBTQ+-Aktivisten, sich als Teil einer Gruppe vom dominierenden weißen »heteronormativen« Lebensstil abzusetzen. Auch wenn der Name es nahezulegen scheint, geht es Identitätspolitikern nicht darum, was uns als Individuen einzigartig macht, sondern um das, was die besonderen Gruppen definiert, denen wir angehören.

Während in den USA Weiße bis heute Afroamerikaner aufgrund ihrer Hautfarbe ausgrenzen, grenzen sich Afroamerikaner nun als Gegenstrategie selbst über ihre Hautfarbe von der weißen Mehrheit ab. Der Kampf der Minderheiten gilt offener Fremdenfeindlichkeit, aber auch Formen unbewusster und stillschweigender Abwertung durch sogenannte »Mikroaggressionen«, also Bemerkungen, die teils unbeabsichtigt auf einige ausgrenzend wirken. Der Ausdruck »Identitätspolitik« umfasst inzwischen sogar die Strategie der Neuen Rechten, die sich ebenfalls als Minderheit und Opfer des Mainstreams darstellt. Auch wenn die Gesellschaft in den USA stärker polarisiert ist als in den europäischen Ländern, hat besonders die europäische Linke die Identitätspolitik inzwischen von dort importiert.

Aus dem Prinzip Fürsorge heraus setzen sich besonders radikal Linke für die Identitätspolitik von Minderheiten ein, auch wenn sie selbst nicht dazugehören. Ihnen stehen zwei Kritiker gegenüber: die Liberalen, die durch diese Form der Gruppenbildung die Freiheit in Gefahr sehen. Und die Konservativen, die Angst um die Tradition und die alten Hierarchien wie das Patriarchat oder die heterosexuelle Familie haben.

Die klassische liberale Idee ist, alle Individuen in gleicher Weise als autonom aufzufassen, die klassische linke Idee, sich für die Schwachen einzusetzen. Die Identitätspolitik entwickelt aus diesen beiden progressiven Ideen die neue Vorstellung, ganze Kulturen als autonom und schützenswert zu betrachten, wobei nicht immer ganz klar ist, wie diese Gruppen zustande kommen.

Überraschenderweise kann man einige frei wählen, andere nicht, weil sie sich über eine ethnische Essenz definieren. »Frauen« bilden eine große Gruppe, die der »Asian Americans« ist kleiner und an der Ethnie festgemacht und die Gruppe der Missbrauchsopfer definiert sich über eine gemeinsame prägende Erfahrung. Der Gruppe »non-binär« können sich im Prinzip alle anschließen, die sich weder eindeutig als Mann noch eindeutig als Frau »identifizieren«. Die Gruppe der »people of color« gestattet keinen freien Zugang. Akzeptiert ist zwar, das Geschlecht zu wechseln, wenn man das Gefühl hat, im falschen Körper geboren zu sein, nicht akzeptiert hingegen ist, sich beispielsweise als Asiate zu fühlen, der im Körper eines Weißen gefangen ist. Versuche, die Ethnie äußerlich, etwa durch Operationen, zu wechseln, sind im Vergleich zum Geschlecht äußerst selten und stoßen auf extreme Ablehnung wie im Fall der Amerikanerin Rachel Dolezal, die als Weiße geboren wurde, sich aber als Schwarze identifiziert. Allein der Versuch der kanadischen Philosophin Rebecca Tuvel, diesen Fall in der feministischen Forschungszeitschrift *Hypatia* als legitime Möglichkeit zu diskutieren, hat für Aufruhr unter Kolleg*innen gesorgt und dazu geführt, dass die Herausgeber der Zeitschrift sich bei ihren Lesern für den Aufsatz entschuldigten. Tuvel wurde von mehreren Seiten nahegelegt, den Text zurückzuziehen, weil sie sonst niemals eine Lebenszeitstelle an einer Universität bekäme.

Wer eine Identitätspolitik verfolgt, spricht nicht als Einzelperson, sondern als Mitglied einer Gruppe, also »als Mann mit türkischen Wurzeln«, »als Lesbe«, oder »als Arbeiterkind«. Minderheiten und strukturell benachteiligte Gruppen wollen zwar nicht ihre Gruppenzugehörigkeit, wohl aber wenigstens ihre Gruppenidentität selbst bestimmen, diese also nicht von anderen definieren lassen, und sind daher durch das Prinzip Freiheit motiviert. Oft schlägt Identitätspolitik allerdings in Stammesdenken um, das eine deutliche Trennlinie zwischen Innengruppe und Außengruppe zieht. Nicht betroffene Unterstützer der Identitätspolitik sind durch Schuldgefühle und durch Fürsorge motiviert, die zur Hyper-Fürsorge werden und in autoritäre Rechthaberei umkippen kann.

Unterschiede und Gemeinsamkeiten

Die traditionellen Linken haben das Gemeinsame aller Menschen betont, die neuen, identitätspolitischen Linken betonen die Unterschiede. Das kann negative Folgen haben: So untersuchten

Forscher in Los Angeles über vier Jahre vier Gruppen von College-Studenten: Schwarze, Weiße, Asiaten und Latinos. Jedes Jahr mussten die Studenten Fragen zu den anderen Ethnien beantworten. Studenten, die in einer ethnisch ungemischten Studentengruppe waren, sahen mit der Zeit die anderen Gruppen immer stärker als Gegner an und hatten das Gefühl, durch ihre ethnischen Wurzeln gesellschaftlich benachteiligt zu sein. Diesen Eindruck hatten sogar weiße Studenten, die in Studentenverbindungen lebten. Bei Vergleichsstudenten, die sich in ethnisch gemischten Organisationen engagierten, waren diese Effekte nicht nachweisbar. Die Forscher kommen daher zu dem Schluss, dass das Leben in »ethnischen Enklaven« die Wahrnehmung verstärkt, Opfer zu sein. Auch die amerikanische Extremismusforscherin Karen Stenner hat in zahlreichen Studien festgestellt, dass die Neigung zu Intoleranz und Fremdenfeindlichkeit eher verschärft wird, wenn wir die Verschiedenheit von Gruppen betonen.

Der umgekehrte Effekt ist ebenfalls durch Studien belegt: Die Ethnie spielt bei Menschen immer dann eine Nebenrolle, wenn sie über ein anderes Merkmal verbunden sind, etwa zum selben Sportteam gehören. So reagierte die Mehrheit der Deutschen solidarisch mit dem Nationalspieler Jérôme Boateng, als Alexander Gauland meinte, die Leute wollten ihn »nicht als Nachbarn haben«. Und daher warb zum Beispiel in den Achtzigerjahren eine Initiative des Deutschen Gewerkschaftsbundes gegen Rassismus unter Arbeitern mit dem Slogan »Mach meinen Kumpel nicht an!«

Wer die Unterschiede statt die Gemeinsamkeiten betont, stößt auch in der Politik auf Probleme. So hat sich Hillary Clinton im US-Wahlkampf 2016 als Präsidentschaftskandidatin der Demokraten gezielt an Minderheiten sowie an benachteiligte Gruppen gewandt, zum Beispiel an Frauen und Schwarze. Das klang nach dem Ideal der Vielfalt, hat aber dazu geführt, dass nur die Schnittmenge der schwarzen Frauen eindeutig angesprochen war, während andere Gruppen wie weiße Männer sich fragen mussten, ob sie ebenfalls gemeint waren. Schwarze Männer und weiße Frauen waren in dem Dilemma, dass sie nur zur Hälfte zur Zielgruppe gehörten.

Ein zweites Problem liegt darin, dass sich Identitätspolitiker zwar von der Mehrheitsgesellschaft absetzen, diese aber für sich genommen weder eine homogene Gruppe darstellt, noch sich selbst als Gruppe definiert. Im Extremfall wird die Mehrheit zum Feind erklärt, zum Beispiel zur Gruppe der Weißen oder der »Cis-Männer« (von lateinisch *cis* »diesseits«: Männer, die sich mit dem Geschlecht identifizieren, mit dem sie geboren wurden), auch wenn gar nicht immer belegt ist, dass die systematischen Benachteiligungen von der Mehrheit der Gesellschaft ausgehen und nicht nur von einer kleiner Untergruppe. Außerdem liegt es eigentlich im Interesse von Minderheiten, die Mehrheit für ihre Sache zu gewinnen. So sind zum Beispiel Anfang des letzten Jahrhunderts Frauen auf die Straßen gegangen, um für das allgemeine Frauenwahlrecht zu demonstrieren. Hätten die Suffragetten nicht einen Teil der Männer überzeugt, wäre das allgemeine Wahlrecht niemals eingeführt worden. Auch die Homosexuellen mussten ihre Rechte über Jahrzehnte hart erkämpfen, wozu ebenfalls gehörte, vormals Außenstehende und Desinteressierte zu überzeugen. Hätten die Homosexuellen nur die Unterschiede zur heterosexuellen Mehrheit betont, wäre ihre berechtigte Emanzipationsbewegung vermutlich gescheitert.

Wer nicht fühlen will, muss schweigen

Am ehrenwerten Christ Church College in Oxford sollte im November 2015 eine Diskussion über Abtreibung stattfinden. Nach einer Demonstration von feministischen Studentinnen musste die Veranstaltung abgesagt werden, weil die Organisatoren den sicheren Ablauf nicht garantieren konnten. Der Vorwurf der Demonstrant*innen bezog sich allerdings nicht auf die inhaltlichen Positionen der Diskutanten, sondern allein darauf, dass es sich um zwei Männer handelte. Nun ist Gender-Ungleichheit an Universitäten weltweit ein großes Problem, in Deutschland beispielweise liegt der Anteil von Professorinnen nur bei etwa 20 Prozent. Den Aktivist*innen ging es jedoch nicht vorrangig darum, dass bei vielen Veranstaltungen ausschließlich Männer diskutieren, sondern vielmehr darum, dass Cis-Männer ihrer Meinung nach über das Thema »Abtreibung« nicht objektiv diskutieren könnten.

Diese Aktion beruht auf einer weit verbreiteten Hintergrundannahme, nämlich dass Männer bei Themen, die Frauen betreffen, eine *grundsätzliche* Einschränkung aufweisen, dass ihnen also ein bestimmter Wissenszugang und damit eine ausgewogene Perspektive fehlt. Damit ist nicht nur gesagt, dass Männer für typische Fehlleistungen oder Schnellschüsse anfällig sind, die man mit Argumenten aufdecken kann. Die These lautet vielmehr, dass Männer aufgrund ihres Mannseins bestimmte Themen immer verzerrt betrachten. Wenn das wirklich so wäre, müsste es bei anderen Themen natürlich umgekehrt auch für Frauen oder beliebige andere Gruppen gelten.

Die Annahme, man könne niemals rational oder neutral über moralische Themen diskutieren, die einen Personenkreis betreffen, dem man selbst nicht angehört, weil einem der Zugang fehlt, setzt auf die Unterscheidung zwischen *objektivem Wissen* und *gelebter Erfahrung*, die subjektiv ist, wie Simone de Beauvoir in ihrem Buch *Das andere Geschlecht* ausführt. Diese Unterscheidung wenden Identitätspolitiker inzwischen auf Gruppen an. Bestimmte Gruppen, so die Annahme, teilen gelebte Erfahrungen, die andere prinzipiell nicht haben können. Daraus folgt die These, dass man über bestimmte Themen wie sexuelle Belästigung, Diskriminierung oder Traumata nur sprechen darf, wenn man die Erfahrung *nachfühlen* kann, was in diesem Fall mehr als bloße Empathie bedeutet, nämlich dass man sie selbst gemacht hat. Eine Strategie von Identitätspolitikern ist daher, den Außenstehenden ohne Leiderfahrung zu sagen, sie sollten schweigen und zuhören, statt ein moralisches Werturteil abzugeben, sei es nun positiv oder negativ.

Zuhören ist immer wichtig, und es ist oft erschütternd, wie die Erfahrungsberichte unter den Hashtags #metoo (Sexismus) und #metwo (Rassismus) zeigen. Man hat den Eindruck, jede Frau wurde schon einmal belästigt, jeder Deutsche mit ausländischen Wurzeln beleidigt und ausgegrenzt. Und natürlich kann jemand, der niemals rassistisch beleidigt oder sexuell belästigt wurde, nicht mit Autorität darüber sprechen, wie sich das am eigenen Leibe *anfühlt*. Doch der Mensch hat die erstaunliche Gabe der sozialen Intelligenz, mit der er verstehen kann, was in anderen vor sich geht. Mit unserer Empathie können wir uns in andere hineinfühlen. Um ein ganz alltägliches Beispiel zu nennen: Wenn sich ein Freund das Schienbein stößt, haben wir eine Vorstellung davon, dass es weh tut, auch wenn wir sicherlich in diesem Moment nicht denselben Schmerz wie er empfinden.

Selbst wenn Erfahrungen wie dauerhafte Diskriminierung oder Foltererlebnisse so extrem sein können, dass wir uns nicht oder nicht vollständig in die Opfer einfühlen können, haben wir dennoch Mitleid mit ihnen. Wir können nicht sagen, *wie* es sich anfühlt, aber mit Bestimmtheit, *dass* es furchtbar ist. Um das zu wissen, müssen wir die Erlebnisse zum Glück nicht am eigenen Leib erfahren, sonst könnten wir niemals beurteilen, dass ein verfrühter Tod schlimm ist. Die Auffassung, dass die gelebte Erfahrung notwendig für Wissen, Empathie oder Mitleid ist, entspringt einem Missverständnis über die menschliche Natur.

Die autoritäre Linke

Die Hintergrundannahme der Identitätspolitiker ist oft: »Wer nicht nachfühlen kann, hat keinen Anspruch auf Teilnahme an der Diskussion, weil er nicht mit Autorität spricht.« Diese Haltung drückt auch eine politische Agenda aus, denn am Ende geht es um Macht, also um die Frage »Wer bestimmt den Diskurs?«, wie im Fall der abgesagten Diskussion in Oxford.

Natürlich sprechen gute Argumente dafür, das Genderungleichgewicht im Diskurs zu bekämpfen und mehr Frauen zu Wort kommen zu lassen. Viele Aktionen wie die in Oxford entspringen jedoch einem Tribalismus, der besagt: Du gehörst nicht zum Stamm, weil dir bestimmte Hintergrunderlebnisse fehlen. Schon wer einen Satz mit »Ich als schwuler Asiate« beginnt, spricht meist von der Warte der Autorität, wie Mark Lilla feststellt. Die Redeweise suggeriert, dass man zur Beurteilung moralisch besetzter Themen wie Homosexualität oder Minderheiten eine besondere Kompetenz hat, weil sie einen selbst betreffen. Aus einer Opferperspektive heraus fühlen sich Aktivisten darum legitimiert, anderen Diskursvorschriften zu machen. Das empfinden die Liberalen und Konservativen als paternalistisch (oder maternalistisch), zumal da aus einer gelebten Erfahrung noch keine besondere Kompetenz erwächst, die Erfahrung moralisch zu beurteilen. Wer beispielsweise ausgeraubt wurde, ist dadurch nicht in besonderer Weise befähigt, moralisch oder juristisch kompetent über Raub zu urteilen.

Konsequent weitergedacht läuft die Haltung auf einen radikalen Relativismus hinaus, bei dem jeder nur noch aus seiner Perspektive sprechen kann. Dann jedoch gibt es keinen neutralen Boden mehr für einen Dialog. Alle Wissenschaften, auch Ethik als die Wissenschaft der Moral, gehen jedoch von geteilten Tatsachen aus, nicht von Abgrenzung durch unteilbare Erfahrungen. Werden aber Befindlichkeiten wichtiger als Argumente, verkommt jede Diskussion zu einem bloßen Machtspiel. Ob gerade Minderheiten dieses Spiel gewinnen, ist fraglich.

An einigen Universitäten der USA ist das Paradox entstanden, dass progressive Studenten oft an die Universitätsleitung als Autorität appellieren, Vorträge von umstritteneren Rednern abzusagen oder konservative Gäste auszuladen, um potenzielle Opfer vor deren provokanten Gedanken zu schützen. Für die progressiven Studenten der 68er-Generation hätte das bizarr geklungen. Sie kämpften damals noch *gegen* die Autorität der Professorenschaft und der Universitätsleitung.

Der Befindlichkeitsdiskurs ist so weit gediehen, dass einige Studenten keinen Spaß verstehen, wenn Chris Rock oder Bill Maher auftreten, die für ihre bitterböse Satire bekannt sind. Inzwischen geben beide Comedians keine Veranstaltungen mehr an Unis, weil die Zuhörer ihre Witze zu häufig als verletzend empfanden.

Die linken Aktivisten protestieren allerdings nicht grundsätzlich gegen Satiriker und andere Provokateure, sondern nur dagegen, dass diese auf dem Campus auftreten. Die antiken Griechen nannten den klar abgegrenzten Bezirk für ihre Heiligtümer *temenos*: den von der profanen Welt »abgeschnittenen« Bereich. Das Unigelände ist für einige Studenten inzwischen zu einem heiligen, von der bedrohlichen Außenwelt abgegrenzten Heimatgrund geworden, der durch die Präsenz fremder Meinungen verunreinigt werden kann, selbst wenn es sich dabei bloß um Humor handelt. Offenbar ist hier das Reinheitsprinzip im Spiel, das sonst eher unter Traditionalisten verbreitet ist.

Auch wenn radikal Linke mit einem Projekt für Autonomie und Fürsorge gestartet sind, haben einige inzwischen das richtige Maß verloren und vertreten Extrempositionen, die man sonst von Religionen kennt. Vom altgriechischen Begriff leitet sich übrigens über das Lateinische der heutige Name für den heiligen Bezirk ab: Tempel.

Aneignung und Abneigung

Eine amerikanische Schülerin hat zum Abschlussball ein chinesisches Kleid getragen und die Bilder von der Feier nichts ahnend ins Netz gestellt. Ein chinesischer Twitter-User schrieb darauf »Meine Kultur ist nicht Dein Abschlussballkleid« (»my culture is not your prom dress«), worauf er mehrere 100 000 Likes und über 1000 Kommentare erhielt. Die Schülerin hat die Bilder allerdings nicht gelöscht, sondern dem Twitter-Sturm standgehalten.

Das ist sicherlich ein Extrembeispiel, doch es zeigt, dass auch falsch gewählte Kleidungsstücke für Empörung sorgen können, wenn sie als Ausdruck einer »kulturellen Identität« aufgefasst werden. Im linken Diskurs hat der Vorwurf der *kulturellen Appropriation* zugenommen, womit die Aneignung von Stil, Symbolen oder Handlungsweisen einer unterlegenen Kultur durch eine militärisch oder politisch überlegene gemeint ist, wie es beispielsweise während der Kolonialzeit üblich war.

Ein anderes Extrembeispiel: An der kanadischen Universität Ottawa wurden die Kurse einer Yogalehrerin gestrichen, weil Kritiker Yoga für die kulturelle Aneignung einer spirituellen Praxis hielten. Tatsächlich enthalten viele der heute weltweit unterrichteten sportlichen Yogastile Elemente aus der dänischen Gymnastik und aus Fitnessübungen der britischen Armee, die sich zuerst die Inder angeeignet haben, um die meditative Form des Yoga um eine sportliche zu ergänzen, wie der britische Indologe Mark Singleton gezeigt hat.

Natürlich versteht es sich von selbst, dass man die in Kulturen als heilig angesehenen Originale respektiert, also die Thora-Rolle nicht mit den Fingern berührt oder den echten Federschmuck eines amerikanischen Indianers nicht zum Karneval trägt. Und auch das Anhäufen von kolonialer Raubkunst in Museen des Westens war, wie der Name schon sagt, ein Verbrechen und bleibt es bis heute.

Einzelstücke sind aber nicht dasselbe wie abstrakte Typen oder Formen. Als sich Künstler wie Picasso, Kirchner oder Giacometti vom Stil der Dan in Liberia, der Kota in Gabun oder der Fang in Äquatorialguinea inspirieren ließen und selbst Kunst in diesem Stil erschufen, entstand für diese Gruppen und ihre Nachfahren genauso wenig ein Schaden wie für die Araber und Inder, als die Europäer von ihnen die indoarabischen Zahlzeichen übernahmen.

In Zeiten der Globalisierung ist es geradezu aberwitzig, auf Urheberschaft für Formen oder Ideen weit vergangener Kulturgüter zu pochen. Das Paradoxe an diesen Vorwürfen ist, dass kultureller Austausch bisher ein Merkmal von Offenheit war und es jetzt gerade die Progressiven sind, die aufgrund übertriebener Fürsorge Austausch beschränken wollen. Zivilisatorischer Fortschritt beruht aber auf der Weitergabe von Ideen, die sich immer neu materialisieren, sogenannten »Meme«, wie der englische Biologe Richard Dawkins diese Kulturgene nennt. Damit hat Dawkins nicht lustige Fotos oder animierte Grafiken gemeint, die sich im Netz viral verbreiten, sondern er dachte neben Kunst und Zahlen an Beispiele wie das Rad, die Schrift, den Kompass, die Druckpresse, die Dampfmaschine, das Penicillin, den Computer oder den handlichen Eierschneider aus dem Teleshop.

Wer ein Kleid im Stil einer chinesischen Tradition trägt, nimmt den Erschaffern das Kleid nicht weg. Aneignung von Formen und Stilen ist nicht Diebstahl, sondern fast immer Anerkennung, zumal Chinesen sicherlich nicht der Auffassung sind, ihre Kultur sei dem Westen unterlegen. Wenn man traditionelle Stile nicht kopieren dürfte, müssten sich die Kroaten bei italienischen und englischen Schneidern beschweren, dass sie ihnen die Idee der Krawatte (französisch *à la cravate*: »auf kroatische Art«) gestohlen haben, und die Europäer wiederum den Chinesen verbieten, dunkelblaue Anzüge mit Krawatten zu tragen. Und was würden Rapper von der West Coast dazu sagen, dass ein gewisser »Haftbefehl« deutschen Gangsterrap macht?

Es hat oft den Anschein, als sei auch der Vorwurf der kulturellen Aneignung von Stammesdenken und von dem Prinzip Reinheit geleitet, der Idee, heilige Kulturgüter dürften nicht von Außenstehenden berührt oder verwendet und damit »beschmutzt« werden, selbst wenn es sich um bloße Kopien oder Imitationen jahrhundertealter Stile handelt. Wer sagt, heutige Weiße dürften keine Kleidungstücke aus China tragen, weil einige ihrer Urgroßeltern Kolonialherren waren, der schützt nicht die damals diskriminierte Gruppe, sondern vertritt eine radikale Stammesmentalität, die eine heutige Außengruppe aufgrund ihrer Hautfarbe oder Herkunft als unwürdig ansieht. Der ursprünglich gut gemeinte Impuls des Minderheitenschutzes für eine Gruppe verwandelt sich so zu einer radikalen Einschränkung von Freiheit für eine andere Gruppe.

Kurz gefasst

Identitätspolitik umfasst Initiativen von Minderheiten, sich gegenüber der Mehrheitsgesellschaft zu behaupten, um nicht nur gleichgestellt, sondern im »Anderssein« anerkannt zu werden. Radikal Linke setzen sich für die Identitätspolitik von Minderheiten aus dem Prinzip Fürsorge heraus ein. Liberale Kritiker sehen dabei die Freiheit, konservative Kritiker die Tradition und alte Hierarchien in Gefahr. Identitätspolitik betrachtet nicht primär Individuen, sondern ganze Kulturen und Gruppen als autonom und schützenswert. Versuche zeigen, dass sich die Neigung zu Intoleranz und Fremdenfeindlichkeit eher verstärkt als vermindert, wenn wir Verschiedenheit betonen. Extremformen von Minderheitenschutz haben außerdem einen autoritären Einschlag, etwa wenn weltweiter Kulturaustausch zur unrechtmäßigen »Aneignung« erklärt wird.

21 Gesinnungsterror oder Minderheitenschutz: Warum ist politische Korrektheit so umstritten?

Das wird man ja wohl noch sagen dürfen

»Eskimo« darf man nicht sagen, wurde ich bei einer Diskussion ermahnt. Es handele sich um eine abwertende Bezeichnung, korrekt sei stattdessen »Inuit«. Mich hat das überrascht, weil ich den Ausdruck in anerkannten Zeitschriften der Sprachwissenschaft gelesen hatte, daher habe ich den Fall recherchiert. Der Ausdruck »Eskimo« bezeichnet die indigenen Völker des Polarkreises und ist weder im deutschen noch im englischen Sprachraum negativ konnotiert. In Kanada allerdings nennt sich ein Teil der Ureinwohner »Inuit«, weil sie »Eskimo« als abwertend empfinden. Andere Ureinwohner teilen diese Empfindung nicht, nennen sich selbst »Eskimo« und verwahren sich sogar dagegen, der Gruppe der Inuit zugeordnet zu werden. Die vermeintlich negative Etymologie von »Eskimo« als »Rohfleischesser« ist nicht belegt.

Auch wenn mein Gesprächspartner hehre Absichten hatte, bin ich mir sicher, dass er noch nie in seinem Leben einem Eskimo begegnet ist, geschweige denn Inuits von Eskimos unterscheiden kann oder von ihnen erfahren hat, welches die jeweils angemessene Gruppenbezeichnung ist. Ihm ging es vermutlich ganz allgemein um Minderheitenschutz, er war also durch das Prinzip Fürsorge motiviert. Wörter können verletzend sein, wie Verunglimpfungen weltweit zeigen, daher ist es ein Zeichen von Fortschritt, dass wir insgesamt sprachsensibler geworden sind und viele versuchen, sich politisch korrekt auszudrücken. Manchmal wollen die Sprachschützer natürlich auch einfach nur ihre moralische Überlegenheit demonstrieren. »Politische Korrektheit« war früher ein abwertender Kampfbegriff der Konservativen, heute verwenden auch Progressive diesen Ausdruck, wenn auch oft ironisch.

Seit einiger Zeit hat sich die Debatte um politische Korrektheit zu einem der großen Stellvertreterkriege der politischen Polarisierung entwickelt. Längst geht es nicht mehr allein um Wörter, sondern, so scheint es, um die Zukunft des Zusammenlebens. Wie bei anderen Themen der Identitätspolitik kann man auch hier drei Positionen ausmachen. Die linken Befürworter des sprachsensiblen Umgangs wollen den Minderheiten helfen, deren Unterdrückung sich ihrer Meinung nach auch in der Sprache manifestiert. Die liberalen Kritiker sehen in Sprachvorschriften Einschnitte in die individuelle Freiheit. Konservative und Rechte kritisieren politisch korrekte Sprache zwar ebenfalls unter dem Banner der Freiheit, ihnen geht es aber meist um eine Gegenposition zu den Linken.

In unserem Kulturkreis gibt es klare Fälle wie die Wörter »Neger« oder »Zigeuner«, die eine eindeutig abwertende Bedeutung haben, und deshalb von der Mehrheit zu Recht vermieden werden. Doch inzwischen häufen sich die Fälle, bei denen Menschen bei neutralen Ausdrücken wie »Eskimo« negative Untertöne herauszuhören meinen. So sagen einige Linke »Geflüchteter« statt »Flüchtling«, weil sie bei dem Wort »Flüchtling« an Wörter wie »Schädling« oder »Günstling« denken und dadurch das Suffix als Negativ-Markierung auffassen. An »Frühling«, »Schmetterling«, »Säugling« und »Liebling« scheinen sie dabei nicht zu denken.

Einige sind inzwischen so sensibilisiert, dass sie Verunglimpfungen und Schimpfwörter sogar dann tabuisieren, wenn sie lediglich über die Wörter reden. Daher sprechen Amerikaner vom »N-Wort« für »nigger«. Doch je mehr Wörter man so abkürzt, desto schwieriger ist es, den Überblick zu behalten. Durch die Abkürzung muss man das Wort in Gedanken aussprechen, was die Wirkung vermutlich eher verstärkt als vermindert. Die Sorge hinter den Tabuisierungen ist, dass der bloße Klang der Wörter schon Rassismus befördert. Diese Haltung unterscheidet nicht mehr, ob jemand andere absichtlich mit rassistischen Ausdrücken verletzt oder ob er die Ausdrücke lediglich in einer Diskussion erwähnt.

Tabuisierungen entspringen meist der sprachmystischen Vorstellung, die Wörter selbst hätten eine besondere Macht. Daher sprechen Gläubige vieler Religionen das Wort »Gott« nicht aus, sondern sagen »der Herr« oder »der da oben«. Selbst ein Ausdruck wie »igitt« ist als Abwandlung für »O Gott« eine Tabuisierung, genauso »ojemine« für »Jesu domine«. Auch die Rede vom »N-Wort« ist Zeichen für ein Tabu, das die sprachphilosophische Einsicht ignoriert, dass Bedeutungen nicht an den Wörtern kleben, sondern vielmehr von den Wörtern, den Absichten und Überzeugungen des Sprechers und vom Äußerungskontext abhängen. Gerade deshalb verwenden einige Gruppen Wörter absichtlich zur Selbstbeschreibung, um sie zurückzuerobern und wieder ins Positive zu wenden. Bei »schwul« ist das schon gelungen, bei »Bitch« könnte es auch irgendwann der Fall sein.

Sprachsensibilität als Stammessignal

Wer genau hinhört, erkennt, dass Sprache immer im Wandel ist und es kein Wort gibt, das ein für alle Mal positiv oder negativ besetzt ist. Wenn viele Sprachbenutzer lange genug bei »Flüchtling« einen negativen Unterton heraushören, wird das Wort auch irgendwann negativ konnotiert sein, wie es bei ehemals neutralen Ausdrücken wie »Ausländer« oder »Asylant« heute schon der Fall ist. Dieses Phänomen kann man die *Spirale der politischen Kor-*

rektheit nennen. Ein bis weit ins 20. Jahrhundert noch wertfreier Ausdruck wie »Krüppel« wird abwertend verwendet und muss durch einen neutralen ersetzt werden: »Behinderter«. Schnell hat auch diese Bezeichnung einen negativen Beiklang und wird durch »Mensch mit Behinderung« ausgetauscht und bald darauf durch »Mensch mit besonderen Herausforderungen«. Daran zeigt sich aber, dass die Abwertung nicht am Wort selbst liegt, sondern etwas mit der Einstellung der Sprachbenutzer zu tun hat. Solange die sich nicht ändert, wird jedes neue neutrale Wort früher oder später abwertend klingen. Daher bleibt politische Korrektheit in der Sprache, so gut gemeint sie ist, bloße Sprachkosmetik, wenn die herabwürdigende Haltung hinter bestimmten Redeweisen nicht ebenfalls verschwindet.

Manchmal sind die neuen Ausdrücke auch zu gut. Der Soziologe Aladin El-Mafaalani hat in einer Schulklasse vorgeschlagen, in Zukunft von Migranten als »Menschen mit internationaler Geschichte« zu sprechen, was die deutschstämmigen Mitschüler, also die »mit nationaler Geschichte«, als »voll diskriminierend« empfanden, weil die anderen jetzt das »coolere« Wort haben.

Die oft übersteigerte Forderung nach immer neuen Ersatzausdrücken hat jedenfalls einen weiteren negativen Effekt: Sie wirkt autoritär und nervt selbst diejenigen, die sich für Minderheitenschutz einsetzen. Eine aktuelle Studie mit dem Titel *Hidden Tribes*, »Verborgene Stämme«, die der Polarisierung in den USA nachgeht und dabei auch die sechs moralischen Prinzipien abfragt, kommt zu dem Schluss, dass sich die politische Mitte, die »erschöpfte Mehrheit«, in der aufgeheizten und spalterischen Diskussion über politische Korrektheit nicht wiederfindet. So halten 80 Prozent aller Amerikaner die Forderung nach politischer Korrektheit für »ein Problem«, und zwar relativ unabhängig von der Altersgruppe und der ethnischen Zugehörigkeit. Noch mehr als Weiße und Schwarze sträuben sich Asiaten, Latinos und die amerikanischen Ureinwohner gegen politische Korrektheit, obwohl sie eigentlich davon profitieren sollten. Wichtig ist politische

Korrektheit vor allem einer ganz bestimmten Gruppe: den Weißen mit Universitätsabschluss, die über 100 000 Dollar im Jahr verdienen.

Wenn die vermeintlichen »Opfer« einer unkorrekten Redeweise gar keine Sprachhilfe wollen, stellt sich die Frage: Welche Funktion hat politische Korrektheit dann für die weiße Bildungsoberschicht? Die naheliegende Antwort: Sie ist ein Stammessignal, dass man die richtige Gesinnung hat. Nahezu niemand von den radikal Konservativen hält politische Korrektheit für sinnvoll, unter den Liberalen sind es nur etwa 40 Prozent, aber unter den radikal Linken 70 Prozent. Für die linke weiße reiche Bildungsoberschicht der USA ist politische Korrektheit ein Erkennungszeichen der Gruppenzugehörigkeit. Viele werden auch ein schlechtes Gewissen haben, privilegiert zu sein, die meisten dürften von einer extremen Form der Fürsorge angetrieben sein, die sie hypersensibel für Minderheitenschutz macht.

Begriffsverformung und Hypersensibilisierung

In einem Versuch erschienen auf einem Bildschirm nacheinander unterschiedliche Gesichter, deren Ausdruck die Testpersonen auf einer Skala zwischen »sehr bedrohlich« und »gar nicht bedrohlich« einordnen sollten. Sie gaben bei mehreren Durchläufen des Versuchs vergleichbare Antworten. Doch als die Probanden immer weniger bedrohliche Gesichter sahen, begannen die Probanden plötzlich auch vormals harmlose Gesichter als »bedrohlich« einzuschätzen. Dieses Phänomen nennt sich *creep*, womit ursprünglich die Verformung von Werkstoffen unter großem Druck gemeint war. Hier verformt sich der Begriff »bedrohlich«, indem sich sein Umfang erweitert, sodass Gesichtsausdrücke, die früher nicht darunterfielen, auf einmal dazugehören. Diese Verformung tritt auch bei Farben und bei der moralischen Einschätzung von Texten auf, was dafür spricht, dass es sich um eine allgemeine Eigenschaft unserer Kognition handelt, die nicht nur auf die Wahrnehmung beschränkt ist.

Besonders deutlich zeigt sich Begriffsverformung beim Sprachwandel von Wörtern, die Phänomene bezeichnen, durch die jemand zu Schaden (*harm*) kommt, etwa »Missbrauch«, »Mobbing«, »psychische Störung«, »Trauma«, »Sucht« und »Vorurteil«. Auch diese Begriffe umfassen inzwischen ebenfalls Fälle, die noch vor einigen Jahrzehnten als harmlos galten. Dass wir heute mehr Gewalt und Diskriminierungen beklagen, hat mit unserer stärkeren Sensibilisierung zu tun. Galten früher ausschließlich körperliche Übergriffe als Gewalt, zählen heute auch verbale Grenzüberschreitungen dazu. Für Sexismus und Rassismus sind wir ebenfalls mehr sensibilisiert. Noch vor einigen Jahrzehnten galten unerbetene Komplimente zum Dekolleté oder Ausweiskontrollen allein aufgrund der Hautfarbe als unverdächtig. Natürlich waren das schon immer Übergriffe, selbst wenn damals niemand ein Aufheben davon gemacht hat. Oft muss man nämlich erst passende Begriffe wie *racial profiling* einführen, um ein Problembewusstsein zu schaffen und auf diese Weise Übergriffe überhaupt erst erkennbar zu machen. Zur Erinnerung: Die Antidiskriminierungsstelle des Bundes hat erst 2006 ihre Arbeit aufgenommen.

Neben der Aufmerksamkeit spielt hier aber ebenfalls Begriffsverformung eine prägende Rolle. Sobald wir uns für Fehlverhalten sensibilisieren, wird es zwangsläufig viele Fälle von Hypersensibilität geben. Früher gab es zu viele »falsche Negative«, wie Statistiker sagen: krasse Fälle von Rassismus, die niemanden störten. Heute gibt es zu viele »falsche Positive«, also harmlose Äußerungen, die durch eine Begriffserweiterung zu Übergriffen erklärt werden. An »Aggression« kann man das verdeutlichen. War damit noch vor einiger Zeit ein aktiver Angriff gemeint, zählen heute auch »Mikro-Aggressionen« dazu, also Bemerkungen, die auf einige herablassend oder ausgrenzend wirken, auch wenn das dem Sprecher gar nicht bewusst, geschweige denn vom ihm beabsichtigt ist. Ein Beispiel ist die Frage »Woher kommst Du?«, die einige als Mikroaggression auffassen. Dabei kann sie aus einem ehrlichen und freundlichen Interesse entspringen. In den USA fragt das beim Kennenlernen fast jeder. Die Frage kann aber auch unausgesprochen ausgrenzen, indem sie andeutet: »Du gehörst nicht dazu.« Was gemeint ist, hängt vom Kontext ab. Wer seine Sensoren so empfindlich eingestellt hat, dass er die Frage pauschal als Lackmustest für Rassismus ansieht, wird die Mehrheit der Deutschen für Rassisten halten.

Nicht nur Ekel und Angst sind zu empfindlich eingestellt, sondern auch andere Emotionen wie Mitgefühl. Den Linken kommt es beim Opferschutz daher nur noch darauf an, ob sich jemand verletzt fühlt, nicht mehr, ob seine Gefühle mit Absicht verletzt wurden. Weil das Opfer das entscheidet, liegt die moralische Beurteilung jetzt in seiner Macht. Die gut begründete Einsicht der Rechtsprechung, zwischen Fahrlässigkeit und Vorsatz zu unterschieden, nehmen sie sich also nicht zum Vorbild. Gemäß dem deutschen Strafrecht kann man andere nicht dafür belangen, dass sie durch Unachtsamkeit die Gefühle anderer verletzen, sondern nur, wenn die Beleidigung vorsätzlich erfolgt ist, wobei die »Ehrverletzung« durch die Verunglimpfung zweifelsfrei erkennbar sein muss. Mit anderen Worten: Es gibt kein grundsätzliches Recht darauf, nicht verletzt zu werden. Aussagen über Gruppen zählen vor dem Gesetz gar nicht als Beleidigungen, sondern sind von der Meinungsfreiheit gedeckt. Daher ist die Aussage »Soldaten sind Mörder« in ihrer Allgemeinheit keine Beleidigung. Sie ist es nur dann, wenn man einen einzelnen Soldaten unmittelbar damit anspricht.

Hypersensibilität motiviert auch amerikanische Studenten dazu, *safe spaces* zu fordern, also sichere Orte. Schutzräume zu gestalten, in denen sich Leute frei bewegen können, ohne Urteile anderer zu befürchten, ist ein legitimes Anliegen, hat allerdings eine Schlagseite, denn es suggeriert, dass die anderen Orte unsicher sind. Außerdem geht es mit dem Wunsch einher, dass intellektueller Austausch ebenfalls sicher sein muss. Doch wer sich mit fremden Ideen konfrontiert, geht immer ein Risiko ein, denn meistens haben andere auch einige Ansichten, die einem nicht zusagen.

Genauso ist es um *trigger warnings* bestellt, also um die Forderung, vor emotional aufwühlenden Reizen geschützt zu werden, etwa in Seminaren vor der Schilderung einer Vergewaltigung in Ovids *Metamorphosen*. Doch wer so traumatisiert ist, dass er Literatur nicht ohne Seelenschaden lesen kann, sollte sich ohnehin professionelle Hilfe suchen. Bei den Nichttraumatisierten hingegen beruht der allgemeine Drang, sich grundsätzlich nicht mit dunklen Seiten der menschlichen Natur auseinanderzusetzen, auf einer hypersensiblen Angst. Übrigens zeigen Studien aus der Traumaforschung, dass der Schritt zur Genesung darin liegt, in einer sicheren Umgebung das Trauma zu konfrontieren, etwa über Literatur.

Fürsorge oder Freiheit

Im progressiven Lager sind zwei Prinzipien im Widerstreit: Fürsorge und Freiheit. Je mehr man Fürsorge für Schwache betont, desto mehr muss man die Freiheiten der anderen zum Beispiel durch Sprachvorschriften einschränken. Je größer die Freiheiten, die man allen gibt, desto größer die Gefahr, dass sich Minderheiten durch Worte oder Taten verletzt fühlen. Nicht immer kann man beide Prinzipien gleichzeitig hochhalten.

In seiner Grundform ist Fürsorge eine evolutionäre Adaption, die Kinder schützt. Evolutionsbiologen erklären das folgendermaßen: Je länger bei einer Spezies die Aufzucht dauert, desto zuverlässiger muss der Mechanismus sein, der die Eltern dazu bringt, sich um die Kinder zu kümmern. Im Vergleich etwa zum Frosch produziert der Mensch wenig Nachwuchs, und dieser braucht außerdem extrem lange, um auf eigenen Beinen zu stehen. Deshalb reagieren Eltern, besonders die Mütter, sehr empfindlich auf Signale ihrer Kinder, die anzeigen, dass sie leiden, sich ängstigen oder in Gefahr sind. Als moralisches Prinzip entspringt Fürsorge unserem Mitgefühl und kann sich auf fremde Kinder, Welpen, Zeichentrickfiguren oder Stofftiger ausdehnen. Die Macht des Kindchenschemas ist sogar so stark, dass Jurys Angeklagte mit Babyface milder beurteilen. Wie erwähnt ist bei der Angst die Neigung für einige Auslöser wie Schlangen angeboren, andere Auslöser wie Abiturprüfungen werden kulturell erlernt. Beim Mitgefühl verhält es sich ähnlich. Nicht nur das Leiden von Kindern, sondern das Leid aller Benachteiligten löst bei linken Progressiven starkes Mitgefühl und damit ein moralisches Urteil aus.

Universelle Freiheit, verstanden als Fehlen von Zwang und als autonome Entfaltungsmöglichkeit, kann mit Fürsorge in Konflikt stehen, wenn es um Gruppenzugehörigkeit geht. Während Konservative Freiheit immer nur auf die eigene Gruppe beziehen und mit Loyalität überblenden, sind es seit einiger Zeit auch die radikal Linken, die Freiheit nicht mehr als universelles Recht für alle betrachten, sondern vor allem als besondere Entfaltungsmöglichkeit für einzelne Gruppen.

Benachteiligung und Aufstieg

Die weltweite Ungleichheit ist eines der drängendsten Probleme unserer Zeit. Viele Jahrzehnte lang war sie auch eines der Leitthemen im linken Diskurs. Inzwischen hat man manchmal den Eindruck, politische Korrektheit und andere Themen der Identitätspolitik seien an die Stelle getreten. Statt über Ungerechtigkeiten und andere schwerwiegende Probleme nachzudenken, die komplex, global und daher nicht immer leicht zu fassen sind, beschäftigen sich viele Linke ersatzweise lieber mit ihrem persönlichen Nahbereich.

Politische Korrektheit ist ein Thema in Kreisen der hochgebildeten Mittel- und Oberschicht, deren Mitglieder inzwischen zunehmend einen Migrationshintergrund haben und ihre sexuelle

Identität offen leben können. Wer sich auf Zugehörigkeiten über Ethnien und Gender und die korrekten Sprachcodes konzentriert, übersieht dadurch leicht ein Merkmal für Benachteiligung, das durch die zunehmend anspruchsvolleren Jobs der Digitalisierung immer deutlicher zutage tritt: den Bildungsstand. So zeigt eine Untersuchung unter amerikanischen Studenten, dass zwar das Einkommen der Eltern stark bestimmt, wie hoch das Einkommen der Kinder ist; wie in Deutschland stammen beispielsweise die meisten Spitzenmanager nach wie vor aus der Oberschicht. Ein Faktor jedoch ist noch stärker: Wer einen Abschluss von einer Ivy-League-Uni wie Harvard, Princeton oder Yale hat, verdient, selbst wenn er aus armen Verhältnissen stammt, später mehr als ein Kind reicher Eltern, das eine der weniger selektiven Universitäten besucht hat.

Auch in Deutschland ist Bildung eine entscheidende Stellschraube. Ohne Abitur und Studium kann man heute kaum noch Führungspositionen erreichen. In vielen Berufen ist das offenkundig: Richter, Ärzte und Wissenschaftler benötigen ein Hochschulstudium. Aber auch Mitglieder der Meinungselite von Journalisten, Schriftstellern, Medienleuten und Unternehmern haben fast sämtlich studiert. Ohne Abitur kann man heute allenfalls noch als Politiker Karriere machen. Aber selbst dort wird die Luft dünner. Stammte Mitte der Sechzigerjahre nur ein Drittel der Minister aus den obersten 5 Prozent der Einkommens- und Bildungsoberschicht, sind es um 2005 herum schon zwei Drittel. Hält dieser Trend an, wird es Aufstiegskarrieren von Politikern mit Arbeiterhintergrund wie die von Gerhard Schröder, Cem Özdemir oder Horst Seehofer bald gar nicht mehr geben.

Wer Migrant ist oder offen homosexuell lebt, hat es trotz hohen Bildungsstands im Alltag und Beruf sicherlich schwerer als die »heteronormative« Vergleichsgruppe. Und natürlich kann man Diskriminierungserfahrungen durch Worte, Andeutungen und andere Handlungen nicht objektiv vergleichen, weil jeder sie anders erlebt. Macht man Benachteiligung allerdings an Aufstiegschancen fest, so zeigt sich ein blinder Fleck in der Diskussion. Mit

Migrationshintergrund kann man Politiker, Journalist oder Wissenschaftler werden und damit Einfluss, Einkommen und vor allem Aufmerksamkeit erhalten, die kostbarste Währung unserer Zeit. Mit Hauptschulabschluss hat man so gut wie keine Chance, sondern gehört mit hoher Wahrscheinlichkeit zum sogenannten »Niedriglohnsektor«.

Gerade die progressiven Unternehmen werden immer internationaler und befördern vielfältige Führungsteams. Die internationalen Eliten bestehen buchstäblich aus Migranten, weil sie jenseits von Nationalstaaten, Ethnien oder sexuellen Präferenzen denken und leben. Diese Eliten sind moralisch sensibilisiert und haben mit der politischen Korrektheit ihren eigenen Jargon gefunden, übersehen aber oft, dass sie damit andere diskriminieren, nämlich diejenigen, die da nicht mithalten können und denen der Kosmopolitismus mit seinen neuen Codes gar nicht zusagt.

Kurz gefasst

Der Streit um politische Korrektheit ist ein Stellvertreterkrieg. Wie bei der Identitätspolitik sehen die Linken darin Minderheitenschutz, die Liberalen Einschnitte in die Freiheit und die Konservativen eine Bedrohung der Tradition. Hypersensibilisierung und Begriffsverschiebungen führen dazu, dass Linke auch in der Sprache immer mehr Fälle von Gewalt und Diskriminierung entdecken. Zu eindeutigen Verunglimpfungen haben sich dadurch zweifelhafte Fälle gesellt. Selbst die meisten vermeintlichen »Opfer« unsensibler Sprechweisen lehnen politische Korrektheit ab, die für die linke wohlhabende Bildungsoberschicht ein Stammessignal ist, mit dem sie die richtige Gesinnung kommuniziert. Radikal Linke stellen beim Minderheitenschutz oft Fürsorge über Freiheit und übersehen dabei, dass mangelnder Zugang zu Bildung weltweit einen der stärksten Faktoren der Benachteiligung darstellt.

TEIL III

Gesellschaft

22 Jung, neugierig und migrantisch: Warum beginnt Fortschritt in den Städten?

Symphonie der Großstädte

Wenn die Griechen der Antike zum Firmament blickten, sahen sie, wie die Sterne ihre immer gleichen Bahnen ziehen. Das griechische Wort »Kosmos« bedeutet nicht nur »Weltall«, sondern auch »Schmuck« und »Ordnung«. Für die Astronomen des Altertums war der Sternenhimmel mathematisch geordnet, die Jahreszeiten und die Sonnenfinsternisse kehrten in berechenbaren Zyklen wieder. Natürlich durchbrachen besondere Ereignisse wie Kriege und Herrscherwechsel die Zeitläufte, doch im Prinzip blieb alles in den gewohnten Bahnen. Die moderne Idee des Fortschritts, der Verbesserung von Technologien und Lebensverhältnissen, war der griechischen Antike und den darauffolgenden Jahrhunderten weitgehend fremd.

Heute ist nicht nur der technische Fortschritt schnell und andauernd, sondern auch der gesellschaftliche Fortschritt. Der Wandel der Maschinen, Werte und Stile geht von den Städten aus, die die Progressiven anziehen, da sie Orte der Offenheit sind. Wer einen hohen Wert bei diesem Persönlichkeitsmerkmal hat, ist neophil, neugierig und flexibel, will Vielfalt und Abwechslung, kann mit Mehrdeutigkeit und unscharfen Grenzen leben und legt Wert auf Kreativität, Selbstbestimmung und Individualismus.

Städte sind ein progressives Versprechen. Junge Menschen ziehen verstärkt vom Land in die Stadt, zur Ausbildung, zum Studium oder einfach nur, weil sie es in ihrem Dorf nicht mehr aushalten. Sie wählen überproportional häufig progressive Parteien wie die Grünen und deutlich seltener als der Bundesdurchschnitt die AfD. Akademiker und Journalisten, bei denen Neugier zum Berufsprofil gehört, wohnen ebenfalls vermehrt in den Metropolen. Neue ästhetische Trends entstehen in den Städten, die Kleidung ist dort häufiger als auf dem Land experimentell und unisex.

In Städten kommen die Kulturen zusammen. So haben beispielsweise 43 Prozent der Münchner einen Migrationshintergrund. In der Stadt wird ethnische Vielfalt zur Normalität und die internationale Küche zum Standard. Wer schwul, lesbisch oder trans ist, kann Gleichgesinnte finden und in der Anonymität mehr Akzeptanz erwarten. Wer sich ausprobieren oder neu erfinden will, ist in der Stadt am besten aufgehoben. Je größer die Metropole, desto weniger sind soziale Rollen durch das Umfeld vorgegeben. In den Städten gibt es mehr Museen und Theater als auf dem Land. Ein Interesse für zeitgenössische Kunst ist einer der stärksten Indikatoren für Offenheit. Progressive Unternehmen in der Medien-, Digital- und Lifestyle-Branche residieren vornehmlich in Städten. Sie werben für sich mit Flexibilität und Kreativität, die sie gleichzeitig von ihren Mitarbeitern erwarten. Beide Fähigkeiten hängen stark von einem hohen Wert beim Merkmal Offenheit ab.

Städte ziehen aber nicht nur die Offenen an, sondern erziehen umgekehrt auch ihre Einwohner zur Offenheit. Wer täglich mit einer Vielfalt an Dialekten, Akzenten, Sprachen, Ethnien, Modestilen und nichtbinären Genderidentitäten konfrontiert ist, muss zwangsläufig lernen, damit umzugehen.

Bohemian Rhapsody

Zu den progressiven Städtern gehören nicht nur die »transnationalen« oder »kosmopolitischen« Eliten, wie Soziologen sagen, sondern auch arme Progressive: Studentinnen mit Bafög, Reiseblogger, Webdesignerinnen in prekären Arbeitsverhältnissen und Musiker, die halbtags bei NGOs arbeiten. Sie alle eint jedoch der neophile Lebensstil: Sie wollen die Welt bereisen, haben Freunde auf allen Kontinenten und sprechen Englisch, die Lingua franca der globalen Welt. Während es in früheren Zeiten schwer sein konnte, progressiv zu leben, ist es für die junge Generation nahezu unmöglich geworden, nicht progressiv zu sein. Früher legte die Herkunft die Identität fest, man wurde als Mann oder Frau geboren, als Westfale oder Preuße, Katholik oder Protestant, Bauer oder Fürst, und blieb es dann ein Leben lang. Heute kann man seinen Lebensmittelpunkt und sein Geschlecht wechseln und seinen Beruf und seine Religion selbst wählen. Eine Person kann außerdem gleichzeitig vieles sein: Deutsche, Migrantin, Akademikerin, Hipsterin, Fußballfan, Backpackerin und Feministin. Während die Eltern noch ein eigenes Haus mit festen Wänden auf eingezäuntem Grund und Boden gebaut haben, schlagen die jungen Progressiven überall ihre Zelte auf und brechen sie ebenso schnell wieder ab. Die Eltern haben ihr Zuhause an einem Ort, die Kinder sind allerorts zu Hause. Für die Alten verkörpert die Immobilie Sicherheit und Geborgenheit, für die Jungen verkörpert sie buchstäblich Unbeweglichkeit.

Das wichtigste Statussymbol und das prägende technische Gerät der Epoche nach dem Zweiten Weltkrieg war das eigene Auto, das mobile Freiheit nicht nur symbolisierte, sondern überhaupt erst ermöglichte. Die Fahrerlaubnis zu verlieren, empfand man als harte Strafe. Je jünger und urbaner die Menschen heute sind, desto weniger Wert legen sie auf ein eigenes Auto, da sie Besitz ohnehin als Belastung empfinden. In den Großstädten nutzen sie vermehrt Carsharing-Angebote oder fahren Elektro-Roller.

Das prägende Statussymbol unserer Zeit ist das Smartphone. Smartphone-Entzug ist heute für Jugendliche ähnlich traumatisch wie früher für Erwachsene der Verlust des Führerscheins. Als vor hundert Jahren das Auto in den Städten allmählich die Kutschen ablöste, war es zwar ebenfalls Ausdruck des Fortschritts. Als Artefakt hat das Auto jedoch eine andere *Ontologie*, also eine andere Seinsweise, als das Smartphone. Das Auto ist ein *Objekt*, das sich selbst nicht verändert. Man kann mit ihm allenfalls den Ort wechseln und neue Ziele ansteuern, auch wenn es die meisten nur dazu nutzen, in strenger Regelmäßigkeit zur Arbeit oder zum Einkaufen zu fahren. Das Smartphone hingegen ist als Artefakt ein *Prozess*, also eine Kette von Ereignissen. Rein materiell betrachtet ist es natürlich ein Objekt wie das Auto, seine Grundfunktion besteht aber darin, dass es sich selbst verändert. Statt »Veränderung« kann man auch »Ereignis« sagen: Als Ereignis-Generator hat das Smartphone einen Prozess-Charakter. Mit einer Oberfläche, die sich ständig ändert, ist es dazu geschaffen, seinem Besitzer unendlich viele Eindrücke zu bescheren: neue Mitteilungen, neue Tagesnachrichten, neue Apps, neue Videos, neue Spiele. Das Smartphone ist der Fetisch der Neophilen.

Fleiß und Selbstverwirklichung

Die jungen Erwachsenen, die »Generation Y« oder »Millennials« genannt werden, müssen allerlei Häme ertragen. Diese Generation der zwischen 1980 und 1995 Geborenen gilt in der öffentlichen Wahrnehmung als arbeitsscheu, wenig belastbar, emotional labil und verunsichert. Mit »Millennial Pink« hat man ihnen ein zartes Pastellrosa als Erkennungsfarbe zugewiesen, und in den USA heißen sie *snow flakes* (»Schneeflocken«), weil sie sich angeblich für einzigartig halten, aber Hitze nicht vertragen. Ob all das tatsächlich zutrifft, ist fraglich. Studien in den USA zeigen besonders eines: Millennials sind progressiver, als es ältere Kohorten im selben Alter waren. Im Vergleich zu früheren Jahrgängen legen sie mehr Wert auf neue Erfahrungen als auf Besitz, sind international besser vernetzt, offener für Veränderungen und fühlen sich seltener einer Religion verbunden. Millennials sind in den USA und Europa deutlich weniger an Politik interessiert, dafür aber moralisch progressiver als Vorgängergenerationen. Sie sind zum Beispiel mehr für das Leid anderer sensibilisiert und befürworten eher Strafen für Verunglimpfungen oder rassistische Beleidigungen, und sie sehen Homosexualität, Scheidung und einvernehmlichen Sex zwischen Teenagern als moralisch relativ unproblematisch an – im Gegensatz zu älteren Jahrgängen.

Insgesamt geht es ihnen weniger um Autorität und Loyalität, dafür mehr um Freiheit und moralische Sensibilität, was sich besonders darin zeigt, dass sie das Prinzip Fürsorge betonen. Selbst wenn Millennials davon träumen, YouTube-Star, DJ, Start-up-Gründer oder Influencer zu werden, zeigt das nicht, dass sie weniger hart arbeiten wollen als die Anwälte, Unternehmensberater und Ärzte der Vorgängergeneration, sondern eher, dass sie sich durch ihre Arbeit emotional ausdrücken und selbst verwirklichen wollen, eine typische Neigung bei Menschen mit einem hohen Wert beim Merkmal Offenheit.

Dafür finden sich auch indirekte Hinweise. Datenanalytiker haben auf erfolgreichen US-Datingportalen wie *Match* oder *OK Cupid* untersucht, welche Fotomotive und Wörter, mit denen sich User selbst darstellen, es am wahrscheinlichsten machen, dass die Onlineprofile angeklickt werden. Dabei zeigte sich zum Beispiel, dass Fotos unter freiem Himmel mehr Klicks erhalten als Selfies im Studentenzimmer. Vordergründig können User diese Ergebnisse nutzen, ihr Profil zu optimieren und so die Chancen auf ein Date zu erhöhen. Die Analyse legt aber gleichzeitig die Ideale und Sehnsüchte junger Großstädter frei. Bemerkenswert ist, dass die Begriffe »Yoga« und »Surfen« am besten ankommen, und zwar unabhängig vom Geschlecht. Männer mögen Frauen, die sich als »athletisch« beschreiben, Frauen klicken häufiger auf Profile, wenn Männer tätowiert sind und vom »Meer« sprechen. Vom eigenen Glauben zu erzählen, vermindert hingegen die Chancen auf ein Date.

Die User der Datingportale werben also nicht mit ihrem Studium oder ihrem Beruf für sich, wie es besonders bei Männern vor einiger Zeit noch üblich war. Stattdessen betonen Männer und Frauen gleichermaßen Sport und Reisen, die früher als »Hobbys« galten, heute aber Ausdruck von Selbstentfaltung sind und damit ein klar progressives Emotionsprofil anzeigen. Yoga, Surfen, Fitness und Tattoos betonen Offenheit, Freiheit und Individualismus. Sie sagen: Ich bin körperbewusst, entspannt, achte auf mich selbst. Ich bin sportlich, aber nicht wettkampforientiert, offen für fernöstliche Spiritualität, aber nicht für traditionelle Religionen, und meine Reisen führen mich ans Meer.

Vom Snob zum ästhetischen Allesfresser

Der amerikanische Soziologe Thorstein Veblen hat in seiner *Theorie der feinen Leute* schon 1899 einen speziellen Typus der Oberschicht in den USA beschrieben: den Snob, der sich durch Nichtstun und Verschwendung hervortut. Der »müßige Herr«, wie Veblen sagt, genießt »das Beste, was an Eßwaren, Getränken, Narkotika, Häusern, Bedienung, Schmuck, Bekleidung, Waffen, Vergnügen, Amuletten, Idolen und Gottheiten zu haben ist«.

Bei dieser Beschreibung fühlt man sich unwillkürlich an Oscar Wildes Roman *Das Bildnis des Dorian Gray* aus dem Jahr 1890 erinnert, dessen alterslose Hauptfigur zum Zeitvertreib Edelsteine, ausgefallene Düfte, exotische Wandteppiche und seltene Instrumente sammelt. Der Snob ist aber in gewisser Weise konservativ, denn er hat eine rigide Vorstellung davon, was ästhetisch als besonders gilt, wobei er immer auf eine klare Abgrenzung zu unteren Schichten bedacht ist. Mit seinem Müßiggang und seinem demonstrativen Konsum ist er nicht am Besonderen um seiner selbst willen interessiert, sondern allein um der sozialen Distinktion willen. Durch diesen autoritären Impuls bleibt er ästhetisch in engen Bahnen.

Erst zum Ende des letzten Jahrhunderts entwickelte sich als moderner Gegenentwurf zum Snob ein neuer Typus: der »ästhetische Allesfresser«, wie ihn der amerikanische Soziologe Richard A. Peterson und seine Kollegen nennen. Der ästhetische Allesfresser ist der Prototyp des Neophilen, der immer aufs Neue überrascht werden will. Er ist aber nicht unterschiedslos offen für alles, sondern offen dafür, sich von allem begeistern zu lassen, allerdings nur, insofern es neu ist. Dabei macht er keinen Unterschied zwischen Hoch- und Unterhaltungskultur. Den Allesfresser kann ein Konzert der Berliner Philharmoniker ebenso unterhalten wie eines von Sting, die Jean-Luc-Godard-Retrospektive im Programmkino findet er ebenso interessant wie das Computerspiel *Hitman 2* auf der PlayStation.

Waren im letzten Jahrhundert Schichtzugehörigkeit und Neophilie noch eng verbunden, sind beide inzwischen entkoppelt. Das spiegelt sich auch in den sogenannten »SINUS-Milieustudien« wider, die in der Konsum- und Marktforschung verbreitet sind. Bei diesen »Studien« handelt es sich buchstäblich um freihändig gezeichnete Mengendiagramme, die den Eindruck von Wissenschaftlichkeit und Genauigkeit vermitteln sollen. Ihre Autoren unterteilen beispielsweise die deutsche Konsum-Oberschicht in »Konservativ-Etablierte«, »Liberal-Intellektuelle«, »Performer« und »Expeditive« (»die kreative Avantgarde«), was schon deshalb verwirrend ist, weil auch »Performer« und »Expeditive« liberal und alle einschließlich der Konservativen intellektuell sind.

Die Grundidee des Modells ist allerdings richtig, auch wenn die Namen für die Gruppen seltsam klingen. Tatsächlich haben die Autoren einfach einen Graphen mit X-Achse und Y-Achse gezeichnet. Auf der vertikalen Achse haben sie das Einkommen aufgetragen nach dem klassisch soziologischen Modell der Schichten. Auf der horizontalen Achse markieren sie den Grad der

Offenheit. Konnte früher nur die Oberschicht ihre Neophilie ausleben und durch Konsum zur Schau stellen, stehen Einkommen und Offenheit heute rechtwinklig zueinander: Neophile finden sich inzwischen nicht nur in der Oberschicht, sondern in allen Einkommensklassen, und sie wohnen bevorzugt in Städten, denn dort gibt es mehr zu erleben.

Progressivitätsmarker

Die heutigen Progressiven sind ein Stamm, den nicht eine gemeinsame Vergangenheit, sondern eine Vision der Zukunft verbindet. Wer links oder liberal ist, führt aber nicht einfach nur ein progressives Leben, sondern teilt es den anderen durch verbale und nonverbale Erkennungszeichen mit. Diese *Progressivitätsmarker* können eine positive oder eine negative Form annehmen. *Positive Progressivitätsmarker* betonen die geteilten Werte, also die drei progressiven Prinzipien Fürsorge, Fairness und Freiheit sowie Offenheit als dominantes Persönlichkeitsmerkmal. So erkennt man die Sprache der progressiven Städter*innen am Gendersternchen (Fürsorge und Fairness), ihr Lebensziel ist Selbstverwirklichung (Freiheit), zum Lunch essen sie Tofu-Curry (Offenheit), das vegan ist und damit Tiere schützt (Fürsorge) und Ressourcen spart (Fairness), und den Kaffee danach aus Fair-Trade-Bohnen (Fairness) trinken sie *cold brew*, also kalt gebraut (Offenheit).

Wer fürsorglich ist, kümmert sich um Schwache, Benachteiligte und Minderheiten, lässt sich also von Mitgefühl und Mitleid leiten und hat einen fein justierten Gerechtigkeitssinn. Im Gegensatz zu früheren Generationen akzeptieren heute heterosexuelle Progressive ohne Migrationshintergrund nicht nur Homosexuelle und Migranten in ihrem Freundeskreis, sie stellen ihre Freundes-Diversität sogar ausdrücklich zur Schau.

Offenheit zeigt sich im Geschmack, in der Sprache und der Kleidung. Auch wenn es zunächst paradox wirkt: Ein deutlicher

Progressivitätsmarker ist eine Vorliebe für Vintage-Produkte. Wer gebrauchte Kleidungs- oder Einrichtungsstücke kauft, ist meist sehr offen und wenig gewissenhaft. So zeigt eine Studie: Wer Secondhand-Läden meidet, hat einen hohen Wert bei Gewissenhaftigkeit, der am deutlichsten Konservativismus voraussagt. Gleichzeitig lösen gebrauchte Kleidungsstücke von Fremden in Konservativen mehr Ekel aus als in Progressiven. Zur Erinnerung: Niemand möchte Hitlers Pullover tragen, selbst wenn er chemisch gereinigt ist. Hier greift das Gesetz der Kontaktmagie, das besagt: einmal verunreinigt, immer verunreinigt. Untersuchungen zeigen aber auch, dass Verunreinigung durch eine moralische »Infektion« eher den Sonderfall darstellt. Menschen mit einer niedrigen Ekelschwelle scheuen sich auch vor Fremdheit, erst recht vor Krankheit und Unglück. Sie bevorzugen fabrikneue Pullover gegenüber solchen, die nach dem einmaligen Tragen gereinigt wurden (Scheu vor Fremdheit), sie scheuen sich außerdem vor Dingen, die Menschen mit Tuberkulose (Scheu vor Krankheit) oder einer Amputation (Scheu vor Unglück) berührt haben. Am stärksten reagieren sie bei dem Pullover eines AIDS-Kranken, denn der verbindet für sie alles vermeintliche Übel: moralische Unreinheit, Unglück, Infektion und Fremdheit.

Vintage zeigt also nicht nur Individualisierung an, sondern auch Offenheit und ist damit im doppelten Sinn ein Progressivitätsmarker. So ist zum Beispiel in Deutschland bei Frauen unter dreißig die Webseite *Kleiderkreisel* beliebt, eine Art *eBay* für Kleidungsstücke, das die Firma *Vinted* betreibt, deren Webseiten weltweit 20 Millionen Nutzer haben. In der Elterngeneration wäre dieser Trend undenkbar gewesen, für den progressiven Nachwuchs ist er Normalität. Dasselbe gilt für *Couch Surfing*, eine Webseite, die kostenlose Übernachtungen anbietet. Die inzwischen über 15 Millionen Nutzer schlafen auf den WG-Sofas und in den privaten Betten der über 400 000 Anbieter, die dafür nicht mit Geld, sondern mit der Gelegenheit entlohnt werden, sich mit Fremden auszutauschen.

Kosmopolitische Offenheit zeigt sich auch in der Wortwahl, in der natürlichen Verwendung englischer Wörter wie *nice*, *fancy*, *flow* und *crush*, wie es sich Ende des letzten Jahrhunderts höchstens Udo Lindenberg getraut hat. Als Zeichen von Weltläufigkeit ist Englisch ein Progressivitätsmarker und daher besonders in der Mode, in Film und Fernsehen, im Journalismus und in der Start-up-Szene verbreitet.

Auch die digitalen Medien sind als Heimat der jungen Generation und aus ihrer inneren Logik heraus prototypische Progressivitätsmarker. Google ist eine Neophilie-Maschine, die nicht nur die Neugier stillt, sondern sie stets aufs Neue weckt. Auf YouTube, Twitter und Instagram ist der Content immer neu und überraschend. Als soziale Netze stellen Twitter und Facebook außerdem ein hierarchieloses Kommunikationsgeflecht dar, organisiert ohne zentrale Autorität. Themen und Diskussionen folgen dort zwar einer Gruppendynamik, allerdings nach dem egalitären Prinzip eines Fischschwarms, nicht nach dem Drill einer Ameisenkolonie. In sozialen Netzen bestehen Gruppen flüchtig, die Mitgliedschaft ist frei gewählt, und wer die Gruppe verlässt, wird eher selten als Abtrünniger bestraft. Twitter nutzen neben Politikern häufig Journalisten und Wissenschaftler, deren Kardinaltugend Offenheit ist. Soziale Medien und andere Phänomene der Digitalisierung setzen Offenheit für das technisch Neue voraus, daher sind Bezeichnungen wie »Netzfeministin«, »Internettheoretiker« oder »Digitalexperte« starke Progressivitätsmarker.

Neben all diesen positiven gibt es noch die *negativen Progressivitätsmarker*. Dabei handelt es sich um deutliche, manchmal extreme Symbole und Botschaften, mit denen man die drei konservativen Prinzipien des Feindes ausdrücklich ablehnt. Stichwort: Integration durch Negation. Die extreme Linke zum Beispiel markiert das Anti-Autoritäre mit Aussprüchen wie »Fuck the Police« und Anti-Loyalität mit Sprüchen wie »Nie wieder Deutschland« oder »Deutschland verrecke«. Anti-Reinheit zeigt sich im demonstrativen Bruch mit konservativen Empfindlichkeiten bei Themen wie Sex, Kleidung oder Umgangsformen. So haben die Hippies behauptet, sich selten zu waschen, und bei Punkkonzerten war es früher üblich, auf die Bühne zu spucken. Noch heute klingen die meisten deutschen Punkbands wie Einfälle aus einem Ekel-Wettbewerb in der Grundschule: Sockenbrot, Bullenschweiß, Brutal verschimmelt, Arschfaltenquintett, Sekretstau, Fußpils, Kommando Schimmelkotze. Die Botschaft ist klar: Es geht gegen die Reinheit. Zerrissene Jeans und ungekämmte Haare zeigen bis heute an, dass man nicht in einem konservativen Beruf arbeitet, auch wenn dieser Stil inzwischen den Mainstream erreicht hat. Anti-Reinheit steckt vermutlich auch hinter dem Sprachmechanismus, der sexuelle Ausdrücke zu positiven Wertwörtern verwandelt. Anfang der Neunzigerjahre passierte das mit »geil«, um das Jahr 2000 folgte »porno«, aktuell sind es Varianten des Wortstammes »ficken«. Der Fernsehmoderator und Satiriker Jan Böhmermann sagt über das Ziel seiner Sendung *Neo Magazin Royale*: »Geil abliefern, nicht müde werden und ZDFneo und das ZDF nach vorne ficken.« Und die Feministin und Autorin Margarete Stokowski sagt auf Facebook: »jetzt bin ich krank aber währenddessen hat das neue buch sich hochgefuckt und ist jetzt bestsellerliste platz 10 einfach so ok«. Wer sich traut, »böse Wörter« in den Mund zu nehmen, positioniert sich klar gegen konservative Reinheitsvorstellungen.

Dagegen betonen *Konservativismusmarker* die konservativen Prinzipien Autorität, Loyalität und Reinheit und das dominante Persönlichkeitsmerkmal Gewissenhaftigkeit. Je konservativer Menschen sind, desto mehr markieren sie Status (Autorität), desto eher weht auch außerhalb der WM-Zeit eine Deutschlandfahne an der Autoantenne oder im Schrebergarten (Loyalität), desto eher polieren sie das Auto blitzblank (Reinheit) und sortieren die Gartenzwerge der Größe nach (Gewissenhaftigkeit).

Kurz gefasst

Städte ziehen die Offenen an, die Abwechslung, Vielfalt und Individualismus mögen und mit Mehrdeutigkeit leben können. Umgekehrt erziehen Städte ihre Einwohner zur Offenheit. Die Stadtbewohner sind jung, migrantisch und progressiv, international vernetzt und weniger materialistisch als Vorgängergenerationen. Sie legen mehr Wert auf Erlebnisse als auf Besitz. Nicht nur in der Oberschicht ist der progressive Prototyp der ästhetische Allesfresser, der immer aufs Neue überrascht werden will. Progressive teilen anderen ihre Gruppenzugehörigkeit durch verbale und nonverbale Erkennungszeichen mit. Positive Progressivitätsmarker betonen die Prinzipien Fürsorge, Fairness und Freiheit sowie Offenheit als dominantes Persönlichkeitsmerkmal. Negative Progressivitätsmarker zeigen ausdrücklich, dass man die drei konservativen Prinzipien ablehnt. Konservativismusmarker funktionieren genau spiegelbildlich.

23 Mitgefühl statt Autorität: Warum ist die Zukunft weiblich?

Gegen die Norm

Auf dem T-Shirt steht: »The Future is Female«. Diesen Slogan drucken Modefirmen inzwischen weltweit auf Kleidungsstücke. Die Botschaft ist als Forderung gemeint: Die Zukunft *soll* weiblich sein. Man kann sie aber auch als Tatsachenbehauptung verstehen: Tatsächlich *ist* die Zukunft weiblich. Nirgendwo zeigt sich das deutlicher als in der natürlichen Sprache. Wer wissen will, wie die deutsche Mehrheitsbevölkerung in zwanzig Jahren spricht, muss genau hinhören, wie junge Städterinnen heute sprechen. Umgekehrt ausgedrückt: Wer wissen will, wie die Deutschen vor Jahrzehnten gesprochen haben, muss sich mit älteren Männern in der Provinz unterhalten. Sprachwissenschaftler nennen diesen konservativen Sprechertyp »NORM«, ein Akronym für »*n*on-mobile, *o*lder, *r*ural *m*ale«, also unbeweglicher älterer Mann vom Land.

Einen kreativen Quell des Sprachwandels stellt hingegen die bewegliche, junge, urbane Frau dar. Sprachschützer beklagen zwar seit Ewigkeiten den Verfall des Deutschen, doch diese Haltung ist nicht nur linguistisch naiv, sondern auch konservativ. Würde sich die Sprache nicht ständig wandeln, dan ſpræhen wi hiute noh alsus her walther von der vogelweide het getân. Bei der These vom Sprachverfall handelt es sich schon deshalb um einen naiven Impuls, weil niemand sagen kann, wie weit man zurückgehen muss, um das »beste« oder »richtige« Deutsch zu finden: zu Nelly Sachs,

Thomas Mann, Bettina von Arnim, Goethe, Lessing, Grimmelshausen oder Luther?

Beispiele für den Sprachwandel finden sich nicht nur im Vokabular, sondern sogar in der Intonation. In den USA spricht ein Großteil der Frauen unter 35 inzwischen mit einer knatternd-kratzenden Stimme (*vocal fry*), die durch einen erhöhten Kehlkopfdruck erzeugt wird, sehr deutlich zu hören bei der Sängerin Britney Spears oder der Schauspielerin und Sängerin Zooey Deschanel. Überraschenderweise zeigt eine Studie, dass Männer über vierzig Jahren diese Stimmlage im Arbeitsumfeld als unseriös beurteilen, während Testpersonen unter vierzig Jahren das kratzende Timbre als vollkommen normal ansehen. Niemand weiß, wie es zu dem Intonationswandel gekommen ist, aber er zeigt an: Hier spricht eine fortschrittliche Frau, die in der Großstadt lebt.

Feminine und maskuline Kulturen

Nicht nur in der Sprache geht der Wandel von Frauen aus, sondern oft auch in der Moral, wie der niederländische Sozialpsychologe Geert Hofstede schon in den frühen Siebzigerjahren feststellte. Damals war Hofstede noch Angestellter bei der Firma IBM, mit deren Großrechnern er eine der größten kulturvergleichenden Studien seiner Zeit durchführte. Er wertete über 100 000 Fragebögen aus, mit denen er Kulturen in fünf Dimensionen verglich: Machtgefälle, Autorität, Kollektivismus, Schutz vor Unsicherheit und gelebte Werte. Die Ergebnisse zeichneten ein Bild von Lebensweisen und moralischen Vorstellungen auf der ganzen Welt. Sein Ansatz war zwar methodisch nicht so rigoros wie heutige Untersuchungen, wurde aber inzwischen in weiten Teilen bestätigt.

Durch die Schablone der sechs Prinzipien betrachtet, hat Hofstede konservativ-kollektivistische und progressiv-individualistische Kulturen gegenübergestellt. In konservativen Kulturen ist das Machtgefälle zwischen Eltern und Kindern und zwischen Männern und Frauen groß, Autorität und Kollektivismus haben einen hohen Stellenwert, und die Menschen vermeiden Unsicherheit und Vielfalt. In progressiven Kulturen dagegen ist das Machtgefälle zwischen den Menschen kleiner, das Leben ist individualistischer, und die Menschen können Unordnung und Mehrdeutigkeit eher ertragen.

Hofstede hat außerdem herausgefunden, dass Frauen in ihren moralischen Werten weltweit wenig voneinander abweichen, während die Werte der Männer erheblich schwanken. Kulturen, in denen die Männer den Werten der Frauen folgen, nennt er »feminine Kulturen«, solche, in denen Männer stark von den Frauen abweichen, »maskuline Kulturen«. In maskulinen Kulturen bewundert man die Starken, der Job zählt mehr als die Familie, Jungs sollen nicht weinen und Konflikte durch Kämpfe lösen, Frauen gehen selten in die Politik, und über die Anzahl der Kinder entscheiden die Väter. In femininen Kulturen hingegen hat man Mitgefühl mit den Schwachen, strebt eine Work-Life-Balance an, Jungs und Mädchen dürfen gleichermaßen Gefühle und Schwäche zeigen, Aggression ist verpönt, der Frauenanteil in der Politik ist hoch, und über die Familiengröße entscheiden die Mütter.

Auf den ersten Blick erscheint die Unterscheidung in »maskuline« und »feminine« Werte klischeehaft. Fürsorge, Mitgefühl und Bescheidenheit gelten als »feminin«, Bestimmtheit, Aggression und Konkurrenz als »maskulin«. Tatsächlich zeigt sich aber in vielen aktuellen Studien, etwa im schon erwähnten Vergleich zwischen strengen und lässigen Ländern, dass die femininen Werte genau die progressiven Werte sind: Je deutlicher Männer Autoritäts- und Loyalitätsdenken ablegen, desto mehr treten die progressiven Werte Fürsorge, Fairness und Freiheit in den Vordergrund und desto erfolgreicher sind die Länder auf fast allen Entwicklungsindizes, von der Lebenserwartung und medizinischen Versorgung über die Bildung bis hin zur Bekämpfung von Korruption.

Bei Vergleichsstudien kann man die Richtung der Verursachung nie eindeutig rekonstruieren, man kann also nicht sicher sagen, ob die femininen Werte die Kulturentwicklung verbesserten oder eine verbesserte Entwicklung die femininen Werte ermöglichte. Vermutlich handelt es sich eher um eine positive Spirale aus beiden Faktoren, die die Länder immer erfolgreicher gemacht hat.

Wertewandel

Eine progressive Kultur garantiert natürlich nicht, dass jeder die femininen Werte befürwortet. Noch um das Jahr 2000 herum waren in Japan, Österreich, Italien und auch in Deutschland »maskuline Werte« stark ausgeprägt, in Großbritannien und Australien zumindest noch erkennbar, deutlich niedriger schon in Frankreich, Korea und Thailand und besonders niedrig in Skandinavien und den Niederlanden. Wer seine Kindheit und Schulzeit in den Achtziger- und Neunzigerjahren verbrachte, hat noch das männliche System erlebt, aber gleichzeitig beobachten können, wie es allmählich kippte. Vermutlich ist es kein Zufall, dass sich der Bruch bei den heute Vierzigjährigen vollzog, die in Deutschland nicht nur als letzte Generation analog, sondern vermutlich auch als letzte mit eindeutig »männlichen Werten« aufgewachsen ist.

Eine egalitäre, mitfühlende Gesellschaft, die auf den Ausgleich zwischen Arbeit und Familie achtet, hat auch für die Männer Vorteile. Laut einer großen Vergleichsstudie in 32 Ländern zeigt sich: Je besser es um die Gleichstellung zwischen Mann und Frau in einem Land bestellt ist, desto höher ist auch die Zufriedenheit der Männer. Außerdem sterben sie seltener durch Gewalt, haben weniger Depressionen und leben gesünder.

Allerdings erkennen vor allem die älteren Männer diesen Vorteil nicht immer. Der Wertewechsel vollzieht sich zwar kontinuierlich, aber die von den maskulinen Werten geprägten Männer wollen die patriarchalen Strukturen nicht einfach so aufgeben. Auch hier kann man manchmal ein trotziges Aufbäumen gegen den Wertewandel beobachten, der dem Prinzip folgt: »jetzt erst recht«.

Das alte Wertesystem zeigt sich in vielen Formen, mal sehr subtil, mal überdeutlich. Die Außenwerbung gehört zu den deutlicheren Beispielen. Die Initiative *Pink Stinks* sammelt stereotype und sexistische Werbung, die in männerdominierten Branchen auftaucht, wie zum Beispiel den Werbeslogan der Autovermietung *Sixt*: »Ja, wir vermieten auch an Frauen.« Das Bild zeigt ein Lenkrad, auf dem mit Klebezetteln die Wörter »links« und »rechts« markiert sind. Die Suggestion: Frauen fahren unsicherer als Männer. Das ist nicht nur stereotyp, sondern faktisch falsch: Männer verursachen mehr Unfälle im Straßenverkehr als Frauen. Noch sichtbarer ist visueller Sexismus im Sanitär- und Baugewerbe, wo Firmen mit den nackten Körpern von Frauen für die Duschgarnitur werben und sie damit zu Objekten machen. Selbst dazu gibt es noch Steigerungen. So wirbt ein Installateur auf seinem Lieferwagen mit einer Frau in Hotpants und dem Spruch: »Etwas feucht? Wir helfen gerne!« Diese Art von Werbung findet sich vermehrt im ländlichen Bereich, weniger in den progressiven Großstädten.

Der Wandel von einer maskulinen zu einer femininen Kultur vollzog sich in Deutschland auch in der Politik, eingeleitet durch Angela Merkel, die erste Bundeskanzlerin, deren Machtfülle die Männer alter Schule wahlweise eingeschüchtert, gedemütigt oder erzürnt hat. Auf ihre Entscheidung, die Grenzen 2015 für die Flüchtlinge nicht zu verschließen, reagierten selbst viele der intellektuellen Männer über fünfzig mit einer seltsamen Form von ohnmächtiger Gehässigkeit. Es hieß, Merkel sei zögerlich, abwartend und gelähmt. Das mag ein legitimer Kritikpunkt sein, oft schwang dabei aber der unausgesprochene Vorwurf mit, Merkel würde nicht hart durchgreifen, weil sie eine Frau ist. Die Sehnsucht nach einem Schröder'schen Machtwort war groß. In diesen

Kreisen sprechen viele bis heute von der Bundeskanzlerin distanziert als »Frau Merkel« oder abfällig als »Mutti«. Die Kritik klingt manchmal wie ein fernes Echo der »Merkel muss weg«-Sprüche auf den Straßenprotesten.

Der Herausgeber der Tageszeitung *Welt*, Stefan Aust, beispielsweise hat unter dem Titel »Mutti aller Probleme« die Bundeskanzlerin für die »Flüchtlingskrise« verantwortlich gemacht und vermutet, bei ihr und ihren Unterstützern sei der »kollektive, parteiübergreifende, galoppierende Rinderwahn ausgebrochen«. Merkels Aufstieg und die damit verbundene Machtfülle in Frauenhand konnten etliche ihrer männlichen Parteikollegen nicht ertragen. Als Merkel im Jahr 2004 Horst Köhler als Bundespräsidenten durchsetzte, sagte Wolfgang Schäuble, der das Amt ebenfalls bekleiden wollte: »Es ist schon verletzend«, von Merkel abhängig zu sein, um gleich hinzuzufügen: »aber nicht sehr.« Ihr ehemaliger Konkurrent um den Fraktionsvorsitz Friedrich Merz nannte sie im Jahr 2009 nur abfällig »die Dame aus Ostdeutschland«.

Eine noch extremere Reaktion auf den Wertewandel äußert sich in den Onlinemedien in oft sexualisierten Hasskommentaren gegenüber Politikerinnen, Journalistinnen und anderen Frauen in der Öffentlichkeit. Eine Studie der englischen Zeitung *The Guardian* aus dem Jahr 2016 zeigte, dass sich unter den zehn am häufigsten mit Hasskommentaren behelligten Journalisten acht Frauen befanden. Die 1,4 Millionen vom *Guardian* geblockten Hasskommentare betrafen neben politisch umstrittenen Nachrichten zur Migration oder zum Nahostkonflikt besonders Themen, die progressive Autoren bewegt, wie Feminismus, Gender oder Vergewaltigung. Ein Teil der Hasskommentare stammt vermutlich von sogenannten *Trollen*, die eher unspezifisch Unfrieden in sozialen Netzen stiften, weil sie die Macht genießen, andere aus der Anonymität heraus zur Weißglut zu treiben. Mehrere Untersuchungen kommen zu dem Schluss, dass es sich auch bei Trollen zu mindestens zwei Dritteln um Männer handelt, die oft eine überdurchschnittliche soziale Intelligenz, dafür aber sadistische oder psychopathische Neigungen aufweisen, was erklärt, warum sie ihre Opfer oft ins Mark treffen. Vermutlich geht der Impuls zum *Trolling* auf eine doppelte Kränkung zurück: Die Männer empfinden es zum einen als Verlust ihrer Autorität, dass sie niemand beachtet und sie sich gleichzeitig von Frauen etwas sagen lassen müssen. Besonders hat das die Sportjournalistin Claudia Neumann zu spüren bekommen, als sie Spiele der Fußballweltmeisterschaft 2018 in Russland für das ZDF kommentierte. Die Frauen sind zum anderen in der Öffentlichkeit für die gekränkten Männer oft sexuell unerreichbar und fügen sich, wenn sie auch noch Feministinnen sind, nicht in ihre »natürliche« Rolle. Aus Sicht der gekränkten Männer verletzen sie damit das Prinzip Reinheit. In den Kommentaren der Trolle vermischen sich sexuelles Interesse und Verachtung zu sexualisierten Hasskommentaren.

Männerdämmerung

Die Spannung zwischen männlichen und weiblichen Werten hat sich besonders deutlich in der Flüchtlingssituation von 2015 gezeigt. Mit ihrer Vorliebe für Autorität und Stammesdenken neigen Männer eher zum Konservativismus oder gar Rechtsradikalismus, während Frauen mit einer etwas stärkeren Neigung zu Fürsorge und Fairness eher progressiv sind. So überrascht es nicht, dass sich unter den Mitgliedern und Wählern der AfD so wenige Frauen befinden und unter den Grünen so viele. Als die Flüchtlinge im Sommer 2015 nach Deutschland kamen, fühlten sich sogar alte männliche Intellektuelle bedroht und sprachen von »Flutung« (Rüdiger Safranski) und »Überrollung« (Peter Sloterdijk), während in den Aufnahmestellen vor allem junge Frauen aushalfen. Manchmal verhalten sich Menschen tatsächlich so, wie es die Evolutionstheorie behauptet.

Dennoch ist in Deutschland der Wandel vom maskulinen zum

femininen Wertesystem in den letzten Jahrzehnten deutlich fortgeschritten. Viele der Über-Vierzigjährigen, die analog aufgewachsen sind und noch mit »männlichen Werten« erzogen wurden, haben sich an die digitale Kultur ebenso angepasst wie an die feminine, also progressive Wertekultur. Wenn jemand heute nicht mit dem technologischen und dem moralischen Wandel klarkommt, ist er mit überdurchschnittlicher Wahrscheinlichkeit älter oder männlich oder Landbewohner, oder alles zusammen.

Den Wandel hat Frank Schirrmacher, der ehemalige Herausgeber der *FAZ*, in seinem Artikel »Männerdämmerung« aus dem Jahr 2003 als einer der Ersten mit Blick auf die Medienlandschaft thematisiert. Darin sagt er: »Die entscheidenden Produktionsmittel zur Massen- und Bewußtseinsbildung in Deutschland liegen mittlerweile in der Hand von Frauen.« Und weiter: »Man muß nicht Feminist sein, um in dieser noch vor Jahren unglaubwürdig erscheinenden Erfolgsgeschichte eine bewußte Entscheidung der Gesellschaft zu sehen.« Inspiriert durch den Philosophen Arnold Gehlen liefert Schirrmacher auch gleich die Erklärung: »Je zivilisierter eine Gesellschaft, je komplexer und subtiler die Notwendigkeit, unlösbare Konflikte ohne Aggression zu lösen«, desto stärker setze eine solche Gesellschaft auf die »Frauen als Vermittler«. Die empirische Kulturforschung bestätigt diese These. The Future is Female.

Kurz gefasst

Nicht nur der Sprachwandel geht von jungen urbanen Frauen aus, sondern auch der Wertewandel, der Deutschlands »maskuline« Kultur in eine »feminine« überführt. Statt Stärke, Kampf und männlicher Erwerbsarbeit stehen jetzt Mitgefühl mit Schwachen, eine Work-Life-Balance und ein hoher Frauenanteil in der Politik im Vordergrund. Die traditionell geprägten Männer, insbesondere die Älteren und

Landbewohner, wollen das Patriarchat jedoch nicht einfach aufgeben, was man überdeutlich an sexistischer Werbung sehen kann. Subtilere Formen »maskuliner« Werte äußern sich in der Ablehnung mächtiger Frauen und in Hasskommentaren im Internet, die verstärkt Frauen in der Öffentlichkeit treffen. Sie gehen auf eine doppelte Kränkung zurück: Die Männer empfinden es nicht nur als Affront gegen ihre Autorität, sondern auch gegen die vermeintlich »natürliche« Rolle von Mann und Frau, also gegen das Prinzip Reinheit.

24 Schmeckt nicht gut, aber teuer: Inwiefern ist ein Dinner ein politisches Manifest?

Wer soll das alles essen?

In meiner Schulzeit in Hannover schickte mich meine Mutter manchmal zu einem Wochenmarkt, um bei einem Händler ein Bund Rauke zu kaufen, das man vorbestellen musste, weil die Nachfrage so gering war. Jedes Mal, wenn ich die Rauke in Empfang nahm, sagte der Händler: »Du bist aber ein Feinschmecker.« Auf dem Rückweg durfte ich mir eine Kugel Eis in der Waffel holen und konnte zwischen Schokolade, Vanille und Erdbeere wählen. Heute ist Rauke unter dem lateinischen Namen *Rucola* bekannt und fester Bestandteil in fast jeder abgepackten Salatmischung im Supermarkt. Die Eisdielen der Großstädte bieten inzwischen hausgemachte Sorten an, die mindestens zweiteilig sind: Sanddorn-Mirabelle, Salz-Karamell oder Holunder mit Aktivkohle.

Mitte der Neunzigerjahre begann ich mein Studium an der Humboldt-Universität in Berlin. Die Cafeteria hatte damals nur harte Schrippen in der Auslage, belegt mit Pressschinken, Eisbergsalat, dick Margarine und einer ungeschälten Gurkenscheibe. Als ich 15 Jahre später als Dozent an die Universität zurückkehrte, hatten unzählige Cafés in der Nähe eröffnet, die von Focaccia über Hummus bis zum selbst gebackenen Brownie alles anboten.

In den letzten dreißig Jahren haben sich nicht nur die Lebensstile, sondern auch die sinnlichen Genüsse verfeinert, vor allem die Nahrungsmittel. Diese *ästhetische Ausdifferenzierung*, also ein Mehr an Vielfalt und Nuancen, zeigt sich überall. Wurden früher in den Haushalten die Mittagsgerichte noch hauptsächlich mit Petersilie, Schnittlauch und Dill verfeinert, eroberten bald mediterrane Kräuter wie Rosmarin, Basilikum und Salbei die Kochtöpfe, gefolgt von orientalischen und asiatischen Gewürzen wie Kardamom, Kurkuma und Kreuzkümmel. Überall hat die Gastronomie altbekanntes Obst wiederentdeckt, wie Quitten und Pomeranzen (vulgo: Bitterorangen), außerdem Gemüsesorten und Kräuter, die wie aus einem Kinderbuch der Großeltern klingen: Pastinaken, Mangold, Bärlauch und Wirsing. In den Restaurants der Großstädte sind ausgefallene Gerichte wie Känguru-Steaks oder peruanischer Ceviche nicht mehr wegzudenken.

Der Berliner Sternekoch Michael Hoffmann hat sogar heimlich ein Feld in Brandenburg angelegt, auf dem er seltene Speisepflanzen wie das Hirtentäschchen oder den kleinen Wiesenknopf züchtet, von denen einige nach EU-Norm gar nicht gehandelt werden dürfen. Durch den spanischen Sternekoch Ferran Adrià hat die molekulare Küche die Feinschmeckerszene erobert, sodass jetzt weltweit Köche in Chemielaboren Algenschaum züchten und ihren Gästen dazu »Sphären« servieren, die sie aus Garnelenbrei und Maisstärke formen.

In den Neunzigerjahren bestellte man Bier, das aus den großen Brauereien stammte. Inzwischen füllt jede Schankwirtschaft, die etwas auf sich hält, ihr eigenes »Craft Beer« in limitierter Auflage ab. Besonders Spirituosen haben eine unvergleichliche Ästhetisierung erfahren. Vor einigen Jahrzehnten war Gin hochprozentiger Alkohol, in den man Wacholder und ein paar Kräuter eingelegt hatte. Inzwischen übertreffen sich die Sorten in außergewöhnlichen Geschmacksrichtungen wie Safran oder Schlehe. Sie werden in kleinen Destillerien in Brooklyn, im Schwarzwald oder in den Hinterhöfen von Kreuzberg gebrannt. Da zum guten Gin das Standard-Tonic nicht mehr passt, sind inzwischen auch die Mischgetränke ausdifferenziert. Der Getränkehersteller *Fever Tree* zum Beispiel, der ein angesagtes Tonic Water abfüllt, hat im Jahr 2018 an der Londoner Börse Anteile für über 100 Millionen Pfund verkauft, die von allen englischen Aktien in den letzten drei Jahren den höchsten Kursgewinn verzeichneten. Bars wie das preisgekrönte *Velvet* in Berlin-Neukölln bieten Cocktails an, die Glücksklee, Säure von Kornelkirschen, Hagebuttenmus und Puder von Steinpilzen enthalten. Viele kosten mehr als ein Abendessen.

Die Ästhetisierung macht nicht einmal vor bewusstseinsverändernden Substanzen Halt. Seit Marihuana in einigen Bundesstaaten der USA legalisiert ist, treibt der Handel seltsame Blüten. Zahllose Sorten wie *Pineapple Express* oder *Gorilla Glue* helfen in jeder Lebenslage, beispielsweise um gut zu schlafen oder sei es nur, damit die Musik besser klingt. Laut einem Anbieter macht *Pineapple Express* euphorisch, während *Gorilla Glue* derart entspannt, dass man sich wie ein drei Zentner schwerer Menschenaffe fühlt, der an der Couch festklebt.

Wenn die Genüsse für sich genommen nicht ausgefallen genug sind, hilft die Gastronomie mit schmückenden Beinamen wie »Beelitzer Spargel«, »Teltower Rübchen« und »Müritzer Weidelamm« nach. Sie signalisieren, dass die Gerichte lokal und wertig sind, kredenzt nicht etwa mit einer profanen Soße, sondern mit einer »Reduktion« aus Sherry und Madeira. Natürlich würde niemand auf die Idee kommen, danach »Kompott vom Neuseeländer Apfel« als Nachtisch anzubieten. Geradezu aberwitzig ist die Adelung von ehemaligem Arme-Leute-Essen durch englische Label wie »Kale« und »Porridge«. Man könnte auch von »Grünkohl« und »Haferschleim« reden, das schmeckt dann aber nicht so gut. Noch kapriziöser ist der Trend in einigen Hipster-Cafés, Speisen durch ausgefallene Dekoration aufzuwerten, also das Müsli im Einmachglas und das Omelette auf dem Kehrblech zu servieren. Am bizarrsten aber sind Longdrinks, die mit Eiswürfeln aus dem Packeis von Grönland angeboten werden, das durch die hohe Dichte langsamer schmilzt. Beim Date an der Bar kann man dann beobachten, wie sich der Dreck der Jahrtausende ganz langsam aus dem Eis herauslöst, etwa Flocken vom Wollnashorn. Doch wie konnte es so weit kommen?

Ästhetischer Kapitalismus

Besonders verfeinerte Speisen und Getränke sind Teil eines größeren Phänomens der Moderne, nämlich der Individualisierung. Neben ausgefallenen Abendessen und Cocktails gehört inzwischen für die urbanen Eliten dazu: das skandinavische Vintage-Sideboard, das abstrakte Gemälde aus einer Galerie in der Berliner Fasanenstraße, die Sneakers in limitierter Auflage, das kalt gepresste Olivenöl aus Kreta, eine Abenteuerreise mit dem Jeep durch die Mongolei und drei Tage wach beim Burning-Man-Festival in der Wüste von Nevada.

Sobald wir alles besitzen, was wir zum täglichen Leben benötigen, müsste unser Konsum eigentlich deutlich nachlassen. Das ist aber nicht der Fall, denn in diesem Moment setzt der »ästhetische Kapitalismus« ein. Jetzt wollen wir das ästhetisch Neue und Besondere, die »Singularitäten«, wie der Soziologe Andreas Reckwitz sagt: originelle oder seltene Einzelstücke und unwiederholbare Ereignisse. Und daher konsumieren wir weiter.

Der französische Soziologe Pierre Bourdieu hat schon vor einem halben Jahrhundert in seiner einflussreichen Studie *Die feinen Unterschiede* herausgearbeitet, dass es beim Konsum genau darauf ankommt. Mit Gütern und Vorlieben wollen Menschen einen »Distinktionsgewinn« einstreichen, sich also sichtbar nach unten gegenüber den weniger Vermögenden abgrenzen. In Bourdieus Studie hören Hochschullehrer am liebsten Bachs *Wohltemperiertes Klavier*, »Kleinkaufleute« und »untere Angestellte« hingegen *An der schönen blauen Donau.* Testpersonen aus der Pariser Oberschicht begeisterten sich für abstrakte Fotografie und avantgardistische Theaterstücke, Arbeiter aus der Provence konnten nichts damit anfangen.

Will man mit diesem Modell die Gegenwart erklären, ist allerdings nur die halbe Geschichte erzählt. Denn erstens individualisieren sich inzwischen auch die Einkommensschwachen wie zum Beispiel Studenten und urbane Lebenskünstler. Und zweitens fehlt dem individualistischen Konsum oft die soziale Komponente, denn den Wildkräutersalat kann man auch alleine in der Single-Wohnung verzehren, während die kuratierte Playlist mit Smooth Jazz der frühen Achtzigerjahre auf Spotify läuft.

Hier kann die Moralpsychologie ebenfalls Lücken in den Erklärungen von Sozial- und Geisteswissenschaftlern schließen. Der Kulturwissenschaftler Hartmut Böhme meint, der ästhetische Kapitalismus wandle die »Bedürfnisse« der Menschen in kulturell konstruierte »Begehrnisse« von Konsumenten um, die im Prinzip nicht zu befriedigen sind. Böhme lässt aber offen, was diesem Mechanismus zugrunde liegt. Sein Kollege Reckwitz stellt fest, dass viele das Neue als »emotional befriedigend« empfinden, liefert aber keine Erklärung, warum das so ist.

Eine gute Erklärung für die weltweite und oft schichtenunabhängige Individualisierung bietet das Persönlichkeitsmerkmal Offenheit, das bei Konservativen schwach, bei Progressiven hingegen stark ausgeprägt ist. In seiner Extremform wird Offenheit zum *sensation seeking*, zur Sensationslust, der extremen Neophilie. Wer besonders offen ist, will Aufregung, Abwechslung und Überraschung und langweilt sich schnell, wenn alles beim Alten bleibt. Der Wahlspruch lautet hier »Hauptsache neu!«: immer neue und bessere Filme, Serien und Computerspiele, aufregende Reisen und Events, ewiges Scrollen auf dem Smartphone und eben auch immer neue ästhetische, speziell gustatorische Genüsse.

Das ist ein Teil der Erklärung für die ästhetische Verfeinerung: der subjektive Geschmack. Bourdieu hatte aber sicherlich Recht, dass Konsum neben der privaten Dimension auch eine soziale hat. Oft genug konsumieren wir nicht still für uns, sondern haben ein Idealbild vor Augen, das wir vor uns und anderen aufrechterhalten. Ob wir es wollen oder nicht: Jede einzelne Konsumhandlung ist immer auch ein kommunikativer Akt, eine Mitteilung an andere, wie wir die Welt sehen und wie uns die anderen sehen sollen. Und diese Mitteilung enthält oft auch dann eine moralische oder politische Botschaft, wenn uns das nicht bewusst ist.

Bourdieu hat festgestellt, dass wir uns durch unseren Konsum einer Schicht zuordnen und von anderen abgrenzen. Zu seiner Zeit war das eine Abgrenzung zwischen Oben und Unten. Die Reichen konnten sich die Verfeinerung leisten, die Armen nicht. Sozialer Aufstieg hieß daher immer auch, die Kleidung, die Sprache und den Geschmack der nächsthöheren Schicht anzunehmen, die zusammen ihren Lebensstil, ihren *Habitus* ausmachten. Die individualistische oder »spätkapitalistische« Gesellschaft, wie Soziologen sagen, ist jedoch informeller, und die Hierarchien sind flacher. Status ist inzwischen weniger durch Geburt in eine soziale Schicht bestimmt, sondern stärker durch eine frei wählbare Gruppenzugehörigkeit. Zu der vertikalen Abgrenzung über Einkommen kommt die horizontale Abgrenzung, die anzeigt, zu welchem Stamm man sich zählt. Individueller Konsum ist damit seltener ein Statussymbol innerhalb einer Hierarchie (Autorität), sondern immer öfter ein Gruppensymbol (Loyalität). Mit dem Singulären drückt man nicht primär aus, dass man individueller ist als andere, sondern man teilt dadurch mit, dass man zur Gruppe der Offenen gehört. Kurz: Das Singuläre ist ein Progressivitätsmarker und damit ein politisches Symbol.

Das erklärt auch das Phänomen der Hyper-Offenheit, der extremen Neophilie im Milieu der Hipster, die ihren Smoothie oder ihre Salat Bowl nur mit Weizengras oder sogenannten »Superfruits« wie Açai-Beeren, Quinoa und Chia-Samen verzehren. Diese Speisen gelten nicht nur als »gesund«, sondern sie signalisieren als exotische Zutaten aus dem Sehnsuchtskontinent Südamerika außerdem extreme Offenheit und sind daher ideale Progressivitätsmarker.

Seit dem Zweiten Weltkrieg sind die Menschen weltweit, aber

besonders im Westen schrittweise progressiver geworden, nicht zuletzt durch eine Erziehung zur Offenheit. Die Konsumindustrie hat darauf reagiert, den Wandel beschleunigt und damit inzwischen fast schon einen Zwang zu Offenheit und Vielfalt erzeugt. Im Jahr 1965 beispielsweise hatte ein durchschnittlicher deutscher Supermarkt 3200 Produkte im Angebot, ein halbes Jahrhundert später im Jahr 2015 sind es 11 600. Die größten Supermärkte in Deutschland bieten etwa 40 000 Artikel an. Würde man dort jeden Tag ein neues Produkt ausprobieren, bräuchte man über hundert Jahre, um das gesamte Sortiment kennenzulernen, den Produktwechsel nicht eingerechnet, der in immer kürzeren Zyklen erfolgt.

Die Glücksforschung zeigt, dass wir unzufrieden sind, wenn wir zu wenig Wahlmöglichkeiten haben, aber mindestens ebenso unzufrieden werden, wenn wir zu viele Möglichkeiten und damit buchstäblich die Qual der Wahl haben. Das zeigt sich im Konsumverhalten. Wie eine Studie an fast 300 000 Supermarktkunden in England nahelegt, tendieren Besucher von Supermärkten dazu, zum Großteil immer dasselbe zu kaufen, selbst wenn das Angebot steigt. Das absurde Überangebot betäubt die Sinne und führt zu einer *Anästhetisierung* durch Überforderung. Die Konsumindustrie hat auf die schwache Ekelneigung der Neophilen mit Vielfalt reagiert und dabei paradoxerweise Überdruss erzeugt, eine Form von Ekel. Der Selbstanspruch an das Neue und das positive Image von Abwechslung und Vielfalt stehen jetzt in starkem Kontrast zu den eigentlichen Vorlieben der Konsumenten, vermutlich sogar derjenigen, die sich für extrem neophil halten.

Hausmannskost und andere konservative Genüsse

»Was ist deutsch?« Auf diese Frage hat Angela Merkel geantwortet: »Butterbrot, Bratwurst, dichte Fenster, Essenszeiten, Frühstücksei, Gardine, Hausmannskost, Hefeteig, Kartoffel, Naturschutz, Pflaumenkuchen, Quarkspeise, Rouladen mit Rotkohl, Schützenverein, Tischsitten, Vollkornbrot, Wärmedämmung, Wald.« Die Liste enthält erstaunlich viele traditionelle deutsche Gerichte und Garanten für häusliche Behaglichkeit. Ob die Bundeskanzlerin damit wirklich ihre eigenen Präferenzen aufgezählt hat oder nur strategisch geschickt geantwortet hat, sei einmal dahingestellt. Die Liste passt jedenfalls zum Emotionsprofil der Konservativen, die als Neophobe beim Bekannten, Vertrauten und Bewährten bleiben. Zur Not zieht man die Gardinen zu und lagert den Rotkohl in Einmachgläsern im Keller. So kann man problemlos einen langen Winter im Eigenheim überdauern.

Vermutlich handelt es sich bei der Liste aber nicht nur um eine strategische Formulierung. Dafür spricht, dass Angela Merkel im Wanderurlaub stets dieselbe Kleidung trägt: eine beige Funktionshose und ein rotkariertes Hemd. Progressive Städter deuten das als unmodisch und altbacken und machen sich auf Twitter darüber lustig. Auf konservative Wähler hingegen wirkt es gewissenhaft, verlässlich und robust. Wer nicht jeden Modetrend mitmacht, hat eine klare Linie und ist emotional stabil. Dazu passt, dass Angela Merkel mit Ihrem Mann seit vielen Jahren an denselben Orten Urlaub macht. Ostern verbringen sie auf Ischia, den Sommer wandern sie in Südtirol und im Winter geht es zum Langlauf ins Engadin.

Während Progressive zeigen, wie ausgefallen ihre Ernährung und ihr Lebensstil ist, stellt Hausmannskost einen Konservativismusmarker dar. Allerdings sind die Signale nicht symmetrisch. Da Progressive alles essen, also auch traditionelle Gerichte, müssen Konservative deutlicher werden, um ihre Zugehörigkeit zu symbolisieren, etwa indem sie ihre Antihaltung zur Neophilie kundtun, also betonen, dass sie extreme Moden bei der Ernährung albern finden. Gerade am rechten Rand, der sich als Gegenbewegung zur kosmopolitischen Moderne sieht, ist diese Haltung weit verbreitet. Mit unserem demonstrativen Konsum drücken wir also immer auch unsere politische Gesinnung aus.

Kurz gefasst

In den letzten Jahrzehnten sind Nahrungs- und Genussmittel feiner und vielfältiger geworden. Progressive Individualisten bevorzugen das ästhetisch Neue und Besondere, im Idealfall das Singuläre. Dieser Konsum entspringt auf der individuellen Ebene der Extremform des Persönlichkeitsmerkmals Offenheit, nämlich der Sensationslust. Auf der sozialen Ebene sind besondere Speisen und ausgefallene Gerichte Progressivitätsmarker. Damit grenzt man sich nicht nur vertikal über Status ab, sondern vor allem horizontal von denen, die nicht zum Stamm der Progressiven gehören. Die Konservativen hingegen bleiben bei der Ernährung aufgrund ihres Emotionsprofils beim Bekannten, Vertrauten und Bewährten, und einige distanzieren sich demonstrativ vom individuellen Konsum der Gegengruppe.

25 Detox, Bio und Impfverweigerung: Wie heilig ist die Natur?

Die schützende Mutter Natur

Das organisierte Verbrechen macht seit einigen Jahren in Deutschland dunkle Geschäfte mit einem weißen Pulver. Eine kriminelle Bande hat in den Jahren 2016 und 2017 etwa ein Fünftel des gesamten Milchpulverangebots aus Drogerien in ganz Deutschland geklaut. Nachdem die Diebe gefasst waren, stellte sich heraus, dass sie das Pulver zu hohen Preisen nach China verkauft hatten. Dort ist Milch knapp, und deutsches Milchpulver hat einen ähnlich guten Ruf wie die Produkte der deutschen Ingenieurskunst. Paradoxerweise exportiert der betroffene Milchpulverhersteller aus Fulda sein Produkt ohnehin nach China. Die chinesischen Mütter wollten für ihre Babys aber lieber Päckchen mit Originalaufdrucken der Drogerieketten *DM* und *Rossmann* haben, weil sich das Gerücht verbreitet hatte, dass die Qualität der chinesischen Päckchen minderwertig sei.

Auch diesen Fall kann man gut anhand der Forschung erklären. Als Warnmechanismus schlagen Angst und Ekel dann Alarm, wenn es darum geht, was in unsere Körper gelangt, und die Alarmglocken läuten besonders schrill, wenn es um den Körper unserer Kinder geht. Dieses System ist für kulturelle Prägung empfänglich und hypersensibel eingestellt. Zur Erinnerung: In einem Versuch von Paul Rozin wollten die Testpersonen nicht aus einer Flasche mit dem Schild »Gift« trinken, obwohl sie wussten, dass es sich um harmloses Trinkwasser handelte.

Gerade bei Nahrung ist Konservativismus nicht nur eine Frage der Gruppenzugehörigkeit, sondern auch eine vorteilhafte Strategie, um sich vor Schadstoffen zu schützen. Der Schablone der sechs Prinzipien zufolge hegen Progressive zwar selten konservative Emotionen, doch unter ihnen gibt es die Untergruppe der *spirituellen Progressiven*, die besonders im gebildeten urbanen Bürgertum zu finden ist. Die spirituellen Progressiven treffen sich mit den christlichen Konservativen dort, wo es um die Natur geht, sozusagen in einer schwarz-grünen Koalition der Reinheit.

Für viele Konservative, besonders in den USA, ist die Natur »rein« und »heilig«, weil sie Gottes Schöpfung ist. Für die spirituellen Progressiven ist die Natur rein, weil sie beseelt ist oder eine personifizierte Kraft darstellt: »Mutter Natur«. Während sich die konservativen Reinheitsthemen eher um Sex, Leben und Tod drehen, steht im spirituell-progressiven Diskurs die Gesundheit im Vordergrund, beispielsweise bei der Idee der »Heilkräfte« der Natur oder bei »Detox«, einer vermeintlichen »Entgiftung« des Körpers durch Smoothies. Medizinisch gesehen sind dafür Leber und Nieren zuständig.

Hier paaren sich der emotionale Alarmmechanismus, der auf Angst und Ekel beruht, mit *Gaia-Überzeugungen*, nach denen die Natur eine gütige Mutter ist. In der griechischen Mythologie ist Gaia die Erde, die Urgöttin der ersten Generation, Großmutter der olympischen Götter. Gaia steht für Fruchtbarkeit, Schöpfung und Schutz und stellt damit den Gegenentwurf zu einem autoritären Vatergott dar.

Wer Gaia-Überzeugungen hegt, macht typischerweise unbelegte und oft genug pseudowissenschaftliche Annahmen wie »Die Selbstheilungskräfte des Körpers sind am stärksten«, »Die Natur hat darauf eine Antwort« oder »In der Biosphäre hat alles einen Sinn«. Man fragt sich bei diesen Thesen, warum die Höhlenmenschen, die notgedrungen eine »Paleo-Diät« machten und im Einklang mit der Natur lebten, selten älter als vierzig Jahre wurden.

Vorsicht künstlich!

Alle Menschen sind für Ernährungsmythen empfänglich – wer Gaia-Überzeugungen anhängt, noch etwas stärker als der Durchschnitt. Den Ausschlag geben hier nicht vernünftige Überlegungen oder wissenschaftliche Recherchen, sondern fast immer Emotionen. Menschen reduzieren zum Beispiel ein komplexes Thema auf einfache, aber irreführende Merksätze wie: »Natürlich ist gut, künstlich ist schlecht.« So geben einige viel Geld für das »natürliche« Fleur de Sel aus, Meersalz aus Salinen in Mallorca, Frankreich und Portugal. Es besteht zu 97 Prozent aus Natriumchlorid und unterscheidet sich vom industriellen Speisesalz darin, dass es Spuren von Magnesiumsulfat enthält und daher bitter schmeckt. Himalaya-Salz klingt exotisch und sieht besonders wertvoll aus, besteht aber ebenfalls zu 97 Prozent aus Natriumchlorid. Der Rest sind Verunreinigungen aus Gips und Eisenoxid, daher die trübrote Farbe. Ein Bekannter von mir hat seinen Kaffee grundsätzlich nur mit braunem Zucker gesüßt, weil er den weißen, »künstlich« raffinierten Zucker für ungesund hielt. Dass beide dieselbe chemische Formel haben ($C_{12}H_{22}O_{11}$), hat ihn sichtlich überrascht – überspitzt gesagt ist brauner Rohrzucker einfach Zucker mit Dreck drin. Er nahm auch keinen Süßstoff zu sich, weil er ihn für »künstlich« und damit »ungesund« hielt. Dabei hat die bisher größte Studie zu künstlichen Süßstoffen mit einer halben Million Versuchspersonen keine Hinweise auf Gefahren gefunden. Zucker hingegen ist in den Mengen, die Menschen im Westen konsumieren, nachweislich ungesund. In Deutschland beispielsweise sind 50 Prozent der Frauen und 65 Prozent der Männer übergewichtig. Übergewicht ist einer der stärksten Faktoren, der zur Verkürzung der Lebenserwartung beiträgt.

Tatsächlich ist der Gegensatz »gefährlich-ungefährlich« selten deckungsgleich mit »künstlich-natürlich«, sondern läuft oft quer dazu. Das ungespritzte Biogemüse aus dem Garten zum Beispiel kann mit gefährlichen Pilzen und Bakterien befallen oder giftig sein. So ist im Jahr 2015 ein Mann aus Bayern an einem Auflauf aus selbst gezüchteten Zucchini gestorben. Das Gartengemüse enthielt durch eine seltene Mutation den Giftstoff Cucurbitacin. Die Natur ist eben nicht wohl eingerichtet und gutherzig, wie die Gaia-Überzeugungen suggerieren, sondern giftig, rau und infektiös. Zur Erinnerung: Im Jahr 1900, noch vor dem Aufkommen der modernen Medizin, lag die durchschnittliche weltweite Lebenserwartung bei etwa dreißig Jahren. Für die heute Geborenen liegt sie bei über siebzig, in Deutschland bei über achtzig Jahren.

Bier, das mit »holistischem Wasser« (H_2O plus Mineralstoffe) gebraut wird, schmeckt nicht anders und ist auch nicht gesünder als Bier, das mit herkömmlichen Wasser (H_2O plus Mineralstoffe) gebraut wird. Auch die Vorstellung, es gäbe »Superfoods«, also besonders gesunde Früchte und Gemüsesorten, ist Ausdruck einer irreführenden Komplexitätsreduktion, denn Speisen und Getränke sind nur im übertragenen Sinne »gesund«, und zwar dann, wenn sie die Gesundheit des Menschen befördern, wie schon Aristoteles festgestellt hat. Nur einen langfristigen Ernährungsplan kann man als gesund oder ungesund bewerten.

Es ist vermutlich kein Zufall, dass »wertvolle« Speisen wie Avocados, Kokosnüsse und eben brauner Rohrzucker zur Instagram-Ästhetik passen und aus exotischen Ländern stammen. Doch Kokosöl beispielsweise, das als »Superfood« für gesundes Haar, gegen Karies und zum Abnehmen angepriesen wird, besteht zu 92 Prozent aus gesättigten Fettsäuren und ist damit langfristig noch gefährlicher als Schweineschmalz. Pflanzen wie die »Superfruits« Quinoa und Chia haben kaum andere Nährwerte als Leinsamen oder heimische Getreidesorten. Als Importe aus Übersee ist ihr CO_2-Fußabdruck dafür umso größer, was eigentlich eine Spannung im Emotionshaushalt von spirituellen Progressiven erzeugen sollte.

Die Hypersensibilität von Angst und Ekel führt nicht nur zu einer irrationalen Aufwertung einzelner Nahrungsmittel, sondern auch umgekehrt dazu, dass Menschen immer mehr Unverträglichkeiten bei sich entdecken, die sie gar nicht haben. Seit einiger Zeit sind Amarant, Hirse und Hanfmehl in aller Munde, weil sie kein Gluten enthalten. In einer Studie gaben 10 Prozent der Befragten an, sich glutenfrei zu ernähren, obwohl nur etwa 0,3 Prozent der Deutschen eine Gluten-Unverträglichkeit haben. Mit Produkten ohne Gluten, einem Eiweißgemisch, das in Getreide vorkommt, macht der Handel inzwischen im Jahr über 100 Millionen Euro Umsatz.

Vorsicht Gift!

Eine falsche Vorstellung von Reinheit treibt auch radikale Impfgegner aus dem progressiven Bürgertum an, die manchmal nahezu religiös und sogar militant gegen Erkenntnisse der Wissenschaft vorgehen. Warum kritisieren sie nicht andere Bereiche der Medizin, sondern haben sich gerade das Impfen ausgesucht? Auch hier geht es um Schutz und um Reinheit. Wieder schrillen die Alarmglocken auf, weil etwas Fremdes und »Unnatürliches« in den Körper der Kinder gelangt und damit ihr Wohl auf dem Spiel zu stehen scheint.

Tatsächlich ist es umgekehrt. Laut Weltgesundheitsorganisation (WHO) sterben jährlich weltweit über 1,5 Millionen Kinder an Krankheiten, die man durch Impfungen verhindern könnte. Daher führt die WHO Zögerlichkeit beim Impfen (»vaccine hesitancy«) inzwischen als eine der weltweit zehn größten Gefahren für die Gesundheit an, neben Ebola, Dengue-Fieber und massiver Luftverschmutzung.

In Deutschland sind es zum Beispiel Masern, die immer noch zu Todesfällen führen. Würde man alle Kinder konsequent impfen, wären Masern hierzulande längst ausgerottet. Polio, die Kinderlähmung, die noch bis in die Fünfzigerjahre viele Opfer forderte, tritt dank der Impfung weltweit kaum noch auf. An Pocken beispielsweise sind noch im 20. Jahrhundert schätzungsweise 300 Millionen Menschen gestorben. Diese Vireninfektion ist durch Pflichtimpfungen seit vierzig Jahren vom Erdball verschwunden. Umgekehrt ist bisher kein Fall nachgewiesen, bei dem ein Kind durch eine Impfung gestorben ist – entgegen jenen Impfmythen, die Eltern vom Gang zum Arzt abschrecken. In Deutschland halten immerhin etwa 10 Prozent der Einwohner Impfungen für gefährlich.

Wie eine große US-Studie verdeutlicht, waren im Jahr 2014 in einem teuren privaten Kindergarten in der Nähe von San Francisco nur 14 Prozent der Kinder gegen Masern geimpft. Die Impfquote in den wohlhabenden Stadtteilen von Los Angeles, wo die Kinder der Hollywoodstars wohnen, war in diesem Jahr so niedrig wie im Südsudan, einem der ärmsten Staaten der Welt. Nach einem Masernausbruch im kalifornischen Disneyland im Dezember 2014 haben sich diese Zahlen durch eine verschärfte Gesetzgebung deutlich verbessert. Was der Fall aber zeigt: Es ist keine Frage des Bildungsstands, wenn Impfgegner ihre Kinder unnötigen Gefahren aussetzen – verantwortlich sind vielmehr hypersensible Emotionen. Nur bei einer Durchimpfung von über 95 Prozent entsteht eine sogenannte »Herdenimmunität« gegen Masern, durch die man diese Infektionskrankheit nachhaltig ausrotten könnte. Deutschland verfehlt diese Quote noch immer knapp, im Gegensatz zu Sri Lanka, Algerien und zu allen Staaten Südamerikas.

Akademiker mit einem Sinn für Naturwissenschaft vertrauen auf die Forschung und damit auf die Impfung. Wer wenig gebildet ist, vertraut auf die Autorität der Ärzte. Die dritte Gruppe der Gebildeten mit Gaia-Überzeugungen ist selbstsicher genug, sich dieser Autorität zu widersetzen, aber nicht wissenschaftlich informiert genug, die Gefahren ihrer Handlungsweise zu erkennen.

Natürlich sind nicht alle Gaia-Überzeugungen der spirituellen

Linken gefährlich. Ein Interesse für Yoga, alternative Medizin und Spiritualismus macht Menschen oft entspannter, offener, umgänglicher und mitfühlender. So ist Achtsamkeitsmeditation beispielsweise bei der Behandlung von Depressionen laut einigen Studien genauso wirkungsvoll wie Psychopharmaka, hat aber weniger unerwünschte Nebenwirkungen.

Doch sobald Gaia-Überzeugungen ideologisch werden, droht Gefahr. Lichtfasten zum Beispiel, also die Idee, sich von Sonnenlicht zu »ernähren«, hat zwar den positiven Nebeneffekt, dass Leute an die frische Luft gehen, was ihren Vitamin-D-Stoffwechsel anregt und zu mehr Lebenszufriedenheit führt. Doch inzwischen haben einige Menschen in ihrem Vertrauen auf die »Lichtnahrung« auf konventionelles Essen verzichtet und sich damit zu Tode gehungert. Reinheitsgedanken können eine Schutzfunktion haben, aber eben auch lebensgefährlich sein.

Fleisch ist mein Gemüse

Warum greifen Philosophen am Konferenzbüffet nicht zum Mettbrötchen? Sie fürchten das scharfe Urteil der Kollegen. Vor allem unter den Ethikern finden sich viele Vegetarier, die gute Argumente gegen Fleischverzehr haben. Wer ein Schnitzel bestellt, gibt damit immer auch ein moralisches Urteil ab wie »Tiere darf man essen« oder »Das Leid von Tieren geht mir nicht nahe«. Beim Fleisch kommt alles zusammen: Moral, Politik und Lebensführung. Wer Fleisch aus moralischen Gründen ablehnt, ist unter anderem von universeller Fürsorge angetrieben, einem Prinzip, dass wir auch auf Tiere ausdehnen können. Wer Tiere tötet, verkürzt ihr Leben und fügt ihnen damit Leid zu, selbst wenn sie bei der Schlachtung nicht subjektiv leiden müssten, was oft noch hinzukommt. Zugleich ist die Herstellung von Fleisch mit einem erhöhten Verbrauch an Wasser und Getreide verbunden, die in den armen Regionen der Erde knapp sind. Ein Kilo Rindfleisch hat etwa 15 000 Liter Wasser verbraucht, bis es auf dem Tisch landet; bei einem Kilo Kartoffeln sind es nur 100 Liter. Also spielt beim Fleischverzehr auch das Prinzip Fairness eine Rolle, gerade mit Blick auf den Ressourcenverbrauch und auf die Rechte zukünftiger Generationen. Und es geht bei Fleischkonsum immer auch um Umweltschutz, was Fürsorge für die Biosphäre und Reinheitsgedanken aktiviert. Das Prinzip Reinheit schließlich kann auch aus purem Selbstschutz ausschlaggebend für Fleischverzicht sein. Zumindest einer aktuellen Untersuchung zufolge schädigt der Verzehr von rotem Fleisch auf Dauer die Gesundheit, auch wenn solche Studien oft hochumstritten sind.

Mehrere emotionsbasierte moralische Prinzipien legen also gerade den progressiven Konsumenten nahe, Vegetarier zu werden. Überraschenderweise entwickeln viele Menschen, die aus Gründen der Fürsorge oder Fairness Vegetarier sind, nach einiger Zeit sogar eine erhöhte Ekelempfindlichkeit beim Anblick und Geruch von Fleisch.

Wie früher in Europa gilt Fleisch jedoch in vielen Ländern der Welt als Statussymbol der Oberschicht. Gerade in diesen Ländern ist Fleischgenuss ein Zeichen von Freiheit. In Deutschland sieht das ein Teil der bürgerlichen Mitte und der Konservativen ähnlich. Wer auf diese Weise Fleischverzehr als Freiheitssymbol auffasst, empfindet es verständlicherweise als Gesinnungsterror und Bedrohung der Autonomie, wenn die Linken unter den Progressiven, beispielsweise die Grünen, fleischfreie Tage in öffentlichen Kantinen fordern, selbst wenn sie diesen Vorschlag mit guten Argumenten begründen. Was dem Hipster sein Quinoa-Salat ist, ist dem Vorsitzenden vom CSU-Ortsverein seine Schweinshaxe. Beide finden nicht nur das Gericht des anderen unerträglich, sondern dessen gesamten Lebensstil. Auch Nahrung und Medizin können extrem polarisieren.

Kurz gefasst

Angst und Ekel schlagen Alarm, wenn vermeintliche Giftstoffe in unseren Körper oder den unserer Kinder gelangen. Dieser Warnmechanismus ist für kulturelle Prägung empfänglich und außerdem hypersensibel eingestellt. Das führt zur irrationalen Aufwertung einzelner Nahrungsmittel als »Superfood« und dazu, dass Menschen eingebildete Unverträglichkeiten bei sich entdecken. Das Prinzip Reinheit paart sich hier mit *Gaia-Überzeugungen*, wonach die Natur eine gütige Mutter ist, die sich um Selbstheilung und Entgiftung kümmert. Diese Vorstellung treibt auch radikale Impfgegner an. Fleischkonsum polarisiert besonders, weil er bei den spirituellen Progressiven durch die Prinzipien Fürsorge, Fairness und Reinheit eine Abwehrhaltung aktiviert, während die Konservativen und Liberalen die Freiheit in Gefahr sehen, wenn Fleischverzicht staatlich geregelt ist.

26 Katzen, Kleidung und Körper: Wann ist das Private politisch?

Politische Haustiere

Progressive mögen Katzen. In allen Bundesstaaten der USA, in denen die Demokraten traditionell gewinnen, sind Katzen die bevorzugten Haustiere, wie eine Untersuchung zeigt. Im Mittleren Westen und im *Bible Belt*, wo die Republikaner dominieren, sind Hunde stärker verbreitet. Das mag zum Teil mit der Wohnsituation zu tun haben. In den eher konservativen ländlichen Regionen kann man leichter als in der Stadt Hunde halten, weil sie mehr Auslauf haben, während sich in den eher liberalen Küstenstädten Katzen besser für eine kleine Wohnung eignen. Ein entscheidender Faktor ist aber auch hier die politische Gesinnung. Katzen sind freiheitsliebend und demonstrativ antiautoritär. Freiheit ist ein zentrales Prinzip der Progressiven. Hunde hingegen gehorchen und sind loyale Begleiter. Autorität und Loyalität sind Prinzipien der Konservativen. Offenbar entsprechen auch Haustiere dem emotionalen Profil der politischen Lager. Selbst die Gruppe der Hundehalter ist in sich noch einmal unterteilt: Progressive Hundehalter bevorzugen Vierbeiner, die sanftmütig (Fürsorge) und verspielt (Freiheit) sind, Konservative hingegen abgerichtete (Autorität) und treue (Loyalität) Gefährten.

Fast alle Tiere, die der Mensch vor Jahrtausenden erfolgreich domestiziert hat, sind Herdentiere, die instinktiv einem dominanten Anführer folgen: Pferde, Schafe, Kühe, Hunde (Wölfe), Rentiere, Wasserbüffel, Kamele und Schweine. Der Mensch konnte dabei die Rolle des Anführers übernehmen, weil Zuchttiere kollektivistisch sind, mit einem Sinn für Autorität und Loyalität. Katzen hingegen kann man nicht in einer Herde halten, deshalb wurden sie im Gegensatz zu Hunden nie gezähmt, sondern leben seit Urzeiten in einer autonomen, symbiotischen Beziehung mit dem Menschen. Michel de Montaigne hat das schon im 16. Jahrhundert geahnt, als er schrieb: »Wenn ich mit meiner Katze spiele, woher weiß ich, dass sie nicht vielmehr mit mir spielt?«

Der Unterschied zwischen Hunden und Katzen spiegelt sich auch im gesellschaftlichen Diskurs wider. Warum ist die Linke oft zersplittert und notorisch zerstritten? Der ehemalige US-Präsident Bill Clinton erklärt das folgendermaßen: Die Linken auf Linie zu bringen sei so, als würde man Katzen in einer Herde halten (»herding cats«). Der Individualismus der Progressiven führt zu Kleingruppenbildung, während Konservative sich eher einordnen, weil sie ein Gespür für Autorität haben und durch ihren Hang zu Loyalität stärker daran interessiert sind, zum Rudel zu gehören.

Eine Abneigung gegenüber dem Katzen-Individualismus ist bei einigen Traditionalisten überdeutlich. George W. Bushs Berater für Stammzellenforschung, der konservative US-Bioethiker und Publizist Leon Kass, bemängelt in einem seiner Bücher den Werteverfall in den USA: Seine Landsleute würden gähnen, ohne sich dabei die Hand vor den Mund zu halten, »unzivilisiert« in der Öffentlichkeit essen und, am allerschlimmsten, im Sommer »katzenhaft« an ihren Eiskugeln schlecken.

Politische Präferenzen äußern sich aber nicht nur in unseren Einstellungen zu Haustieren, sondern sie zeigen sich auch in der Mode, in allgemeinen Stilfragen und in allen Formen unseres Konsums.

Die Ästhetik der Politik

Dreißig Männer mit Vollbärten versammelten sich im Herbst 2015 in einer Burgruine der schwedischen Provinz Småland und hissten eine schwarze Flagge. Ein besorgter Bürger rief daraufhin die Polizei, weil er glaubte, ein Treffen von Salafisten zu beobachten. Wie sich bald herausstellte, handelte es sich bei der Gruppe um schwedische Hipster eines Clubs für Bartträger, der sich international gegen Rassismus einsetzt. Der Unterschied zwischen Hipstern und Salafisten war erst auf den zweiten oder dritten Blick erkennbar.

Um das Jahr 2000 herum gab es auf einigen satirischen Webseiten das Spiel »Gay or Eurotrash?«, bei dem man sagen sollte, ob es sich bei Männern aus New York um schwule Amerikaner oder um modebewusste Party-Jetsetter aus Europa handelte, die Bret Easton Ellis in seinem Roman *American Psycho* als »Eurotrash« bezeichnet hatte.

Beide Fälle zeigen eindrücklich, dass wir mit Mode und Konsum mehrdeutige Signale senden können, die stark von Kontext und Hintergrundwissen abhängen. Der Zuhälter fährt den Porsche 911, um damit anzugeben, der individualistische Kunstsammler schätzt das ikonische Design. Und Anzug ist nicht gleich Anzug: Der Tweet-Zweireiher des englischen Dandys sendet eine andere Botschaft als der schwarze Anzug des Security-Mannes vor dem Kaufhaus. Die Signale wechseln auch mit der Zeit. Polohemden von Fred Perry zum Beispiel trugen in den Fünfzigerjahren in England zuerst Tennisspieler, in den Sechzigern die Mods, eine frühe Hipsterbewegung, und in den Siebzigern die britischen Skinheads, die damals eher links und ethnisch gemischt waren. Im Westdeutschland der Achtzigerjahre waren Fred-Perry-Hemden bei der Tennis spielenden Oberschicht beliebt, in den Neunzigern bei ostdeutschen Neonazis, und seit der Jahrtausendwende kleiden die Polohemden mit dem Lorbeerkranz junge Leute in allen Großstädten. Die Bomberjacke hat eine ähnlich abwechslungsreiche Geschichte hinter sich.

Natürlich muss Kleidung viele Anforderungen erfüllen: Sie soll passen, wärmen, Wasser abweisen, der Mode folgen, im Beruf oder Sport funktional sein, dem Anlass entsprechen, Status demonstrativ zeigen und mit dem eigenen Hauttyp harmonieren. Daher ist Kleidung vielfach symbolisch codiert. Kleidungsstücke und andere Konsumgüter spiegeln aber auch unsere emotionalen Neigungen wider und drücken damit unsere politische Haltung und unsere moralische Identität aus. Die Forschung weist jedenfalls in diese Richtung. Zur Erinnerung: Konservative haben eher aufgeräumte Schreibtische, Progressive dekorieren ihre Wohnung mit Andenken an Reisen. Andere Aspekte von Konsum wurden bisher wenig systematisch auf die emotionalen Prinzipien untersucht, daher sind die folgenden Ausführungen etwas spekulativer als in anderen Kapiteln.

Deutlich zeigen sich die emotionalen Prinzipien in der Politik selbst. Jürgen Trittin, der ehemalige grüne Umweltminister, äußerte sich im ICE-Abteil der 1. Klasse negativ über einen Barbour-Jackenträger, obwohl er selbst maßgeschneiderte Anzüge trägt. Sowohl Wachsjacke als auch Anzug sind Symbole der gehobenen Mittelschicht, doch die Wachsjacke ist eindeutig konservativ-bürgerlich konnotiert und damit für Trittin, der als Student Kommunist gewesen ist, Symbol des Klassenfeindes. Im Jahr 1998 ließ sich der frisch gekürte Kanzler Gerhard Schröder von einer Illustrierten in einem Brioni-Anzug ablichten, der das Monatsgehalt eines gut entlohnten VW-Arbeiters kostete. Einige seiner Wähler sahen darin jedoch keinen Verrat, sondern die Erfüllung des sozialdemokratischen Versprechens vom Aufstieg. Angela Merkel besitzt genau ein Jackett, aber in so vielen Farben, dass im Netz inzwischen Farbtafeln mit Fotos ihrer Outfits kursieren. Merkels indirekte Botschaft lautet: Ein moderner Konservativismus kann abwechslungsreich beim Alten bleiben. Politiker müssen Verlässlichkeit ausstrahlen und auch mit ihrer Kleidung die Wähler ansprechen.

Auch in den USA ist so eine Wirkung von Vorteil. Dort tragen die Politiker Anzüge, die den Eindruck erwecken, sie sollten absichtlich nicht maßgeschneidert aussehen, damit ein Elite-Verdacht gar nicht erst aufkommt. Manchmal ist weniger auch mehr. Der nackte Oberkörper von Putin auf dem Pferd spricht da für sich und für das Prinzip Autorität: Hier hat ein echter Mann die Zügel in der Hand.

Auf den Plakaten im Wahlkampf 2017 traten die progressiven und konservativen Prinzipien besonders deutlich zutage. CDU-Kandidaten haben mit aufgehellten Bildern (Reinheit) im Anzug (Autorität) und stilisierter Deutschlandfahne (Loyalität) geworben. Progressive Parteien wie die Grünen hingegen haben auf Authentizität durch unretuschierte Fotos gesetzt. Ein Berliner Kandidat für die Partei Die Linke war mit einem Kapuzenpullover abgebildet, der Uniform urbaner Individualisten.

Manchmal teilen Menschen ihre Gesinnung ganz deutlich mit: »Make America Great Again«, »I Love Bernie« oder »Don't Tax Me, Bro!«: Das steht auf T-Shirts von Amerikanern, die die Künstlerin Susan Barnett dokumentiert hat. Neben solch überdeutlichen Stammessymbolen auf Kleidungsstücken, Aufklebern und Plakaten gibt es auch indirekte, die erst im Kontext entstehen. Der afroamerikanische Football-Spieler Colin Kaepernick kniete sich beim Abspielen der Nationalhymne hin, um für die Bewegung »Black Lives Matter« zu demonstrieren, also gegen Rassismus und Polizeiwillkür gegenüber Afroamerikanern. Republikanern erschien das wie Vaterlandsverrat. Als die Firma *Nike* ihn später für einen Werbespot engagierte, entfachte das den Zorn konservativer US-Amerikaner, die sich daraufhin dabei filmten, wie sie ihre Nike-Schuhe auf dem Grill verbrannten und das Firmenlogo von ihren Socken abschnitten. In den USA gingen aber auch die Turnschuhe anderer Marken in Flammen auf. Als sich der Sportartikelhersteller *New Balance* positiv über Trumps kompromisslose Ablehnung des transpazifischen Handelsabkommens (TPP) geäußert hatte, verbrannten Wähler der Demokraten ihrerseits ihre Turnschuhe und posteten Bilder und Videos in den sozialen Medien mit dem Slogan »not my president«.

Auch Nahrungsmittel können zu Gruppensymbolen werden. Die Schokoladenmarke *Toblerone*, für viele Schweizer ein nationales Heiligtum, hat sich im Jahr 2018 als *halal* zertifizieren lassen, also als ein für Muslime erlaubtes Lebensmittel. Die Firma hat damit auf einen schnell wachsenden weltweiten Markt an Halal-Produkten reagiert. Obwohl Rezeptur wie Herstellung der Schokolade unverändert blieben, sahen aufgebrachte Twitterer in der Zertifizierung ein Zeichen der Islamisierung und verkündeten, dass sie nie wieder *Toblerone* essen würden.

In den USA ist etwas Ähnliches mit der Restaurantkette *Godfather's Pizza* passiert, als deren CEO Herman Cain im Jahr 2011 sich in den Vorwahlen als Präsidentschaftskandidat der Republikaner bewarb. Danach besuchten deutlich weniger Demokraten die Restaurants. Wie diese Fälle zeigen, liegen moralische und physische Verunreinigung in der Wahrnehmung vieler nah beieinander.

Anzug mit Siegelring oder Holzfällerhemd mit Halstätowierung

Im China der Kaiserzeit veränderten sich die Kleider der Oberschicht über Jahrhunderte gar nicht und wechselten allenfalls mit Anbruch einer neuen Dynastie. In vergangenen Epochen hätte die Idee, anlasslos im Monatstakt seine Garderobe auszutauschen, absolut bizarr geklungen. Selbst vor wenigen Jahrzehnten noch war in Deutschland das Jahr in zwei Modesaisons unterteilt: Sommer und Winter. Inzwischen wechseln große Modeproduzenten wie *Nike* oder *H&M* fast monatlich ihre Kollektionen aus. Der Hersteller *Zara* liefert zweimal pro Woche neue Produkte in seine Läden, wobei vom Design über die Produktion bis zur Lieferung nur etwa zwei Wochen vergehen. Eine saubere Verarbeitung, die noch vor wenigen Jahrzehnten Merkmal qualitativer Mode war, spielt kaum noch eine Rolle, da durch den Zwang zur Neophilie die alten Jeans vom Dachboden schon nach zehn Jahren wie aus einer anderen Zeit erscheinen.

Bei den Progressiven spricht die Vielfalt der Waren das Persönlichkeitsmerkmal Offenheit an. Allerdings betonen sie mit ihrem Stil, wie schon im Fall der Ernährung, ebenso die drei Prinzipien Fürsorge, Fairness und Freiheit. Echtes Fell ist daher verpönt. Wer in Kreuzberg oder auf der Schanze in Hamburg mit einem Nerz herumstolziert, kann damit rechnen, mindestens zur Rede gestellt, wenn nicht gar angespuckt zu werden. Für Progressive darf Kleidung den Schwachen keinen Schaden zufügen, zu denen auch Tiere mit flauschigem Fell zählen. Lederschuhe oder Daunenkissen mit Federn, die Gänsen und Enten entrissen wurden, lösen weniger Empörung aus, denn Rinder und Federvieh sehen einfach nicht so sympathisch aus wie Füchse und Kaninchen, und deswegen haben weniger Menschen Mitleid mit ihnen.

Das progressive Prinzip Fairness zeigt sich im hohen Ansehen von Fair-Trade-Produkten, auch wenn die wenigsten Menschen beim Einkaufen konsequent auf dieses Label achten. Protest trifft hier besonders Billiganbieter wie *H&M* oder *Primark*, die zwar in denselben Fabriken und zu denselben Konditionen wie die Edelmarken nähen lassen, bei denen aber aufgrund kleinerer Gewinnspannen und niedriger Stückpreise die Hungerlöhne der indischen Arbeiter offener zutage treten. Die Offenheit der Progressiven gegenüber Mode verträgt sich also auf Dauer nicht gut mit ihrem Sinn für Fürsorge und Fairness.

Vor allem die Jüngeren kaufen nicht nur mehr Einzelteile, sie tauschen auch mehr gebrauchte Kleidungsstücke über Webseiten wie *Kleiderkreisel*, wodurch sich ihr Konsum eher in eine Form von Miete oder Leasing verwandelt. Diese Spielart der *Sharing Economy*, des Prinzips, Konsumgüter zu teilen, ist zumindest dem Grundgedanken nach ökologisch, also aus der Idee des Ressourcenschutzes und damit aus dem Prinzip Fairness heraus motiviert.

Tatsächlich handelt es sich allerdings um Kapitalismus in Reinform. Wer immer mehr für immer weniger Geld haben will, folgt dem Urprinzip des Handels: Er maximiert seinen Nutzen.

Aus Sicht von Horkheimers und Adornos Ideologiekritik ist Konsum ein Mechanismus des Kapitalismus, der Menschen verblendet und entfremdet, also mit immer neuen, aber falschen Wünschen ausstattet. Das Konsumangebot könnte aber auch einfach eine Antwort sein auf die Neigung zur Neophilie, die in uns allen vorhanden ist, allerdings stärker oder schwächer ausgeprägt sein kann. Freiheit und Offenheit liegen hier nah beieinander. Progressive setzen auch beim Konsumieren auf Beweglichkeit, Vielfalt, Individualität und vor allem: das Neue.

Progressive betonen nicht nur ihre eigenen Prinzipien, sie wollen manchmal auch die konservativen Prinzipien Autorität, Loyalität und Reinheit sichtbar unterwandern. Antiautoritäre Progressivitätsmarker richten sich gegen klare Kategorien, Struktur und Ordnung etwa durch asymmetrische Haarschnitte, Kleidungsstücke im *used look* oder androgyne Schnitte. Außerdem richten sie sich gegen Konventionen, früher gegen Hüte, heute gegen Krawatten, ebenso gegen finanzielle Statusabzeichen, sodass bei vielen Kleidungsstücken für Progressive Preis und Herkunft nicht mehr erkennbar sein müssen. Der Erfolg einstiger Sport- und Arbeitsbekleidung wie Jeans, Sneakers, Armeejacken und Holzfällerhemden ist nicht nur ihrer Funktionalität, sondern auch der weltweiten Informalisierung geschuldet, die mit der großen progressiven Wende anbrach. Ohnehin stammen viele Modeeinflüsse schon seit einigen Jahrzenten aus der Jugendkultur und der *Gay Culture*, die individualistisch sind und alte Traditionen infrage stellen.

Anti-Reinheit kann man ebenfalls über mehrere Wege herausstreichen, etwa wenn der Look betont schlampig und unordentlich aussieht oder sich dem glatt-gepflegten Ideal widersetzt. Dazu gehören zerrissene Jeans, Bärte und zerzauste Haare. Wer als Mann die Haare lang trägt, arbeitet wahrscheinlich nicht als Richter, Banker, Arzt, Verwaltungsbeamter oder in einem anderen bürgerlichen Beruf, sondern ist eher Modemacher, Popmusiker oder bildender Künstler. Anti-Reinheit äußert sich auch als Anti-Schönheit, denn heutzutage steht das Schöne nur allzu oft für das Geordnete, Gepflegte, Akkurate und damit das Konservative. Ein Bruch mit dieser Ästhetik ist daher ein Progressivitätsmarker, auch wenn dieser Bruch wie alles in kürzester Zeit vom Mainstream aufgesogen wird.

Während die »Supermodels« der Achtziger- und Neunzigerjahre den Kriterien der Attraktivitätsforschung zufolge klassisch schöne Gesichter hatten, tritt inzwischen in der Mode immer mehr das Besondere und Singuläre in den Vordergrund: Sommersprossen, Schönheitsflecken, Narben, Prothesen, Asymmetrien, Tätowierungen, ethnische Vielfalt, auch Androgynität und offene Transsexualität. Außerdem ist ein wesentliches Element aktueller Hipstermode Ironie, denn als ultimative Form des Anti-Autoritären und der Anti-Reinheit sagt sie: Nichts hat mehr Wert. Der Anti-Stil aus Retro-Ironie und bewusst gewählter Hässlichkeit erscheint für sie als letzter Widerstand gegen das Diktat des kapitalistischen Mainstreams.

Konservative hingegen zeigen eher Statusabzeichen wie Orden, Krawatten, edles Fell, teuren Schmuck und Markennamen (Autorität), gelegentlich inklusive Siegelringen und Tracht (Loyalität), und sie sind sauber gekleidet (Reinheit): die Männer in Anzügen, glatt rasiert mit akkuraten Kurzhaarschnitten, die notfalls mit Gel unter Kontrolle gehalten werden, die Frauen mit der Perlenkette auf der gebügelten Bluse, gepflegten Fingernägeln und einem unbeweglichem Haarhelm. Das Persönlichkeitsmerkmal Gewissenhaftigkeit steht hier im Vordergrund: Nichts wird dem Zufall überlassen.

Der politische Körper

Arvida Byström, Model und Künstlerin aus Schweden, hat in einem Werbespot der Firma *Adidas* mitgewirkt. Weil in dem kurzen Film ihre unrasierten Beine zu sehen waren, bekam die 26-Jährige kurz darauf Hassnachrichten und Vergewaltigungsandrohungen. Byström wollte mit ihrer Aktion traditionelle Vorstellungen von Weiblichkeit und Gender infrage stellen. Die Bilder ihre Beinbehaarung haben niemandem geschadet und dennoch für Empörung gesorgt. Die harschen Reaktionen lassen sich damit erklären, dass starke Normabweichungen vom Idealbild eines Körpers bei Menschen Ekel auslösen, den sie dann moralisch umdeuten. In einem Geschäft in Manhattan hat sogar eine weibliche Schaufensterpuppe mit Achselhaaren vor einigen Jahren für Aufruhr gesorgt. Auf den Körper als politisches Symbol reagieren Menschen je nach Emotionsprofil ganz unterschiedlich.

Auch hier kann sich die Codierung allerdings verschieben. So galt in fast allen Kulturen, unabhängig voneinander, ein hellerer Teint als Attraktivitätsmerkmal. Evolutionsbiologen vermuten, dass es sich bei heller Haut um einen Stimulus handelt, der Jugendlichkeit anzeigt, weil Kinder meist hellhäutiger als ihre Eltern sind. In Europa war die edle Blässe außerdem über viele Jahrhunderte ein Statusmerkmal von Mitgliedern der Oberschicht, die, von Feldarbeit und körperlicher Anstrengung verschont, wenig Sonne abbekamen und daher »blaublütig« wirkten, weil ihre Venen besser zu sehen waren. Inzwischen ist ein dunklerer Teint ein Progressivitätsmarker, der Offenheit und Gesundheit symbolisiert. Wer gerne und viel reist oder sich über seinen Körper individuell ausdrücken will, ist eher sonnengebräunt.

Bei der Körperform liegt der Fall ähnlich. Nach dem Zweiten Weltkrieg war in Deutschland wie noch heute in vielen Ländern Leibesfülle ein Merkmal für einen hohen sozialen Status (Autorität): Man konnte sich Essen leisten. In Deutschland signalisiert ein stattlicher Körperumfang heute dagegen für viele »Kontrollverlust« und damit eher »Unterschicht«. Schlanksein hingegen deutet auf Selbstkontrolle und Autonomie (Freiheit) sowie auf einen gesunden Lebensstil (Reinheit), was besonders den spirituellen Progressiven wichtig ist.

Piercings und anderer Körperschmuck deuten tendenziell auf eine progressive Gesinnung hin, weil sie Offenheit und Individualismus anzeigen und Mittel der Selbstdarstellung sind. Hat man vor einigen Jahrzehnten Tätowierungen noch mit Seeleuten oder Gefängnisinsassen verbunden, sind sie allmählich gesellschaftlich etabliert, allerdings immer noch selten im konservativen Bürgertum und in traditionellen Institutionen. So dürfen in Bayern zum Beispiel Polizisten kein Tattoo am Unterarm tragen, weil sonst die »Wahrung des äußeren Erscheinungsbildes« in Gefahr sei.

Natürlich haben Menschen viele Gründe, zu konsumieren, sich zu kleiden und an ihrem Körper zu arbeiten. Und sie wollen damit viele verschiedene Signale senden. Ein bisher vernachlässigter Aspekt ist dabei der Ausdruck der eigenen moralischen und politischen Gesinnung. Emotionale Neigungen spielen auch dann eine Rolle, wenn Politik uns einhüllt oder unter die Haut geht.

Kurz gefasst

Mode, Stil und ästhetische Vorlieben sind vielfach symbolisch codiert und können daher mehrdeutige Signale senden. Konsumgüter spiegeln immer auch unsere emotionalen Neigungen wider und drücken damit unsere politische Haltung und unsere moralische Identität aus. So entsprechen Haustiere dem emotionalen Profil der politischen Lager: Progressive mögen freiheitsliebende Katzen, konservative treue und gehorsame Hunde. In der Politik kann jede Kleidung zum Stammessymbol werden, was sich besonders deutlich im Wahlkampf zeigt. Progressive Mode ist tierschützend, *fair trade*, informell und individualistisch, außerdem gibt sie sich anti-autoritär und unterläuft Reinheitsvorstellungen, indem sie Ironie und Anti-Schönheit betont. Konservative Mode hingegen streicht Status, Sauberkeit, Tradition und Kontrolle heraus. Auch der menschliche Körper kann Offenheit und Freiheit oder aber Status und Reinheit repräsentieren.

27 Identität und moralische Eindeutigkeit: Was wäre ich ohne meinen Charakter?

Was macht uns zu Personen?

Stellen Sie sich vor, ein Mann namens Jim stürzt bei einer Wanderung, schlägt mit dem Kopf auf und verliert das Bewusstsein. Als er im Krankenhaus aus dem Koma erwacht, hat er sich deutlich verändert. Zuvor verschlossen, hinterhältig und egoistisch, ist er jetzt umgänglich, aufrichtig und hilfsbereit. Ist Jim derselbe geblieben? Oder drastischer formuliert: Ist das überhaupt noch Jim, der da im Krankenhaus die Augen aufschlägt?

Diese Frage stellten die amerikanische Psychologin Nina Strohminger und der Philosoph Shaun Nichols ihren Testpersonen in einem Gedankenexperiment, in dem Jim verschiedene Fähigkeiten und Eigenschaften verliert: sein Faktenwissen, seine Körperkontrolle, Erinnerungen an sein früheres Leben oder eben seine moralischen Charaktereigenschaften. In jedem einzelnen Fall mussten die Testpersonen beurteilen, ob Jim »derselbe« geblieben sei. Das Ergebnis: Nur wenn er sich charakterlich wesentlich veränderte, sagten die Probanden: »Das ist nicht mehr Jim.« Drastische Einschränkungen seiner Erinnerung, Motorik oder seines Wissens erachteten die Testpersonen hingegen als unwesentlich für Jims Identität.

In der Philosophie behandelt man die Frage »Welche Eigenschaft darf ich nicht verlieren, um weiterhin als Person zu existieren?« unter dem Thema *personale Identität*. Dabei geht es nicht um meine Gruppenzugehörigkeit wie bei der Identitätspolitik, sondern darum, was mich über einen längeren Zeitraum zu derselben Person macht. Obwohl sich fast alle Zellen meines Körpers in den letzten zwei Jahrzehnten ausgetauscht haben, spreche ich davon, dass »ich« im Alter von 20 Jahren mein Studium begonnen habe. Wie kann ich mit dem Personalpronomen »ich« sowohl mich in der Gegenwart als auch einen Studenten in der Vergangenheit meinen? Irgendetwas muss über all die Jahre in mir konstant geblieben sein. Wenn mein moralischer Charakter mich als Person ausmacht, dürfte ich ihn nicht verlieren, denn das käme dem Sterben gleich, selbst wenn mein Körper beispielsweise im Koma weiterexistierte. Meine Arme oder Beine hingegen könnte ich verlieren und wäre immer noch dieselbe Person, nur eben mit einem veränderten Körper.

Was also macht unsere Identität aus? Seit John Locke diese Frage im 17. Jahrhundert zum ersten Mal gestellt hat, betrachten die meisten Philosophen mentale Eigenschaften, vor allem autobiografische Erinnerungen, als zentral für unsere Identität. Die Studien von Strohminger und Nichols zeigen jedoch, dass philosophische Laien das anders sehen und die Identität eines Menschen an seinem Charakter, besonders an seinem moralischen Kompass festmachen.

Strohminger und Nichols begründen das so: Wir gehen Freund- oder Liebschaften mit Menschen ein, die so sind wie wir, also unsere moralischen Überzeugungen teilen. Man kann ihre Beobachtung noch allgemeiner fassen: Wir glauben, dass die personale Identität eines Menschen von seinem moralischen Charakter abhängt.

Identitätsschutz

Fragt man Probanden, die gerade ein Steak essen, ob Rinder Empfindungen haben, antworten sie im Vergleich zu Salatessern seltener mit »Ja«. Starke Kaffeetrinker finden in Versuchen vorgeblich wissenschaftliche Belege, dass Koffein der Gesundheit schade, deutlich weniger überzeugend als moderate Kaffeekonsumenten.

Das kann man als Strategie betrachten, kein schlechtes Gewissen haben zu müssen. Wenn Tatsachen oder Argumente dem eigenen moralischen Verhalten widersprechen, kann man auf zwei Weisen reagieren, um eine *kognitive Dissonanz*, eine innere Unstimmigkeit, aufzulösen: sein Verhalten ändern oder die Welt umdeuten. Umdeuten ist oft verlockender, und zwar aus zwei Gründen. Zum einen steckt in der Verhaltensänderung immer auch ein Schuldeingeständnis: Wenn ich jetzt erst Vegetarier werde, was für ein Mensch war ich in den Jahren zuvor? Zum anderen ist es einfach bequemer, unliebsame Fakten zu ignorieren oder umzudeuten, als seine Lebensweise zu ändern. Wir haben uns teils unbewusste Strategien angewöhnt, mit unseren Unzulänglichkeiten zu leben und kein schlechtes Gewissen zu haben, indem wir uns etwa einreden: »Die anderen essen auch Fleisch«, und in anderen Fällen: »Nicht ich, der Staat muss den Obdachlosen helfen« oder »Man kann ohnehin nie alles richtig machen«.

So problematisch unsere Neigung zur Selbsttäuschung sein mag, sie zeigt auch, dass wir moralisch konsistent sein wollen. Unser Handeln soll zu unserem Weltbild passen, oder wie Freud sagt: Wir wollen unser »Ich-Ideal« erhalten. Die Irrtümer, die daraus entstehen, nennen Psychologen *identitätsschützende Denkfehler*. In moralischen Fragen neigen wir vermutlich gerade deshalb zur Selbsttäuschung, weil wir unsere Moral als essentiell ansehen, als das, was wir unter allen Umständen erhalten wollen. Experimente zur Selbsttäuschung deuten also ebenfalls darauf hin, dass unsere Moral den Kern unserer Identität bildet. So hält die Mehrheit der Eltern ihre Kinder für intelligenter und sich selbst für gesünder als der Durchschnitt. Auch die verbreitete Auffassung in der deutschen Familienerinnerung, dass Opa kein Nazi war, und andere Rückschaufehler des Gedächtnisses lassen sich auf den Identitätsschutz zurückführen.

Fasst man Identität moralisch auf, sieht man altbekannte Phänomene in neuer Klarheit. Wenn zum Beispiel keine Gefahr besteht, erwischt zu werden, sind Menschen anderen gegenüber eher unehrlich, doch sie gehen beim Täuschen und Betrügen selten über ein vertretbares Maß hinaus. Viele würden in einem Versuch beispielsweise schummeln, um 10 Euro zusätzlich zu erhalten, jedoch keine 100 Euro einstreichen, selbst wenn sie könnten. Der israelisch-amerikanische Psychologe Dan Ariely erklärt das mit folgendem Dilemma: Wir wollen zwar egoistisch unseren Nutzen maximieren, aber gleichzeitig vor uns selbst als »ehrliche, ehrbare Menschen« erscheinen. Man könnte auch sagen: Wir wollen unsere moralische Identität bewahren.

Die These der moralischen Identität erklärt auch, warum der Vorwurf »Lügenpresse« und die Verbreitung von Fake News oder Verschwörungstheorien zwei Seiten derselben Medaille sind. Beide Manöver sind von dem Antrieb gesteuert, dass die Welt zur eigenen moralischen Identität passt, etwa der Annahme, dass Migranten eine Gefahr für die heimische Bevölkerung darstellten. Wer von »Lügenpresse« spricht, meint damit nicht, dass die Fußballergebnisse von den Medien erlogen sind, ebenso wenig die Nachricht, dass Frank-Walter Steinmeier im Jahr 2018 Bundespräsident ist oder andere wertfreie Fakten. Der Vorwurf »Lügenpresse« zielt nur auf einen kleinen Ausschnitt an Tatsachen, die unmittelbar eines der sechs moralischen Prinzipien betreffen, zum Beispiel das Prinzip Loyalität, das sagt: Außenstehende stellen eine Gefahr für die eigene Gruppe dar. Wer Verschwörungstheorien und Fake News, also gefälschte Nachrichten, produziert und verbreitet, geht sogar noch einen Schritt weiter und erdichtet aktiv eine Welt, die sein moralisches Weltbild bestätigt. Beide Manöver bringen die kognitive Dissonanz zwischen eigenen Wertvorstellungen und den Fakten zum Verstummen.

Gruppenidentität

Hat Gott die Erde vor weniger als 10 000 Jahren erschaffen? Laut einer Umfrage aus dem Jahre 2017 glauben das fast 40 Prozent aller Amerikaner, während dem Grundgedanken der Evolutionstheorie nur 20 Prozent zustimmen. Die übrigen wissen nicht einmal, wie der Grundgedanke der Evolutionstheorie lautet. Vor zehn Jahren war die Lage noch dramatischer. Fast 70 Prozent der Republikaner und immerhin noch 40 Prozent der Demokraten bezeichneten sich damals als Kreationisten, glaubten also, dass die biblische Schöpfungsgeschichte wörtlich wahr ist. Im Jahr 2014 waren sogar noch 27 Prozent der Amerikaner mit Universitätsabschluss überzeugte Kreationisten. Sie schneiden bei Tests zum wissenschaftlichen Denken zwar oft gut ab, wissen beispielsweise genau, was ein Laser ist oder wie ein Atomkern aufgebaut ist. Doch sie verneinen gleichzeitig vehement, dass Menschen sich über Millionen von Jahren aus einfacheren Lebensformen entwickelt haben.

Nicht Bildungsstand und Intelligenz können dieses Verhalten erklären, sondern etwas anderes: Der Glaube an die Schöpfung ist in den USA ein klarer Konservativismusmarker. Die individuelle Identität vieler Menschen ist stark bestimmt von der moralischen Identität ihrer Gruppe, die sie verinnerlicht haben. Der Wunsch, dazuzugehören, überstimmt selbst bei gebildeten Republikanern ihren sonst kühlen Sachverstand. Ihre Denkfehler schützen also nicht nur ihre individuelle moralische Identität, sondern die ihrer Gruppe.

Progressive sind ebenso für identitätsschützende Denkfehler anfällig. In eindrucksvollen Versuchen hat der amerikanische Rechtswissenschaftler und Psychologe Dan M. Kahan mit Kollegen gezeigt, wie eng Identitätsschutz und Gruppenidentität zusammengehören. Er bat Probanden, Daten in fiktiven wissenschaftlichen Studien zu beurteilen, etwa Zahlenreihen über die heilende Wirkung einer Hautcreme. Versuchspersonen mit einem »analytischen Denkstil«, die souverän mit Zahlen und Statistiken umgehen können, schnitten dabei zwar besonders gut ab, konnten die Wirkung also korrekt beurteilen. Doch bei Datenreihen zu moralisch oder politisch umstrittenen Themen, etwa ob schärfere Waffengesetze die Kriminalitätsrate reduzieren, waren dieselben Probanden plötzlich deutlich schlechter. Die progressiven Demokraten glauben, dass solche Gesetze zu weniger Verbrechen führen, die konservativen Republikaner glauben das Gegenteil.

Ganz gleich, welche Datenreihen sie beurteilten mussten, mathematisch versierte Demokraten gelangten immer zu dem Schluss »weniger Waffen, also weniger Kriminalität«, auch wenn die Zahlen das Gegenteil suggerierten. Konservative Rechenkünstler lagen im umgekehrten Fall ebenso falsch. Obwohl beide Gruppen die Wirkung der Hautcreme nahezu identisch korrekt eingeschätzt hatten, gaben sie jetzt sogar schlechtere Antworten als mathematische Laien.

Das Versuchsergebnis ist ernüchternd, denn bisher sprach alles dafür, dass ein analytischer Denkstil vor groben Irrtümern und Fehlschlüssen schützt. Doch Kahans Testpersonen nutzten ihren Scharfsinn nicht wie sonst, um die Fakten exakt zu erfassen, sondern um ihr Selbstbild und damit die moralische Identität ihrer Gruppe zu verteidigen. Denselben Effekt kann man auch bei Versuchen beobachten, in denen Probanden Argumente beurteilen müssen, was Menschen mit einem analytischem Denkstil eigentlich leichtfallen sollte.

Märchenhafte Geschichten

Aus evolutionärer Perspektive stellen solche Fälle von Selbsttäuschung und andere identitätsschützenden Denkfehler ein Rätsel dar. Hätten unsere Vorfahren ständig ihre Umwelt falsch beurteilt, also die Chancen im Zweikampf mit Löwen überschätzt oder die Gefahr von Giftpilzen verkannt, hätten sie niemals ihre Gene weitergeben können. Bei Themen allerdings, die nicht unmittelbar das Überleben betrafen, mag es von Vorteil gewesen sein, vor anderen auf seinem Urteil zu beharren, um standfest und selbstsicher zu wirken. Ein zweiter Faktor könnte auch eine Rolle gespielt haben. Wer unbeirrbar an der Gruppenüberzeugung festhält, sendet ein klares Loyalitätssignal: die Zugehörigkeit zum Stamm ist mir wichtiger als die Wahrheit. Dieses Verhalten kennt man noch aus einem anderen Kontext, nämlich dem religiösen. Nirgendwo sonst konnten sich Fake News und absurde Verschwörungstheorien über Jahrtausende beharrlich halten: Gottheiten, die aussehen wie Elefanten, brennende Büsche, die sprechen können, Holzschiffe, die groß genug sind, alle Tiere der Erde zu fassen, Menschen, die als Tiere wiedergeboren werden oder solche, die ihren eigenen Tod am Kreuz überleben.

Mit Abstand betrachtet erscheinen viele religiöse Geschichten abenteuerlich, und selbst Gläubige urteilen so über unterschiedliche Glaubenssysteme, die nicht ihre eigenen sind. Doch die komplexen Riten und Narrative, die über Jahre erworben wurden, erfüllen die wichtige Funktion, Menschen dauerhaft eng miteinander zu verbinden. Zwar sind die Rituale oft aufwändig oder manchmal sogar gefährlich, und die märchenhaften Geschichten widersprechen den Fakten, aber die Mitglieder signalisieren damit eben gerade, dass sie bereit sind, viel auf sich zu nehmen, um dazuzugehören. Außerdem sind komplexe Riten und Geschichten ein gutes Erkennungszeichen für die Gruppenzugehörigkeit, denn für Außenstehende und Trittbrettfahrer sind sie schwer zu imitieren. Solche *kostspieligen Signale*, wie Evolutionsbiologen sagen, stärken den Zusammenhalt in der Gruppe und haben nachweislich positive Folgen für die Gemeinschaft. So haben die amerikanischen Anthropologen Richard Sosis und Eric Bressler anhand von autonomen Kommunen in den USA der letzten 200 Jahre gezeigt, dass die Gemeinschaften religiöser Siedler, die eine starke Hingabe verlangten, deutlich länger existierten als Gruppen, die sich religionsunabhängig gebildet hatten, wie etwa Anarchisten oder utopische Sozialisten. Während kaum eine säkulare Gruppe länger als acht Jahre Bestand hatte, hielten viele religiöse Gruppen deutlich länger, die erfolgreichste existierte über 125 Jahre.

Kahan und Kollegen meinen, bei der weltweiten Polarisierung ginge es nicht immer nur um Werte, sondern manchmal bloß um Fakten. Das scheint mir jedoch zu kurz gedacht, denn die Gesellschaft ist genau bei denjenigen Fakten gespalten, die moralisch relevant sind, weil sie die sechs Prinzipien betreffen. Wer über die Gefahren von Fracking, genmanipuliertem Mais, Einwanderern oder bewaffneten Privatleuten urteilt, tut das nicht allein mit Blick auf die Fakten, sondern immer auch aus der Perspektive der Moral. Unsere individuelle moralische Identität ist also ganz entscheidend von der Zugehörigkeit zu einer Gruppe geprägt, mit der wir gemeinsame Werte teilen. Daher ist es oft wichtiger, die »richtige« Moral zu verkünden als die richtigen Tatsachen.

Eindeutige Signale und eindeutige Werte

In der Silvesternacht 2015/2016 feierten auf dem Platz vor dem Kölner Dom Tausende von Menschen, darunter mehr als 1000 stark alkoholisierte Männer, von denen ein Teil übergriffig wurde. Wie sich später herausstellte, gab es in dieser Nacht über 1200 Opfer, darunter allein fast 500 Frauen, die Anzeigen wegen sexueller Belästigung stellten, fünf davon wegen vollzogener Vergewaltigung. Die Polizei konnte etwa 180 Beschuldigte ermitteln, zum Großteil Marokkaner, Algerier, Iraker und Syrer, von denen mehr als 100 entweder illegal oder als Asylsuchende in Deutschland lebten.

Mit Ausnahme einiger Lokalzeitungen berichteten die Medien nur verzögert über die Vorfälle. Erst am Abend des 5. Januar erschienen Beiträge im öffentlich-rechtlichen Fernsehen, und am selben Tag erklärte die Kölner Oberbürgermeisterin Henriette Reker, es sei nicht klar, ob es sich bei den Verdächtigen um Flüchtlinge handele, obwohl die Polizei schon seit dem 2. Januar wusste, dass die mutmaßlichen Täter aus dem nordafrikanisch-arabischen Raum stammten, wie sie auf einer Pressekonferenz am 4. Januar erklärte.

Die Einsatzkräfte, die Stadt und auch die Medien wurden für ihre Informationspolitik später weltweit kritisiert. So betonte die Parlamentarische Versammlung des Europarats Ende Januar mit Blick auf die Vorfälle, die Medien trügen für die Wahrheit eine »wichtige Verantwortung«, die sie nicht aus Gründen politischer Korrektheit verbergen sollten.

Wie konnte es zu der verzögerten Berichterstattung kommen? In Deutschland empfiehlt der Kodex des Presserats, bei Straftaten die Ethnie der mutmaßlicher Täter nicht zu nennen, solange sie für den Fall nicht relevant ist, weil fremdenfeindliche Deutsche diese Angaben statistisch nicht einordnen können, sondern unmittelbar als Bestätigung ihrer Vorurteile ansehen. Für Gruppenstärken von über 1000 Personen und einem Versagen der Staatsgewalt wie in der Kölner Silvesternacht gilt diese Regel nicht, hat aber offenbar die Berichterstattung geprägt.

Selbst als die Fakten bekannt waren, taten sich viele Progressive schwer mit der Einsicht, dass es sich bei den mutmaßlichen Tätern um chauvinistische Männer aus Nordafrika und anderen mehrheitlich muslimischen Ländern handelt. Als Progressiver hätte man die Übergriffigen und Vergewaltiger auch einfach »als Männer« für ihre Taten verurteilen können, aber weil die Täter gleichzeitig Fremde waren, hätte man damit ein *mehrdeutiges Signal* gesendet, das auf den ersten Blick nicht von rechtsradikalen Positionen zu Flüchtlingen zu unterscheiden gewesen wäre.

Eine ähnliche Dynamik war bei der Flüchtlingssituation 2015 am Werk. Die Rechtsradikalen haben aus Fremdenfeindlichkeit die Aufnahmepolitik der Regierung kritisiert. Wer aber aus anderen, etwa sicherheitspolitischen Bedenken Kritik äußern wollte, befand sich in einer problematischen Situation, denn jedes kritische Signal war zumindest auf den ersten Blick nicht von einer rechten Gesinnung zu unterscheiden. Daher haben viele lieber geschwiegen, zumal im linken Diskurs plötzlich jeder Aufnahmekritiker als Rechtsradikaler galt.

Diese Polarisierung von Meinungen hat der amerikanische Psychologe David G. Myers bereits in den Siebzigerjahren untersucht. Sobald sich Menschen großen, unpersönlichen Gruppen wie den »Linken«, den »Konservativen« oder den »Neuen Rechten« zuordnen, verschieben sie ihre Positionen von der Mitte zu den Rändern. Einige radikalisieren sich, weil sie in der Echokammer nur die Meinungen der Gesinnungsgenossen hören. Ebenso stark wirkt sich jedoch das *kollektive Nichtwissen* aus: Weil keiner weiß, was die anderen denken, aber jeder annimmt, dass die anderen eine extremere Auffassung, den vermeintlichen »Idealtyp« der Gruppe vertreten, will niemand die falschen Signale senden: aus Angst, der anderen Seite zugeordnet und so aus der Gruppe ausgestoßen zu werden.

Konformes Handeln beruht häufig nicht etwa auf tatsächlich geteilten Überzeugungen, sondern auf einem verinnerlichten Gruppenzwang. Unsere moralische Identität ist uns so wichtig, dass wir anderen nicht nur unsere Gesinnung, sondern auch unsere Gruppenzugehörigkeit unmissverständlich mitteilen wollen. Das bringt einen autoritären Konservativen, der nichts gegen Ausländer hat, genauso in Bedrängnis wie einen Linken, der unkontrollierte Einwanderung für problematisch hält. Unser Hang zur *moralischen Vereindeutigung* schließt auch ein, dass wir jede moralische Frage sofort klar entscheiden wollen und uns oft nicht die Mühe machen, die Komplexität eines Problems anzuerkennen oder verschiedene Aspekte gegeneinander abzuwägen.

Das Schweigen zu brechen ist in kleineren Gruppen leichter und auch erleichternd: Man ist oft überrascht, dass die anderen inhaltlich nicht so weit entfernt liegen. So erklärt sich, warum öffentliche Aufregungsdiskurse irgendwann kippen: Haben sich genug Kritiker auf der Gegenseite gefunden, trauen sie sich, ihre Meinung öffentlich zu bekunden.

Für den verinnerlichten Gruppenzwang finden sich verschiedene empirische Belege. So fällen Personen in einem Versuch radikalere Urteile zu politischen Themen, wenn man sie zuvor an ihre Parteizugehörigkeit erinnert hatte, obwohl gar keine Gruppenmitglieder in der Nähe waren. Der Studie *Hidden Tribes* zufolge, die die aktuelle Polarisierung in den USA untersucht, empfinden nicht etwa die strenggläubigen Konservativen, denen Loyalität traditionell besonders wichtig ist, den stärksten Gruppenzwang, sondern vielmehr die »progressiven Aktivisten« ganz links auf dem politischen Spektrum. Von ihnen verspüren 42 Prozent einen starken Konformitätsdruck innerhalb ihres Lagers, während der Durchschnitt aller Gruppen bei nur 29 Prozent liegt.

Wir sind die Guten!

Wer darf in die Gruppe? Menschen legen bei den Mitgliedern ihrer Gruppe weniger auf Freundlichkeit, gute Manieren oder Intelligenz Wert, sondern darauf, dass die anderen die passende Alltagsmoral haben, wie eine Pionierstudie aus den Niederlanden zeigt. Sobald sich eine Gruppenidentität ausbildet, schätzen die Mitglieder die Ansichten der fremden Gruppe extremer ein, als sie tatsächlich sind. Besonders die Progressiven halten alle, die nach dem traditionellen Schema *rechts* von ihnen stehen, für autoritärer, fremdenfeindlicher und reinheitsfanatischer, als es der Fall ist. Mehr noch: Haben sich Menschen einmal einem moralischen oder politischen Lager zugeordnet, werden sie schnell aggressiv, wenn man sie mit Positionen der Gegenseite konfrontiert. Sie wollen außerdem nicht mit Personen einer moralisch fremden Gruppe kooperieren oder in ihrer Nähe wohnen.

Selbst wenn sich eine Gruppe durch ein selbst gewähltes Merkmal bildet, wird sie durch eine geteilte Identität zusammengehalten, also einen oft stillschweigend akzeptierten moralischen Code. Bei Gruppen unterdrückter Minderheiten, die gemeinsame

Erfahrungen teilen, ist das offensichtlich, doch selbst bei modernen, frei wählbaren Stämmen wie Veganern, der Antifa oder den Neuen Rechten ist dieser moralische Tribalismus zu beobachten.

Die moralische Gruppenidentität erklärt, warum Debatten in den sozialen Netzen so aufgeheizt sind. Sobald man mit unbekannten Personen interagiert, stellt sich die Frage: Wo steht diese Person moralisch und politisch? Jeder ist sich darüber im Klaren, und so sehen sich viele genötigt, eindeutige Signale ihrer Zugehörigkeit zu senden. Da bei einem abwägenden Urteil Kritik von anderen zu erwarten ist, die vorgeblich noch tugendhafter sind, muss man diese Reaktionen schon im Voraus einplanen. Jede Nuancierung in der Argumentation nämlich könnte so klingen, als würde man einen moralischen Verstoß legitimieren. »Sie können ein Dirndl auch ausfüllen« – wer etwa den Spruch des FDP-Politikers Rainer Brüderle gegenüber der Journalistin Laura Himmelreich, der im Jahr 2013 die Aufschrei-Debatte auslöste, als verhältnismäßig harmlos empfand, konnte das nicht twittern, ohne gleichzeitig eine Erklärung hinzuzufügen, dass es sich in jedem Fall um unangemessene Wortwahl handelte. Während solch ein Spruch im Gegensatz etwa zur sexuellen Nötigung in der Kölner Silvesternacht in der Rechtsprechung weit unterhalb der Strafbarkeit liegt, fallen die Urteile im öffentlichen Diskurs strenger aus, weil moralische Vergehen hier nicht graduell bewertet, sondern absolut verurteilt werden.

Daher neigen viele dazu, eindeutige *Tugendsignale* zu senden. Diese Signale haben mindestens zwei Funktionen. Zum einen können wir mit geringem Einsatz Punkte auf unserem Moralkonto sammeln und uns so als tugendhaft und rechtschaffen darstellen. Zum anderen erleichtern diese Botschaften den sozialen Umgang, weil sie uns eindeutig einem Lager zuordnen. Wie bei anderen sozialen Informationen, etwa über das Geschlecht oder die sexuellen Präferenzen unserer Mitmenschen, haben wir auch bei der moralischen und politischen Gesinnung gerne Klarheit. Diese Tendenz ist ein Grund dafür, warum im Onlinediskurs die zur Schau getragene Empörung an den radikalen Außenposten die gemäßigten Stimmen aus der gesellschaftlichen Mitte übertönt, wo viele sich nicht auf einen rechten oder linken Gesinnungsdiskurs einlassen wollen.

Unser Hang zur moralischen Vereindeutigung hat aber nicht nur einen sozialen, sondern auch einen individuellen Grund. Identität lässt normalerweise keine Abstufungen zu. Wir würden nicht sagen, Jim aus dem Gedankenexperiment sei nach dem Unfall noch »zur Hälfte« er selbst. Weil wir unausgesprochen Identität absolut verstehen, färbt das vielleicht auf ihren Kern, die Moral, ab. Wir haben jedenfalls den Eindruck, wir könnten in moralischen Urteilen nicht unentschieden sein, etwa ob man die Herstellung von Plastik verbieten sollte oder ob die Seenotrettung von Flüchtlingen geboten ist, weil wir mit jedem moralischen Urteil auch über uns selbst etwas aussagen. Sogar wenn wir unschlüssig sind, müssen wir uns festlegen – die Alltagsmoral gestattet im Gegensatz zum Recht und zur Ethik selten Graustufen, obwohl sie nach gründlicher Überlegung viele hat.

Philosophen diskutieren über personale Identität, Psychologen über Identitätsschutz und Politikwissenschaftler über Identitätspolitik. Auf den ersten Blick scheint es sich um drei grundverschiedene Phänomene zu handeln, in denen nur zufällig das Wort »Identität« vorkommt. Auf den zweiten Blick jedoch haben alle drei einen Ursprung in unserer moralischen Identität, die sich darin äußert, dass wir uns über unseren moralischen Charakter definieren, dass Denken identitätsschützend und dass Gruppenzugehörigkeit im Kern moralisch ist. Deshalb kann die Vernunft Fragen nach Gut und Böse nicht abweisen, wie Kant sagen würde, aber ebenso wenig Fragen nach der richtigen Politik und der eigenen Identität.

Kurz gefasst

Unsere Moral ist essentiell für unsere Identität, daher neigen wir zu identitätsschützenden Denkfehlern, die eine kognitive Dissonanz auflösen, wenn Fakten oder Argumente unseren Werten widersprechen. Der Vorwurf »Lügenpresse« und die Verbreitung von Fake News und Verschwörungstheorien sind somit zwei Seiten derselben Medaille. Sie entspringen dem Wunsch, dass die Welt zum eigenen moralischen Kompass passt, der von der Gruppenidentität bestimmt ist. So nutzen selbst mathematisch versierte Probanden ihren Scharfsinn weniger, um Fakten zu erfassen, sondern um vielmehr das Selbstbild ihrer Gruppe zu verteidigen. In großen Gruppen herrscht Nichtwissen über die genaue Gesinnung der jeweils anderen. Darum verspüren Menschen einen Konformitätsdruck zur moralischen Vereindeutigung, indem sie mehrdeutige Botschaften vermeiden und dafür klare Tugendsignale senden. Weil sowohl die eigene Identität als auch die Gruppenzugehörigkeit eindeutig sein müssen, lässt die Alltagsmoral im Gegensatz zum Recht oder zur Ethik selten Graustufen oder Komplexität zu.

28 Emotionaler Elefant und vernünftiger Reiter: Denkt man besser mit dem Bauch oder dem Kopf?

Der Reiter zieht die Zügel an

Werden wir zu besseren Menschen, wenn wir über Moral nachdenken? Das wollte der amerikanische Philosoph Eric Schwitzgebel überprüfen und verglich dazu das Verhalten von Moralphilosophen mit dem von Kollegen, die sich nicht professionell mit Ethik beschäftigen. Das Ergebnis ist auf den ersten Blick ernüchternd. Ethiker spenden weder mehr Blut noch mehr Geld für gute Zwecke, antworten nicht zügiger auf E-Mails und rufen auch ihre Mutter nicht häufiger an als andere Menschen. Mehr noch, in den Universitätsbibliotheken der Philosophischen Institute werden mehr als doppelt so oft Bücher zum Thema Ethik gestohlen als zu allen anderen philosophischen Disziplinen.

Haidt sieht darin den Beleg für seine These, dass Emotionen unsere Moral nicht nur beeinflussen, sondern vielmehr festlegen und dass die Vernunft keine Macht über diese Emotionen hat. In Haidts Sinnbild geht der Elefant (die emotionale Intuition) stur seinen Weg, während der Reiter (die Vernunft) hilflos auf dem Rücken des Dickhäuters sitzt und sich und anderen einredet, er gäbe die Kommandos. Schwitzgebels Studie ist sicherlich suggestiv, für die Moralpsychologie allerdings wenig aussagekräftig, da sich Test- und Vergleichsgruppe zu sehr ähneln, als dass große

Unterschiede zu erwarten wären. Hätte Schwitzgebel ermittelt, wie viele Ethiker Vegetarier sind, und den Prozentsatz mit der Gesamtbevölkerung verglichen, wäre sicherlich deutlich geworden, dass sich das Studium der Moralphilosophie auch auf die gelebte Moral auswirkt.

Haidt nennt noch andere Beispiele für seinen *Sentimentalismus*, also die These, dass die Moral immer von den Emotionen abhängt. So hat sein Kollege Scott Murphy buchstäblich den Advokaten des Teufels gespielt und Versuchspersonen gefragt, ob sie ihm für zwei Dollar ihre Seele verkaufen. Nur 23 Prozent waren dazu bereit, was überrascht: Selbst wenn wir eine unsterbliche Seele besäßen, wäre sie sicherlich unveräußerlich und vermutlich nicht an amerikanisches Vertragsrecht gebunden. Offenbar waren viele Probanden dennoch von einer unausgesprochenen Angst beeinflusst, ihre Seele zu verlieren. Nachdem Murphy mit ihnen diskutiert und sie von der Nichtexistenz einer immateriellen Seele überzeugt hatte, ließen sich allerdings weitere 17 Prozent umstimmen. Haidt und Murphy folgern daraus, dass hier die Ängste stärker als die Vernunft sind, der Reiter also machtlos auf dem Rücken des Elefanten sitzt. Tatsächlich zeigt das Ergebnis aber das Gegenteil: Es ist möglich, mit vernünftigen Überlegungen seine irrationalen Abwehrreaktionen zu überstimmen. Dass weniger als die Hälfte der Versuchspersonen dazu in der Lage waren, spricht nicht für Haidts Theorie der machtlosen Vernunft, sondern vielmehr gegen diese abergläubischen Probanden.

Haidt hat mit seinen Tabufragen wie »Dürfen unfruchtbare erwachsene Geschwister einvernehmlichen Sex haben?« seine Versuchspersonen zwar in eine *moralische Sprachlosigkeit* versetzt, doch etwa 20 Prozent revidierten nach gründlichem Überlegen ihre erste ablehnende Reaktion. Diesen Einfluss von Überlegungen auf Emotionen legen auch andere Studien nahe. Personen, die grundsätzlich gründlich nachdenken, reagieren auf die Inzestfrage ohnehin deutlich seltener mit Ablehnung. Gibt man Probanden mehr Zeit für die Antwort, tendieren sie ebenfalls stärker zu Urteilen, die auf moralischen Prinzipien und nicht auf der intuitiven Ekelreaktion beruhen. Diese beiden Experimente deuten darauf hin, dass wir unsere emotionsbasierten Urteile aktiv berichtigen können, was inzwischen auch andere Untersuchungen nahelegen.

Fortschritt durch Selbstkontrolle

Würden Sie den Urin von fremden Menschen probieren? Allein die Vorstellung klingt ziemlich eklig. Doch in den Fünfzigerjahren haben Allgemeinärzte noch auf diese Weise am süßen Geschmack überprüft, ob ihre Patienten erhöhten Blutzucker haben: Finger in den Becher und ablecken. Das war sicherlich nicht angenehm, das Beispiel zeigt aber, dass man Ekel und andere Emotionen aktiv überwinden kann, wenn es darauf ankommt. Wäre das nicht der Fall, würde niemand in Krankenhäusern oder in Pflegeberufen arbeiten. Aus dem Alltag kennt das jeder: Man kann trotz Flugangst in den Flieger steigen, oder man kann tief durchatmen, wenn der Zorn in einem aufsteigt. Aggressionstraining hilft nachweislich, um beispielsweise auf Provokationen gelassen zu reagieren.

Studien in den USA zeigen, dass Konservative und Progressive in ihrer spontanen intuitiven Einschätzung oft sehr nahe beieinanderliegen, etwa in der Frage, ob Obdachlose an ihrem Schicksal selbst schuld sind. Wenn Progressive durch andere Aufgaben abgelenkt oder betrunken sind, geben sie ebenfalls ähnliche Antworten wie Konservative. Progressive ändern ihre Urteile aber, wenn sie konzentriert und kühlen Kopfes antworten. Daraus folgt nicht nur, dass Alkohol temporär konservativ macht, sondern umgekehrt auch, dass Progressive ihre unmittelbaren emotionalen Reaktionen im Alltag systematisch zensieren. Bei Konservativen und Rechtsradikalen hingegen findet wenig Zensur statt, daher sind spontanes Bauchgefühl und überlegtes Urteil bei ihnen oft im Einklang. Die *interessengeleitete Korrektur* (»motivated correction«) der Progressiven ist eine Form von Selbstkontrolle, die uns manchmal zu besseren Menschen macht.

Auch die Neurologie zeigt das. Wenn Testpersonen, wie erwähnt, Gesichter einer ihnen fremden Ethnie sehen, reagiert bei einigen die Amygdala im Angstschaltkreis zwar schon nach einer Zwanzigstelsekunde, aber ein paar Sekunden später drosselt das »kalte System« im Frontalhirn diese automatische Reaktion. Ebenso haben Testpersonen in Untersuchungen weniger Vorurteile gegenüber alten Menschen, wenn sie sich bewusst in deren Lage versetzen. Sie sagen dann seltener, dass Ältere schwach, langweilig und unselbstständig sind. Und Männer sind in ihren Urteilen weniger von Gender-Stereotypen beeinflusst, wenn man ihnen sagt, sie müssten sich aktiv eine »starke« Frau vorstellen. In solchen Fällen werden spontane Emotionen durch Nachdenken in die Schranken verwiesen.

Man kann Gefühlsdispositionen nicht nur kurzfristig kontrollieren, sondern zu einem gewissen Grad dauerhaft selbst gestalten. In einem Versuch in den USA wurden Männer auf dem Weg zu einem Labor von einem scheinbar Unbeteiligten als »Arschloch« beschimpft, kurz bevor ihr Testosteronwert von den Forschern ermitteltet wurde. Nach dem Vorfall war der Hormonspiegel bei hitzköpfigen Südstaatlern deutlich höher als bei den besonnenen Nordstaatlern, die offenbar durch Erziehung und Selbstkontrolle besser mit belanglosen Konflikten umgehen konnten.

Einige Untersuchungen legen nahe, dass progressive Moralauffassungen auch von Intelligenz und Bildung abhängen. So hat eine Studie mit mehr als 15 000 Versuchspersonen in England und den USA gezeigt, dass Menschen, die zum Autoritarismus neigen, also der Extremform des Prinzips Autorität, einen niedrigeren Intelligenzquotienten als die Durchschnittsbevölkerung haben. Adorno hätte das nicht überrascht.

Die Bildung des rationalen Denkens

Bildung ist ebenfalls ein wichtiger Faktor für moralischen Fortschritt. Deutsche mit niedriger Bildung sind eher menschenfeindlich und lehnen beispielsweise Muslime zu 24 Prozent oder Langzeitarbeitslose zu 55 Prozent ab. Bei Deutschen mit einem hohen Bildungsstand liegt dieser Anteil bei 8 und bei 35 Prozent. Auch die Anfälligkeit für populistische Parteien befindet sich bei Deutschen mit niedriger und mittlerer Bildung über dem Durchschnitt, bei Hochgebildeten darunter. Da der Bildungsstand nicht unmittelbar von den emotionalen Dispositionen abhängt, ist es naheliegend, dass man mit der Erziehung ein progressives Emotionsprofil erworben oder als Nebeneffekt emotionale Selbstkontrolle erlernt hat. Noch wahrscheinlicher ist, dass man eingesehen hat, dass Fairness und Mitgefühl vernünftig und allgemein geboten sind, weil man sie auch von anderen für sich selbst erwartet.

Michele J. Gelfands Untersuchung zu den *strengen* und den *lässigen* Ländern hat gezeigt, dass religiöser Kollektivismus Kulturen nicht nur am moralischen, sondern auch am ökonomischen und gesellschaftlichen Fortschritt hindert. Im weltweiten Vergleich schneiden zum Beispiel mehrheitlich muslimische Länder in fast allen Indizes schlecht ab: bei Gesundheit, Bildung, Lebenszufriedenheit, Meinungsfreiheit und Demokratie. Doch auch hier deutet sich ein Wandel an, wie eine Untersuchung von über 100 000 Muslimen aus 83 Ländern von Australien bis Saudi-Arabien zeigt, von denen sich über 90 Prozent mit dem Höchstwert »sehr religiös« beschreiben: Je höher der Bildungsstand und je verbreiteter die Berufstätigkeit der muslimischen Frauen in den untersuchten Regionen ist, desto mehr treten patriarchale Werte auch bei den Männern in den Hintergrund und damit Gleichberechtigung in den Vordergrund. Auch für den Islam gilt: Die Zukunft ist weiblich – und damit fürsorglicher, fairer und freier.

Bildung ist für sich genommen nicht der entscheidende Faktor. Wer den Dreisatz beherrscht, über den Dreißigjährigen Krieg Bescheid weiß oder Goethe zitieren kann, ist noch nicht gegen impulsives Denken gefeit. Mit der richtigen Bildung kann man allerdings einen analytischen Denkstil trainieren. Während das *intuitive Denken* schnell, emotional und automatisch ist, fordert das *analytische Denken* (auch *rationales* oder *kritisches* Denken genannt) aktive Aufmerksamkeit und ist daher langsam und anstrengend, kann jedoch automatisierte Prozesse zügeln oder sogar stoppen. Im Alltag wechseln wir zwischen beiden Denkstilen hin und her. Menschen unterscheiden sich allerdings auch darin, wie stark sie in ihrem Leben klares Denken betonen. Untersuchungen zeigen: Progressive haben eher einen analytischen, Traditionalisten eher einen intuitiven Denkstil. Anhand der Denkstile kann man die politischen Ausrichtungen sogar besser vorhersagen als anhand von Auffassungen über Wirtschaftspolitik, die man traditionell für die Zuordnung der Lager heranzieht. Besonders Rechtsradikale und andere Extremisten sind mehr von Emotionen geleitet, verlassen sich weniger auf Statistiken und sind somit anfälliger für »gefühlte Wahrheiten«, selektive Wahrnehmung und weitere Formen der Selbsttäuschung. Diese Denkfehler sind natürlich auch dem progressiven Lager nicht fremd, treten dort aber insgesamt seltener auf.

So sind zum Beispiel die Folgen des Klimawandels und andere globale und damit abstrakte Themen in den Wahlprogrammen vieler rechtspopulistischer Parteien wie der AfD kaum vertreten. Ein niedriger Wert bei Offenheit lässt Menschen vor Vielfalt und Komplexität zurückschrecken und bringt auch Starrsinn im Urteilen mit sich. Sehr konservative und rechtsradikale Menschen mögen keine Überraschungen, schon gar nicht in Form von Argumenten.

Wie man moralischer wird

Darf ein mittelloser Mann in eine Apotheke einbrechen und Medikamente stehlen, um seine todkranke Frau zu retten? Eine Antwort könnte lauten »Nein, Einbruch ist verboten«, eine andere »Ja, der Einbruch dient einem höheren Zweck.« Solche Fragen hat der amerikanische Psychologe Lawrence Kohlberg seinen Versuchspersonen gestellt und anhand der Antworten schon 1958 die moralische Entwicklung des Menschen nachgezeichnet, die man in eine *egoistische*, *konventionelle* und *philosophische* Phase einteilen kann, die jeweils zwei Stufen haben. An der Frage »Warum darfst Du Abel nicht schlagen?« kann man Kohlbergs einflussreiche Idee verdeutlichen. Kinder sind zuerst in der egoistischen Phase. Sie fürchten Strafe und antworten: »Weil dann die Eltern böse sind«. Ein paar Jahre später betonen sie gemeinsame Vorteile: »Weil Abel dann nicht mehr mit mir spielt.« In der zweiten, der konventionellen Phase erklären Testpersonen ihr Verhalten mit sozialen Regeln. Als Schulkinder betonen sie ihre soziale Rolle: »Als Freund oder Freundin macht man so etwas nicht«, als Teenager und Erwachsene lernen sie, Regeln und Gesetze anzugeben: »Das ist verboten.«

Erst in der dritten, der philosophischen Phase begründen Menschen ihr moralisches Handeln mit Aussagen wie »Für das Allgemeinwohl ist es am besten, wenn man nicht gewalttätig ist«, also mit der Idee eines Gesellschaftsvertrags. Erst in der letzten Stufe dieser Phase, so Kohlberg, führen sie universelle moralische Prinzipien wie Kants kategorischen Imperativ an: »Wenn ich jemanden schlage, kann die Maxime meines Willens nicht jederzeit zugleich als Prinzip einer allgemeinen Gesetzgebung gelten«, oder salopp gesagt: »Was, wenn jeder das macht?«

Nachfolgende Studien haben zwar Kohlbergs Phasen nicht ganz so trennscharf nachgewiesen, wie er sich das vorgestellt hat, die Grundidee aber bestätigt, dass wir schrittweise zur moralischen Reife gelangen. Kohlberg war von dem amerikanischen Philosophen John Rawls beeinflusst, dem einflussreichsten Gerechtigkeitstheoretiker des 20. Jahrhunderts, und er hat in seinen Umfragen nie Begründungen der höchsten Stufe erhalten. Wahrscheinlich haben außer Rawls ohnehin nur wenige Philosophen den Gipfel der Kohlberg'schen Entwicklungspyramide erklommen. Jedenfalls kommt laut einer Umfrage kein Landbewohner in den USA über die konventionelle Phase hinaus.

Kohlberg macht die moralische Entwicklung an der *Ethik der Autonomie* fest, also an den drei progressiven »F«s: Fürsorge, Fairness und Freiheit. Haidt bemängelt deshalb, dass Kohlberg moralische Urteile über Inzest, Kannibalismus oder die Familienehre ausklammere, denn für viele Menschen können auch die Gruppe oder heilige Symbole Schaden nehmen und damit die Prinzipien Autorität, Loyalität und Reinheit verletzt werden.

Doch Haidt verwechselt Alltagsmoral mit Ethik: Nur weil einige Menschen im Alltag traditionalistisch und im Extremfall rechtsradikal urteilen, heißt das nicht, dass sie auch im Idealfall so urteilen *sollten*. Bei Haidt klingt es oft so, also stünden die alltagsmoralischen Systeme der unterschiedlichen Kulturen gleichwertig nebeneinander und als sei die universelle Moral der Menschenrechte nur eine von vielen Alternativen. Doch das ist fraglich. Zum Vergleich: Nur weil einigen Menschen Mathematik schwerfällt, heißt das nicht, dass wir Mathematik grundsätzlich aufgeben oder »alternative Mathematiken« akzeptieren sollten. Und nur weil einige Menschen eine traditionalistische Moral haben, in denen Andersgläubige, Frauen oder Fremde wenig Rechte haben, heißt das nicht, dass wir diese Sichtweise als gleichwertig akzeptieren sollten.

Der Fall liegt also genau umgekehrt. Nicht der Theorie von Kohlberg, sondern den konservativen Prinzipien fehlt etwas, nämlich die *Universalisierbarkeit*. Das ist die Grundidee von Kants kategorischem Imperativ: Moralische Prinzipien müssen jederzeit für alle gelten. Fürsorge, Fairness und Freiheit kann man in dieser

Weise verallgemeinern, also für alle Menschen fordern, wie es in der Erklärung der Menschenrechte der Fall ist: Man soll alle Menschen vor Schaden bewahren, gerecht behandeln und ihnen die Möglichkeit zur freien Entfaltung geben.

Die drei konservativen Prinzipien hingegen sind zumindest in ihrer Grundform asymmetrisch und können daher nicht ohne weiteres für alle gleichermaßen gelten. Autorität geht von einer Hierarchie aus, die besagt, dass einige höher gestellt sind als andere. Das Prinzip Loyalität beruht auf der scharfen Trennung zwischen dem eigenem Stamm und dem fremdem Stamm, indem es Gruppenmitglieder bevorzugt und im Extremfall Außenstehende herabsetzt. Reinheit ist zwar nicht für sich genommen asymmetrisch, hängt aber stark von zufälligen Umweltfaktoren wie Parasitenbelastung, Impfstoffen oder der Bevölkerungsdichte ab und ist damit für eine universelle Ethik ungeeignet.

Universalismus und Freiheit

Haidt und andere Forscher neigen zu einem Relativismus, der zugespitzt lautet: Jede Kultur hat ihre eigene Moral. Wenn die Moral den Gefühlen gehorchen muss, kann sie als Sklavin der Leidenschaften schwerlich universell sein.

Im Westen ist moralischer Relativismus heute oft aus Minderheitenschutz heraus, also aus Fürsorge und Fairness motiviert, aus der Angst, in der Moral kolonialistisch oder »ethnozentrisch« zu verfahren. Doch universelle moralische Prinzipien sind nicht »westlich«, nur weil einige von ihnen zuerst im Westen formuliert wurden, genauso wenig wie das Prinzip des gewaltlosen Widerstands gegen Unterdrücker »indisch« ist, nur weil es Gandhi als Erster erfolgreich gegen die britischen Besatzer eingesetzt hat. Der kulturunabhängige Charakter der Menschenrechte zeigt sich schon darin, dass sich alle Staaten der Welt auf sie verständigen konnten.

So verurteilen wir Menschenrechtsverletzungen mit guten

Gründen, nicht weil sie in China, Russland oder den mehrheitlich islamischen Ländern stattfinden und natürlich nicht nur dort, sondern weil sie immer und zu allen Zeiten falsch sind, ganz gleich, wer sie wo begeht. Man denke an Genitalverstümmelung, Strafamputationen für Diebstahl und andere eher belanglose Vergehen, Diskriminierung von Frauen und Minderheiten, Einschränkungen der Meinungs- und Pressefreiheit und an »opferlose« Straftaten wie Homosexualität oder Alkoholkonsum.

Als Moralpsychologe irrt sich Haidt also über die Natur des Menschen und als moralischer Relativist irrt er sich über die Natur der Moral. Zum einen übersieht er die Macht der Vernunft. Hätten Gedanken keinen Einfluss auf unsere Moral, gäbe es keinen Fortschritt, und wir würden noch so denken und handeln wie in Urzeiten. Nicht nur die gesamte Zivilisationsgeschichte und zahlreiche Experimente, sondern auch der Alltag zeigt jedoch, dass wir die Fähigkeit und den Willen haben, uns gegen unsere Neigungen zu entscheiden, auch wenn wir zu selten davon Gebrauch machen.

Zum anderen sieht Haidt nicht, dass zwar Emotionen die Alltagsmoral bestimmen, aber gerade nicht Grundlage für eine substanzielle Ethik sein können. Diese Einsicht spiegelt sich unter anderem in der Gesetzgebung wider. Steuerbetrug zum Beispiel wird in Deutschland hart bestraft, auch wenn er unter den Bürgern nicht besonders starke Empörung hervorruft, vielleicht weil manch einer schon mal die Filzstifte für die Kinder als »Bürobedarf« abgesetzt hat. Umgekehrt kann Untreue in der Partnerschaft zu unvorstellbaren emotionalen Reaktionen führen, ist aber moralisch relativ harmlos und spielt vor dem deutschen Gesetz überhaupt keine Rolle: Man kann seinen Partner nicht dafür verklagen, dass er einen betrogen hat. Wir haben gute Gründe, unsere Ethik an langfristigen Zielen und universellen Prinzipien und nicht an den Leidenschaften des Moments auszurichten. Haidt meint, die westliche Moral mache uns blind für Systeme anderer Kulturen, doch seine Forschung hat eher ihn kurzsichtig gemacht für den Wert universeller Normen. Oder anders ausgedrückt: Unser moralisches Handeln anhand unserer emotionalen Neigungen und Entscheidungen zu *erklären*, wie es die Moralpsychologie normalerweise tut, ist etwas anderes, als eine Moral *normativ zu begründen*, wie es in der Moralphilosophie der Fall ist. Wer beides nicht auseinanderhält, begeht den *naturalistischen Fehlschluss*, indem er, etwas vereinfacht gesagt, aus einem Sein fälschlich ein Sollen ableitet.

Haidt behauptet, die Vernunft sei so etwas wie der Pressesprecher der Intuition. Während der emotionale Elefant seinen Weg gehe, sei der hilflose Reiter damit beschäftigt, die Kapriolen des Dickhäuters gegenüber anderen und sich selbst im Nachhinein plausibel zu machen. Sicherlich ist richtig, dass wir manchmal für unsere spontanen Taten und Urteile nachgereichte Scheinerklärungen abgeben, doch von diesen Fehlleistungen kann man nicht auf den Normalfall schließen.

Denn erstens können wir für die meisten unserer Entscheidungen einen Grund angeben, den wir schon *vor* der Handlung hatten: Wir haben etwas gegessen, weil wir Hunger hatten, wir haben die Reise gebucht, weil wir in den Urlaub fahren wollten, und wir haben die Weiche umgelegt, weil wir lieber fünf als nur einen Menschen retten wollten.

Zweitens zeigen die Fälle, dass Handlungen grundsätzlich eine Begründung verlangen, die wir meist auch geben können, besonders dann, wenn sie moralisch relevant sind. Gerade deshalb fühlen wir uns in einigen Situationen genötigt, mehr zu begründen als wir ehrlicherweise können.

Drittens waren in der Evolution nicht nur die archaischen Instinkte vorteilhaft für das Überleben unserer Spezies, auch Vernunft und Autonomie müssen einen Vorteil mit sich gebracht haben, sonst hätten sie sich nicht durchgesetzt. So können wir mithilfe der Vernunft langfristig planen und dadurch zum Beispiel länger leben. Mentale Autonomie, man könnte auch sagen: Willensfreiheit, ist die Fähigkeit zu wählen, die Freiheit zur Entfaltung der eigenen Wünsche und Ziele, die auch die Fähigkeit einschließt, eine Distanz zu sich selbst einzunehmen und sich bewusst gegen seine emotionalen Neigungen zu entscheiden. Das meint Kant, wenn er sagt, wir sollen das moralische Prinzip zu unserem Willen machen. Er hat nicht gesagt, dass uns das in jedem Fall gelingt, sondern nur, dass wir es tun *sollen*. Genau das unterscheidet eine Ethik von der emotionalen Alltagsmoral.

Kurz gefasst

Die Versuche einiger Moralpsychologen widersprechen ihrer eigenen Theorie, denn Probanden revidieren ihre intuitiven Moralurteile durch Nachdenken. Das zeigt, dass der Reiter (die Vernunft) den Elefanten (die Emotionen) steuern kann. Gefühlsdispositionen kann man nicht nur kurzfristig kontrollieren, sondern bis zu einem gewissen Grad dauerhaft selbst gestalten. Vor allem Intelligenz, Bildung und ein analytischer Denkstil machen es wahrscheinlicher, dass man automatisierte Prozesse stoppt. Daher spricht viel dafür, eine Ethik an universellen Prinzipien, jedoch nicht an den Leidenschaften des Moments auszurichten. Progressive neigen zu einem analytischen, Traditionalisten und Rechtsradikale zu einem intuitiven Denkstil. Progressive Prinzipien sind im Gegensatz zu konservativen universalisierbar und daher aus gutem Grund Fundament für die Menschenrechte. Die Vernunft ist weder die Sklavin der Leidenschaften noch die Pressesprecherin der Intuition, sondern Voraussetzung für unsere Autonomie.

29 Die progressive Revolution: Warum ist Offenheit die Tugend der Zukunft?

Früher war alles schlechter

Stellen Sie sich vor, ein Flüchtlingsheim wurde angegriffen und ein Politiker beschwert sich danach über den »ungebremsten Zustrom« der Fremden, ohne dabei die Täter mit einem Wort zu erwähnen, während sein Parteikollege hinzufügt: »Wir brauchen eine neue Mauer«, weil die Fremden »uns überschwemmen«. Andere sagen: »Wenn ein paar Juden meckern, dann machen wir doch kein Gesetz gegen die Auschwitz-Lüge«, die Erinnerung an Ausschwitz sollte »in der Versenkung oder Versunkenheit« verschwinden und »allen Toten des Krieges«, also auch SS-Männern, gebühre die »gleiche Ehrfurcht«.

Wer jetzt hofft, dass diese Partei niemals an die Macht kommt, wird überrascht sein: Sie war schon in der Regierungsverantwortung und ist es heute erneut. Die Zitate stammen von Mitgliedern der CDU/CSU-Fraktion aus den Jahren 1987 bis 1992, von Herbert Helmrich, Berndt Seite, Theo Waigel, Franz Josef Strauß und Alfred Dregger. Die Union hatte, so damals Heiner Geißler, ein klares Feindbild: die »Kir-Royal-Society« aus Intellektuellen und reichen Stadtbewohnern. In den Augen der Konservativen war links-grün zwar nicht »versifft«, aber immerhin »igitt«, wie der *Spiegel* im Jahr 1987 schreibt.

Wer die Prosa und die Themen aus dieser Zeit mit denen der Gegenwart vergleicht, bekommt einen guten Eindruck vom gesellschaftlichen Wandel. Innerhalb von dreißig Jahren sind nicht nur große Teile der CDU/CSU, sondern insgesamt die Mehrheit der Deutschen und der übrigen Welt deutlich fürsorglicher, liberaler und friedlicher, kurz: progressiver geworden. Dieser Wandel veranschaulicht allerdings auch, warum am rechten Rand der Parteienlandschaft eine Lücke aufgeklafft ist, die jetzt eine neue Partei besetzt.

Fast alle Länder und Kulturen haben in den letzten Jahrhunderten eine Entwicklung vom kollektivistischen Stammesmodell zu modernen Gesellschaftsformen durchgemacht. Die Menschen legen mehr Wert auf Individualismus und universelle Gesetze, sodass der moralische Kompass immer weniger in Richtung Autorität und Loyalität ausschlägt, dafür mehr in Richtung Fairness und Freiheit, wie der amerikanische Anthropologe Alan Fiske zeigt. Den logischen Fluchtpunkt dieser Entwicklung stellt die Gründung der Vereinten Nationen im Jahr 1949 dar, einer überstaatlichen Institution, die auf der Idee universeller Menschenrechte beruht. In den 100 000 Jahren Menschheitsgeschichte davor hätte niemand im Traum daran gedacht, einen ständigen Rat für die gesamte Menschheit einzurichten. Selbst in den heutigen konservativ-autoritären Regionen der Welt, zum Beispiel in China, Russland und im arabischen Raum, haben die Menschen progressivere Werte als zuvor, etwa wenn es um die Autorität der Religion geht, um Scheidung, Sex vor der Ehe oder Selbstmord, vergleichbar mit denen im Westeuropa der Sechzigerjahre. In Zukunft ist also keine Islamisierung des Abendlandes zu erwarten, sondern eher eine Abendlandisierung des Islam.

Zeichen des Fortschritts

Auch die weltweit geteilte Fürsorge für Tiere ist ein anschauliches Beispiel für die *progressive Revolution* nach Ende des Zweiten Weltkriegs. Die Vorstellung, dass auch sie Rechte haben, wurde erst Anfang der Siebzigerjahre durch den britischen Psychologen Richard D. Ryder popularisiert, und sein ehemaliger Studienkollege Peter Singer hat die *Tierethik* als philosophische Teildisziplin überhaupt erst ins Leben gerufen. Noch im Paris des 17. Jahrhunderts war es ein gängiger Studentenspaß, Katzen bei lebendigem Leib zu verbrennen. In Deutschland wird Tierquälerei heutzutage mit einer Freiheitsstrafe von bis zu drei Jahren bestraft.

Zum Glück ist auch Gewalt gegenüber Kindern zurückgegangen, weil bei der Erziehung nicht mehr Autorität, sondern Fürsorge im Vordergrund steht. Noch zu meiner Schulzeit war es keinesfalls komplett verpönt, dass Eltern ihren Kindern für Frechheiten eine Ohrfeige gaben, und in der Grundschule haben wir Jungs uns regelmäßig geprügelt: Die Frage, wer der Stärkste ist, war damals ziemlich wichtig. Dieses Verhalten wird inzwischen von Lehrern und Eltern viel entschiedener sanktioniert – auch ein Ergebnis der progressiven Revolution.

Religionen sind weltweit ebenfalls auf dem Rückzug. Die vormoderne Autorität der Glaubensinstitutionen hat in vielen Kulturkreisen den Rang an die evidenzbasierte Expertise der Wissenschaft abgegeben, wie der amerikanische Politologe Ronald Inglehart und seine Kollegen in einer internationalen Studie zu den Werten der Weltbevölkerung belegen. Inzwischen bezeichnen sich fast ein Viertel aller Menschen als »atheistisch« oder »nicht religiös«. Im Westen ist das besonders deutlich zu erkennen. Während im Zweiten Weltkrieg noch 70 Prozent der britischen und 80 Prozent der amerikanischen Soldaten sicher waren, dass Gott existiert, beschreiben sich heute nur noch 40 Prozent der angelsächsischen Millennials als gläubig. In den anderen westlichen Ländern ist der Anteil noch deutlich geringer.

Wenn Randy Thornhill mit seinem *Parasitenmodell der Demokratisierung* recht hat, war ein entscheidender Faktor für die progressive Revolution der Achtundsechziger und der Hippies das Antibiotikum *Penicillin*, das nach Kriegsende flächendeckend im Westen eingesetzt wurde. Bald folgten Arzneien gegen Viren,

Kleintiere, Parasiten und Pilzinfektionen. Nicht nur unverbindlicher Sex wurde so, nicht zuletzt durch die Antibabypille und die Verbreitung von Kondomen, deutlich risikoärmer, auch die Umgangsformen konnten sich lockern und der Austausch konnte sich internationalisieren. Die verbesserte Hygiene hat ebenfalls einen Teil zum Fortschritt beigetragen. Während es noch in den Fünfzigerjahren unüblich war, mehr als einmal wöchentlich zu baden oder täglich die Unterwäsche zu wechseln, ist das heute mit einigen Abstrichen relativ gängig. Solange die Umwelt bedrohlich und infektiös erscheint, stellen Traditionalismus und Kollektivismus mit den konservativen Prinzipien Autorität, Loyalität und Reinheit eine erfolgreiche Strategie dar, die umso hinfälliger wird, je reiner und sicherer wir die Welt einschätzen.

Eine sichere Umwelt bietet zwar einen guten Nährboden für die progressive Revolution, reicht allein aber nicht aus, denn auch Werte und Handlungsweisen müssen sich ändern. Dieser Wandel war nur möglich, weil viele Menschen sich und ihre Kinder zur Selbstkontrolle und zur Offenheit erzogen haben. Jemand muss damit angefangen haben, denn unser Leben ist inzwischen weit entfernt von der Moral unserer Großeltern. Das heißt aber auch, dass die Menschen irgendwann die universellen Prinzipien Fürsorge, Fairness und Freiheit überzeugender fanden als das ihnen vertraute und damit näherliegende Stammesdenken. Der Wandel beruhte auf moralischer Einsicht, aber auch auf einer gelebten Offenheit.

Die Offenheit der Kultur

Der *Tatort* dauert 90 Minuten. Dann ist der Fall gelöst, der Täter gefasst und die Ordnung wiederhergestellt. Die Kommissare haben ihre Eigenarten, sind aber eindeutig die Guten. Natürlich ist auch der *Tatort* mit der Zeit gegangen, aber als traditionelles Narrativ der alten Bundesrepublik bedient er bis heute den konservativen Wunsch nach Struktur und Klarheit. Er spricht eher jene

Zuschauer an, die deutlich zwischen Gut und Böse unterscheiden wollen und sich bei Problemen nach einer Auflösung und bei Geschichten nach einem Abschluss sehnen.

Die junge Generation hingegen kann nicht nur besser als ihre Eltern und Großeltern mit Fremdheit, Mehrdeutigkeit und Vagheit leben, sie findet all das sogar ästhetisch ansprechend. Daher sind Komplexität und Ambivalenz ein neues und dominierendes Merkmal der Unterhaltungsindustrie. Die großen Narrative unserer Zeit, also Fernsehserien und Computerspiele, die besonders bei jungen Menschen beliebt sind, setzen weder auf eindeutige Rollenverteilungen noch auf eine abgeschlossene Handlungsführung. So entwerfen die erfolgreichsten US-amerikanischen Serien wie *The Sopranos*, *Homeland*, *Game of Thrones*, *Breaking Bad*, *House of Cards* oder *Westworld* Charaktere mit feinen Schattierungen und Geschichten, die bis zur Grenze der Verständlichkeit verdichtet sind. Die oft zerrissenen Hauptfiguren begehen moralisch verwerfliche Taten, gewinnen aber trotzdem das Verständnis und Mitgefühl der Zuschauer. In großen Hollywoodproduktionen ist das nicht anders. Selbst der von Daniel Craig gespielte James Bond ist nicht mehr der unbesiegbare Gentleman-Spion, sondern ein traumatisierter Alkoholiker und, trotz maskuliner Statur, verletzlicher Mann. Die neuen Hauptfiguren sind nicht mehr klassische Helden, sondern sie verlangen von den Zuschauern, sich mit moralischer oder existenzieller Ambivalenz auseinanderzusetzen.

Horkheimer und Adorno haben 1944 in ihrer *Dialektik der Aufklärung* kritisiert, die Kulturindustrie bestünde bloß im Geschäft der Unterhaltung ohne auch nur vorgeben, Kunst zu sein. Vielmehr käme es der Massenkultur aus Kino und Rundfunk lediglich auf die handwerklich perfekten Effekte an, sie fordere keine »denkende Aktivität«, sondern sei dem bloßen Vergnügen verpflichtet und würde die Zuschauer mit der Ideologie des Kapitalismus indoktrinieren, um sie gefügig zu machen. Während die Geschichten und Genres der Massenkultur klar kategorisierbar seien, würde echte Kunst ästhetische Erfüllung immer als »gebrochen darstellen«.

Ob diese Analyse den Filmen und Radiobeiträgen Mitte des letzten Jahrhunderts gerecht wird, sei einmal dahingestellt. Auf die heutige Unterhaltungsindustrie jedenfalls trifft sie nicht zu, in der sich nicht nur die Genregrenzen auflösen wie bei der Verfilmung von Comics und Computerspielen, sondern auch die Grenze zwischen Hoch- und Populärkultur. So sind Komplexität und Anspruch jedenfalls keine Unterscheidungsmerkmale mehr. Brechung und unerfüllte Erwartungen hingegen sind inzwischen Charakteristika fast aller Narrative, auch der der Unterhaltungskultur. Filme, Serien, Comics und Computerspiele haben zur Hochliteratur aufgeschlossen, denn auch sie sind inzwischen mehrdeutig, komplex, verstörend und lassen Rezipienten nachdenklich zurück.

In der Avantgardekunst haben Komplexität und Provokation eine lange Tradition. Seit den Zwanzigerjahren ist besonders die bildende Kunst überraschend und stellt Autorität, Loyalität und Reinheit infrage. Cindy Shermans Fotografien von verschimmeltem Essen, Hermann Nitschs öffentlich geschlachtete Schafe oder Marc Quinns *Shithead* (der Name ist Programm) sind nur drei von unzähligen zeitgenössischen Beispielen für Anti-Reinheits-Themen in der Kunst. So ist es kein Wunder, dass ein Interesse an Kunst einer der stärksten Indikatoren für das Persönlichkeitsmerkmal Offenheit darstellt, das sich in einer Vorliebe für Individualität, Kreativität, Abstraktion und neue Eindrücke zeigt, die typisch für Progressive ist. Sie begeistern sich daher besonders für moderne Kunst, während Traditionalisten und Rechte oft wenig mit ihr anfangen können.

Neu ist, dass auch die Popkultur uns weltweit zur Offenheit erzieht, und zwar mit Geschichten, deren moralische Ambivalenz wir zu ertragen lernen. In ihnen spielen Mitglieder aus Minderheiten eine immer wichtigere Rolle, deren individuelle Perspektive die Zuschauer übernehmen und dadurch besser verstehen können. Mit den neuen Narrativen treiben also auch die Kulturschaffenden die progressive Revolution voran.

Mehrdeutigkeit ertragen

Der Islamwissenschaftler Thomas Bauer behauptet, unserer Zeit fehle es an »Ambiguitätstoleranz«. Er meint mit dem Begriff »Ambiguität« allerdings nicht wie üblich »Mehrdeutigkeit«; sondern fasst ihn als weiten Gegenbegriff zu »Vereindeutigung«. »Ambiguität« bezeichnet neben der Mehrdeutigkeit noch Allgemeinheit, Vielfalt, Unentscheidbarkeit, Willkür und Vagheit, also unscharfe Begriffsgrenzen. Bauer zufolge könnten die Menschen in der heutigen Zeit Ambiguität nicht mehr so gut ertragen wie frühere Generationen. Diese Kulturanalyse belegt er allerdings so gut wie gar nicht mit quantitativen Studien. Vor allem unterscheidet Bauer bei »Ambiguität« nicht zwischen ästhetischer Vielfalt und moralischer Zwiespältigkeit.

Bauers Behauptung zum Trotz können wir »Ambiguität« in jeder Hinsicht besser ertragen als früher. Ästhetische Vielfalt ist ein Merkmal der progressiven Revolution: Das Angebot an Waren und Erlebnissen hat sich vergrößert und ausdifferenziert, die Genres der Unterhaltungsindustrie verschwimmen. Neben der Warenauswahl im Supermarkt sind Film und Musik zwei eindrückliche Beispiele für diese Entwicklung. Im Jahr 1962 kamen 200 Gitarren auf eine Millionen Menschen, im Jahr 2014 waren es schon 11 000. Im Jahr 1950 wurden einige Zehntausend neue Musikstücke eingespielt, im Jahr 2015 kamen über sechs Millionen neue Aufnahmen auf den Markt, die neben Klassik, Pop und Hiphop auch Klezmer, mittelalterliche Choräle und Free Jazz umfassen. Dieses exponentielle Wachstum zeichnet sich auch in der Filmbranche ab. Im Jahr 1895 projizierten die Brüder Lumière in einem Pariser Café einen der ersten Filme der Geschichte, ab 1906 kamen vereinzelt erste Spielfilme in die Kinos, heute sind es mehr als 11 000 Filme pro Jahr.

Auch im Zusammenleben können Menschen mittlerweile Zwischenstufen besser aushalten. So sind zum Beispiel Intersexualität und Transsexualität zumindest im Westen mehr akzeptiert als zuvor, was sich darin zeigt, dass deutsche Pässe seit dem 1. Januar 2019 die Bezeichnung »divers« für das dritte Geschlecht zulassen, auch wenn der Weg zur gesellschaftlichen Selbstverständlichkeit noch weit ist. In Wertefragen neigen wir zwar oft zu einer vorschnellen moralischen Vereindeutigung, doch unsere gelebte Moral reflektiert zumindest mehr Graustufen als früher. Das zeigt unter anderem die Rechtsprechung, die universelle Güter abwägt wie Schutz und Freiheit, individuelle und gesellschaftliche Interessen ausbalanciert und im Strafmaß feine Gradierungen zulässt.

Die Offenheit der Zukunft

Menschen sind in einer Höhle in Ketten gelegt und sehen auf einer Wand Schatten flackern, die von Objekten stammen, die hinter ihrem Rücken an einer Lichtquelle vorbeigetragen werden. Irgendwann entflieht jemand seinen Fesseln, gelangt ins Freie und schaut in die Sonne. Mit diesem *Höhlengleichnis* hat Platon nicht nur seine Erkenntnistheorie veranschaulicht, der zufolge die sichtbaren Objekte nur Schatten ewiger Ideen sind, und dabei nebenbei das Urbild des ersten Kinos entworfen. Er beschreibt in dem Gleichnis gleichzeitig auch einen Akt der Neophilie: Von Neugier angetrieben verlässt jemand das vertraute Umfeld seiner Heimat. Platons Höhlenmensch hatte einen hohen Wert beim Persönlichkeitsmerkmal Offenheit, ohne die es keine Erkenntnis geben kann.

Die progressive Revolution beruht nicht nur auf Offenheit, sie fordert sie auch von allen anderen. Das hat seine Schattenseiten. Das technisch Neue ist aufwändig und führt auf Dauer zu kognitiver Überforderung: In den Firmen ändert sich die Betriebssoftware alle paar Jahre, für den Zugang zum Internetbanking muss man die Sicherheitsschranken mit endlos langen Codes überwinden, und das Angebot an Apps fürs Smartphone wechselt fast stündlich. So wie das ästhetisch Neue, etwa die Vielfalt im Warenangebot, manchmal zu Überdruss führt, kann auch der technische Fortschritt überfordern.

Zwar hat der Fortschritt besonders im Westen zu einem materiellen Wohlstand geführt, der wenige Jahrzehnte zuvor noch unvorstellbar gewesen wäre, und neue Möglichkeiten der Individualisierung eröffnet. Zugleich hat der Fortschritt aber als Nebeneffekt soziale Strukturen zerstört. Der soziale Wohnungsbau der Sechzigerjahre, der keinen Ersatz für natürlich gewachsene Viertel bieten konnte, ist ein Beispiel dafür, andere sind die allmähliche Verödung der Innenstädte durch internationale Handelsketten, visuelle Umweltverschmutzung durch Stadtwerbung und das Vereinssterben in ländlichen Regionen. Die Verbundenheit mit der Nachbarschaft und dem Wohnviertel hat ebenfalls an Bedeutung verloren, die Sehnsucht nach Geborgenheit und Heimat ist bei vielen jedoch immer noch tief verwurzelt, was unter anderem gemeinschaftliche Dachgartenprojekte in den Großstädten zeigen.

Dennoch bleibt Offenheit die Kardinaltugend der Zukunft, sogar aus einer rein ökonomischen Sicht. Darauf deutet unter anderem eine Studie des *World Economic Forum* hin, die gefragt hat, welche Fähigkeiten die *Vierte Industrielle Revolution* erfordert, also die digital vernetzte und selbstorganisierte Produktion. Besonders Kreativität und kritisches Denken werden in Zukunft in den Vordergrund rücken, denn beide Fähigkeiten sind in absehbarer Zeit nicht durch Algorithmen darstellbar und daher nicht von Computern zu ersetzen. Beide Fähigkeiten sind ausdrücklich nicht-traditionalistisch und setzen Neophilie voraus. Kritisches, also analytisches Denken geht über bloße Intelligenz hinaus, weil man sich dem ersten Impuls widersetzen und in seinen Überlegungen die gewohnten Bahnen verlassen muss. Und Kreativität als zweite Fähigkeit der Zukunft ist der Offenheits-Indikator schlechthin: Man kann nur etwas Neues erschaffen, wenn man sich vom Alten löst.

Kurz gefasst

Alle Länder haben eine Entwicklung vom Kollektivismus hin zu mehr Individualismus durchgemacht, legen also heute weniger Wert auf Autorität, Loyalität und Stammesdenken und mehr auf Fairness, Freiheit und eine universelle Moral. Diese progressive Revolution beruht auf einer als sicher empfundenen Umwelt, moralischer Einsicht und auf einer gelebten Offenheit in der Kultur, die uns dazu bringt, Komplexität zu ertragen und uns mit moralischer oder existenzieller Ambivalenz auseinanderzusetzen. Unsere Ambiguitätstoleranz hat zugenommen: Wir können Mehrdeutigkeit im Zusammenleben besser ertragen als Generationen zuvor, und unsere Alltagsmoral lässt Graustufen zu. Trotz einiger Schattenseiten ist Offenheit die Kardinaltugend der Zukunft, besonders weil sie als Voraussetzung für Kreativität und kritisches Denken zentral für die Vierte Industrielle Revolution sein wird.

Ausblick: Die Zukunft der freien Gesellschaft

Die autoritäre Delle

Großstädte sind Orte gelebter Offenheit. Sobald jedoch die ethnische Vielfalt in den Stadtvierteln zunimmt, erzeugt das zunächst den Effekt, dass die einzelnen Gruppen sich stärker auf ihre jeweilige »Identität« besinnen und voneinander abgrenzen, wie der amerikanische Politikwissenschaftler Robert Putnam nachgewiesen hat. Auf lange Sicht jedoch führt gelebte Vielfalt zu mehr Toleranz untereinander. Abgrenzung ist besonders typisch für die weiße indigene Bevölkerung, die sich in Europa, aber auch im gesamten Westen von Einwanderern bedroht fühlt, wie eine große Metastudie der englischen Politikwissenschaftler Eric Kaufmann und Matthew Goodwin zeigt. Obwohl sich die individuelle Fremdenfeindlichkeit bei denen verringert, die im unmittelbaren Austausch mit Migranten stehen, erscheint vielen in der Bevölkerung die Zuwanderung als Gesamtphänomen beängstigend. Das Paradox zwischen individueller und allgemeiner Einschätzung äußert sich in Aussagen, die Einwanderer oft hören, wie: »Du bist ja ganz ok, aber mit den anderen habe ich ein Problem« oder »Mein türkischer Gemüsehändler ist nett, aber die Typen in ihren aufgemotzten Autos kann ich nicht leiden«.

Die Einheimischen begehren besonders gegen diejenigen Migranten auf, die in ihre kulturellen oder ökonomischen Hoheitsgebiete vordringen. Der Soziologe Aladin El-Mafaalani bringt das so auf den Punkt: In Deutschland hat sich über Jahrzehnte niemand am Kopftuch der türkischen Putzfrau gestört. Doch sobald Muslimas mit Kopftuch studierten und Lehrerin wurden, also auf einmal am selben Tisch wie die Mehrheitsbevölkerung Platz nahmen, sahen die Einheimischen ihre Kultur in Gefahr.

Mit den neuen Flüchtlingsbewegungen wird sich der Zulauf zu den Rechtspopulisten und den Autoritären in naher Zukunft also eher verstärken, selbst wenn einiges dafür spricht, dass sie an eine natürliche Grenze stoßen werden. Laut einer Befragung in Deutschland im Februar 2019 beispielsweise würden mehr als Zweidrittel der Wähler nach eigener Aussage unter keinen Umständen die AfD wählen. Bei allen anderen Parteien liegt die grundsätzliche Ablehnung nur bei etwa einem Drittel. Mittelfristig wird der Rechtspopulismus schon aus biologischen Gründen deutlich nachlassen, denn die fremdenfeindlichen Traditionalisten sterben irgendwann aus. Im Westen sind die heranwachsenden Generationen nicht nur gebildeter, sondern auch progressiver als ihre Eltern- und Großelterngeneration. So liegt in Deutschland die Akademikerquote mit knapp 18 Prozent zwar schon auf dem Höchststand seit Kriegsende, doch bei den jungen Deutschen ist sie fast dreimal so hoch. Inzwischen machen über 50 Prozent eines Jahrganges Abitur und beginnen danach zum Großteil ein Studium. Weltweit zeigt sich: Je jünger und gebildeter jemand ist, desto weniger neigt er zu Fremdenfeindlichkeit. Autoritäre Populisten wie Trump oder Orbán könnten zwar noch einige Zeit Erfolge feiern, doch ihr Rechtspopulismus markiert ein letztes Aufbäumen der alten Welt gegen die progressive Revolution.

Das Ziel einer freiheitlichen demokratischen Weltordnung ist natürlich noch lange nicht erreicht. Laut einer aktuellen Studie des *Economist* leben heutzutage nur etwa 4,5 Prozent der Weltbevölkerung in sogenannten *vollständigen Demokratien*, beispielsweise in Deutschland, Frankreich, Kanada oder Costa Rica, also insgesamt nur etwa 350 Millionen Menschen. Dagegen leben etwa 3,3 Milliarden, also fast zehnmal so viel, in autokratischen Regimen. Zwar nimmt die Zahl vollständiger Autokratien seit 1980 kontinuierlich ab, doch viele Länder wie Ungarn, Polen oder die Türkei haben auf dem Weg zu stabilen Demokratien einen autoritären Rückschlag erlitten. Der zuvor relativ ungebrochene progressive Trend ist daher seit einigen Jahren etwas eingedellt. Wenn alte Sicherheiten wegbrechen, sind Menschen, vor allem Männer, nicht nur für autoritäres Gebaren anfällig.

In Zeiten gesellschaftlicher Umbrüche stellen autoritäre Kollektive wie in China oder Russland noch eine zweite Art von Gefahr dar, nämlich für die Demokratie als Gesellschaftsform. Autoritäre Regime können am Markt schneller und effizienter entscheiden und langfristige Großprojekte gegen die kurzfristigen Interessen der Mehrheit durchsetzen, während Demokratien in diesem Punkt einen systematischen Nachteil haben.

Dasselbe gilt für Google oder Facebook, die zwar ihr Geld mit Neophilie verdienen und sich als progressiv vermarkten, aber ihrer Natur nach ebenfalls autoritäre Kollektive sind. Gerade weil sie hierarchisch und undemokratisch aufgebaut sind, können sie als handelnde Einheit einen großen Hebel ansetzen. Beide Kollektive, also autoritäre Staaten wie internationale Monopole im Bereich der sozialen Medien, sind natürliche Feinde einer auf Überlegung und Abwägung beruhenden Demokratie.

Wir sehen die Welt vor lauter Stämmen nicht

Menschen denken in Gruppen und drehen in Gruppen durch, doch um wieder zu Sinnen zu kommen, ist jeder auf sich gestellt. Das hat schon der schottische Schriftsteller Charles Mackay festgestellt, der Mitte des 19. Jahrhunderts eines der ersten Bücher über Gruppendynamik geschrieben hat. Unsere Stammesmentalität hindert uns oft am klaren Denken. Mit der progressiven Revolution legen wir zwar insgesamt weniger Wert auf Autorität und Loyalität und sind dadurch weltweit weniger kollektivistisch, doch gerade im Netz kann man eine *Retribalisierung* beobachten, die

Ausbildung moderner Stämme und die Radikalisierung der etablierten: neue Rechte gegen alte Linke, Veganer gegen Fleischesser, Fahrradfahrer gegen Autofahrer, Impfgegner gegen Naturwissenschaftler, Gläubige gegen Atheisten.

Ganz gleich, wie egalitär die Gesellschaft ist – wer aus dem Blickwinkel seiner Stammesidentität lang genug hinschaut, wird irgendwo immer Nachteile für die eigene Gruppe und moralische Verstöße bei den anderen Gruppen entdecken. Nur wenn wir uns weniger einzelnen Stämmen zuordnen und von Angesicht zu Angesicht miteinander streiten, haben wir die Chance, Gelassenheit zu entwickeln und zu erkennen, dass ein Straftäter mit Migrationshintergrund nicht den Untergang des Abendlandes einläutet und eine Blutwurst am Buffet der Islamkonferenz keinen Affront gegen Muslime darstellt – vor allem, wenn das seit Jahren eine übliche Praxis ist, Vertreter aller Konfessionen teilnehmen und die übrigen Speisen am Buffet klar als »halal« und »vegetarisch« gekennzeichnet sind.

Ohnehin werden Kosmopoliten und gemäßigte Traditionalisten zu einem gewissen Grad immer aufeinander angewiesen sein. Die Traditionalisten haben diejenigen Identitäten und Kulturen ausgebildet, die die Kosmopoliten dann in die Welt trugen. Zwar hat die Zahl der radikal Progressiven weltweit zugenommen, doch Eric Kaufmann schätzt den Anteil der Kosmopoliten weltweit auf nur 8 Prozent. Der Rest der Menschheit zieht es vor, ortsgebunden beheimatet zu sein. Wären alle Menschen Kosmopoliten, würde jeder Markenturnschuhe tragen und Avocadotoast essen. Vermutlich gäbe es dann die versteckten Dörfer und lokalen Bräuche gar nicht, für die die Hipster lange Flugreisen auf sich nehmen. Wären alle Menschen Traditionalisten, gäbe es keinen Fortschritt und niemand würde vom Kulturaustausch profitieren. Die Konservativen wollen mehr Grenzen in allen Lebensbereichen, die Progressiven weniger. Grenzen wird es immer geben, daher müssen wir einen Kompromiss in der Frage finden, wie starr oder durchlässig sie sein sollen. Konservative sehen außerdem Autorität positiver als Progressive. Auch Autorität wird es immer geben, denn sobald sich Menschen spezialisieren, entsteht Expertentum und damit eine soziale Hierarchie. Wie sehr Hierarchien unser Leben bestimmen sollen – auch das müssen wir aushandeln.

Wenn wir unsere Neigung zum Tribalismus nicht so weit wie möglich unterdrücken, werden durch die neue Polarisierung in Zukunft noch mehr Sachfragen zu Gesinnungsfragen. Besonders deutlich wird das am Problem des menschengemachten Klimawandels, den die US-Republikaner wie die AfD leugnen, weil sie allein schon im Thema die Signatur der liberalen Elite sehen. Dadurch drohen Umwelt- und Klimaschutz als sogenannte *Tragik der Allmende* unlösbar zu werden. Mit »Allmende« bezeichnete man die gemeinschaftliche Wiese des Dorfes, auf der Bauern ihre Schafe und Kühe weiden ließen. In einem Gedankenexperiment des amerikanischen Philosophen Garrett Hardin hat jeder Einzelne eine starke Motivation, seine Tiere besonders lange grasen zu lassen, was jedoch auf Dauer die Wiese zerstört. Hardin hat bereits im Jahr 1968 darauf aufmerksam gemacht, dass sich dieses Problem im großen Maßstab wiederholt, wenn es um die gemeinschaftliche Nutzung unserer Umwelt geht, der globalen Allmende. Indem alle ihren Nutzen maximieren wollen, zerstören sie die Ressourcen.

Die progressive Revolution hat zwar unsere Lebensbedingungen in fast allen Hinsichten verbessert, doch nicht in einem Bereich: der Umwelt. Überfischung, Luftverschmutzung, umgekippte Seen, Wassermangel und exzessiver Energieverbrauch haben deutlich zugenommen, und die Vielfalt der biologischen Arten, besonders der großen Landtiere und der Insekten, ist gleichzeitig spürbar zurückgegangen.

Die größten Gefahren liegen also jenseits der Stammeslogik: Das Klima, die Ressourcen, die Migration, der Handel und die weltweite Ungleichheit betreffen als globale Probleme nicht nur alle Menschen, sie können auch nicht mehr von einzelnen Staaten, geschweige denn Kommunen oder gar Stämmen, gelöst werden. Die Biosphäre, die Globalisierung und die Digitalisierung kennen keine Staatsgrenzen. Beim Weideland hat der Dorfrat eingegriffen und die Nutzung reglementiert, beim Klimawandel müssen alle Staaten gemeinsam eine Lösung finden.

Mehr Vernunft wagen

Die Geschichte der Menschheit ist eine Geschichte der Befreiung von den Zwängen der Natur. Die frühen Menschen haben das Feuer zu beherrschen gelernt und sich mit Licht und Wärme von den Zwängen des Tagesrhythmus und des Jahreszeitenwechsels befreit. Sie haben Ackerbau betrieben und Vorräte angelegt, um von den Nahrungsquellen ihrer Umgebung unabhängig zu sein. Mit Wagen und Schiffen wurden sie unabhängig von ihrer Herkunft, mit Kleidung, Häusern und Staudämmen trotzten sie den Widrigkeiten der Witterungen. Durch die Medizin sind Menschen Infektionen nicht mehr hilflos ausgeliefert und durch die Telekommunikation nicht mehr an einen Ort gebunden, um sich auszutauschen. Moderne Wohnungen sind selbst gebaute Oasen, in denen Wärme, Licht, fließendes Wasser, eine weiche Schlafstätte, Nahrung, Musik und Unterhaltung sichergestellt sind.

In der Kulturgeschichte haben die Menschen sich aber nicht nur von den äußeren Zwängen befreit, sondern auch gegenüber den inneren emanzipiert, und zwar durch »Selbstzwang« und »Langsicht«, wie der Soziologe Norbert Elias feststellt. Man könnte auch sagen: Fortschritt beruht neben Offenheit auch auf Selbstkontrolle und Planung. Auch wenn es paradox klingt: Nur so konnten sich gesellschaftliche Freiheiten etablieren, die allen zugute kommen.

Einige emotionale Neigungen unserer Alltagsmoral stehen in Einklang mit einer universellen Ethik, andere nicht. Daher muss am Ende die Vernunft entscheiden. Unsere Angst hemmt uns, andere von Brücken zu schubsen, unser Mitgefühl bringt uns dazu, Kinder im Teich und Flüchtlinge im Mittelmeer vor dem Ertrinken zu retten, und unser Gerechtigkeitssinn sensibilisiert uns dafür, dass die Weltordnung unfair ist. Diese Emotionen machen Menschen zu Verbündeten.

Gleichzeitig bergen einige emotionale Grundlagen unserer Moral jedoch Gefahren, denn sie machen uns zu Feinden: Wir denken tribalistisch, legen zu viel Wert auf Status und Hierarchien, gieren nach Anerkennung und haben die Neigung, Angst vor dem Neuen und Abscheu gegenüber dem Fremden zu empfinden.

Die Kunst der Vernunft besteht also darin, auf die richtigen Gefühle zu hören und die falschen einzuhegen. Sie besteht auch darin anzuerkennen, dass die Moral graduell, komplex und schwierig ist und daher die Bereitschaft erfordert, sich selbst infrage zu stellen.

Das Versprechen der Freiheit

Die meisten progressiven Intellektuellen sehen sich als Gesellschaftskritiker. Ihre Analysen machen auf Missstände aufmerksam und warnen vor Gefahren für universelle Werte wie Fairness und Freiheit. Damit erfüllen sie zwar eine wichtige Funktion, doch je alarmistischer sie vorgehen, desto eher entsteht ein progressives Paradox: Ihr Pessimismus schafft ein Bedrohungsszenario, in dem konservatives und rechtes Denken gedeiht. So denkt ein Drittel der Deutschen den Tatsachen zum Trotz, der Staat sei in einer Krise, die nur durch einen Regimewechsel zu beheben sei.

Um diese Spannung aufzulösen und Menschen für Freiheit und Offenheit zu begeistern, sollte man stattdessen die Zahlen sprechen lassen. Die Welt ist sicherer und in fast allen relevanten Hinsichten besser als jemals zuvor. Wir leben länger und gesünder als früher und sterben seltener durch Gewalt. Im Westen ist die Beschäftigung und die Lebenszufriedenheit so hoch und der Wohlstand so groß, dass niemand in existenzieller Not leben müsste und wir im Prinzip der ganzen Welt helfen könnten.

Für den positiven Effekt eines allgemeinen Gefühls von Sicherheit gibt es inzwischen auch Hinweise aus der Psychologie. So wie man Progressive durch Angst oder Ekel temporär konservativer machen kann, werden umgekehrt Konservative deutlich liberaler, sobald sie sich in einem Versuch vorstellen, unverwundbar und damit ungefährdet zu sein.

Die zunehmende Demokratisierung hat das Leben sicherer und freier gemacht. In autoritären Regimen der Vergangenheit hingegen ähnelte die Welt noch eher Hobbes' Naturzustand: Das Leben war hart und kurz, der Mensch arm, ohne Zugang zu Bildung und ohne die Möglichkeit zu reisen.

Freiheit ist ein Grundbedürfnis, daher bevorzugen Menschen weltweit die Demokratie gegenüber allen anderen Staatsformen, wie Umfragen zeigen. So ist in Deutschland das Gefühl von Freiheit im Vergleich zu den Vorjahren auf einem Höchststand. Freiheit befördert den Fortschritt in Wissenschaft, Technik und Handel, macht Gesellschaften damit erfolgreicher, gibt den Menschen mehr Wahlmöglichkeiten und macht sie insgesamt zufriedener. Der Motor der Freiheit, hat er einmal Fahrt aufgenommen, lässt sich kaum noch stoppen, auch wenn es oft lange dauern mag, bis er in Gang kommt. Daher wollen selbst die Autoritären, wenn sie ganz ehrlich sind, nicht auf die Vorteile der progressiven Revolution verzichten, zum Beispiel mit ihrem Smartphone die nächste Urlaubsreise nach Ägypten zu buchen oder sich Beiträge auf Facebook anzuschauen, ohne dass der Staat die Inhalte zensiert.

Ohne Offenheit ist kein Fortschritt möglich, und von gesellschaftlicher Freiheit können wir nicht genug bekommen: von der Freiheit, nach unserer eigenen Vorstellung zu leben und zu arbeiten, dorthin zu reisen, wohin wir möchten, diejenige Person zu heiraten oder zum Partner zu nehmen, die wir lieben, und von der Freiheit, unsere politische Meinung zu sagen, ohne staatliche Repressalien befürchten zu müssen. Das unterscheidet Freiheit von anderen Gütern. Waren haben einen *abnehmenden Grenznutzen*: Das erste Stück Schokolade schmeckt phantastisch, mit jedem weiteren nimmt der Nutzen ab, bis man den Punkt des Überdrusses erreicht. Gesellschaftliche Freiheiten jedoch führen nicht zu Überdruss. Mit jeder neuen Freiheit, die wir genießen, gewinnen wir individuelle Vorteile hinzu. Daher wird die Freiheit auf Dauer immer gewinnen.

Anhang

Dank

Für Korrekturen, Ratschläge und viel Geduld danke ich Juliane Marie Schreiber, Dagmar Hübl-Busse, Lothar Hübl, Ulla Hohls-Hübl, Johannes Hübl, Julius Hübl, Addick Addicks, Andreas Barthelmess, Hauke Behrendt, Christof Blome, Stefan Börnchen, Thomas Derda, Daniel Eggers, Daniel Friedrich, Julian Hanich, Romy Jaster, Louis Kohlmann, Harald Landwehr, David Lanius, Matthias Lohmann, Arno Matschiner, Ernst Piper, Horst Simon und Benedikt Zacher.

Für Literatur- und Quellenhinweise danke ich außerdem Knut Bergmann, Fiery Cushman, Dave Edmonds, Peter Egger, Øystein Gullvåg Holter, Carina Remmers, Mark Schaller, Martin Schröder, Randy Thornhill und Volker Weiß.

Anmerkungen

Einleitung

11 **Abstiegsängste**: Walter (2017); für eine Kritik siehe Schröder (2018)
11 **Menschen töten**: Greene (2013)
11 **Fünftelsekunde**: Berkum (2009)
11 **Intuition**: Haidt (2012), S. 39
14 **Ekel**: im Englischen »disgust«, siehe Rozin (2008)
14 **Ekelneigung sagt politische Präferenzen voraus**: Inbar et al. (2011)
14 **Infektionsschutz**: Rozin et al. (2008)
14 **Ekel und Fremdenfeindlichkeit**: Navarrete/Fessler (2006); Faulkner (2004)
14 **Sechs Prinzipien**: im Original »moral foundations«, siehe Graham et al. (2013); siehe auch Haidt (2012)
16 **Linke, Konservative und Liberale**: Graham (2013)
16 **moralische Identität**: Strohminger/Nichols (2014)
17 **identitätsschützende Denkfehler**: Kahan (2017)
17 **Moral im weiten Sinne**: Shweder (1991)
18 **richtige Gesinnung**: Myers/Lamm (1975)
19 **Bestätigungsirrtum**: Wason (1968); siehe auch Kahneman (2012)
19 **Charles Percy Snow**: Snow (1959)
20 **Aristoteles**: Aristoteles, *Nikomachische Ethik*, Buch III, 8
20 **Camus**: Camus (1957), S. 55

Kapitel 1

23 **OCEAN oder BIG-5**: Offenheit (openness), Gewissenhaftigkeit (conscientiousness), Extrovertiertheit (extroversion), Verträglichkeit (agreeableness) und emotionale Instabilität (neuroticism); für einen Überblick siehe Matthews et al. (2003)
23 **über das ganze Leben konstant**: Polderman et al. (2005)
23 **Persönlichkeitsmerkmale**: Psychologen ermitteln die fünf Merkmale mit Fragebögen, wobei die Selbsteinschätzung mit den

Fremdurteilen, die andere über einen fällen, weitgehend übereinstimmen, siehe McCrae/Costa (1987)

24 **Untermerkmale**: die bisherigen Grunddimensionen bleiben auch bei den erweiterten Modellen, siehe Paunonen et al. (2001); ein erweitertes Modell findet sich in Ashton et al. (2007)

24 **Was genau verbirgt sich hinter den Merkmalen?**: Hirsh et al. (2009)

25 **beruflicher Erfolg**: Komarraju et al. (2011); Rothmann/Coetzer (2003)

25 **große Vergleichsstudie mit 20 000 Probanden**: Sibley/Duckitt (2008)

25 **hoher Wert bei Gewissenhaftigkeit**: Lewis/Bates (2011)

25 **Höflichkeit und Mitgefühl**: Hirsh B. et al. (2009)

25 **Dana Carney**: Carney et al. (2008); siehe auch Jost et al. (2003)

26 **Michael Kosinski und David Stillwell**: Kosinski et al. (2013); siehe auch Matz et al. (2017)

27 **Todesstrafe**: Chen/Palmer (2017)

27 **Autoritarismus**: Sibley/Duckitt (2008)

27 **sozial dominant**: Akrami/Ekehammar (2006)

27 **Langzeitstudie mit Schulkindern**: Block/Block (2005)

28 **Metastudie mit 15 Millionen Zwillingen**: Polderman et al. (2005)

28 **Affen und Hunde**: für Affen, siehe Sapolsky/Ray (1989); für Hunde, siehe McLean et al. (2019)

28 **im Alter reifer werden**: Srivastava et al. (2003)

29 **Stabilität und Flexibilität**: Hirsh et al. (2009)

29 **Tiere und andere Organismen**: Nettle (2006)

29 **Dopamin**: DeYoung (2006)

29 **fester Schlaf**: DeYoung et al. (2007)

30 **digitale Bohème**: Andreas Reckwitz nennt diese Gruppe die »Kulturkosmopoliten«, siehe Reckwitz (2017), S. 302

Kapitel 2

32 **Darwin im Zoo**: Richards (2003), S. 94

32 **menschlicher Angstreflex**: Darwin (1872), S. 43 f.

32 **Mein Wille und mein Verstand waren kraftlos**: Darwin (1872), S. 35

33 **Widerspruch in der Fachwelt**: so Paul Ekman im Vorwort von Darwin (1872)

33 **erste Arbeit zur wissenschaftlichen Psychologie**: Wilhelm Wundts *Grundzüge der physiologischen Psychologie* erschien erst 1874, siehe Wundt (1874)

33 **Spinoza**: Spinoza (1677)

34 **Merkmale von Emotionen**: einen wenn auch unvollständigen Überblick gibt Ben-Ze'ev (2001)

34 **automatische Verhaltensmuster**: Emotionen geben uns außerdem eine *Motivation*. Selbst wenn wir nicht in allen Fällen automatisch zurückschrecken, haben wir doch fast immer den Wunsch wegzulaufen

34 **Bungeespringer**: Nann et al. (2018)

34 **Intentionalität**: Searle (1983)

34 **Bewusstsein**: das Angsterleben hat zudem eine *Valenz*. Valenz ist eine Einfärbung, die sich von positiv über neutral bis negativ spannt. Die Angst vor der Schlange erleben wir eindeutig als negativ. Ganz anders fühlt es sich an, wenn wir ein Katzenbaby beobachten, das mit einem Wollknäuel spielt. Diese Freude hat eine positive Valenz

34 **Bewertung**: im Englischen »appraisal«. Bei dieser nichtsprachlichen Bewertung sprechen Philosophen von einem *nichtpropositionalen repräsentationalen Gehalt* von Emotionen im Gegensatz zu sprachlichen Sätzen oder Gedanken, die einen *propositionalen repräsentationalen Gehalt* haben

34 **Lebensthemen**: die Lebensthemen heißen bei Richard Lazarus »core relational themes«, siehe Lazarus (1991); ähnlich sagt Jesse Prinz: »emotions represent concerns« in Prinz (2004), S. 63

35 **Jesse Prinz**: Prinz (2004)

35 **ein Dutzend Grundemotionen**: Ekman (1999); für eine Diskussion siehe Sabini/Silver (2005)

35 **Nuancen der Grundemotionen**: gut sichtbar in Paul Ekmans »Atlas of Emotions« (http://atlasofemotions.org/#continents/)

35 **Schaltkreis der Angst**: LeDoux (1998)

37 **Monster im Hollywoodfilm**: mehr zu solchen Filmklischees in Salis (2006)

37 **mulmiges Gefühl**: zu diesem »Paradox of Emotion« siehe Hanich (2010)

37 **Bewertung, Verhalten, Kommunikation**: im Fall der Angst kann man bei Menschen und anderen Säugetieren verschiedene Reaktionen beobachten, wenn sie sich bedroht fühlen: *Flucht* wie bei Darwins Schlange, *Kampf* beispielsweise bei Katzen, wenn sie in die Ecke gedrängt werden, *Erstarren* bei Rehen, die von Licht geblendet sind, oder *Unterwürfigkeit*, die man manchmal bei Hunden beobachten kann, wenn sie auf dem Rücken dem Stärkeren ihren Hals anbieten. Im Englischen lauten die Reaktionen: Fleeing, Fighting, Freezing, Fawning

37 **Angst-Schaltkreis**: LeDoux (1998)
37 **500 Millionen Jahre**: Allman (1999)
38 **blind geborene Menschen**: siehe Matsumoto et al. (2009); Galati (2001)
38 **Paul Ekman**: Ekman (1999)
38 **Höhenangst bei Kindern**: Lazarus (1991), S. 304f.
38 **Angst vor Schlangen**: Öhman et al. (2001); Öhman et al. (2003)
39 **angeboren**: die Argumente am Beispiel der Sprache finden sich in Chomsky (1980)
40 **naturalistischer Fehlschluss**: Moore (1903), § 10
40 **David Hume**: Hume (1738), Buch III, Teil I, Kapitel I

Kapitel 3

43 **Angst bei Progressiven und Konservativen**: Jost et al. (2008)
43 **bedrohliche Gesichtsausdrücke**: Vigil (2010)
43 **Robert Sapolsky**: im Original: »a liberal is a conservative that has not been mugged«, in Sapolsky (2017), S. 452
43 **Collagen**: Shook/Fazio (2009)
43 **laute Geräusche und grausame Bilder**: Geräusche in Oxley et al. (2008); Bilder in Dodd et al. (2012)
43 **Albträume**: Bulkeley (2002)
43 **Sterblichkeit**: Nail et al. (2009)
43 **größere Amygdala**: Kanai et al. (2011)
44 **Angst als Grund für Rechtspopulismus**: einige Argumente dieses Abschnitts finden sich auch in Hübl (2018b)
44 **Franz Walter**: Walter et al. (2017); Lipset (1959)
44 **Borwin Bandelow**: in einem Interview, siehe: https://www.wiwo.de/politik/deutschland/angstforscher-zur-fluechtlingskrise-irrationale-aengste-lassen-sich-einfach-bedienen/12851944.html
44 **Angst macht Menschen nicht fremdenfeindlich**: Lazarus (1991); für eine Diskussion siehe auch Zick et al. (2016), S. 97
45 **Angst vor Terrorismus**: https://www.ruv.de/static-files/ruvde/downloads/presse/aengste-der-deutschen-2017/ruv-aengste2017-ergebnisse.pdf; dieser Abschnitt beruht zum Teil auf der Kolumne *Hübls Aufklärung* »Die Gefahr des Gewöhnlichen« im Philosophie Magazin Juni 2018
45 **Terroranschlag vom Breitscheidplatz**: gefährlicher als islamistischer Extremismus ist rechte Gewalt: Seit 1990 wurden 169 Menschen getötet (https://www.tagesspiegel.de/politik/interaktive-

karte-todesopfer-rechter-gewalt-in-deutschland-seit-der-wiedervereinigung/23117414.html)

45 **Morde**: https://www.bka.de/DE/AktuelleInformationen/StatistikenLagebilder/statistikenlagebilder_node.html

45 **Verkehrsunfälle und Haushaltsunfälle**: Verkehrsunfälle: siehe Statistisches Bundesamt (www.destatis.de); Haushaltsunfälle: siehe http://www.spiegel.de/panorama/unfaelle-im-haushalt-fast-10-000-menschen-sterben-jedes-jahr-a-1133212.html

46 **Bedrohlichkeit und objektives Risiko**: Rosling (2018), S. 122

46 **Malaria**: https://www.who.int/whr/1996/media_centre/executive_summary1/en/index9.html

46 **Mücken, Haie, Hunde und Wölfe**: siehe https://www.gatesnotes.com/Health/Most-Lethal-Animal-Mosquito-Week

46 **Kriminalitätsrate**: gesunken ist vor allem schwere Kriminalität, für einen Überblick siehe www.ki.uni-konstanz.de/kik

46 **Naturkatastrophen, Morde und Flugzeugabstürze**: Rosling (2018), S. 122

46 **Durchfall**: http://www.who.int/news-room/fact-sheets/detail/diarrhoeal-disease

46 **Selbstmord**: https://www.who.int/mental_health/suicide-prevention/world_report_2014/en/

47 **sexuelle Gewalt im Freundes- und Familienkreis**: deutlich nachgewiesen ist das für sexuelle Gewalt gegen Frauen, siehe https://fra.europa.eu/en/publication/2014/violence-against-women-eu-wide-survey-main-results-report

47 **Fehler-Management-Theorie**: für einen Überblick siehe Johnson et al. (2013); siehe auch Mercier/Sperber (2017), S. 289 f.

Kapitel 4

49 **Ferdinand von Schirach**: Schirach (2016)

50 **Maschine notfalls abschießen**: das Bundesverfassungsgericht hat den Abschuss für grundgesetzwidrig erklärt: https://www.bundesverfassungsgericht.de/SharedDocs/Entscheidungen/DE/2006/02/rs20060215_1bvr035705.html

50 ***Herald of Free Enterprise:*** https://www.apnews.com/f81bd22d20465140ef74ec080ce79024

51 **Pflichtethik**: die Pflichtethik heißt auch »deontologische Ethik«, nach dem altgriechischen Wortstamm »deon« für »Sollen« und »Pflicht«. Der Ausdruck »Konsequentialismus« hingegen betont, wie

der Name schon sagt, die Folgen der Tat. Analog, aber nicht genau deckungsgleich unterscheidet der Soziologe Max Weber zwischen *Gesinnungsethik* und *Verantwortungsethik*. Der Einfachheit halber gehe ich hier aber nicht auf die feinen Unterschiede ein, ebenso wenig auf die Frage, ob Kant wirklich Pflichtethiker war. Deontologen halten den Unterschied zwischen Tun und Unterlassen immer für ethisch relevant, während Konsequentialisten die Relevanz meist bestreiten. Aufgrund der Unterscheidung können Deontologen den Abschuss des Flugzeugs mit Verweis auf das Tötungsverbot ablehnen: Töten ist immer verboten, aber Menschen sterben zu lassen, weil sie durch andere getötet werden, kann moralisch legitim sein

51 **Kategorischer Imperativ**: Kant (1785)

51 **Absicht**: Kant würde sagen: »der Wille«

51 **John Stuart Mill**: Mill (1861)

52 **Kant im preußischen Königsberg**: Kühn (2004)

52 **Zum ewigen Frieden**: Kant, Immanuel (1795/1796)

52 **Mill führte ein ganz anderes Leben**: Mill (1873)

52 **einer der ersten Aufrufe für Frauenrechte**: Mill (1869)

52 **Utilitarismus**: für eine Diskussion siehe Wilson (2016)

53 **Glück bei Mill**: für eine Diskussion siehe Brink (2013) S. 46 f.; Nussbaum (2004)

54 **Selbstbefriedigung**: Kant spricht von einer »wolllüstigen Selbstbeschädigung«, siehe Kant (1797), I. Teil, § 7

54 **Absehen versus Absicht**: Bratman (1984)

54 **Handlung und Nebeneffekt**: schon die christliche Ethik war vor das Problem gestellt, dass das fünfte Gebot »Du sollst nicht töten« absolut gelten muss, da es von Gott stammt, gleichzeitig im echten Leben aber Dilemmata wie das von Koch entstehen können. Der mittelalterliche Gelehrte Thomas von Aquin schlug vor, das strikte Tötungsverbot in der christlichen Ethik zu relativieren. Ein aktualisiertes Beispiel kann diese Idee verdeutlichen: Wer beispielsweise das Leben einer schwangeren Frau mit einem Tumor nur durch eine Operation retten kann, indem er dabei ihr ungeborenes Kind tötet, würde laut Thomas von Aquin nicht das absolute göttliche Tötungsverbot verletzen. Die Rettung hat eine *Doppelwirkung*: Frau retten, Kind töten. Solange die Haupthandlung im Retten besteht, ist das Töten als Nebenhandlung erlaubt. Mit diesem *Prinzip der Doppelwirkung* hat schon die mittelalterliche Philosophie die Möglichkeit eröffnet, zwischen Menschenleben abzuwägen, siehe Foot (1967)

55 **Gedankenexperimente in der Philosophie**: für einen Überblick siehe Brown/Fehige (2017)

55 **Descartes und Kant**: Descartes (1641); Kant (1788)

56 **Weichenstellerfall**: siehe Greene (2013), S. 248. Die Zahl ist nur zufällig dieselbe wie die der ARD-Zuschauer beim Stück *Terror*. In einer anderen Studie liegt sie bei 89 Prozent, siehe Hauser et al. (2007); und in der jüngsten großen Replizierungsstudie aus dem Jahr 2018 bei 71 Prozent, siehe Klein et al. (2018)

56 **Philippa Foot**: Foot, Philippa (1967). Ihre Kollegin, Elizabeth Anscombe (auch als »G.E.M. Anscombe« zitiert), war es übrigens, die den Begriff »Konsequentialismus« geprägt hat, siehe Anscombe (1958)

56 **Zug-Fälle**: im amerikanischen Englisch, in dem die Diskussion seit Thompson (1976) geführt wird, ist von »trolley cases«, also ursprünglich »Straßenbahnfälle«, die Rede; »trolley« heißt »Straßenbahnwagen«

56 **Mind Field**: siehe https://hedonistica.com/lifehack-and-education/testing-trolley-experiment-real-life/

57 **standhafte Kantianer kippen irgendwann um**: zum Beispiel beim *Dammbruch-Fall*: Diesmal rast der Zug auf eine Kiste mit Sprengstoff zu, die sich neben einem Staudamm befindet. Beim Zusammenstoß wird die Kiste explodieren, den Staudamm sprengen, eine Großstadt am Fuße des Dammes überfluten und so Millionen Menschen töten. Soll man den Mann mit dem Rucksack hinunterstoßen, um den Zug zu stoppen und die Stadtbewohner zu retten? Hier antworten immerhin 70 Prozent mit »Ja«, also knapp 40 Prozent mehr als beim klassischen Rucksack-Fall, siehe Greene (2013), S. 248

57 **Rucksack-Fall**: Greene (2013), S. 215

57 **Judith Jarvis Thompson**: Thompson (1976)

58 **der Mann auf der Brücke ist wie die Fruchtfliege der Genetik**: Greene (2013), S. 116

58 **der Falltür-Fall**: Greene (2013), S. 215

58 **Körpereinsatz**: auf direkte körperliche Berührung kommt es dabei übrigens nicht an. Den Mann mit den Händen zu schubsen finden Testpersonen genauso schlimm, wie ihn mit einer Stange herunterzustoßen. Stellen wir uns wieder den Zug und den Mann mit dem Rucksack vor: Diesmal steht man neben dem Mann auf der Brücke, allerdings so weit entfernt, dass man ihn nur mithilfe einer Stange herunterschubsen kann – würden Sie es tun? Hier antworten nur 33 Prozent mit »Ja«, siehe Greene (2013), S. 216

Kapitel 5

60 **Harvard University**: http://www.moralsensetest.com/

61 **heißes und kaltes System**: LeDoux (2003)

61 **Psychopathen, Benzodiazepine und gute Laune**: für Psychopathen siehe Koenigs et al. (2012); für Benzodiazepine wie *Lorazepam* siehe Perkins et al. (2012); für gute Laune siehe Strohminger et al. (2011)

61 **Werkeinstellung**: umgekehrt kann man Probanden davon abbringen, im Weichensteller-Fall kühl abzuwägen, indem man ihnen schwierige Rechenaufgaben zu lösen gibt und sie nebenbei fragt, ob sie die Weiche umlegen wollen. Ist das kalte System überlastet, springen die Probanden auf die Grundeinstellung zurück: Sie urteilen eher gegen einen Eingriff, siehe Frederick (2005) und Paxton et al. (2011)

61 **Ärzte**: Ransohoff (2011)

62 **Soldaten und Zivilisten, Männer und Frauen**: Edmonds (2014), S. 93 (die Daten stammen aus einer bisher unveröffentlichten Erhebung des amerikanischen Psychologen Fiery Cushman)

62 **Körpergefühl**: der Extremfall dieses Phänomens nennt sich *Alexithymia*, siehe Koven (2011)

62 **analytischer Denkstil**: Bartels (2008)

62 **Kant hatte Unrecht**: Greene (2007)

63 **»Neigungen« in Kants Ethik**: Kant (1785), S. 406f. Als biologische Wesen sind wir Kant zufolge ohnehin den Naturgesetzen unterworfen, siehe Kant (1781/1787). Wie Vernunft und Natur bei Kant zusammenpassen, ist bis heute umstritten

63 **Churchill**: Edmonds (2014), S. 4f.

63 **Churchills Operation**: nach Schätzung eines Zeitzeugen wurden so 10 000 Menschenleben gerettet, siehe Jones (1978)

64 **Triage**: in diesem Sinne äußerte sich auch eine der Rettungskräfte nach der Überschwemmung in New Orleans, die der Hurrikan Katrina im Jahr 2005 angerichtet hatte. Der Soldat der Nationalgarde sagte sinngemäß, wenn er auf einem Dach zwei Menschen und auf dem anderen eine sechsköpfige Familie sehe, würde er sich für die Familie entscheiden. Rette sechs, riskiere zwei Tote (*Vanity Fair*, November 2005, S. 377)

64 ***Die Zeit* über Seenotrettung**: https://www.zeit.de/2018/29/seenotrettung-fluechtlinge-privat-mittelmeer-pro-contra/komplettansicht

65 **das »Glück« der Menschheit**: ob die empirische These »Je mehr Flüchtlinge gerettet werden, desto mehr kommen nach« überhaupt

stimmt, sei einmal dahingestellt. Man kann sie aber um des Arguments willen akzeptieren

65 **Peter Singer**: Singer vertritt einen Regelutilitarismus in Singer (1972)

66 **Malaria**: https://www.againstmalaria.com/WhatWeDo.aspx

66 **Singer spendet**: http://www.bbc.co.uk/ethics/charity/duty_1.shtml (seine eigene Charity: https://www.thelifeyoucansave.org/)

66 **Entfernung**: https://www.nytimes.com/1999/09/05/magazine/the-singer-solution-to-world-poverty.html

66 **Peter Unger**: Unger (1996)

67 **Teil der Spende, Nutzen gewaltig**: https://www.utilitarian.net/singer/by/199704--.htm

68 **Moralische Kurzsichtigkeit**: im Original »moral myopia«, siehe Greene (2013), S. 224

68 **Syrien und Ruanda**: Syrien (https://www.nytimes.com/2018/04/13/world/middleeast/syria-death-toll.html) und Ruanda (https://www.bbc.com/news/world-africa-26875506)

68 **Kurt Tucholsky**: www.zeno.org/Literatur/M/Tucholsky,+Kurt/Werke/1925/Franz%C3%B6sischer+Witz

69 **Verkehrstote**: weltweit im Jahr 2013: 1,25 Millionen (https://www.who.int/gho/road_safety/mortality/en/), in den USA im Jahr 2017: 37 000 (https://crashstats.nhtsa.dot.gov/Api/Public/ViewPublication/812603) und in Deutschland im Jahr 2017 auf dem niedrigsten Stand seit den Dreißigerjahren: etwa 3100 Tote (https://www.destatis.de/DE/PresseService/Presse/Pressemitteilungen/2018/02/PD18_063_46241.html)

69 **Jean-François Bonnefon**: Bonnefon et al. (2016)

70 **Webseite der Forscher**: www.moralmachine.com

70 **drängende Fragen**: natürlich gibt es vernünftige Gründe, nicht wörtlich ins Gesetzbuch zu schreiben, dass der Staat Flugzeuge abschießen darf. Macht kann immer missbraucht werden, daher muss man Politikern solche Entscheidungen schwer machen. Auch diese Vorsichtsmaßnahme entspringt übrigens einer konsequentialistischen Überlegung

Kapitel 6

72 **Mark und Julie**: Haidt (2012), S. 45

73 **Menschenfleisch**: im Menschenfleisch-Fall könnte man vielleicht mit Kants *kategorischem Imperativ* argumentieren, dass Jennifer

einen anderen Menschen zum Objekt ihrer Begierde macht. Genau genommen handelt es sich bei ihrem Abendmahl aber nicht um einen Menschen, sondern lediglich um seine sterblichen Überreste. Und im Inzest-Fall kann ohnehin nicht davon die Rede sein, dass sich die Geschwister zu Objekten machten

73 **Reiter und Elefant**: Haidt (2012), S. 61f.

74 **Elliot Turiel**: Turiel (1983)

75 **Richard Allan Shweder**: die Untersuchungen fanden in Orissa (Indien) statt, siehe Shweder et al. (1987)

76 **Replizierungskrise**: für einen Überblick siehe Yong (2012)

76 **WEIRD**: Heine et al. (2010)

77 **Ethik der Gemeinschaft und Ethik der Heiligkeit**: der amerikanische Psychologe Paul Rozin und Kollegen ordnen jedem dieser drei Gebiete eine Grundemotion zu. Tatsächlich spielt Ekel in seinem Ansatz eine entscheidende Rolle. Auf Verletzungen der *Ethik der Autonomie*, also der Prinzipien »Fürsorge«, »Fairness« und »Freiheit«, reagieren wir mit moralischem Zorn. Auf Verletzungen der *Ethik der Heiligkeit* reagieren Menschen mit Ekel, und Verletzungen der *Ethik der Gemeinschaft* führen zu einer Mischung aus Ekel und Zorn, nämlich Verachtung. Das Modell heißt »CAD-Modell«, denn »community« entspricht »contempt«, »autonomy« entspricht »anger«, und »divinity« entspricht »disgust«, siehe Rozin et al. (1999)

77 **Who is America?**: https://www.sho.com/who-is-america

78 **Huhn und Hund**: Haidt (2012), S. 3f.

78 **Fahne und Kreuz**: Haidt (2012), S. 22f.

78 **Jesse Graham und Jonathan Haidt**: Für einen Überblick siehe Graham et al. (2013)

79 **Autorität und Loyalität**: Autorität und Loyalität fielen bei Shweder unter die »Ethik der Gemeinschaft«

Kapitel 7

81 **David Hume**: Hume (1738), S. 153

82 **Metaethik**: für einen Überblick siehe Miller (2003)

83 **Jesse Prinz**: Prinz nennt seinen eigenen Ansatz »Emotionism«, siehe Prinz (2007). Der Sentimentalismus oder Emotionismus ist nicht zu verwechseln mit dem *Emotivismus* von Alfred Jules Ayer und anderen, dem zufolge unsere moralischen Urteile lediglich *Ausdruck* von Emotionen sind

84 **emotionale Neigung**: Prinz (2007)

84 **Schamgefühl als Selbstekel**: das bestätigen inzwischen auch empirische Studien, siehe Sznycer et al. (2016)
84 **Psychopathen als Emotions-Blinde**: siehe Prinz (2007), S. 45 f.
85 **Freud**: Freud (1923)
85 **Platon**: Platon: *Phaidros*, 246 f.
86 **Wo Es war, soll Ich werden**: Freud (1933), 31. Vorlesung
86 **Impulse zensieren**: das zeigen paradoxerweise Studien, die Haidt selbst zitiert, siehe Graham et al. (2013)
86 **Verfügungsgewalt**: für eine umfassendere Kritik an der Faszination durch unbewusste Kräfte in der Theorie der Psychologie siehe Hübl (2015)
86 **Noch nie so viele Demokratien**: Rosling (2018), S. 62
87 **Homosexualität in Indien**: https://www.zeit.de/2018/38/homosexualitaet-indien-legalitaet-gerichtsurteil-freiheit
87 **kostet Zeit und Aufmerksamkeit**: Kahneman (2012)
87 **aus so krummem Holze gemacht**: Kant (1784), zitiert nach AA, VIII, S. 23

Kapitel 8

89 **vegetatives Nervensystem**: Ekman/Friesen (2003)
89 **Aurel Kolnai**: Kolnai (2007)
89 **Wir ekeln uns vor dem, was potenziell ansteckend oder giftig ist**: Curtis et al. (2011)
90 **Kernekel**: Kernekel ist »core disgust«, siehe Rozin et al. (2008)
90 **Mark Schaller**: Schaller/Park (2011); für einen Überblick siehe Schaller/Neuberg (2012)
90 **Sicherheitsvorkehrungen**: die Forschung streitet darüber, ob Ekel als Infektionsschutz aus dem Brechreiz entstanden ist. Der Würgreflex befördert verdorbene Nahrung aus Mund oder Magen und erinnert dabei an den Gesichtsausdruck des Ekels. Ob es sich um eine »Präadaption« handelt, ist aber umstritten, denn das Verhaltensrepertoire des Ekels geht darüber hinaus, siehe Curtis (2008)
91 **Inselrinde**: im Englischen »anterior insula«, siehe Husted et al. (2006); siehe auch Wicker et al. (2003); Jabbi et al. (2008)
91 **Amygdala**: ebenso Teile des ventromedialen präfrontalen Kortex, den man, wie gesagt, als »heißes System« bezeichnen kann
91 **Schlange und Spinnen**: Rozin (2008), S. 760; Webb et al. (1992)
91 **ansteckend**: am Beispiel des Lachens siehe Provnine (2000)
92 **allzu menschliche Emotion**: Verhaltensweisen, die dem mensch-

lichen Ekel sehr entfernt ähneln, hat man nur bei anderen Allesfressern wie Ratten und Affen gefunden, siehe Panksepp (2007)

92 **grob vernachlässigte Menschen**: Malson (1964)

92 **Tote berühren**: diese Verbindung ist auch experimentell nachgewiesen. Sobald Forscher Menschen in Versuchen an den Tod erinnern, empfinden die Versuchspersonen mehr Ekel. Und wenn sie eklige Bilder sehen, haben sie danach mehr Gedanken an den Tod, siehe Haidt et al. (1994)

92 **Spielzeug**: Hertenstein et al. (2004)

93 **Bitterstoffe vom Kaffee**: Pirastu et al. (2014)

93 **Koriander**: Eriksson et al. (2012)

94 **Hundeschlachtung**: https://www.zeit.de/2013/36/political-animals-china-hund

94 **Mukophagen**: dieses und andere schöne Beispiele finden sich in Bartens/Herrmann (2009)

94 **Frauen ekeln sich schneller als Männer**: Curtis/Biran (2001)

94 **Frauen sind reinlicher**: Curtis et al. (2004)

94 **Hände nach dem Toilettengang waschen**: das hat eine Beobachtungsstudie der *London School of Hygiene & Tropical Medicine* mit rund 250 000 Besuchern von Raststättentoiletten ergeben: Weniger als 30 Prozent der Männer benutzen Wasser und Seife, dagegen 64 Prozent der Frauen (https://www.bbc.com/news/magazine-19834975); siehe auch Curtis et al. (2009)

94 **Paare stellen auf Bionahrung um**: für eine mögliche Erklärung siehe Kerry/Murray (2018)

95 **Gläser mit »Gift«**: Rozin et al. (1986)

96 **Sauce-Béarnaise-Syndrom**: Seligman (1970); auch »Garcia effect« genannt, siehe Curtis (2011), S. 393

96 **lieber zu vorsichtig als zu risikofreudig**: Johnson (2013)

96 **Gesetz der Kontaktmagie**: Frazer (1922)

96 **Walter Benjamin**: Benjamin (1935)

97 **Kakerlake im Orangensaft**: Rozin et al. (1986)

97 **merkwürdige Ambivalenz der Sexualität**: so war es zum Beispiel in Bayern Tradition, dass die Männer nach dem Schuhplattler(-Tanz) der Frau als Attraktivitätstest ein Schweißtuch zum Schnuppern darboten, das sie unter der Achsel verstaut hatten

97 **Freud über Ekel**: Freud (1905); siehe auch Menninghaus (1999), S. 283f.

98 **Partner als Teil des »eigenen Selbst«**: Miller (1997)

98 **Norbert Elias**: Elias (1939). Eine kulturelle Keim-Theorie gab es

übrigens schon vor Pasteurs Entdeckung der Bakterien. Geruch und die Praxis der Quarantäne boten damals Schutz vor Infektionen

98 **Krankheiten stammen von Tieren**: Diamond (1997)

98 **»!Kung«**: Rozin et al. (2008)

98 **Toilette putzen**: Miller (1997)

99 **»Normalbild« eines gesunden und symmetrischen Körpers**: Thornhill/ Fincher (2014), S. 60f.

99 **Erbkrankheiten und Parasiten haben Gesichter gelähmt**: Ramachandran/Hirstein

99 **Abscheu vor fehlenden Gliedmaßen**: Rozin et al. (2008)

99 **Spucken**: http://www.spiegel.de/reise/staedte/grossbild-457543-769257.html

Kapitel 9

101 **Hitlers Pullover**: Nemeroff/Rozin (2000)

101 **Pädophilie-Keime**: zu dem Versuch gibt es inzwischen auch reale Fälle: So wollte ein schwer kranker Serbe keine Niere von einem homosexuellen Spender annehmen (https://www.queer.de/detail.php?article_id=31985)

101 **Aufmarsch von Neonazis**: Rozin (2008), S. 763

102 **Dieb oder Tierschänder**: von einem Dieb müsste man als Mensch eigentlich einen Schaden befürchten, von einem Tierschänder hingegen nicht (http://www.spiegel.de/panorama/justiz/bundesverfassungsgericht-bestaetigt-verbot-von-sex-mit-tieren-a-1078075-druck.html)

102 **Hasskommentare**: für eine umfangreiche Studie siehe https://www.theguardian.com/technology/2016/apr/12/the-dark-side-of-guardian-comments

104 **Dilemma der Allesfresser**: im Englischen »the omnivore's dilemma«, siehe Paul/Fallon (1987); siehe auch Haidt (2012), S. 172

105 **Ekelurteile variieren extrem**: »The results showed a high degree of variability between individuals«, siehe Curtis (2011)

105 **schärfere Gewürze**: Sherman/Billing (1999); Prokop/Fačovičová (2011)

105 **Ekel als Antibiotikum**: Inbar et al. (2011)

105 **Parasitenmodell der Demokratisierung**: Thornhill et al. (2009); für einen Überlick siehe Thornhill/Fincher (2014)

105 **Kollektivismus**: Fincher et al. (2008); Fincher/Thornhill (2008)

106 **man bleibt unter sich**: Faulkner (2004); Navarrete/Fessler (2006)

106 **1400 bekannte Infektionskrankheiten**: Taylor et al. (2001)
106 **Antibiotika und Schutzimpfungen**: Thornhill/Fincher (2014)
106 **Sexualverhalten**: Schmitt (2005)
107 **»Kosten« von Sex**: Schaller/Murray (2008)
107 **Ansteckungsgefahr und Offenheit**: die Daten stammen aus wissenschaftlichen Beobachtungen von 11985 Testpersonen aus 50 Regionen der Welt in McCrae/Allik (2002); Daten aus dem Big-5-Persönlichkeitstest in Schmitt et al. (2007) und Selbstbeschreibung von 17837 Personen aus 56 Regionen in John/Srivastava (1999)
107 **Parasiten sagen politische Einstellung voraus**: Curtis et al. (2011), S. 396; siehe auch Schaller/Murray (2008)
107 **Geschwächte ekeln sich schneller**: Miller/Maner (2011)
107 **Filme über Infektionen**: Schaller/Park (2011)
107 **Schweinegrippe**: die sogenannte »Pandemie H1N1 2009/10«, siehe Huang et al. (2011)
108 **Ebola**: Beall et al. (2016)
108 **Konservativsmus ist ein Gefahrenabwehrsystem**: schon Aurel Kolnai hat vermutet, dass Angst und Ekel als Abwehreinstellung nah beieinander liegen, siehe Kolnai (2007)
108 **Versuch mit üblen Gerüchen**: Inbar et al. (2009); Schnall et al. (2008)
108 **Versuch mit Schwedenbitter**: Eskine et al. (2011); für eine kritische Analyse siehe Landy/Goodwin (2015)
108 **Ekel verändert nicht die drei großen »F«s**: May (2014); siehe auch Horberg et al. (2009)
109 **abstoßende Bilder und dauerhafte Ekeldisposition**: Smith et al. (2011)
109 **Ekel und rigide Urteile**: Graham et al. (2013); McCrae (1996)
109 **Homosexualität**: Inbar et al. (2011)
109 **Ekel macht Menschen zu Traditionalisten**: Amodio et al. (2007); Oxley et al. (2008); Shook/Fazio (2009)
109 **die Ekeldisposition sagt Wahlverhalten vorher**: Inbar et al. (2011)
110 **herumsprechen**: außerdem stammt die Literatur fast ausschließlich aus der englischsprachigen Welt, siehe Rozin et al. (2008)

Kapitel 10

112 **VCD**: https://www.morgenpost.de/berlin/article214411705/Gegen-Falschparker-Aktivisten-stecken-Not-Radspur-ab.html
112 **Verkehrshütchen**: https://twitter.com/hashtag/Fahrradaktivist?src=hash; https://twitter.com/hashtag/Fahrradaktivisten?src=hash

112 *Critical Mass*: http://criticalmass-berlin.org/critical-mass/was-will-die-critical-mass/

1112 **Fahrradumzug**: https://www.tagesspiegel.de/berlin/berlin-kreuzberg-critical-mass-rollt-und-feiert-jubilaeum/20395446.html

112 **Kampfradler Watch**: https://twitter.com/FO_Kampfradler/status/566262006869942272

113 **Argwohn**: in den letzten zehn Jahren sind in Berlin knapp 300 Fußgänger und Fahrradfahrer durch Autos getötet worden: https://blog.nkb.fr/license-to-kill/?lg=de

114 **Henri Tajfel**: das Originalexperiment ist etwas komplexer, siehe Tajfel (1970)

114 **Belohnung für die eigene Gruppe, Verlust für die andere Gruppe**: dieses Phänomen ist weit verbreitet, siehe Dawes/Messik (2000)

114 **Kansas**: siehe Frank (2004)

115 **Muzafer Sherif**: ihre Eltern kamen aus einfachen Verhältnissen, sie konnten sich keinen Urlaub leisten und stimmten vermutlich auch deshalb dem als Ausflug getarnten Experiment zu, siehe Sherif et al. (1954/1961)

115 **Neigung zum Stammesverhalten angeboren**: Haidt (2012), S. 162 f.

116 **einsam, armselig, ekelhaft, tierisch und kurz**: »solitary, poor, nasty, brutish and short«, siehe Hobbes (1651), S. 114; siehe auch Hoekstra (2007), S. 109

116 **homo homini lupus**: Hobbes (1647)

116 **Naturzustand als Abstraktion**: Hobbes (1651), S. 117

116 **Amerikaner**: Hobbes (1656), S. 99

117 **die sinnvollste Strategie**: auch *dominante Strategie* genannt

118 **Bonnie und Clyde**: das Gedankenexperiment geht ungefähr so: Sie bekommen 10 Euro, die sie an den anderen vergeben können. Gibt Bonnie Clyde all ihr Geld, und Clyde handelt ebenso, bekommen beide 10 Euro zusätzlich als Bonus, also insgesamt 20 Euro. Behält nur Bonnie ihr Geld und sackt das Geld von Clyde ein, bekommt sie noch 20 Euro obendrauf. Wenn sie also nicht kooperiert, erhält sie 40 Euro, und Clyde geht leer aus, siehe Fehr/Fischbacher (2004); siehe auch Dawes/Messik (2000)

118 **von Dritten bestraft**: Shinada/Yamagishi (2007)

Kapitel 11

120 **Jane Goodall**: http://www.bbc.com/earth/story/20150811-do-animals-fight-wars

120 **Überzahl**: meist im Verhältnis 8 zu 1, siehe Wilson et al. (2014)

120 **Vergleiche sind schnell suggestiv**: für eine Diskussion siehe Andrews (2016)

121 **Dominanz-Gewalt**: Pinker (2011), S. 487 f.

121 **Bonobos**: Waal (1996)

121 **Vorräte knapp**: Pinker (2011), S. 39

122 **150 und 200 Menschen haben einen Stamm gebildet**: auch bekannt als *Dunbar-Zahl*, siehe Dunbar (1993); siehe auch Dunbar (2009)

122 **gefährliche fremde Stämme**: Pinker (2011)

122 **»Der Mensch ist dem Menschen ein Wolf«**: im Vorwort von *De Cive* sagt Hobbes in diesem Sinne, dass der Mensch dem Menschen ein Gott sei (»homo homini deus«). Staaten schwingen sich gegenüber anderen als Götter auf

123 **nicht abschließend verstanden**: die Theorie ist bis heute umstritten, siehe dazu auch Haidt (2012), S. 245

123 **Vorteile der Autorität**: Waal (1982)

124 **traditionelle Hindufamilien in Indien**: Sperber (2005)

125 **Jeremy Rifkin**: Rifkin (2009)

125 **Stammesfilter ausschalten**: die Schwierigkeit zeigen unter anderem Xu et al. (2009)

126 **Oxytocin-Nasenspray**: Wudarczyk et al. (2013)

126 **Bindungshormon macht Fremden gegenüber aggressiv**: De Dreu et al. (2010)

126 **Würden Sie Chip Ellsworth III. hinunterstoßen?**: Uhlmann et al. (2009)

127 **Versuch an Rhesus-Affen**: Mahajan et al. (2011)

129 **Menschen im Westen und in Asien**: Nisbett (2003)

129 **Reistheorie**: Talhelm et al. (2014); siehe auch Varnum et al. (2010): »Farmers and fishermen in the Black Sea region of Turkey are more interdependent than herders in a neighboring village and also more likely to think holistically«

130 **neue Stämme**: man könnte auch von »urban tribalism« sprechen, siehe Maffesoli (1996)

Kapitel 12

133 **Überall auf der Welt tun sich die gleichen Brüche auf**: Teile dieses Textes erschienen unter https://www.nzz.ch/feuilleton/politik-und-psychologie-mitgefuehl-oder-ekel-progressiv-oder-konservativ-ld.1297970; zum Rechtsruck siehe auch Foa/Mounk (2016)

133 **Brexit**: die Spaltung ist noch stärker im Jahre 2017: https://www.washingtonpost.com/news/monkey-cage/wp/2017/06/14/young-and-old-are-voting-very-differently-in-the-u-k-and-u-s-thats-a-big-deal/?utm_term=.bd7e12cbf40d

133 **Trump und Clinton**: http://www.bbc.co.uk/newsbeat/article/37920950/who-voted-for-trump-not-young-people-say-exit-polls

134 **Leibniz**: in Gerhardt (1978), S. 109

134 **Hume**: Hume (1748)

134 **Beide Spielarten der Freiheit sind nur auf Kosten traditioneller Normen zu haben**: Inglehart (2004)

134 **»Früher war alles besser«**: in Europa sagen etwa 70 Prozent der 36- bis 65-Jährigen, in der Vergangenheit sei die Welt ein besserer Ort gewesen, aber nur etwa 50 Prozent der 16- bis 25-Jährigen, siehe de Vries/Hoffmann (2018b)

135 **Demokratien**: https://freedomhouse.org/sites/default/files/FH_FITW_Report_2018_Final_SinglePage.pdf, auch wenn sich die Lage in den letzten Jahren wieder etwas verschlechtert hat

135 **Ehemann fragen**: http://www.spiegel.de/einestages/bescheidene-emanzipation-a-949805.html

135 **Todesstrafe für Homosexualität**: https://www.washingtonpost.com/gdpr-consent/?destination=%2fnews%2fworldviews%2fwp%2f2016%2f06%2f13%2fhere-are-the-10-countries-where-homosexuality-may-be-punished-by-death-2%2f%3f&utm_term=.1375811d7ce4

135 **Ehebruch als Straftat**: *Erstes Gesetz zur Reform des Strafrechts* (1. StrRG) vom 25.06.1969; wurde allerdings selten sanktioniert: http://www.spiegel.de/spiegel/print/d-46461392.html

137 **Mark Lilla**: Lilla (2016)

137 **Homosexualität vor der iranischen Revolution**: https://www.economist.com/open-future/2018/06/06/how-homosexuality-became-a-crime-in-the-middle-east?fsrc=scn/tw/te/bl/ed/?fsrc=scn/fb/te/bl/ed/howhomosexualitybecameacrimeinthemiddleeastopensociety; siehe auch Thomas Bauer im Vortrag: https://hpd.de/node/12315

137 **Todesstrafe für Homosexualität**: http://ilga.org/downloads/2017/ILGA_WorldMap_ENGLISH_Overview_2017.pdf

137 **Re-Islamisierung und die strenge Auslegung des Islam**: Roy (1994); siehe auch Lapidus (2014)

137 **Kabul und Teheran**: die Bilder zeigen Frauen in Miniröcken ohne Schleier und Männer in Jeans und T-Shirt: https://www.amnesty.org.uk/womens-rights-afghanistan-history

137 **menschengemachter Klimawandel**: Kahan (2013)

138 **Naturschutz als Thema der Konservativen**: https://www.washingtonpost.com/opinions/we-can-breathe-easier--literally--thanks-to-george-hw-bush/2018/12/02/e7a2acbe-f66a-11e8-8d64-4e79db33382f_story.html?fbclid=IwAR12COUmsazYxsSpUSVRBIM324CfWYd8MjgXuih7Gqm7hX078OvrPXI4V_g&utm_term=.0b0773efdf94

138 **Gegenschlag-Effekt**: im Original »backfire effect«, siehe Nyhan/Reifler (2010)

138 **Al Gore hat dem Klimaschutz mehr geschadet**: Pinker (2018), S. 382

138 **Wahrheit autoritär**: siehe Hübl (2018a)

138 **Kamel und Dromedar in den USA**: siehe die Studie *Hidden Tribes*: https://static1.squarespace.com/static/5a70a7c3010027736a22740f/t/5bbcea6b7817f7bf7342b718/1539107467397/hidden_tribes_report-2.pdf

139 **strenge und lässige Länder**: »streng und lässig« stehen für »tight« and »loose«, siehe Gelfand (2011); für eine Diskussion siehe Gelfand (2018)

139 **wertvolle Nahrung**: damit ist fett- und proteinreiche Nahrung gemeint

140 **große Gegenüberstellung von kollektivistischen Kulturen und individualistischen Kulturen**: alle Quellen finden sich in Thornhill/Fincher (2014), S. 88 f.

142 **Schamkulturen und Schuldkulturen**: Katchadourian (2009); Jacquet (2016)

142 **Schuld und Scham**: Sapolsky (2017), S. 502 f.

Kapitel 13

144 **Wer neigt in Europa dazu, Rechtspopulisten zu wählen?**: eine englische Kurzfassung dieses Kapitels ist erschienen unter: https://eupinions.eu/de/blog/is-openness-an-opportunity-or-a-threat/

144 **europaweite Studie**: siehe de Vries/Hoffmann (2016)

144 **Globalisierung als weltweite Bewegung von Waren, Kapital, Kultur und Menschen**: das zeigt die Nachfolgestudie: siehe de Vries/Hoffmann (2018a)

144 **Hälfte als Bedrohung**: nur ein kleiner Teil davon allerdings als eine ökonomische Bedrohung

145 **mit Fremden am wenigsten in Berührung, die größte Angst vor ihnen**: Zick/Küpper (2015), S. 54

145 **untere, mittlere und obere Einkommensklasse**: ökonomisch ähnelt die AfD damit dem Profil der ehemaligen Piraten-Partei, siehe Bergmann et al. (2017)

146 **Anteil der Frauen und Männer unter den AfD-Wählern**: https://www.bundeswahlleiter.de/dam/jcr/e0d2b01f-32ff-40f0-ba9f-50b5f761bb22/btw17_heft4.pdf (S. 131, eigene Berechnung der Zweitstimmen, bei der Erststimme: 38 Prozent Frauen und 62 Prozent Männer)

146 **Recherchen des Berliner *Tagesspiegels***: https://www.zeit.de/gesellschaft/zeitgeschehen/2018-09/rechtsextremismus-gewaltpotenzial-deutschland-todesopfer-rechte-gewalt

146 **Angriffe auf Flüchtlingsheime in Sachsen**: https://www.welt.de/politik/deutschland/article152203085/Hier-gab-es-die-meisten-Angriffe-auf-Asylunterkuenfte.html

146 **»trauriger Spitzenreiter«**: https://www.handelsblatt.com/politik/deutschland/straftaten-statistik-osten-ist-spitzenreiter-bei-gewalt-gegen-fluechtlinge/20797720.html?ticket=ST-6530872-rWTS-jHT4EcWPRZ1deuvw-ap3

146 **fremdenfeindliche Einstellungen bei Westlern und Ostlern**: Zick et al. (2016), S. 56

146 **»durch die vielen Ausländer in einem gefährlichen Maß überfremdet«**: https://www.boell.de/sites/default/files/leipziger_autoritarismus-studie_2018_-_flucht_ins_autoritaere_.pdf?dimension1=ds_leipziger_studie

147 **AfD in fast allen Wahlbezirken über 20 Prozent**: http://www.spiegel.de/politik/deutschland/bundestagswahl-2017-alle-ergebnisse-im-ueberblick-a-1167247.html

147 **Stimmenanteil der AfD insgesamt**: https://www.zeit.de/2017/40/bundestagswahl-ostdeutschland-sachsen-alternative-fuer-deutschland

147 **Lebenszufriedenheit in Ost und West**: im Jahresbericht der Bundeszentrale für politische Bildung von 2018: http://www.bpb.de/nachschlagen/datenreport-2018/werte-und-einstellungen/278547/allgemeine-lebenszufriedenheit-und-zufriedenheit-mit-lebensbereichen (Abb. 1)

147 **zur Freiheit verurteilt**: Sartre (1946)

147 **zwei Millionen**: genau genommen sind drei Millionen in den Westen gegangen, und davon ist eine Million zurückgekehrt

148 **Migrationserfahrung**: die These stammt von Foroutan (2019)

148 **Gastarbeiter**: http://www.taz.de/!5501987/

148 **mobilere Frauen**: ein Beleg am Beispiel von Görlitz: https://media.lk-goerlitz.active-city.net/downloads/planung/Wer_kommt_wer_bleibt_wer_geht.pdf

148 **hoher sozialer Status macht Männer attraktiver**: Buss (2016)

148 **80 Prozent der DDR-Betriebe**: der Vermögenswert dieser Betriebe ist allerdings schwer zu ermitteln und unter Experten umstritten, siehe Marcus Böik: https://katapult-magazin.de/de/artikel/artikel/fulltext/krieg-der-zahlen/

149 **Ben Kiernan**: Kiernan (2007)

149 **»Wer beherrscht den Osten?«**: https://www.mdr.de/heute-im-osten/wer-beherrscht-den-osten-studie-100.html

150 **Die Eliten lassen das zu**: in ganz Europa vertrauen diejenigen, die sich als »extrem rechts« beschreiben, am wenigsten Politikern und Journalisten, siehe de Vries/Hoffmann (2017)

150 **Konkurrenzsitation im Dienstleistungsproletariat**: siehe Heinz Bude im Interview: http://www.spiegel.de/spiegel/print/d-143471138.html

150 **Angst der älteren Männer**: 53 Prozent der Über-Sechzigjährigen in Deutschland werten Asylsuchende ab, aber nur 33 Prozent der Unter-Dreißigjährigen, siehe Zick et al. (2016), S. 59

150 **im Osten ist die Gruppe prozentual deutlich größer**: Zick et al. (2016), S. 56

151 **Pegada**: http://www.spiegel.de/politik/deutschland/pegada-demo-in-erfurt-gegen-die-amerikanisierung-des-abendlandes-a-1014839.html (Bericht vom 24.1.2015)

Kapitel 14

152 **unklare Angebote**: Teile dieses Kapitels erschienen unter: https://www.nzz.ch/feuilleton/die-reise-nach-jamaika-ein-philosophischer-wegweiser-ld.1327052

152 **Der Islam gehört zu Deutschland**: Wolfgang Schäuble hat das übrigens schon einige Zeit vor Christian Wulff gesagt: https://www.deutschlandfunkkultur.de/die-geschichte-eines-satzes-der-islam-gehoert-zu-deutschland.1895.de.html?dram:article_id=308696

152 **Homo-Ehe**: Angela Merkel hob den Fraktionszwang bei der Abstimmung über die Homo-Ehe auf, was de facto zur rechtlichen Gleichstellung führte.

152 **Hartz-IV-Reformen 2003**: Kritik: http://www.spiegel.de/wirtschaft/soziales/zehn-jahre-hartz-iv-kampf-gegen-langzeitarbeitslosigkeit-a-1010945.html; eine Studie zu den positiven Auswirkungen: http://

www.bpb.de/apuz/250663/agenda-2010-und-arbeitsmarkt-eine-bilanz?p=all

152 **Christian Lindner**: https://www.zeit.de/2017/33/russlandpolitik-christian-lindner-wladimir-putin-krim

153 **Sarah Wagenknecht über Gastrecht**: http://www.taz.de/!5327896/

154 **die Liberalen**: die »liberals« in den USA entsprechen eher den progressiven, also den linken Wählern in Europa. Die europäischen Liberalen liegen näher an den »libertarians« in den USA, siehe Iyer et al. (2012)

154 **Versuche in den USA**: Graham et al. (2009)

154 **Studien in Deutschland**: siehe zum Beispiel https://www.moreincommon.com/germany-report; siehe auch Zick et al. (2016)

154 **Idealtypen**: nach dem Vorbild von Max Weber

154 **zeitgenössischer Konservativismus**: weil die Deutschen früher kollektivistischer waren, hatten die Volksparteien auch mehr Bindekraft: https://www.zeit.de/politik/deutschland/2018-11/volksparteien-spd-cdu-parlamentarismus-parteiensystem

155 **Jens Spahn**: https://www.zeit.de/zeit-magazin/2017/22/jens-spahn-cdu-interview-moritz-von-uslar

155 **Baberowski**: https://www.nzz.ch/feuilleton/der-mensch-laesst-sich-nicht-beliebig-zurichten-ld.1419506

155 **Konservative sind weltweit tribalistischer**: vergleiche Kapitel 6

156 **an unabhängig kennzeichnenden Merkmalen festzumachen**: es geht also um eine intrinsische Definition, die nicht ausschließlich relational ist

156 **Sloterdijk**: http://www.spiegel.de/spiegel/peter-sloterdijk-ueber-seinen-zunehmenden-konservatismus-a-1153758.html

156 **je progressiver, desto besser ist es um den Rechtsstaat und den Sozialstaat bestellt**: Welzel (2013)

157 **Grünen-Wähler**: http://www.bpb.de/politik/grundfragen/parteien-in-deutschland/gruene/42159/wahlergebnisse-und-waehlerschaft

157 **die wohlhabendsten Wähler**: https://www.diw.de/documents/publikationen/73/diw_01.c.562050.de/17-29.pdf

158 **Frank Schirrmacher**: https://diepresse.com/home/meinung/gastkommentar/686329/Ich-beginne-zu-glauben-dass-die-Linke-recht-hat

159 **persönliche oder ökonomische Freiheit**: Haidt (2012), S. 209 f.

159 **Start-up-Gründer**: Iyer et al. (2012); Graham et al. (2013)

160 **Leistungsgerechtigkeit oder Verteilungsgerechtigkeit**: Graham et al. (2013), S. 35 f.

160 **Wer auf Kosten der Gruppe lebt, darf keine Milde erwarten**: Haidt (2012), S. 209. Am Beispiel der Sanktionen für Verstöße bei Hartz-IV-Bezügen zeigt sich das in Deutschland: Die Linken wollen eher wenig sanktionierten, die Liberalen und Konservativen hingegen stark

160 **Lindner und Putin**: https://www.waz.de/politik/lindner-fordert-verschaerfung-der-zuwanderungspolitik-id211476149.html

161 **Piratenpartei**: https://www.sueddeutsche.de/politik/piraten-gegen-sich-selbst-1.3486971-2. Auch andere progressive Parteien sind intern wenig autoritär: Bei den Grünen und der SPD wechselt die Parteiführung ständig, bei der CDU nur in großen Abständen.

161 **Wählerwanderung**: Die Linke hat 420 000 Wähler an die AfD verloren: https://wahl.tagesschau.de/wahlen/2017-09-24-BT-DE/wanderung_embed.shtml. Eine zweite Spannung besteht bei der Partei Die Linke zwischen Freiheit und Fairness auf der einen Seite und einer historischen Nähe zu Russland und ihrem autokratischen Herrscher Putin auf der anderen Seite

162 **Neoliberalismus**: Reinhoudt/Audier (2018); in Deutschland als Theorie von der *Freiburger Schule* entwickelt und von Ludwig Erhard als politisches Programm umgesetzt

162 **entfesselter Laissez-faire-Kapitalismus**: Hartwich (2009)

163 **Wähler der CDU und CSU wanderten zu den Grünen ab**: Beispiele sind die Landtagswahlen in Bayern und in Hessen im Jahr 2018

163 **Botho Strauß**: »Die Hypokrisie der öffentlichen Moral, die jederzeit tolerierte (wo nicht betrieb): die Verhöhnung des Eros, die Verhöhnung des Soldaten, die Verhöhnung von Kirche, Tradition und Autorität, sie darf sich nicht wundern, wenn ihre Worte in der Not kein Gewicht mehr haben«, siehe: http://www.spiegel.de/spiegel/print/d-13681004.html

163 **Reinheit ist zum Abscheu gesteigert**: einen ähnlichen Punkt macht Emcke (216), S. 135 f.

163 **»links-grün versifftes« Gedankengut**: eine Dokumentation des neurechten Denkens findet sich in Weiß (2017), S. 228 f.

164 **von den notwendigen Kompromissen enttäuscht**: ein ähnlicher Gedanke findet sich bei Andreas Barthelmess: https://www.welt.de/debatte/kommentare/article181915774/En-Marche-Deutschland-braucht-eine-Bewegung-der-Mitte-a-la-Emmanuel-Macron.html

Kapitel 15

165 **hören und gehorchen**: »obeying is hearing«, siehe Lakoff/Johnson (1980)

165 **John Stuart Mill**: Mill (1859), S. 113

166 **Götz Kubitschek und Ellen Kositza**: https://www.faz.net/aktuell/politik/inland/zu-besuch-bei-goetz-kubitschek-14180792.html

166 **Doktorarbeiten plagiiert**: mindestens zehn CDU-Politiker, gefolgt von sechs FDP-Politikern und drei SPD-Politikern, siehe http://de.vroniplag.wikia.com/wiki/VroniPlag_Wiki:Statistik#Aberkennung_des_akademischen_Grades

167 **Einhorn**: https://www.zeit.de/2018/45/kondomhersteller-einhorn-firma-fuehrungsstil-abschaffung-chefs-arbeitsklima

168 **Konservative sind von Polizisten und Soldaten beeindruckt**: Graham et al. (2011)

168 **Lindsey Stone**: https://www.dailymail.co.uk/news/article-2964489/I-really-obsessed-reading-Woman-fired-photo-giving-middle-finger-Arlington-National-Cemetery-says-finally-Google-without-fear.html

169 **Militärschlag der USA gegen Assad**: https://www.heise.de/tp/features/Umfrage-Deutliche-Mehrheit-der-Deutschen-lehnt-Militaerschlag-gegen-Syrien-ab-4161239.html

169 **Freiheit verteidigen**: so sprachen sich die FDP-Wähler am zweithäufigsten für den Militäreinsatz aus

169 **selten lächeln und schon gar nicht herzlich lachen**: Carney et al. (2008)

169 **»Normalerweise haben große Rechtecke mehr zu sagen als kleine«**: Thomsen et al. (2011)

170 **Bilder blitzten nur 40 Millisekunden lang auf**: Rule et al. (2012)

170 **Platons Schrift *Politeia***: in Platons Dialog *Politeia* beschreibt Sokrates im Dialog mit seinen Gesprächspartnern den Reeder eines Schiffs, der zwar groß und stark, aber auch halb taub und kurzsichtig ist und von der Schifffahrt nur wenig versteht. Auf dem Schiff will jeder unfähige Matrose den Kapitän spielen und am Ruder sitzen. Dass sie dazu gar nicht befähigt sind, fällt dem Reeder nicht auf. In diesem Gleichnis steht der kurzsichtige Reeder für das Volk, das sich von unfähigen Politikern verführen und beherrschen lässt, siehe Platon, *Politeia* 488a f.

170 **Kapitän auf einem Schiff**: Antonakis/Dalgas (2009)

171 **Robert Sapolsky**: Sapolsky (2017), S. 476

171 **Merkmale für Intelligenz und Gesundheit**: Spisak et al. (2014)

171 **Vertrauenswürdigkeit oder Dominanz**: das belegen gleich mehrere Versuche des amerikanischen Psychologen Alexander Todorov. Er zeigte seinen Versuchspersonen zwei Porträtfotos und fragte sie, welche der beiden Personen kompetenter wirke. Tatsächlich handelte es sich um Fotos von vergangenen Senatswahlen, was die Versuchspersonen aber nicht wussten. Die spontanen Urteile stimmten zu etwa 70 Prozent mit den Wahlergebnissen überein, lagen also 20 Prozent über purem Rateglück. Besonders überraschend war, dass Todorov dieses Ergebnis auch erzielte, wenn die Testpersonen die Bilder nur 100 Millisekunden, also eine Zehntelsekunde, zu sehen bekamen. Daraus kann man indirekt ableiten, dass sich ein Teil der Wähler vom Aussehen der Kandidaten beeinflussen lässt, auch wenn dieser Effekt bei überzeugten Stammwählern nicht auftaucht, siehe Todorov (2017)

171 **in Kriegszeiten maskuline Züge, in Friedenszeiten feminine Züge**: Spisak (2012)

Kapitel 16

172 **Studien zum autoritären Charakter**: die Kollegen waren Else Frenkel-Brunswik, Daniel J. Levinson und R. Nevitt Sanford, siehe Adorno (1950), S. X

172 **durch indirekte Hinweise verlässlich erkennen**: Adorno (1950), S. 62

172 **ordentlich, sparsam und eigensinnig**: Freud (1908); siehe auch Freud (1930), S. 456

172 **Merkmalsliste erweitert**: Adorno (1950), S 46 f.

173 **Erich Rudolf Jaensch**: Jaensch (1938)

173 **John Levi Martin**: Martin (2001)

174 **Grundprinzip des wissenschaftlichen Forschens**: um einen Fall von »data picking« handelte es sich, wenn Adorno und Kollegen die Versuchspersonen, die nicht in ihr Schema passten, als »Pseudo-Konservative« bezeichneten. Potenziell relevante Charakterzüge wie Ehrlichkeit oder Mitgefühl haben sie gar nicht erst ermittelt

174 **Aussagen ausschließlich positiv formuliert**: Sibley/Duckitt (2008)

174 **Problem der sozialen Erwünschtheit**: das sogenannte »social desireablity bias«, siehe Holtgraves (2004)

174 **US-Amerikaner haben deutliche Vorurteile gegenüber Afroamerikanern**: Sniderman/Carmines (1997)

174 **die Mitte-Studien**: Zick et al. (2016); Decker et al. (2016)

174 **gruppenbezogene Menschenfeindlichkeit**: Zick/Küpper (2015), S. 21 f.

175 **deutlich voneinander trennen**: Sibley/Duckitt (2008), S. 253

175 **Metaanalyse mit 22 000 Versuchspersonen**: Sibley/Duckitt (2008); siehe auch Akrami/Ekehammar (2006); Hodson/Costello (2007)

176 **Metaanalyse aus 24 Studien**: Terrizzi Jr. et al. (2013)

176 **verschlossen und hoher Wert bei Gewissenshaftigkeit**: Sibley/Duckitt (2008)

176 **tendenziell als mitfühlend**: Akrami/Ekehammar (2006)

176 **Menschenfeinde: hedonistisch und kaum Mitgefühl**: Chiao (2009); Sidanius (2013); Napier/Jost (2008)

176 **weniger Offenheit und wenig Mitgefühl**: Hodson et al. (2009)

176 **Lebenswelt als einen Kampf um Macht und Dominanz**: Perry/Sibley (2012)

176 **Genau an diesen Typ hat Adorno gedacht**: beide autoritäre Typen, der unterwürfige und der dominante, hegen starke Vorurteile gegenüber bestimmten Bevölkerungsgruppen und neigen zur Fremdenfeindlichkeit, siehe Ekehammar et al. (2004)

177 **Test für Menschenfeindlichkeit**: Thornhill/Fincher (2014) S. 87 f.; siehe auch Stenner (2005)

177 **Test für Autoritarismus**: Rattazzi et al. (2007)

177 **die Welt in »Unten« und »Oben«**: Asbrock et al. (2009); Duckitt/Sibley (2007)

177 **Leute aus fremden Gruppen**: Thornhill/Fincher (2014), S. 85 f.

177 **John Duckitt**: Duckitt (2001)

177 **unter den Menschenfeinden sind deutlich mehr Männer**: Pratto et al. (1997)

178 **Kultur der Überlegenheit**: Duckitt (2001), S. 59 f.

178 **Studie der Vereinten Nationen**: Elgar et al. (2009)

178 **Hippies**: siehe Thornhill/Fincher (2014)

179 **heimliche Eifersucht der neuen Rechten**: Volker Weiß im Interview: http://www.spiegel.de/kultur/gesellschaft/volker-weiss-der-islamismus-gilt-der-neuen-rechten-als-heroische-kriegerkultur-interview-a-1139622.html

179 **Bluttest**: http://www.faz.net/aktuell/politik/ausland/europa/tuerkei/nach-armenier-resolution-erdogan-fordert-blutprobe-bei-tuerkischstaemmigen-abgeordneten-14271964.html. Erdoğan sagte »kanı bozuk«, was man als »entartet«, »degeneriert« oder »charakterlos« übersetzen kann, siehe Karl (1988), S. 598

179 **Xi Jinping**: auf dem 19. Parteikongress in Oktober 2018 sprach Xi Jinping von der »Renaissance der chinesischen Nation«. Nach jahrhundertelanger Kolonialisierung kehre China »ins Zentrum des Weltgeschehens zurück«: http://www.spiegel.de/plus/xi-jinping-wladimir-putin-donald-trump-erdogan-ich-bin-das-volk-a-00000000-0002-0001-0000-000157769149

179 **Vogelschiss**: http://www.faz.net/aktuell/politik/inland/gauland-hitler-nur-vogelschiss-in-deutscher-geschichte-15619502.html

179 **Schuldkult**: https://www.zeit.de/2017/38/alice-weidel-afd-spitzenkandidatin-muslime/komplettansicht

179 **Zvi Rex**: https://www.zeit.de/2003/47/01_Leiter_1/komplettansicht

179 **Indikator für Trumps Erfolg**: siehe Yascha Mounk: https://www.theatlantic.com/magazine/archive/2018/03/america-is-not-a-democracy/550931/

180 **Wunsch nach globaler Dominanz**: Mutz (2018)

180 **autoritäres Denken in den letzten Jahren gestiegen**: für eine Diskussion, siehe Mounk (2018), S. 118 f.

180 **Demokratie und Militardiktatur**: »Only a third of Americans under 35 say that it is vital they live in a democracy; the share who would welcome military government grew from 7% in 1995 to 18% last year«: https://www.economist.com/leaders/2018/09/13/a-manifesto-for-renewing-liberalism

180 **repräsentative Umfrage von 2018**: gezählt wurden Zustimmung mit »überwiegend« und »voll und ganz«: https://www.boell.de/sites/default/files/leipziger_autoritarismus-studie_2018_-_flucht_ins_autoritaere_.pdf?dimension1=ds_leipziger_studie (S. 75 f.)

180 **realer Sozialismus als konservatives System**: Duckitt (2001), S. 84

Kapitel 17

182 **Rostock-Lichtenhagen**: für eine Rekonstruktion siehe Schmidt (2002)

183 **die Asylfrage**: für einen Überblick siehe Herbert (2001), S. 303

183 **Rudolf Seiters**: https://www.zeit.de/2003/03/Pogrome_und_frische_Hemden

183 **Mit der Flüchtlingssituation von 2015 wiederholte sich das Muster**: http://www.spiegel.de/panorama/justiz/sachsen-fremdenfeindlicher-mob-attackiert-bus-mit-fluechtlingen-a-1067346.html

183 **2000 Angriffe im Jahr 2017**: http://www.faz.net/aktuell/gesellschaft/kriminalitaet/rassismus-mehr-als-2200-angriffe-auf-fluechtlinge-im-2017-15471220.html

183 **Blick in die Kulturgeschichte**: Kiernan (2007)

184 **Probanden sehen Fotos nur für eine Zwanzigstelsekunde**: Kubota et al. (2012)

184 **Neuronen für Gesichtserkennung**: Gesichtserkennung findet in der sogenannten Fusiform-Region des Hirns statt. 50 Millisekunden reichen hingegen schon aus, um die Neuronen für die Erkennung des Geschlechts oder des sozialen Status zu aktivieren. Andere Versuche zeigen: Weiße US-Amerikaner entdecken mehr Aggressionen in emotionslosen Gesichtern von Schwarzen als in emotionslosen Gesichtern von Weißen, für einen Überblick siehe Sapolsky (2017), S. 85 f.; siehe auch Ratner/Amodio (2013)

184 **Angst-Konditionierung**: Olson et al. (2005)

184 **Mexiko-Stadt**: Xiao et al. (2016)

184 **Kinder in einer ethnisch gemischten Umgebung**: Bigler/Liben (2007). Im Alter von etwa acht Jahren erkennen Kinder übrigens auch die Gesichter der dominanten Ethnie schneller als Gesichter von Ethnien, die in ihrer Umgebung seltener sind. Das gilt selbst für adoptierte Kinder: Ein von Schwarzen adoptiertes weißes Kind erkennt die Gesichter von Schwarzen schneller als von Weißen und umgekehrt, siehe Sangrigoli (2005)

185 **Leda Cosmides**: Kurzban et al. (2001)

185 **gelbe und blaue T-Shirts**: Bigler (1997)

186 **Rothaarige**: für eine Diskussion siehe: https://www.thetimes.co.uk/article/carrot-tops-lets-root-out-this-ginger-hate-7dpr2drl53k

186 **fremder Akzent**: Kinzler et al. (2009)

186 **klassische Studie in den Sechzigerjahren**: Tucker/Lambert (1969)

186 **archaischer Instinkt**: es entbehrt nicht einer gewissen Ironie, dass die moderne Genetik nachgewiesen hat, dass alle Menschen von derselben »Ur-Eva« aus Afrika abstammen

186 **der Täter hat einen Migrationshintergrund**: für eine Diskussion siehe El-Mafaalani (2018), S. 52

186 **vier Millionen Einwanderer aus der EU**: https://www.wp.de/kids/in-deutschland-leben-so-viele-auslaender-wie-nie-zuvor-id214753227.html

186 **Migrationshintergrund**: für einen Überblick siehe: https://mediendienst-integration.de/migration/europaeische-union.html#c1464;

186 **Chiffre für das bedrohliche Fremde**: dieser Mechanismus heißt im Englischen »othering«, siehe Said (1978)

186 **essentialistische Denkweise**: für einen Überblick siehe Sapolsky (2017) S. 407 f.

187 **Kompensation der eigenen Unwertigkeitsgefühle**: Walter et al. (2017), S. 19

187 **Oliver Nachtwey**: Nachtwey (2015)

187 **Arbeitslosigkeit in Deutschland und den Niederlanden**: auch im Rest von Europa, siehe: http://www.spiegel.de/wirtschaft/soziales/arbeitslosigkeit-in-europa-sinkt-auf-zehnjahrestief-a-1189293.html

187 **Jair Bolsonaro**: https://www.welt.de/newsticker/dpa_nt/afxline/topthemen/hintergruende/article182875938/Mit-Knarre-und-Gott-Tropen-Trump-will-Brasilien-saeubern.html

188 **Rodrigo Duterte**: https://www.zeit.de/politik/ausland/2016-08/philippinen-drogen-menschenrechte-justiz-razzien-lynchjustiz-rodrigo-duterte/komplettansicht

188 **Fremdenfeindlichkeit in Deutschland**: Zick et al. (2017)

189 **impliziter Assoziationstest**: Greenwald et al. (1998)

189 **mit weniger eindeutigen Paarungen durchspielen**: für einen Überblick siehe Greenwald/Banjaii (2013)

190 **Was der Test genau verdeutlicht, ist bis heute umstritten**: man könnte zum Beispiel argumentieren, dass er gar keine Vorurteile zutage fördert, sondern Testpersonen nur deshalb etwa »Zigeuner« und »schlecht« als kongruent betrachten, weil sie den gesellschaftlichen Stereotyp kennen, den sie aber deshalb nicht unbedingt selbst haben, geschweige denn, dass sie danach leben

190 **sozioökonomischer Status**: Horberg et al. (2009)

190 **wenig kognitive Kontrolle**: Payne (2005)

190 **Ekelneigung und gruppenbezogene Menschenfeindlichkeit**: Hodson/Costello (2007)

190 **Ekelneigung unabhängig von Geschlecht, Alter, Bildung und Religion**: Inbar et al. (2012)

191 **Rechtsradikale und Extremisten sind fremdenfeindlich und homophob**: der Faktor ist Ekel, nicht Angst, siehe Ahn et al. (2014)

191 **Erich Goldhagen**: Goldhagen (1976), S. 384

191 **Hitler**: siehe Hitler (1923), S. 61. Im Schulungsheft von 1941 steht es ähnlich: »Sein Körper kommt nie mit Seife in Berührung; seine Kleidung ist schmutzig und schmuddelig, und aus seiner Behausung … dringt zu allen Zeiten übler Gestank«, siehe Goldhagen (1976), S. 386

192 **Heinrich Himmler**: Goldhagen (1976), S. 386

192 **Joseph Goebbels**: Goldhagen (1976), S. 383

192 **Paul de Lagarde**: Lagarde (1887), S. 339

192 **Heinrich Heine**: siehe Piper (2003)

192 **in der Gegenwart des rituell ›Unreinen‹**: Goldhagen (1976), S. 386
192 **besudelt**: so schon in Dinter (1917)
193 **Franz Neumann**: Neumann (1967)
193 **Susan Fiske**: Wärme (»warmth«) und Kompetenz (»competence«) in Fiske et al. (2006)
194 **Indonesier gegenüber der chinesischen Minderheit**: Sapolsky (2017), S. 412
194 **Hitler**: Rede vom 10. November 1933, siehe: https://www.jmberlin.de/1933/de/11_10_kalendereintrag-von-lisl-halberstadt.php
195 **Expertenkommission der Bundesregierung**: https://dip21.bundestag.de/dip21/btd/18/119/1811970.pdf (S. 79 f.)
195 **Ermordung der Juden durch die Nationalsozialisten und Situation der Palästinenser**: http://www.bpb.de/politik/extremismus/antisemitismus/269248/antisemitismus-bei-muslimen
196 **negative Folgen der Globalisierung**: laut einer Umfrage des Allensbach-Instituts glauben 55 Prozent der AfD-Wähler, Juden hätten zu viel Einfluss, bei den anderen Parteien sind es weniger als 20 Prozent, siehe: https://www.faz.net/social-media/instagram/exklusive-allensbach-umfrage-antisemitismus-in-deutschland-15648477.html?premium

Kapitel 18

197 **Ausschreitungen in Chemnitz**. http://www.spiegel.de/plus/ausschreitungen-in-chemnitz-wie-politik-und-polizei-versagten-a-00000000-0002-0001-0000-000161498502
198 **soziale Erwünschtheit**: zum sogenannten »social desirability bias« siehe Holtgraves (2004)
198 **Umfrageergebnisse**: das gilt auch für die Mitte-Studien, siehe Zick et al. (2016); Decker et al. (2016); Walter et al. (2017)
198 **nicht ehrlich oder gar nicht geäußert**: Bergmann/Diermeier (2017)
198 **Björn Höcke**: http://www.spiegel.de/plus/bjoern-hoecke-jetzt-stehen-sie-hier-mit-dem-teufel-der-afd-a-00000000-0002-0001-0000-000160311461
198 **Jongen und Höcke**: Höckes »Sorge«: https://www.deutschlandfunk.de/afd-in-thueringen-mauern-gegen-moschee.1773.de.html?dram:article_id=354611; Jongens »Zorn«: https://www.zeit.de/2016/23/marc-jongen-afd-karlsruhe-philosophie-asylpolitik/komplettansicht
198 **Amos Tversky und Daniel Kahneman**: Kahneman/Tversky (2000)

199 **Martin Hohmann**: https://www.juedische-allgemeine.de/politik/herr-hohmann-von-der-afd/

200 **die sprachliche Verpackung**: sie haben die *Prospect Theory* entwickelt, die *Erwartungstheorie* also, um Einrahmungseffekte und andere Faktoren einzufangen, siehe Kahneman/Tversky (1979)

200 **Elisabeth Wehling**: Wehling (2016), S. 155 f.

201 **sprachliche Relativitätsthese**: für eine ausführliche Kritik siehe Hübl (2015)

201 **André Poggenburg**: http://www.spiegel.de/politik/deutschland/afd-rechter-fluegel-wirft-rechtsaussen-poggenburg-raus-a-1222531-amp.html

202 **Jan-Werner Müller**: Müller (2016)

202 **Orbán und Gauland**: Orbán: http://www.spiegel.de/spiegel/print/d-51714210.html; Gauland: http://www.spiegel.de/politik/deutschland/afd-alexander-gauland-wir-werden-frau-merkel-jagen-a-1169598.html

203 **»unser Stamm ist besser«**: zum Vergleich: Wer sagt: »Ich habe die wahre Religion«, sagt nicht, dass es nicht auch andere gibt, sondern vielmehr, dass seine die beste ist

203 **Korrupte Eliten**: auch Sarah Wagenknecht meint, ihre Wähler sähen »progressive liberale Werte« als »Teil eines politischen Pakets«, das »wirtschaftsliberal« ist, siehe: https://www.welt.de/debatte/kommentare/article178121522/Gastbeitrag-Warum-wir-eine-neue-Sammlungsbewegung-brauchen.html; zu dieser Analyse siehe auch Yascha Mounk: https://institute.global/insight/renewing-centre/populist-harm-democracy?fbclid=IwAR05Auu_QkYNnL_BMHU-yd-9UUIcQxFBrqQ0QK5HQ2nJw03C9uNM1_JOmdro

204 **Kriterium für Populismus**: die Indikatoren sind meist Anti-Establishment, Pro-Volkssouveränität und Anti-Pluralismus, siehe Akkerman (2013)

204 **Philip Manow**: Manow (2018), S. 42 f.; siehe auch Rodrik (2018)

205 **akzeptierter Schwellenwert**: wo genau Lüge und Emotionalisierung in Populismus umschlagen, ist notorisch schwer zu sagen, dennoch gibt es genug klare Fälle

Kapitel 19

206 **AfD-Anhänger in Blogs und Foren**: https://www.zeit.de/2016/12/alternative-fuer-deutschland-waehler-profil-afd-uwe-junge/komplettansicht

206 **Frauke Petry**: http://www.zeit.de/politik/deutschland/2017-04/rechtpopulismus-afd-pegida-neoliberalismus-d17/komplettansicht

206 **Wucherungen am Volkskörper**: http://www.spiegel.de/politik/deutschland/afd-rechter-fluegel-wirft-rechtsaussen-poggenburg-raus-a-1222531-amp.html

206 **Oswald Spengler**: Spengler (1924), S. 190

206 **Volker Weiß**: Weiß (2017); zu Spencer siehe auch Weiß in: https://www.zeit.de/politik/ausland/2016-12/alt-right-bewegung-usa-rechtsextremismus-donald-trump

207 **Trump über Clinton**: https://www.washingtonpost.com/news/post-politics/wp/2015/12/21/donald-trump-calls-hillary-clinton-disgusting-for-using-the-restroom-during-a-debate/?utm_term=.96a1ad69937c

207 **Trump über Kelly**: https://www.washingtonpost.com/news/post-politics/wp/2015/08/07/trump-says-foxs-megyn-kelly-had-blood-coming-out-of-her-wherever/?noredirect=on&utm_term=.191cd98682fe

207 **Ekel vor Körpergeruch und Trump-Wähler**: Liuzza et al. (2018)

208 **Henryk M. Broder**: https://www.achgut.com/artikel/fundstueck_wir_bekommen_die_kraetze_geschenkt

208 **Ekel schnell erzeugen**: De Jong/Merckelbach (1998); Olatunji et al. (2006)

208 **menschenfeindliche Gesinnung**: für einen Überblick siehe Berreby (2005)

209 **Harald Welzer und der normative Referenzrahmen**: Welzer (2005), S. 263

209 **Ekel und Gewalt**: Kiernan (2007)

210 **eine Millionenstadt vor dem Untergang bewahren**: Greene (2013), S. 248

210 **Steven Pinker**: Pinker (2011), S. 482 f.

210 **Milgram-Experiment wissenschaftlich ungenügend**: für eine umfassende Kritik siehe Perry (2013)

211 **über 8000 Drohnentote**: das ist die konservativste Schätzung, siehe https://www.thebureauinvestigates.com/projects/drone-war

211 **Albert Bandura**: Bandura (1975); für einen Überblick über die Psychologie der Genozide siehe Haslam (2006) und Chirot/McCauley (2006)

Kapitel 20

213 **Besonderheiten ihrer Gruppe gegenüber der Mehrheitsgesellschaft sichtbar machen**: im Englischen oft »reclaiming« genannt

213 **gleichwertig im Anderssein**: Heyes (2018); siehe auch Kruks (2001), S. 85

213 **vom dominierenden weißen »heteronormativen« Lebensstil abzusetzen**: Appiah (1994)

214 **gemeinsame prägende Erfahrung**: da man Mitglied mehrerer Gruppen sein kann, haben sich immer kleinere Unterabteilungen gebildet, beispielsweise die asiatisch-amerikanische Frauengruppe, für eine Diskussion des Phänomens dieser sogenannten »Intersektionalität« siehe Collins/Bilge (2016)

215 **Rachel Dolezal**: https://www.nytimes.com/2015/06/17/us/rachel-dolezal-nbc-today-show.html

215 **Hypatia**; http://nymag.com/intelligencer/2017/05/transracialism-article-controversy.html

216 **Versuch mit College-Studenten**: Levin et al. (2003)

216 **Karen Stenner**: »Exposure to difference, talking about difference, and applauding difference – the hallmarks of liberal democracy – are the surest ways to aggravate those who are innately intolerant, and to guarantee the increased expression of their predispositions in manifestly intolerant attitudes and behaviors. Paradoxically, then, it would seem that we can best limit intolerance of difference by parading, talking about, and applauding our sameness«, in Stenner (2005), S. 330

216 **Sportteam**: Kurzban et al. (2001)

216 **Gauland und Boateng**: https://www.faz.net/aktuell/politik/inland/afd-vize-gauland-beleidigt-jerome-boateng-14257743.html

217 **Diskussion über Abtreibung am Christ Church College in Oxford**: https://www.nytimes.com/2015/03/22/opinion/sunday/judith-shulevitz-hiding-from-scary-ideas.html

218 **Anteil von Professorinnen nur bei etwa 20 Prozent**: https://www.destatis.de/DE/PresseService/Presse/Pressemitteilungen/2016/07/PD16_245_213.html

218 **Cis-Männer diskutieren über Abtreibung**: https://www.telegraph.co.uk/news/politics/11239437/Oxford-students-shut-down-abortion-debate.-Free-speech-is-under-assault-on-campus.html

218 **Simone de Beauvoir**: siehe Beauvoir (1949)

218 **gelebte Erfahrungen, die andere prinzipiell nicht haben können**: vergleiche Fukuyama (2018), S. 109 f.

220 **kein neutraler Boden für einen Dialog**: der Diskurs wird dann zu »pseudopolitics«, wie Mark Lilla sagt, siehe Lilla (2018), S. 57f.

221 ***gegen*** **die Autorität der Professorenschaft und der Universitätsleitung**: für eine Diskussion siehe: https://www.forbes.com/sites/neilhowe/2015/11/16/america-revisits-political-correctness/#1252ec052de7

221 **Unigelände als Heimatgrund**: selbst in Deutschland haben Studenten Druck auf den Philosophen Dieter Schönecker ausgeübt, Jongen und Sarrazin von einer Vorlesungsreihe auszuladen, anstatt sie philosophisch zu widerlegen: https://www.deutschlandfunkkultur.de/debatte-um-redefreiheit-an-der-uni-siegen-wo-liegt-die.1013.de.html?dram%3Aarticle_id=438026&fbclid=IwAR1zd8SdfYTUadtHIzEQvvZhflSQN_BdQQioGgK5tBwEnhKCthLCdPoXVFY

221 **amerikanische Schülerin mit chinesischem Kleid**: https://www.bbc.com/news/blogs-trending-43947959

222 **Yoga an der Universität Ottawa**: https://www.washingtonpost.com/news/morning-mix/wp/2015/11/23/university-yoga-class-canceled-because-of-oppression-cultural-genocide/?utm_term=.faa7ddece1ff

222 **dänische Gymnastik**: Singleton (2010), S. 200f.

223 **Richard Dawkins**: Dawkins (1976)

Kapitel 21

225 **Eskimo und Inuit**: https://www.uaf.edu/anlc/resources/inuit-eskimo/

226 **klare Fälle wie die Wörter »Neger« oder »Zigeuner«**: das ist bei unseren Nachbarn schon anders. Die Franzosen rauchen Zigaretten der Marke *Gitanes*, also »Zigeunerinnen«. Auf der Packung ist eine tanzende Frau zu sehen

226 **Flüchtling**: im Deutschen sind der positive und negative Beiklang dieser Endung in etwa gleich verteilt

228 **Spirale der politischen Korrektheit**: im Englischen »euphemistic treadmill«

228 **Krüppel**: Ähnliches ist mit »Gastarbeiter«, »Asylant«, »Ausländer«, »Migrant«, »Menschen mit Migrationshintergrund«, »Flüchtling« passiert

228 **Aladin El-Mafaalani**: El-Mafaalani (2018), S. 54

228 **Hidden Tribes**: die Autoren sprechen von der »exhausted majority« – ihre Mitglieder teilten »a sense of fatigue with our polarized national conversation, a willingness to be flexible in their political viewpoints, and a lack of voice in the national conversation«, siehe Hawkins et al. (2018), S. 113

229 **Stammessignal**: Hawkins et al. (2018), S. 14 und S. 130 f.

230 **Versuch mit bedrohlichen Gesichtern**: wenn Versuchspersonen blaue Punkte im kontinuierlichen Farbbereich zwischen einem satten Blau und einem satten Violett identifizieren sollen, aber nur wenige davon sehen, fangen sie ebenfalls an, zuvor klar violett erscheinende Punkte als blau zu klassifizieren, siehe Levari et al. (2018), 1465–1467

230 **Begriffsverformung bei Wörtern für Schaden**: Haslam (2016)

230 **Problembewusstsein**: für eine philosophische Diskussion dieser sogenannten »epistemischen Ungerechtigkeit siehe Fricker (2007)

230 **Antidiskriminierungsstelle**: http://www.antidiskriminierungsstelle.de/DE/Home/home_node.html

231 **Beleidigung**: StGB, § 185

232 **Studien aus der Traumaforschung**: für dieses Problem und einen Überblick zur Lage an US-Universitäten siehe Haidt/Lukianoff (2018). Auch wenn es beim erhöhten Schutzbedürfnis bisher um Einzelfälle von Studenten an progressiven Liberal Arts Colleges in den USA geht, lässt sich ein allgemeiner Trend ausmachen, der, wie jeder Trend aus den USA, auch bei uns irgendwann ankommen wird

233 **Angeklagte mit Babyface**: Zebrowitz/McDonald (1991)

233 **das Leiden von Kindern und das Leid aller Benachteiligten**: Haidt (2012), S. 155

233 **persönlicher Nahbereich**: siehe auch Fukuyama (2018)

234 **Untersuchung unter amerikanischen Studenten**: https://www.economist.com/graphic-detail/2017/01/31/how-colleges-affect-social-mobility-in-america?fsrc=scn/fb/te/bl/ed/howcollegesaffectsocialmobilityinamerica

234 **ein Drittel der Minister aus den obersten 5 Prozent der Bildungsoberschicht**: so Michael Hartman in einem Interview: https://www.zeit.de/2018/33/michael-hartmann-eliten-soziologie-soziale-gerechtigkeit/seite-2

Kapitel 22

239 **berechenbare Zyklen**: in seinem Werk *Also Sprach Zarathustra* drückt Nietzsche diesen Gedanken so aus: »Alles geht, Alles kommt zurück; ewig rollt das Rad des Seins. Alles stirbt, Alles blüht wieder

auf, ewig läuft das Jahr des Seins«, siehe Nietzsche (1883–1885), zitiert nach der KSA 4, S. 270 f.

239 **Kreativität, Selbstbestimmung und Individualismus**: für einen Überblick siehe Inglehart et al. (2004)

240 **Grüne und AfD**: https://www.destatis.de/DE/Publikationen/WirtschaftStatistik/2018/03/WahlverhaltenBundestagswahl2017_032018.pdf?_blob=publicationFile

240 **43 Prozent der Münchner haben einen Migrationshintergrund**: https://www.sueddeutsche.de/muenchen/integration-muenchen-bericht-1.4035746

241 **die Kinder sind allerorts zu Hause**: David Goodhart spricht von »somewheres«, denen die Identität zugeschrieben wird und die fest angesiedelt sind, sowie »anywheres«, die ihre Identität erworben haben und überall leben, siehe Goodhart (2017)

241 **Carsharing-Angebote**: http://www.faz.net/aktuell/technik-motor/motor/fuehrerschein-kein-statussymbol-autofahren-ist-out-smartphones-werden-wichtiger-13346242.html

242 **Ort wechseln**: die Ortsveränderungen des Autos stehen relational zu anderen Objekten, sind also keine intrinsischen Veränderungen am Auto, sondern sogenannte »Cambridge Changes«

242 **Veränderungen als Ereignisse**: Davidson (1980)

243 **Erfahrungen statt Besitz**: http://eventbrite-s3.s3.amazonaws.com/marketing/Millennials_Research/Gen_PR_Final.pdf

243 **offen für Veränderungen, seltener mit einer Religion verbunden**: http://www.pewresearch.org/wp-content/uploads/sites/3/2010/10/millennials-confident-connected-open-to-change.pdf

243 **moralisch progressiver**: siehe Twenge et al. (2012)

243 **für das Leid anderer Menschen sensibilisiert**: http://www.pewresearch.org/fact-tank/2015/11/20/40-of-millennials-ok-with-limiting-speech-offensive-to-minorities/

243 **Homosexualität, Scheidung und einvernehmlicher Sex zwischen Teenagern**: https://news.gallup.com/poll/162881/older-americans-moral-attitudes-changing.aspx

243 **Datingportale wie *Match* oder *OK Cupid***: https://www.wired.com/2014/02/how-to-create-good-online-dating-profile/; die Daten wurden anhand der Profile der attraktivsten, also meistgeklickten User in zehn US-Großstädten ermittelt. Beim Aussehen sind für beide Geschlechter nicht die Augen wichtig, wie es früher immer hieß, auch nicht die Haar- oder Hautfarbe, sondern mit großem Abstand: ein flacher Bauch. Wer neben Yoga und Surfen die Zeit findet,

macht sich noch attraktiver, wenn er die preisgekrönte Serie *Homeland* schaut und die alternative Rockband *Radiohead* hört

244 **Thorstein Veblen**: Veblen (1899), S. 66

245 **der ästhetische Allesfresser**: »As we understand the meaning of omnivorous taste, it does not signify that the omnivore likes everything indiscriminatly. Rather, it signifies an openness to appreciating everything. In this sense it is antithetical to snobbishness, which is based fundamentally on rigid rules of exclusion«, siehe Peterson/Kern (1996)

245 **Sinus-Milieus**: Barth et al. (2018)

247 **wer Secondhand-Läden meidet**: Hirsh et al. (2009), S. 11

247 **moralische Unreinheit, Unglück, Infektion und Fremdheit**: Rozin et al. (1994)

248 **Couch Surfing**: https://www.couchsurfing.com/

248 **hierarchieloses Kommunikationsgeflecht**: Bernhard Pörksen spricht von »Konnektiven«, siehe Pörksen (2018), S. 87 f.

249 **deutsche Punkbands**: https://katapult-magazin.de/de/artikel/artikel/fulltext/namen-deutscher-punkbands/

249 **geil**: gut zu sehen bei *Google Ngrams*: https://books.google.com/ngrams/graph?content=geil&year_start=1800&year_end=2018&corpus=20&smoothing=3&share=&direct_url=t1%3B%2Cgeil%3B%2Cc0

249 **nach vorne ficken**: https://www.tagesspiegel.de/medien/neo-magazin-royale-jan-boehmermann-startet-in-topform/12216908.html

Kapitel 23

251 **NORM**: Chambers/Trudgill (1980), S. 29 f.

252 **vocal fry**: Wolk (2011)

252 **Stimmlage im Arbeitsumfeld**: Anderson et al. (2014)

252 **Geert Hofstede**: Hofstede war aufgefallen, dass internationale Firmen, die durch die zunehmende Globalisierung mehr zusammenarbeiten mussten, sich in ihren Unternehmenskulturen deutlich unterschieden; für einen Überblick siehe Hofstede (2011)

252 **von heutigen Untersuchungen in weiten Teilen bestätigt**: Inglehart/Welzel (2005)

253 **maskuline und feminine Kulturen**: in maskulinen Kulturen dreht sich Religion um die Autorität Gottes, in femininen betonen Religionen das Miteinander der Menschen

253 **Entwicklungsindizes für Lebenserwartung, medizinische Versor-**

gung, Bildung und Bekämpfung der Korruption: Bildung: https://unesdoc.unesco.org/ark:/48223/pf0000141639; Schulbesuch: http://hdr.undp.org/en/content/education-index; medizinische Versorgung und Gesundheit: https://www.who.int/gho/map_gallery/en/; Lebenserwartung: https://www.who.int/gho/publications/world_health_statistics/2016/EN_WHS2016_AnnexB.pdf; Korruption: https://www.transparency.org/cpi2018

254 **positive Spirale**: es handelt sich also um das Gegenteil eines *Teufelskreises* (»vicious circle«), nämlich einen *Tugendkreis* (»virtuous circle«), wie Steven Pinker sagt, siehe Pinker (2011)

254 **maskuline Werte um das Jahr 2000 herum**: Hofstede (2011), S. 13 f.

254 **je besser die Gleichstellung, desto höher die Zufriedenheit der Männer**: Holter (2014)

255 **Männer verursachen mehr Unfälle**: durch Alkoholeinfluss, erhöhte Geschwindigkeit und mangelnden Abstand, siehe https://www.destatis.de/DE/Publikationen/Thematisch/TransportVerkehr/Verkehrsunfaelle/UnfaelleFrauenMaenner5462407167004.pdf?_blob=publicationFile

255 **Pink Stinks**: die Beispiele stammen aus dem Webmelder der Initiative, siehe https://app.werbemelder.in/

256 **Stefan Aust**: für eine Diskussion siehe https://uebermedien.de/31693/freischwimmer-in-der-braunen-bruehe/

256 **Schäuble und Merz über Merkel**: Spiegel 45/2018, S. 14 f.

256 ***Guardian***: https://www.theguardian.com/technology/2016/apr/12/the-dark-side-of-guardian-comments

257 **Trolle zu mindestens zwei Dritteln Männer**: Sesta/March (2017); Buckels et al. (2014)

257 **Claudia Neumann**: https://www.sueddeutsche.de/medien/2.220/claudia-neumann-shitstorm-kommentar-1.4024002

257 **Männer neigen zum Konservativismus und Rechtsradikalismus**: Graham et al. (2011)

257 **Rüdiger Safranski und Peter Sloterdijk**: Sloterdijk über »Flutung«: https://www.cicero.de/innenpolitik/peter-sloterdijk-ueber-merkel-und-die-fluechtlingskrise-es-gibt-keine-moralische; Safranski über »Überrollung«: https://www.tagesspiegel.de/kultur/sloterdijk-attackiert-merkel

258 **älter oder männlich oder Landbewohner**: und zwar in der gesamten westlichen Welt, siehe Kaufmann (2018)

258 **Frank Schirrmacher**: http://www.faz.net/aktuell/feuilleton/machtfragen-maennerdaemmerung-1101138.html?printPagedArticle=true#void

Kapitel 24

261 **Michael Hoffmann**: https://www.aargauerzeitung.ch/leben/leben/sternekoch-michael-hoffmann-aus-berlin-der-koch-der-selber-erntet-127126647

261 **Craft Beer**: eine ähnliche Beobachtung aus einer anderen Perspektive findet sich bei Reckwitz (2017), S. 312

262 **Fever Tree**: https://www.theguardian.com/business/shortcuts/2018/aug/08/posh-tonic-what-fever-trees-success-tells-us-about-late-capitalism?CMP=fb_gu

262 **Gorilla Glue und Pineapple Express**: http://www.comparethestrain.ca/gorilla-glue-1-vs-pineapple-express/

262 **Omelette auf dem Kehrblech**: zum Beispiel hier: https://www.reddit.com/r/WeWantPlates/comments/9vk3gs/spotted_on_a_friends_facebook_page_i_just_dont/

263 **Packeis**: https://www.theguardian.com/vital-signs/2015/apr/04/svaice-ice-cubes-glacier-melt-cocktails-bars

263 **Sneakers in limitierter Auflage**: diese Beobachtung findet sich auch bei Reckwitz (2017), S. 130 sowie S. 318 f.

263 **ästhetischer Kapitalismus**: Böhme (2016)

263 **Andreas Reckwitz**: Reckwitz (2017)

263 **Pierre Bourdieu**: Bourdieu (1979)

263 **An der schönen blauen Donau**: Bourdieu (1979), S. 41

263 **Pariser Oberschicht**: Bourdieu (1979), S. 89

264 **Bedürfnisse und Begehrnisse**: Böhme (2016)

264 **»emotional befriedigend«**: Andreas Reckwitz im Interview mit Jürgen Wiebicke »Besonders? – der Einzelne in der heutigen Gesellschaft« auf WDR5 vom 05.01.2018 (https://www.podcast.de/episode/372856895/Besonders%253F%2B-%2Bder%2BEinzelne%2Bin%2Bder%2Bheutigen%2BGesellschaft/)

264 ***sensation seeking***: Roberti (2004)

266 **Produkte im Supermarkt**: *https://magazin.spiegel.de/SP/2016/51/148564978/*

266 **Glücksforschung**: Schwartz (2004)

266 **Studie an Supermarktkunden in England**: Riefer et al. (2017)

267 **Was ist Deutsch?**: https://www.bild.de/news/topics/65-jahre-bild/was-ist-deutsch-52174512.bild.html

267 **Gegenbewegung zur kosmopolitischen Moderne**: Rechtsradikale hingegen grenzen sich zur Vielfalt ab, siehe auch Reckwitz (2017), S. 10

Kapitel 25

269 **kriminelle Bande**: https://www.zeit.de/2018/32/babynahrung-diebstahl-kriminalitaet-international/komplettansicht

269 **Gift**: Rozin et al. (1986)

270 **spirituelle Linke**: nicht zu verwechseln mit der von Graham und Haidt analysierten »religious left« in den USA, die allerdings traditionell und konform ist. Weltweit scheint mir der Ausdruck »spirituelle Linke« besser die Kosmopoliten zu treffen, weil sie sich selten organisierten Religionen anschließen

270 **Mutter Natur**: ein Beispiel ist das Buch des Grünen-Politikers Winfried Kretschmann: Kretschmann (2018)

270 **Gaia**: ihr Mann, der Gott Uranos, der den Himmel personifiziert, ist sogar aus ihr hervorgegangen

271 **keine Hinweise auf Gefahren durch Süßstoff**: Mishra et al. (2015)

271 **50 Prozent der Frauen und 65 Prozent der Männer übergewichtig**: https://gateway.euro.who.int/en/

272 **tot durch Zucchini**: https://www.sueddeutsche.de/panorama/vergiftung-mann-stirbt-an-garten-zucchini-1.2615508

272 **Lebenserwartung**: für die Daten um 1900 siehe Rosling (2018), S. 55; für die aktuelle Lage in Deutschland und der Welt siehe die Daten der WHO https://www.thelancet.com/action/showPdf?pii=S0140-6736%2818%2931891-9 und der World Bank: https://data.worldbank.org/indicator/SP.DYN.LE00.IN?end=2016&locations=DE&start=1975

272 **Aristoteles**: Aristoteles, *Nikomachische Ethik*

272 **Kokosöl und Schweineschmalz**: https://www.deutschlandfunknova.de/beitrag/kokos%C3%B6l-ist-kein-superfood-ein-ganz-schlimmes-fett

273 **glutenfreie Nahrungsmittel**: https://www.deutschlandfunk.de/neuer-trend-das-geschaeft-ohne-gluten-laktose-und-co.724.de.html?dram:article_id=339674

273 **Gluten-Unverträglichkeit**: Fasano/Catassi (2012)

273 **100 Millionen Euro Umsatz**: konservative Schätzungen, siehe: https://www.handelsblatt.com/technik/medizin/ernaehrung-jeder-vierte-deutsche-vermeidet-gluten-oder-laktose/12126150.html?ticket=ST-2136762-MIwyEBEwRGQWthApJhhc-ap4

273 **Unnatürliches im Körper**: dieser Abschnitt beruht zum Teil auf der Kolumne *Hübls Aufklärung* »Trügerisches Bauchgefühl« im Philosophie Magazin Oktober 2018

273 **1,5 Millionen Kinder**: https://www.who.int/news-room/fact-sheets/detail/immunization-coverage

273 **vaccine hesitancy**: https://www.who.int/emergencies/ten-threats-to-global-health-in-2019

273 **Masern in Deutschland**: https://correctiv.org/aktuelles/gesundheit/gefaehrliche-keime/2017/03/13/noch-immer-sterben-etwa-70000-menschen-im-jahr-an-masern-viele-tote-waeren-vermeidbar

274 **Polio**: https://www.who.int/mediacentre/news/releases/2013/polio_six_year_plan_20130425/en/

274 **Pocken**: Henderson (2009), S. 12.; zur Ausrottung siehe auch: https://web.archive.org/web/20070921235036/http://www.who.int/mediacentre/factsheets/smallpox/en/;

274 **kein Todesfall durch Impfen**: Bonhoeffer/Heininger (2007)

274 **10 Prozent der Menschen halten Impfungen für gefährlich**: https://correctiv.org/aktuelles/gesundheit/gefaehrliche-keime/2017/03/13/noch-immer-sterben-etwa-70000-menschen-im-jahr-an-masern-viele-tote-waeren-vermeidbar

274 **privater Kindergarten in der Nähe von San Francisco**: https://www.nytimes.com/2018/01/16/upshot/measles-vaccination-california-students.html

274 **Hollywood und Südsomalia**: https://www.theatlantic.com/health/archive/2014/09/wealthy-la-schools-vaccination-rates-are-as-low-as-south-sudans/380252/.

274 **Deutschland verfehlt Herdenimmunität**: https://correctiv.org/aktuelles/gesundheit/gefaehrliche-keime/2017/03/13/noch-immer-sterben-etwa-70000-menschen-im-jahr-an-masern-viele-tote-waeren-vermeidbar

275 **Achtsamkeitsmeditation**: Kuyken et al. (2009)

275 **gefährliche Lichtnahrung**: https://www.sueddeutsche.de/wissen/lichtnahrung-toedliche-esoterik-1.1347782

276 **Wasserverbrauch von Rindfleisch und Kartoffeln**: laut einer Studie des WWF, siehe https://www.wwf.de/fileadmin/fm-wwf/Publikationen-PDF/wwf_studie_wasserfussabdruck.pdf

276 **rotes Fleisch**: Etemadi (2017); allerdings sind große Vergleichsstudien in der Medizin immer mit Vorsicht zu genießen, siehe Ioannidis (2005)

276 **Vegetarier entwickeln Ekel für Fleisch**: Rozin et al. (1997)

278 **Gaia-Überzeugungen**: Kelemen/Rosset (2009)

Kapitel 26

278 **Katzen und Hunde in den USA**: https://www.washingtonpost.com/news/the-fix/wp/2014/07/28/what-our-cats-and-dogs-say-about-our-politics/?utm_term=.23c1d2152016; die Korrelation zeigt sich auch in Befragungen, siehe: http://time.com/8293/its-true-liberals-like-cats-more-than-conservatives-do/

279 **progressive und konservative Hunde**: Haidt (2012), S. 187

279 **Zuchttiere sind kollektivistisch**: Diamond (1997), S. 173 f.

279 **Montaigne**: Montaigne (1580), eigene Übersetzung mit »spielen« für »Zeit verbringen«, im Original: »Quand je me joue à ma chatte, qui sçait, si elle passe son temps de moy plus que je ne fay d'elle?«

279 **Bill Clinton**: »like herding cats«, siehe https://www.scientificamerican.com/article/psychologists-getting-liberals-to-agree-really-is-like-herding-cats/

279 **Leon Kass**: Kass (1994), S. 148 f.

280 **Hipster oder Salafisten**: https://www.morgenpost.de/vermischtes/article206223195/Hipster-Club-der-baertigen-Schurken-mit-IS-verwechselt.html

281 **Jürgen Trittin**: http://www.spiegel.de/spiegel/juergen-trittin-der-gruene-scheinriese-mit-brustpanzer-a-1129397.html

281 **Schröder in Brioni**: http://www.spiegel.de/spiegel/print/d-10630167.html

282 **Elite-Verdacht in den USA**: mehr zu der politischen Codierung des Alltags in Manow (2017)

282 **T-Shirts**: https://www.theguardian.com/artanddesign/gallery/2018/jan/27/t-shirt-tribes-political-fashion-slogans-america-in-pictures

282 **Reaktionen auf den Nike-Spot mit Colin Kaepernick**: https://www.nytimes.com/2018/09/04/sports/nike-protests-kaepernick-nfl-.html

283 **New Balance**: https://www.sueddeutsche.de/wirtschaft/new-balance-warum-in-den-usa-gerade-sneaker-brennen-1.3244829

283 **Toblerone ist halal**: https://www.faz.net/aktuell/wirtschaft/unternehmen/schokolade-fuer-muslime-toblerone-jetzt-offiziell-halal-15948110.html

283 **Godfather's Pizza**: Botherton (2015), S. 97

283 **China der Kaiserzeit**: https://www.theatlantic.com/ideas/archive/2018/05/cultural-appropriation/559802/

283 **H&M**: https://www.forbes.com/sites/gregpetro/2012/11/05/the-future-of-fashion-retailing-the-hm-approach-part-3-of-3/#75f7eaa24a60

283 **Zara**: https://www.forbes.com/sites/gregpetro/2012/10/25/the-future-of-fashion-retailing-the-zara-approach-part-2-of-3/#1cf7a2ec7aa4

285 **Horkheimer und Adorno**: Horkheimer/Adorno (1944)

286 **Anti-Stil aus Retro-Ironie**: ein ähnlicher Punkt findet sich in Wampole (2017), S. 246

287 **Arvida Byström**: https://www.theguardian.com/lifeandstyle/2017/oct/06/swedish-model-gets-threats-after-ad-shows-her-unshaved-legs

287 **Evolutionsbiologen über helle Haut**: Sapolsky (2017), S. 407 f.

288 **Polizei in Bayern**: https://www.taz.de/Bayerns-Polizei-bei-Tattoos-streng/!5548240/?fbclid=IwAR2djSNdqNDfy2ECvnfizmGnIBReWw5Gm-GIfWvwgC58A6G5J9KzvqkUIMs

Kapitel 27

290 **Nina Strohminger und Shaun Nichols**: Strohminger/Nichols (2014)

291 **John Locke**: Locke (1690); für die aktuelle Diskussion siehe Parfit (1984)

291 **moralicher Kompass**: diese Vermutung hat Shoemaker in einem klassischen Gedankenexperiment vorgezeichnet: Wissenschaftler der Zukunft verbinden das Gedächtnis von Brown und die Charakterzüge von Robinson, sodass der mentale Mischling Brownson entsteht. Wir sind geneigt, Brownson als identisch mit Robinson anzusehen, der jetzt Pseudo-Erinnerungen hat, aber nicht mit Brown, der einen Charakterwechsel durchgemacht hätte. Die meisten philosophischen Laien teilen also Shoemakers Intuition, siehe Shoemaker (1984)

291 **Steak essen**: Loughnan et al. (2010)

292 **Kaffeetrinker**: Kunda (1987)

292 **kognitive Dissonanz**: Festinger (1957)

292 **unliebsame Fakten ignorieren und umdeuten**: Mele (1997)

292 **Ich-Ideal**: Freud (1923)

292 **Kinder intelligenter und gesünder als der Durchschnitt**: Gilovich (1991), S 78 f.

292 **»Opa war kein Nazi«**: Welzer (2002)

293 **Dan Ariely**: Ariely (2012), S. 38 f.

293 **moralisches Weltbild bestätigt**: für eine ausführliche Diskussion siehe Hübl (2018a)

294 **Evolutionstheorie 2017 in den USA**: https://news.gallup.com/poll/210956/belief-creationist-view-humans-new-low.aspx?version=print

294 **2007 noch schlimmer**: https://news.gallup.com/poll/27847/majority-republicans-doubt-theory-evolution.aspx

294 **Kreationisten mit Universitätsabschluss**: https://news.gallup.com/poll/170822/believe-creationist-view-human-origins.aspx

294 **Glaube an die Schöpfung als Konservativismusmarker**: Roos (2012); siehe auch Pinker (2018), S. 356

294 **Dan Kahan**: Kahan et al. (2017)

295 **analytischer Denkstil**: man könnte auch »kritischer«, »rationaler«, »klarer« Denkstil sagen, oder »langsames Denken«, siehe Kahneman (2012)

295 **Argumente beurteilen**: Taber/Lodge (2006); siehe auch Bartels (2002)

296 **standfest und selbstsicher**: Kaplan et al. (2016)

296 **viel auf sich nehmen, um dazuzugehören**: »By paying the ritual costs associated with group membership, individuals can demonstrate group commitment«, siehe Shaver/Sosis (2018), S. 4; für einen Fall aus der Anthropologie siehe Bliege Bird et al. (2012)

296 **schwer zu imitieren**: Irons (2001)

297 **Richard Sosis und Eric Bressler**: Sosis/Bressler (2003)

297 **Kahan und Kollegen**: Kahan et al. (2017)

297 **Beschuldigte**: https://www.landtag.nrw.de/portal/WWW/dokumentenarchiv/Dokument/MMD16-14450.pdf

298 **Henriette Reker und die Polizei**: https://www.faz.net/aktuell/politik/inland/uebergriffe-in-koeln-innenministerium-weist-rekers-vorwuerfe-an-polizei-zurueck-14020722.html; siehe auch den Bericht des Innenministeriums: https://web.archive.org/web/20160116104020/http://m.mik.nrw.de/fileadmin/user_upload/Redakteure/Dokumente/Themen_und_Aufgaben/Schutz_und_Sicherheit/160111ssia/160111berppkoeln.pdf

298 **Europarat**: Die Parlamentarische Versammlung des Europarates führte am 28. Januar 2016 eine Dringlichkeitsdebatte.

298 **Kodex des Presserats**: https://www.presserat.de/pressekodex/pressekodex/#panel-ziffer_12_diskriminierungen

299 **kollektives Nichtwissen**: im Englischen »pluralistic ignorance«, in Myers/Lamm (1975)

299 **Kritiker trauen sich, die Meinung öffentlich zu bekunden**: die Angst davor ist in Deutschland als *Schweigespirale* bekannt. Geprägt hat den Begriff die Kommunikationswissenschaftlerin Elisabeth Noelle-Neumann

300 **Gruppenzwang verinnerlicht**: Goren et al. (2009); siehe auch Roes/Raymond (2003)

300 Hidden Tribes: fast zwei Drittel der progressiven Aktivisten hatten zudem den Eindruck, in den USA herrsche ein starker Meinungszwang. Sogar unter der konservativen Außengruppe glaubte das nur etwa ein Drittel, siehe Hawkins et al. (2018)

300 Pionierstudie aus den Niederlanden: Leach et al. (2007)

300 Ansichten der fremden Gruppe: Graham et al. (2012)

300 die Progressiven halten alle für rechter, als sie sind: Graham et al. (2012)

300 aggressiv: McGregor et al. (1998)

300 nicht kooperieren oder in der Nähe wohnen: Skitka et al. (2005)

301 Brüderle und Himmelreich: https://www.stern.de/politik/deutschland/stern-portraet-ueber-rainer-bruederle-der-herrenwitz-3116542.html

Kapitel 28

304 Eric Schwitzgebel: Schwitzgebel/Rust (2014)

304 geklaute Ethik-Bücher: Schwitzgebel (2009)

305 Scott Murphy: Haidt (2012), S. 44 f.

305 moralische Sprachlosigkeit: für eine Diskussion siehe Sauer (2018), S. 29 f.

305 Personen, die gründlich nachdenken: also solche, die einen analytischen Denkstil haben, siehe Paxton et al. (2012); das genaue Zusammenspiel zwischen kaltem und heißem System ist gleichwohl noch nicht abschließend verstanden, denn nicht alle Daten konnten repliziert werden, siehe: https://osf.io/mjvsd/

306 moralische Prinzipien: Paxton/Greene (2019)

306 Aggressionstraining: Denson et al. (2011)

306 Bei Konservativen sind Bauchgefühl und Urteil im Einklang: Eidelman (2012); Skitka (2002)

307 das »kalte System« drosselt die Reaktion: Cunningham et al. (2004); siehe auch Knutson et al. (2007)

307 weniger Vorurteile gegenüber alten Leuten: Galinsky/Moskowitz (2000)

307 starke Frau: Blair et al. (2001)

307 hitzköpfige Südstaatler und besonnene Nordstaatler: Cohen et al. (1996)

307 Bildung: Pinker (2011)

307 niedriger Intelligenzquotient und Autoritarismus: Hodson/Busseri (2012)

308 **Deutsche mit niedriger Bildung sind eher menschenfeindlich**: siehe Zick et al. (2016); Decker (2016), S. 62

308 **Anfälligkeit für populistische Parteien**: Vehrkamp/Merkel (2018), S. 34)

308 **Selbstkontrolle**: Hofmann et al. (2009); Hofmann et al. (2012)

308 **mehrheitlich muslimische Länder in fast allen Indizes**: Bildung: https://unesdoc.unesco.org/ark:/48223/pf0000141639; Schulbesuch: http://hdr.undp.org/en/content/education-index; medizinische Versorgung und Gesundheit: https://www.who.int/gho/map_gallery/en/; Lebenserwartung: https://www.who.int/gho/publications/world_health_statistics/2016/EN_WHS2016_AnnexB.pdf; Korruption: https://www.transparency.org/cpi2018

308 **Auch für den Islam gilt: Die Zukunft ist weiblich**: Alexander/Welzel (2011)

309 **intuitives und analytisches Denken**: Kahneman (2012)

309 **Progressive haben einen analytischen, Traditionalisten einen intuitiven Denkstil**: Deppe et al. (2015)

309 **anhand der Denkstile kann man die politischen Ausrichtungen vorhersagen**: Talhelm et al. (2012)

310 **Lawrence Kohlberg**: die Forschung ging aus seiner Dissertation von 1958 hervor. Die Phasen heißen im Original »pre-conventional«, »conventional« und »post-conventional«, für einen Überblick siehe Kohlberg (1995)

311 **Landbewohner in den USA**: Colby et al. (1983)

314 **naturalistischer Fehlschluss**: Moore (1903)

315 **Distanz zu sich selbst**: dazu benötigt man höherstufige Wünsche und andere Metarepräsentationen, siehe Frankfurt (1971)

Kapitel 29

316 **Wir brauchen eine neue Mauer**: dieses Zitat stammt von Helmrich aus dem Jahr 1992, siehe Schmidt (2002), S. 182. Die anderen stammen aus dem *Spiegel* von 1987: http://www.spiegel.de/spiegel/print/d-13520358.html

316 **Heiner Geißler**: http://www.spiegel.de/spiegel/print/d-13520358.html

317 **Alan Fiske**: Fiske (1992); für einen Überblick siehe Fiske (1991)

317 **Selbst in den konservativ-autoritären Regionen sind die Werte progressiver**: Inglehart/Welzel (2005)

318 **Richard D. Ryder**: das Flugblatt von 1970 findet sich hier: https://

web.archive.org/web/20121114004403/http://www.criticalsociety-journal.org.uk/Archives_files/1.%20Speciesism%20Again.pdf

318 Peter Singer: Singer (1975)

318 Katzen in Paris: das Beispiel stammt von Steven Pinker, siehe: https://newrepublic.com/article/64340/history-violence-were-getting-nicer-every-day

318 Ronald Inglehart: Inglehart et al. (2004)

318 ein Viertel der Weltbevölkerung nicht gläubig: Pinker (2018), S. 435

318 amerikanische und britische Soldaten vs. Millennials: Voas/Chaves (2016)

319 Parasitenmodell der Demokratisierung: Thornhill/Fincher (2014)

329 Horkheimer und Adorno: Horkheimer/Adorno (1944), S. 128 f.

321 Sherman, Nitsch, Quinn: https://www.kunstmuseum-wolfsburg.de/sammlung/cindy-sherman/untitled-182/; http://www.nitsch.org/, http://marcquinn.com/artworks/single/shit-head-march-19971

321 Vorliebe für Individualität, Kreativität, Abstraktion und neue Eindrücke: Jost (2003)

322 Thomas Bauer: Bauer (2018)

322 Gitarren: Rosling (2018), S. 64

322 neue Musikstücke und neue Filme: Rosling (2018), S. 62

323 das dritte Geschlecht: https://www.sueddeutsche.de/politik/divers-drittes-geschlecht-gesetz-1.4276490

323 unsere gelebte Moral reflektiert mehr Graustufen: Bauer hält es für ein »Ambiguitätskunststück«, dass katholische Geistliche in der Vergangenheit die Kinderehe in Armenien geduldet haben, obwohl sie den Vorgaben der Kirche widersprach. Doch das hat nichts mit Toleranz, sondern allenfalls etwas mit Opportunismus zu tun, siehe Bauer (2018), S. 22

324 soziale Strukturen zerstört: für einen ähnlichen Punkt siehe Brooks (2012), S. 469 f.

324 Vereinssterben: https://www.zeit.de/gesellschaft/zeitgeschehen/2018-09/vereinssterben-vereine-land-laendlicher-raum-statistik; https://www.ziviz.info/landdigital

324 Kreativität und kritisches Denken: http://www3.weforum.org/docs/WEF_Future_of_Jobs_2018.pdf; Richard Florida spricht von diese Hochqualifizierten als der »creative class« siehe Florida (2002)

324 kritisches Denken geht über bloße Intelligenz hinaus: Keith Stanovich misst diese Fähigkeit mit dem *Rationalitätsquotienten*, siehe Stanovich (2016)

Ausblick

327 **Robert Putnam**: Putnam (2007)

327 **Eric Kaufmann und Matthew Goodwin**: Kaufmann/Goodwin (2018)

328 **Aladin El-Mafaalani**: El-Mafaalani (2018), S. 85 f.

328 **unter keinen Umständen die AfD wählen**: https://www.insa-consulere.de/insa-analysis-potentiale/ (Befragung vom 1. bis 4. Februar 2019)

328 **sterben aus**: in Deutschland verlieren CDU/CSU die meisten Wähler nicht an andere Parteien, sondern an den Tod; für die USA siehe http://nymag.com/intelligencer/2018/03/new-survey-young-staying-liberal-conservatives-dying-off.html

328 **heranwachsende Generation und Elterngeneration**: wie in vielen Industrieländern ist auch in Deutschland der Unterschied in den Werten zwischen Jung und Alt viel größer als in den Entwicklungsländern, siehe Welzel (2013)

328 **über 50 Prozent eines Jahrganges machen Abitur**: Abitur-Gesamtquote im Jahr 2016: 52,2 Prozent, mit einer Studienanfängerquote von 58,3 Prozent. Ausländische Studienanfänger werden statistisch mitgezählt, so ergibt sich die Differenz zu den Studienberechtigten. Ohne ausländische Studenten liegt die Studienanfängerquote bei 47,9 Prozent, siehe https://www.bildungsbericht.de/de/bildungsberichte-seit-2006/bildungsbericht-2016/pdf-bildungsbericht-2016/bildungsbericht-2016 (S. 297 f.)

328 **Je jünger und gebildeter jemand ist, desto weniger neigt er zu Fremdenfeindlichkeit**: diesen Punkt machen auch Kaufmann/Goodwin (2018)

328 **Studie des *Economist***: es handelt sich um die Studie »Democracy Index 2018: Me Too?« der *The Economist Intelligence Unit* vom 8. Januar 2019, siehe http://pages.eiu.com/rs/753-RIQ-438/images/Democracy_Index_2017.pdf

329 **autoritärer Rückschlag**: siehe Welzel (2013), S. 266

329 **Charles Mackay**: im Original: »Men, it has been well said, think in herds; it will be seen that they go mad in herds, while they only recover their senses slowly, and one by one«, siehe Mackay (1841)

330 **aus dem Blickwinkel der Stammesidentität findet man immer moralische Verstöße**: für einen ähnlichen Punkt siehe Bartlett (2018)

330 **Blutwurst am Buffet**: https://www.tagesspiegel.de/politik/schwei-

nefleisch-am-buffet-seehofer-serviert-blutwurst-bei-islamkonferenz/23703210.html

330 **Anteil der Kosmopoliten weltweit bei 8 Prozent**: Kaufmann (2018), S. 527 f.

331 **Tragik der Allmende**: Hardin (1968)

331 **Umwelt, Überfischung, Luftverschmutzung etc.**: https://academic.oup.com/bioscience/article/67/12/1026/4605229; http://awsassets.panda.org/downloads/lpr_living_planet_report_2016.pdf

332 **Selbstzwang und Langsicht**: siehe Elias (1939)

333 **progressives Paradox**: zur Analyse von Gefahren siehe auch Pinker (2017), S. 452

333 **Regimewechsel**: laut einer Studie des Meinungsforschungsinstituts Allensbach von 2017, siehe http://www.mill-institut.de/fileadmin/user_upload/Freiheitsindex2017/170912_Ergebnisdossier_Freiheitsindex_2017.pdf

333 **die Welt ist besser als zuvor**: Rosling (2018)

333 **wir sterben seltener durch Gewalt**: Pinker (2011)

334 **Konservative werden liberaler im Experiment**: da es sich bisher um ein einzelnes Experiment handelt, sind die Ergebnisse zwar mit Vorsicht zu genießen, aber die Forschung deutet daraufhin, dass ein Gefühl von Sicherheit Menschen liberaler machen kann, siehe Napier et al. (2018)

334 **Menschen bevorzugen die Demokratie**: das gilt besonders für jene, die einen hohen Bildungsstand und ein hohes Einkommen haben, obwohl sie im Zweifel von einem autoritären Regime mehr profitieren könnten, siehe Welzel (2013)

334 **das Gefühl der Freiheit in Deutschland**: http://www.mill-institut.de/fileadmin/user_upload/Freiheitsindex2017/170912_Ergebnisdossier_Freiheitsindex_2017.pdf

334 **der Motor der Freiheit lässt sich kaum stoppen**: für eine ähnliche Einschätzung siehe auch Pinker (2017), S. 451; für eine philosophische Argumentation siehe Huemer (2016)

335 **Grenznutzen**: siehe Welzel (2013), S. 402

Letzter Zugriff auf alle Weblinks am 4. Februar 2019

Literatur

Adorno, Theodor W. (1950) *Studien zum autoritären Charakter.* Frankfurt am Main: Suhrkamp (zitiert nach der Ausgabe von 2016)

Ahn, Woo-Young et al. (2014) »Nonpolitical Images Evoke Neural Predictors of Political Ideology« *Current Biology* 24(22): 2693–2699

Akkerman, Agnes et al. (2013) »How Populist Are the People? Measuring Populist Attitudes in Voters« *Comparative Political Studies* 47(9): 1324–1353

Akrami, Nazar und Ekehammar, Bo (2006) »Right-Wing Authoritarianism and Social Dominance Orientation. Their Roots in Big-Five Personality Factors and Facets« *Journal of Individual Differences* 27(3): 117–126

Alexander, Amy C. und Welzel, Christian (2011) »Islam and Patriarchy: How Robust is Muslim Support for Patriarchal Values?« *International Review of Sociology* 21(2): 249–276

Allman, John (1999) *Evolving Brains.* New York: Scientific American Library

Amodio, David M. et al. (2007) »Neurocognitive Correlates of Liberalism and Conservatism« *Nature Neuroscience,* 10, 1246–1247

Anderson, Rindy C. et al. (2014) »Vocal Fry May Undermine the Success of Young Women in the Labor Market« *PLoS One* 9(5): e97506

Andrews, Kristin (2016) »Animal Cognition« in Zalta, Edward N. (Hg.) (2016) *The Stanford Encyclopedia of Philosophy* (Summer 2016 Edition)

Anscombe, G. E. M. (1958) »Modern Moral Philosophy« *Philosophy* 33(124): 1–19

Antonakis, John und Dalgas, Olaf (2009) »Predicting Elections: Child's Play!« *Science* 323(5918): 1183

Appiah, Anthony (1994) »Identity, Authenticity, Survival: Multicultural Societies and Social Reproduction« in Gutmann, Amy (Hg.) (1994) *Multiculturalism: Examining the Politics of Recognition.* Princeton: Princeton University Press: 149–164

Ariely, Dan (2012) *Die halbe Wahrheit ist die beste Lüge. Wie wir andere täuschen und uns selbst am meisten*. München: Droemer

Aristoteles, *Nikomachische Ethik*

Asbrock, Frank et al. (2009) »Right-wing Authoritarianism and Social Dominance Orientation and the Dimensions of Generalized Prejudice: A Longitudinal Test« *European Journal of Personality* 24(4): 324–340

Ashton, Michael C. et al. (2007) »Empirical, Theoretical, and Practical Advantages of the HEXACO Model of Personality Structure« *Personality and Social Psychology Review* 11(2): 150–166

Bandura, Albert et al. (1975) »Disinhibition of Aggression Through Diffusion of Responsibility and Dehumanization of Victims« *Journal of Research in Personality* 9(4): 253–269

Bartels, Daniel M. (2008) »Principled Moral Sentiment and the Flexibility of Moral Judgment and Decision Making« *Cognition* 108: 381–417

Bartels, Larry M. (2002) »Beyond the Running Tally: Partisan Bias in Political Perceptions« *Political Behavior* 24(2): 117–150 (Special Issue: Parties and Partisanship)

Bartens, Werner und Herrmann, Sebastian (2009) *Herrlich Eklig*. München: Knaur

Barth, Bertram et al. (Hg.) (2018) *Praxis der Sinus-Milieus. Gegenwart und Zukunft eines modernen Gesellschafts- und Zielgruppenmodells*. Wiesbaden: Springer VS

Bartlett, Jamie (2018) *The Tech Vs People. How the Internet is Killing Democracy (and how We Save it)*. London: Ebury Press

Bauer, Thomas (2018) *Die Vereindeutigung der Welt. Über den Verlust an Mehrdeutigkeit und Vielfalt*. Stuttgart: Reclam

Beall, Alec T. et al. (2016) »Infections and Elections: Did an Ebola Outbreak Influence the 2014 U.S. Federal Elections (and if so, How)?« *Psychological Science* 27(5): 595–605

Beauvoir, Simone de (1949) *Le Deuxième Sexe*. Paris: Gallimard

Ben-Ze'ev, Aaron (2001) *The Subtlety of Emotions*. Cambridge (MA): The MIT Press

Benjamin, Walter (1935) *Das Kunstwerk im Zeitalter seiner technischen Reproduzierbarkeit*

Bergmann, Knut et al. (2017) »Die AfD: Eine Partei der sich ausgeliefert fühlenden Durchschnittsverdiener?« *Zeitschrift für Parlamentsfragen* (ZParl), Heft 1: 57–75

Bergmann, Knut und Diermeier, Matthias (2017) »Die AfD: Eine unterschätzte Partei. Soziale Erwünschtheit als Erklärung für fehlerhafte Prognosen« *IW-Report // 2017 Institut der deutschen Wirtschaft Köln*

Berkum, Jos J. et al. (2009) »Right or Wrong? The Brain's Fast Response to Morally Objectionable Statements« *Psychological Science* 20(9): 1092–1099

Berreby, David (2005) *Us and Them. Understanding Your Tribal Mind.* New York: Little, Brown and Company

Bigler, Rebecca S. (1997) »Social Categorization and the Formation of Intergroup Attitudes in Children« *Child Development* 68(3): 530–543

Bigler, Rebecca und Liben, Lynn (2007) »Development Intergroup Theory: Explaining and Reducing Children's Social Stereotyping and Prejudice« *Current Directions in Psychological Science* 16: 162–166

Blair, Irene V. et al. (2001) »Imagining Stereotypes Away: The Moderation of Implicit Stereotypes Through Mental Imagery« *Journal of Personality and Social Psychology* 81(5): 828–841

Bliege Bird, Rebecca et al. (2012) »The Hierarchy of Virtue: Mutualism, Altruism and Signaling in Martu Women's Cooperative Hunting« *Evolution and Human Behavior* 33 (1): 64–78

Block, Jack und Block, Jeanne H. (2005) »Nursery School Personality and Political Orientation Two Decades Later« *Journal of Research in Personality* 40: 734–749

Böhme, Gernot (2016) *Ästhetischer Kapitalismus.* Frankfurt am Main: Edition Suhrkamp

Bonhoeffer, Jan und Heininger, Ulrich (2007) »Adverse Events Following Immunization: Perception and Evidence« *Current Opinions in Infectious Diseases* 20(3): 237–246

Bonnefon, Jean-François et al. (2016) »The Social Dilemma of Autonomous Vehicles« *Science* 352(6293): 1573–1576

Botherton, Rob (2015) *Suspicious Minds. Why We Believe Conspiracy Theories.* London: Bloomsbury Sigma

Bourdieu, Pierre (1979) *Die feinen Unterschiede. Kritik der gesellschaftlichen Urteilskraft.* Frankfurt am Main: Suhrkamp (zitiert nach der deutschen Ausgabe von 1987)

Bratman, Michael (1984) »Two Faces of Intention« *Philosophical Review* 93(3): 375–405

Brink, David O. (2013) *Mill's Progressive Principles.* Oxford: Oxford University Press

Brooks, David (2012) *Das soziale Tier. Wie Beziehungen, Gefühle und Intuitionen unser Leben formen.* München: DVA

Brown, James Robert und Fehige, Yiftach (2017) »Thought Experiments« in Zalta, Edward N. (Hg.) (2016) *The Stanford Encyclopedia of Philosophy* (Summer 2017 Edition)

Buckels, Erin E. et al. (2014) »Trolls Just Want to Have Fun« *Personality and Individual Differences* 67: 97–102

Bulkeley, Kelly (2002) »Dream Content and Political Ideology« *Dreaming* 12(2): 61–77

Buss, David M. (2016) *The Evolution of Desire: Strategies of Human Mating*. New York: Basic Books

Camus, Albert (1957) *Der Fall*. Frankfurt am Main: Bibliothek Suhrkamp (zitiert nach der Suhrkamp-Ausgabe von 1965)

Carney, Dana et al. (2008) »The Secret Lives of Liberals and Conservatives: Personality Profiles, Interpersonal Styles, and What They Leave Behind« *Political Psychology* 29(6): 807–840

Chambers Jack K. und Trudgill, Peter (1980) *Dialectology*. Cambridge: Cambridge University Press

Chen, Philip G. und Palmer, Carl L. (2017) »The Prejudiced Personality? Using the Big Five to Predict Susceptibility to Stereotyping Behavior« *American Politics Research* 46(2): 276–307

Chiao, Joan Y. (2009) »Neural Basis of Preference for Human Social Hierarchy versus Egalitarianism Values« *Empathy, and Fairness across Social Barriers: Annals of the New York Academy of Science* 1167: 174–181

Chirot, Daniel und McCauley, Clark (2006) *Why not Kill Them all?: The Logic and Prevention of Mass Political Murder*. Princeton: Princeton University Press

Chomsky, Noam (1980) »Rules and Representations« *Behavioral and Brain Sciences* 3: 1–61

Cohen, Dov et al. (1996) »Insult, Aggression, and the Southern Culture of Honor: An ›Experimental Ethnography‹« *Journal of Personality and Social Psychology* 70(5): 945–959

Colby, Anne et al. (1983) »A Longitudinal Study of Moral Judgment« *Monographs of the Society of Research in Child Development* 48(1–2): 1–124

Collins, Patricia Hill und Bilge, Sirma (2016) *Intersectionality*. Cambridge: Polity Press

Cunningham, William A. et al. (2004) »Separable Neural Components in the Processing of Black and White Faces« *Psychological Science* 15(12): 806–813

Curtis, Valerie et al. (2004) »Evidence that Disgust Evolved to Protect from Risk of Disease« *Proceedings of the Royal Society* B 271: 131–133

Curtis, Valerie et al. (2009) »Planned, Motivated and Habitual Hygiene Behaviour: an Eleven Country Review« *Health Education Research* 24(4): 655–673

Curtis, Valerie et al. (2011) »Disgust as an Adaptive System for Disease

Avoidance Behaviour« *Philosophical Transactions of The Royal Society B Biological Sciences* 366: 389–401
Curtis, Valerie und Biran, Adam (2001) »Dirt, Disgust, and Disease: Is Hygiene in our Genes?« *Perspectives in Biology and Medicine* 44(1): 17–31
Darwin, Charles (1872) *The Expression of the Emotions in Man and Animals* (zitiert nach der vierten Ausgabe von 2009, herausgegeben von Paul Ekman). Oxford: Oxford University Press
Davidson, Donald (1980) *Essays on Actions and Events.* Oxford: Oxford University Press
Dawes, Robyn M. und Messik, David M. (2000) »Social Dilemmas« *International Journal of Psychology* 35(2): 111–116
Dawkins, Richard (1976) *The Selfish Gene.* Oxford: Oxford University Press
de Dreu, Carsten K. W. et al. (2010) »The Neuropeptide Oxytocin Regulates Parochial Altruism in Intergroup Conflict Among Humans« *Science* 328(5984): 1408–1411
de Jong, Peter J. und Merckelbach, Harald (1998) »Blood-injection-injury Phobia and Fear of Spiders: Domain Specific Individual Differences in Disgust Sensitivity« *Personality and Individual Differences* 24(2): 153–158.
de Vries, Catherine E. und Hoffmann, Isabell (2016) »Fear not Values. Public Opinion and the Populist Vote in Europe« *Eupinons* 2016/3. Gütersloh: Bertelsmann-Stiftung
de Vries, Catherine E. und Hoffmann, Isabell (2017) »Ist Rechts das neue Links? Rechtskonservative Wähler in Frankreich und Europa. Was sie ausmacht und was sie unterscheidet« *Eupinons* 2017/2. Gütersloh: Bertelsmann-Stiftung
de Vries, Catherine E. und Hoffmann, Isabell (2018a) »Globalization and European Integration: Threat or Opportunity? Perception, Knowledge and Policy Preferences of European Citizens« *Eupinons* 2018/1. Gütersloh: Bertelsmann-Stiftung
de Vries, Catherine E. und Hoffmann, Isabell (2018b) »The Power of the Past. How Nostalgia Shapes European Public Opinion« *Eupinons* 2018/2. Gütersloh: Bertelsmann-Stiftung
Decker, Oliver et al. (Hg.) (2016) *Die enthemmte Mitte. Autoritäre und rechtsextreme Einstellungen in Deutschland. Die Leipziger Studie.* Gießen: Psychosozial Verlag
Denson, Thomas et al. (2011) »Self-control Training Decreases Anger and Aggression in Response to Provocation in Aggressive Individuals« *Journal of Research in Personality* 45(2): 252–256

Deppe, Kristen D. et al. (2015) »Reflective Liberals and Intuitive Conservatives: A Look at the Cognitive Reflection Test and Ideology« *Judgment and Decision Making* 10, 4: 314–331

Descartes, René (1641) *Meditationes de prima philosophia*

DeYoung, Colin G. (2006) »Higher-order Factors of the Big Five in a Multi-informant Sample« *Journal of Personality and Social Psychology* 91: 1138–1151

DeYoung, Colin G. et al. (2007) »Morning People are Stable People: Circadian Rhythm and the Higher-order Factors of the Big Five« *Personality and Individual Differences* 43: 267–276

Diamond, Jared (1997) *Guns, Germs, and Steel: The Fates of Human Societies.* New York: W. W. Norton

Dinter, Artur (1917) *Die Sünde wider das Blut.* Leipzig: Matthes und Thost

Dodd, Michael D. et al. (2012) »The Political Left Rolls with the Good and the Political Right Confronts the Bad: Connecting Physiology and Cognition to Preferences« *Philosophical Transactions of the Royal Society B* 367: 640–649

Duckitt, John (2001) »A Dual-Process Cognitive-Motivational Theory of Ideology and Prejudice« *Advances in Experimental Social Psychology* 33:41–113

Duckitt, John und Sibley, Chris G. (2007) »Right Wing Authoritarianism, Social Dominance Orientation and the Dimensions of Generalized Prejudice« *European Journal of Personality* 21(2): 113–130

Dunbar, Robin I. M. (1993) »Coevolution of Neocortical Size, Group Size and Language in Humans« *Behavioral and Brain Sciences* 16(13): 354–356

Dunbar, Robin I. M. (2009) »The Social Brain Hypothesis« *Anuals of Human Biology* 36(5): 562–572

Edmonds, David (2014) *Would You Kill the Fat Man? The Trolley Problem and What Your Answer Tells Us about Right and Wrong.* Princeton: Princeton University Press

Eidelman, Scott (2012) »Low-Effort Thought Promotes Political Conservatism« *Personality and Social Psychology Bulletin* 38: 808–820

Ekehammar, Bo et al. (2004) »What Matters Most to Prejudice: Big Five Personality, Social Dominance Orientation, or Right-Wing Authoritarianism?« *European Journal of Personality* 18: 463–482

Ekman, Paul (1999) »Basic Emotions« in Dalgleish, Tim und Power, Michael (Hg.) (1999) *The Handbook of Cognition and Emotion.* New York: Wiley, 45–60

Ekman, Paul und Friesen, Wallace V. (2003) *Unmasking the Face: A Guide to Recognizing Emotions from Facial Clues.* Cambridge (MA): Malor Book

El-Mafaalani, Aladin (2018) *Das Integrationsparadox. Warum gelungene Integration zu mehr Konflikten führt.* Köln: Kiepenheuer & Witsch

Elgar, Frank J. et al. (2009) »Income Inequality and School Bullying: Multilevel Study of Adolescents in 37 Countries« *Journal of Adolescent Health* 45: 351–359

Elias, Norbert (1939) *Über den Prozess der Zivilisation.* Frankfurt am Main: Suhrkamp (Wiederabdruck, zitiert nach der Auflage von 1995)

Emcke, Carolin (2016) *Gegen den Hass.* Frankfurt am Main: Fischer

Eriksson, Nicholas et al. (2012) »A Genetic Variant Near Olfactory Receptor Genes Influences Cilantro Preference« *Flavor* 1(22): 1–7

Eskine, Kendall J. et al. (2011) »A Bad Taste in the Mouth: Gustatory Disgust Influences Moral Judgment« *Psychological Science* 22: 295–299

Etemadi, Arash et al. (2017) »Mortality from Different Causes Associated with Meat, Heme Iron, Nitrates, and Nitrites in the NIH-AARP Diet and Health Study: Population Based Cohort Study« *BMJ* 357

Fasano, Alessio und Catassi, Carlo (2012) »Celiac Disease« *New England Journal of Medicine* 367: 2419–2426

Faulkner, Jason et al. (2004) »Evolved Disease-Avoidance Mechanisms and Contemporary Xenophobic Attitudes« *Group Processes and Intergroup Relations* 7(4): 333–353

Fehr, Ernst und Fischbacher, Urs (2004) »Third-party Punishment and Social Norms« *Evolution and Human Behavior* 25 (2): 63–87

Festinger, Leon (1957) *A Theory of Cognitive Dissonance.* Palo Alto: Stanford University Press

Fincher, Corey L. und Thornhill, Randy (2008) »Assortative Sociality, Limited Dispersal, Infectious Disease and the Genesis of the Global Pattern of Religion Diversity«. *Proceedings of the Royal Society B: Biological Sciences* 275: 2587–2594

Fincher, Corey L. et al. (2008) »Pathogen Prevalence Predicts Human Cross-cultural Variability in Individualism/Collectivism« *Proceedings of the Royal Society B: Biological Sciences* 275, 1640: 1279–1285

Fiske, Alan (1991) *Structures of Social Life.* New York: Free Press

Fiske, Alan (1992) »The Four Elementary Forms of Sociality: Framework for a Unified Theory of Social Relations« *Psychological Review* 99: 689–723

Fiske, Susan T. et al. (2006) »Universal Dimensions of Social Cognition: Warmth and Competence« *Trends in Cognitive Sciences* 11(2): 77–83

Florida, Richard (2002) *The Rise of the Creative Class*. New York: Basic Books

Foa, Roberto Stefan und Mounk, Yascha (2016) »The Danger of Deconsolidation« *Journal of Democracy* 27(3): 5–17

Foot, Philippa (1967) »The Problem of Abortion and the Doctrine of Double Effect« *Oxford Review* 5: 5–15

Foroutan, Naika (2019) *Die postmigrantische Gesellschaft. Ein Versprechen der pluralen Demokratie*. Bielefeld: transcript

Frank, Thomas (2004) *What's the Matter with Kansas? How Conservatives Won the Heart of America*. New York: Metropolitan Books

Frankfurt, Harry (1971) »Freedom of the Will and the Concept of a Person« *The Journal of Philosophy* 68(1): 5–20

Frazer, James (1922) *The Golden Bough*

Frederick, Shane (2005) »Cognitive Reflection and Decision Making« *The Journal of Economic Perspectives* 19(4): 25–42

Freud, Sigmund (1905) *Drei Abhandlungen zur Sexualtheorie*. Frankfurt am Main: S. Fischer (zitiert nach der Ausgabe von 1972)

Freud, Sigmund (1908) *Charakter und Analerotik*

Freud, Sigmund (1923) *Das Ich und das Es*. Frankfurt am Main: S. Fischer

Freud, Sigmund (1930) *Das Unbehagen in der Kultur* (zitiert nach der Werkausgabe)

Freud, Sigmund (1933) *Neue Folge der Vorlesungen zur Einführung in die Psychoanalyse*. Frankfurt am Main: S. Fischer, 31. Vorlesung

Fricker, Miranda (2007) *Epistemic Injustice: Power and the Ethics of Knowing*. Oxford: Oxford University Press

Fukuyama, Francis (2018) *Identity. Contemporary Identity Politics and the Struggle for Recognition*. London: Profile Books

Galati, Dario (2001) »Judging and Coding Facial Expression of Emotions in Congenitally Blind Children« *International Journal of Behavioral Development* 25(3): 268–278

Galinsky, Adam D. und Moskowitz, Gordon (2000) »Perspective-taking: Decreasing Stereotype Expression, Stereotype Accessibility, and In-group Favoritism« *Journal of Personality and Social Psychology* 78(4): 708–724

Gelfand, Michele (2018) *Rule Makers, Rule Breakers. How Tight and Loose Cultures Wire Our World*. New York: Scribner International

Gelfand, Michele et al. (2011) »Differences Between Tight and Loose Cultures: a 33-nation Study« *Science* 332(6033): 1100–1104

Gerhardt, Carl Immanuel (Hg.) (1978) *Gottfried Wilhelm Leibniz. Die Philosophischen Schriften* (Wiederabdruck). Olms: Hildesheim

Gilovich, Thomas (1991) *How We Know What Isn't So. The Fallibility of Human Reason in Everyday Life.* New York: Free Press

Goldhagen, Erich (1976) »Weltanschauung und Endlösung« *Vierteljahrshefte für Zeitgeschichte* 24(4): 379–405

Goodhart, David (2017) *The Road to Somehwere. The New Tribes Shaping British Politics.* London: Penguin

Goren, Paul et al. (2009) »Source Cues, Partisan Identities, and Political Value Expression« *American Journal of Political Science* 53(4): 805–820

Graham, Jesse et al. (2009) »Liberals and Conservatives Rely on Different Sets of Moral Foundations« *Journal of Personality and Social Psychology* 96(5): 1029–1046

Graham, Jesse et al. (2011) »Mapping the Moral Domain« *Journal of Personality and Social Psychology* 101: 366–385

Graham, Jesse et al. (2012) »The Moral Stereotypes of Liberals and Conservatives: Exaggeration of Differences across the Political Divide« *PLoS ONE* 7, 12: 1–13

Graham, Jesse et al. (2013) »Moral Foundations Theory: The Pragmatic Validity of Moral Pluralism« in Devine, Patricia und Plant, Ashby (Hg.) (2013) *Advances in Experimental Social Psychology Volume 47.* San Diego: Academic Press, S. 55–130

Graham, Jesse und Haidt, Jonathan (2011) »Sacred Values and Evil Adversaries: A Moral Foundations Approach« in Shaver, Phillip R. und Mikulincer, Mario (Hg.) (2011) *The Social Psychology of Morality: Exploring the Causes of Good and Evil.* New York: APA Books

Greene, Joshua (2007) »The Secret Joke of Kant's Soul« in Sinnott-Armstrong, Walter (Hg.) (2007) *Moral Psychology* (Volume 3). Cambridge (MA): The MIT Press

Greene, Joshua (2013) *Moral Tribes. Emotion, Reason and the Gap Between Us and Them.* New York: Penguin

Greenwald, Anthony G. et al. (1998) »Measuring Individual Differences in Implicit Cognition: The Implicit Association Test« *Journal of Personality and Social Psychology*, 74(6): 1464–1480

Greenwald, Anthony G. und Banaji, Mahzarin R. (2013) *Blindspot: Hidden Biases of Good People.* New York: Bantam

Haidt, Jonathan (2012) *The Righteous Mind. Why Good People are Divided by Politics and Religion.* New York: Penguin

Haidt, Jonathan et al. (1994) »A Scale to Measure Disgust Sensitivity« *Personal and Individual Differences* 16: 701–713

Haidt, Jonathan und Lukianoff, Greg (2018) *The Coddling of the American*

Mind: How Good Intentions and Bad Ideas are Setting up a Generation for Failure. New York: Penguin Press

Hanich, Julian (2010) *Cinematic Emotion in Horror Films and Thrillers. The Aesthetic Paradox of Pleasurable Fear.* New York: Routledge

Hardin, Garrett (1968) »The Tragedy of the Commons« *Science* 162 (3859): 1243–1248

Hartwich, Oliver Marc (2009) »Neoliberalism: The Genesis of a Political Swearword« *Centre for Independent Studies, CIS Occasional Paper* 114: 1–35

Haslam, Nick (2006) »Dehumanization: An Integrative Review« *Personality and Social Psychology Review* 10(3): 252–264

Haslam, Nick (2016) »Concept Creep: Psychology's Expanding Concepts of Harm and Pathology« *Psychological Inquiry* 27(1): 1–17

Hauser, Marc et al. (2007) »A Dissociation Between Moral Judgments and Justifications« *Mind & Language* 22(1): 1–21

Hawkins, Stephen et al. (2018) *Hidden Tribes: A Study of America's Polarized Landscape.* New York: More in Common

Heine, Henrich J. et al. (2010) »The Weirdest People in the World?« *Behavioral and Brain Sciences* 33(2–3): 61–83

Henderson, Donald A. (2009) *Smallpox: The Death of a Disease.* New York: Prometheus Books

Herbert, Ulrich (2001) *Geschichte der Ausländerpolitik in Deutschland. Saisonarbeiter, Zwangsarbeiter, Gastarbeiter, Flüchtlinge.* München: C. H. Beck

Hertenstein, Matthew J. et al. (2004) »The Retention Effects of an Adult's Emotional Displays on Infant Behavior« *Child Development* 75: 595–613

Heyes, Cressida (2018) »Identity Politics« in Zalta, Edward N. (Hg.) (2016) *The Stanford Encyclopedia of Philosophy* (Fall 2018 Edition)

Hirsh, Jacob B. et al. (2009) »Metatraits of the Big Five differentially predict engagement and restraint of behavior« *Journal of Personality* 77(4), 1085–1101

Hitler, Adolf (1923) *Mein Kampf.* München: Zentralverlag der NSDAP (zitiert nach der Auflage von 1933)

Hobbes, Thomas (1647) *De Cive. The latin version entitled in the first edition Elementorum Philosophiae Sectio Tertia De Cive and in later editions Elementa Philosophica De Cive.* Oxford: Oxford University Press (zitiert nach der Ausgabe von 1983)

Hobbes, Thomas (1651) *Leviathan, or The Matter, Forme, & Power of a Commonwealth Ecclesiasticall and Civill.* London: Andrew Crooke (zitiert nach der deutschen Fassung von 1970, Stuttgart: Reclam)

Hobbes, Thomas (1656) *Elements of Philosophy Concerning Body*. London. R. & W. Leybourn

Hodson, Gordon und Costello, Kimberly (2007) »Interpersonal Disgust, Ideological Orientations, and Dehumanization as Predictors of Intergroup Attitudes« *Psychological Science* 18(8): 691–698

Hodson, Gordon et al. (2009) »The Role of ›Dark Personalities‹ (Narcissism, Machiavellianism, Psychopathy), Big Five Personality Factors, and Ideology in Explaining Prejudice« *Journal of Research in Personality* 43(4): 686–690

Hodson, Gordon und Busseri, Michael A. (2012) »Bright Minds and Dark Attitudes: Lower Cognitive Ability Predicts Greater Prejudice Through Right-Wing Ideology and Low Intergroup Contact« *Psychological Science* 23(2): 187–195

Hoekstra, Kinch (2007) »The Natural Condition of Mankind« in Springborg, Patricia (Hg.) (2007) *The Cambridge Companion to Hobbes »Leviathan«*. Cambridge: Cambridge University Press

Hofmann, Wilhelm et al. (2009) »Impulse and Self-control from a Dual-systems Perspective« *Perspectives on Psychological Science* 4(2): 162–176

Hofmann, Wilhelm et al. (2012) »What People Desire, Feel Conflicted about, and Try to Resist in Everyday Life« *Psychological Science* 23(6): 582–588

Hofstede, Geert (2011) »Dimensionalizing Cultures: The Hofstede Model in Context« *Online Readings in Psychology and Culture* 2(1): 1–26

Holter, Øystein Gullvåg (2014) »›What's in it for Men?‹: Old Question, New Data« *Men and Masculinities* 17 (5): 515–548

Holtgraves, Thomas (2004) »Social Desirability and Self-Reports: Testing Models of Socially Desirable Responding« *Personality and Social Psychology Bulletin* 30, 2: 161–172

Horberg Elizabeth J. et al. (2009) »Disgust as Moralizing Purity« *Journal of Personality and Social Psychology* 97(6): 963–976

Horberg, Elizabeth et al. (2009) »Disgust and the Moralization of Purity« *Journal of Personality and Social Psychology* 97(6): 963–976

Huang, Julie Y. et al. (2011) »Immunizing against Prejudice: Effects of Disease Protection on Attitudes Toward Out-groups« *Psychological Science* 22(12): 1550–1556

Hübl, Philipp (2015) *Der Untergrund des Denkens. Eine Philosophie des Unbewussten*. Reinbek: Rowohlt

Hübl, Philipp (2018a) *Bullshit-Resistenz*. Berlin: Nicolai Publishing and Intelligence

Hübl, Philipp (2018b) »The Power of Political Emotions. On Political

Camp Formation and the New Right-Wing Populism« in Tillmans, Wolfgang und Oetker, Brigitte (Hg.) (2018) *What is Different?* Jahresring 64. Berlin: Sternberg Press

Huemer, Michael (2016) »A Liberal Realist Answer to Debunking Skeptics: The Empirical Case for Realism« *Philosophical Studies* 173: 1983–2010

Hume, David (1738) *A Treatise of Human Nature* (zitiert nach der deutschen Ausgabe von 1978, Hamburg: Meiner)

Hume, David (1748) *An Enquiry Concerning Human Understanding*

Husted, David S. et al. (2006) »The Neurocircuitry of Obsessive-Compulsive Disorder and Disgust« *Progress in Neuro-Psychopharmocology and Biological Psychiatry* 30: 289–399

Inbar, Yoel et al. (2009) »Conservatives are More Easily Disgusted than Liberals« *Cognition and Emotion 23, 4: 714–725*

Inbar, Yoel et al. (2011) »Disgust Sensitivity, Political Conservatism, and Voting« *Social Psychological and Personality Science* 3(5): 537–544

Inbar, Yoel et al. (2011) »Disgusting Smells Cause Decreased Liking of Gay Men« *Emotion* 12(1): 23–27

Inglehart, Ronald et al. (2004) *Human Beliefs and Values: A Cross-cultural Sourcebook Based on the 1999–2002 Values Surveys.* Mexico City: Siglo

Inglehart, Ronald und Welzel, Christian (2005) *Modernization, Cultural Change and Democracy.* New York und Cambridge: Cambridge University Press.

Ioannidis, John P. A. (2005) »Why Most Published Research Findings Are False« *PLoS Medicine* 2(8): e124

Irons, William (2001) »Religion as a Hard-to-fake Sign of Commitment« in Neese, Randolph (Hg.) (2001) *The Evolution of Commitment*, New York: Russell Sage Foundation: 292–309

Iyer, Ravi et al. (2012) »Understanding Libertarian Morality: The Psychological Dispositions of Self-Identified Libertarians« *PLoS ONE* 7(8): e42366

Jabbi, Mbemba et al. (2008) »A Common Anterior Insula Representation of Disgust Observation, Experience and Imagination Shows Divergent Functional Connectivity Pathways« *PLoS ONE* 3(8): e2939

Jacquet, Jennifer (2016) *Is Shame Necessary? New Uses for an Old Tool.* New York: Vintage

Jaensch, Erich Rudolf (1938) *Der Gegentypus.* Leipzig: J.A. Barth

John, Oliver P. und Srivastava, Sanjay (1999) »The Big Five Trait Taxonomy: History, Measurement and Theoretical Perspectives« in Pervin, Lawrence A. und John, Oliver P. (Hg.) *Handbook of Personality: Theory and Research* (2. Auflage). New York: Guilford Press: 102–138

Johnson, Dominic D. P. et al. (2013) »The Evolution of Error: Error Management, Cognitive Constraints, and Adaptive Decision-making Biases« *Trends in Ecology and Evolution* 28(8): 474–481

Jones, Reginald Victor (1978) *Most Secret War.* London: Hamilton

Jost, John T. et al. (2003) »Political Conservatism as Motivated Social Cognition« *Psychological Bulletin* 129, 3: 339–375

Jost, John T. et al. (2006) »The End of the End of Ideology« *American Psychologist* 61(7): 651–670

Jost, John T. et al. (2008) »Ideology: Its Resurgence in Social, Personality, and Political Psychology« *Perspectives On Psychological Science* 3(2): 126–136

Kahan, Dan M. (2013) »Ideology Motivated Reasoning, and Cognitive Reflection« *Judgment and Decision Making* 8(4): 407–424

Kahan, Dan M. (2017) »Misinformation and Identity-Protective Cognition« *Yale Law & Economics Research* Paper No. 587

Kahan, Dan M. et al. (2017) »Motivated Numeracy and Enlightened Self-Government« *Behavioural Public Policy* 1, 1: 54–86

Kahneman, Daniel (2012) *Schnelles Denken, langsames Denken.* München: Siedler

Kahneman, Daniel und Tversky, Amos (Hg.) (2000) *Choices, Values and Frames.* Cambridge: Cambridge University Press

Kahneman, Daniel und Tversky, Amos (1979) »Prospect Theory: An Analysis of Decision under Risk« *Econometrica* 47(2): 263–291

Kanai, Ryota et al. (2011) »Political Orientations are Correlated with Brain Structure in Young Adults« *Current Biology* 21(8): 677–680.

Kant, Immanuel (1781/1787) *Kritik der reinen Vernunft*

Kant, Immanuel (1784) »Idee zu einer allgemeinen Geschichte in weltbürgerlicher Absicht« *Berlinische Monatsschrift*, November 1784: 385–411 (zitiert nach der Akademieausgabe)

Kant, Immanuel (1785) *Grundlegung zur Metaphysik der Sitten* (zitiert nach der Akademieausgabe)

Kant, Immanuel (1788) *Kritik der praktischen Vernunft*

Kant, Immanuel (1795/1796) *Zum ewigen Frieden*

Kant, Immanuel (1797) *Die Metaphysik der Sitten*

Kaplan, Jonas T. et al. (2016) »Neural Correlates of Maintaining One's Political Beliefs in the Face of Counterevidence« *Scientific Reports* 6(39589): 1–11

Kass, Leon (1994) *The Hungry Soul.* Chicago: University of Chicago Press

Katchadourian, Herant (2009) *Guilt: The Bite of Conscience.* Stanford: Stanford University Press

Kaufmann, Eric und Goodwin, Matthew J. (2018) »The Diversity Wave: A Meta-analysis of the Native-born White Response to Ethnic Diversity« *Social Science Research* 76: 120–131

Kelemen, Deborah und Rosset, Evelyn (2009) »The Human Function Compunction: Teleological Explanation in Adults« *Cognition* 111: 138–143

Kerry, Nicholas und Murray, Damian R. (2018) »Conservative Parenting: Investigating the Relationships between Parenthood, Moral Judgment, and Social Conservatism« *Personality and Individual Differences* 134(1): 88–96

Kiernan, Ben (2007) *Blood and Soil. A World History of Genocide and Extermination from Sparta to Darfur*. New Haven: Yale University Press

Kinzler, Katherine D. et al. (2009) »Accent Trumps Race in Guiding Children's Social Preferences« *Social Cognition* 27: 623–634

Klein, Richard A. et al. (2018) »Many Labs 2: Investigating Variation in Replicability Across Sample and Setting« *PsyArXiv*

Knutson, Kristine M. et al. (2007) »Neural Correlates of Automatic Beliefs About Gender and Race« *Human Brain Mapping* 28(10): 915–930

Koenigs, Michael et al. (2012) »Utilitarian Moral Judgment in Psychopathy« *Social Cognitive and Affective Neuroscience* 7(6): 708–714

Kohlberg, Lawrence (1995) *Die Psychologie der Moralentwicklung*. Frankfurt am Main: Suhrkamp

Kolnai, Aurel (2007) *Ekel, Hochmut, Hass. Zur Phänomenologie feindlicher Gefühle*. Frankfurt am Main: Suhrkamp

Komarraju, Meera et al. (2011) »The Big Five Personality Traits, Learning Styles, and Academic Achievement« *Personality and Individual Differences* 51(4): 472–477

Kosinski, Michael et al. (2013) »Private Traits and Attributes Are Predictable from Digital Records of Human Behavior« *PNAS* 15: 5802–5805

Koven, Nancy S. (2011) »Specificity of Meta-Emotions Effects on Moral Decision-making« *Emotion* 11(5): 1255

Kretschmann, Winfried (2018) *Worauf wir uns verlassen wollen: Für eine neue Idee des Konservativen*. Frankfurt am Main: S. Fischer

Kruks, Sonia (2001) *Retrieving Experience: Subjectivity and Recognition in Feminist Politics*. Ithaca, NY: Cornell University Press

Kubota, Jennifer T. et al. (2012) »The Neuroscience of Race« *Nature Neuroscience* 15(7): 940–948

Kühn, Manfred (2004) *Kant. Eine Biographie*. München: C. H. Beck

Kunda, Ziva (1987) »Motivated Inference: Self-serving Generation and Evaluation of Causal Theories« *Journal of Personality and Social Psychology* 53: 636–647

Kurzban, Robert et al. (2001) »Can Race be Erased? Coalitional Computation and Social Categorization« *PNAS* 98(26): 15387–15392
Kuyken, Willem et al. (2009) »Mindfulness-Based Cognitive Therapy to Prevent Relapse in Recurrent Depression« *Journal of Consulting and Clinical Psychology* 76(6): 966–978.
Lagarde, Paul de (1887) *Juden und Indogermanen. Eine Studie nach dem Leben*. Göttingen: Dieterichsche Universitätsbuchhandlung
Lakoff, George und Johnson, Marc (1980) *Metaphors We Live By*. Chicago: Chicago University Press
Landy, Justin und Goodwin, Geoffrey (2015) »Does Incidental Disgust Amplify Moral Judgment? A Meta-Analytic Review of Experimental Evidence« *Perspectives on Psychological Science* 10: 518–536
Lapidus, Ira M. (2014) *A History of Islamic Societies*. Cambridge: Cambridge University Press
Lazarus, Richard S. (1991) *Emotion and Adaptation*. New York: Oxford University Press
Leach, Colin W. et al. (2007) »Group Virtue: The Importance of Morality (vs. Competence and Sociability) in the Positive Evaluation of Ingroups« *Journal of Personality and Social Psychology* 93: 234–249
LeDoux, Joseph (1998) *The Emotional Brain. The Mysterious Underpinnings of Emotional Life*. London: Weidenfeld and Nicolson
LeDoux, Joseph (2003) *Synaptic Self. How Our Brains Become What We Are*. New York: Penguin Books
Levari, David E. et al. (2018) »Prevalence-induced Concept Change in Human Judgment« *Science* 360(6396): 1465–1467
Levin, Shana et al. (2003) »The Effects of Ingroup and Outgroup Friendships on Ethnic Attitudes in College: A Longitudinal Study« *Group Processes and Intergroup Relations* 6(1): 76–92
Lewis, Gary J., und Bates, Timothy C. (2011) »From Left to Right: How the Personality System Allows Basic Traits to Influence Politics via Characteristic Moral Adaptations« *British Journal of Psychology* 102: 1–13
Lilla, Mark (2016) *The Shipwrecked Mind: On Political Reaction*. New York: NYRB
Lilla, Mark (2018) The *Once and Future Liberal. After Identity Politics.* London: Hurst & Company
Lipset, Seymour M. (1959) »Democracy and Working-Class Authoritarianism« *American Sociological Review* 24(4): 482–501
Liuzza Marco T. et al. (2018) »Body Odour Disgust Sensitivity Predicts Authoritarian Attitudes« *Royal Society Open Science* 5: 171091
Locke, John (1690) *An Essay Concerning Human Understanding*

Loughnan, Steve et al. (2010) »The Role of Meat Consumption in the Denial of Moral Status and Mind to Meat Animals« *Appetite* 55, 1: 156–159

Mackay, Charles (1841) *Extraordinary Popular Delusions and the Madness of Crowds*

Maffesoli, Michel (1996) *The Time of the Tribes*. London: Sage Publications

Mahajan, Neha et al. (2011) »The Evolution of Intergroup Bias: Perceptions and Attitudes in Rhesus Macaques« *Journal of Personality and Social Psychology* 100(3): 387–405

Malson, Lucien (1964) *Wolf Children*. New York: Monthly Review Press (zitiert nach der Ausgabe von 1972)

Manow, Philip (2017) *Die zentralen Nebensächlichkeiten der Demokratie*. Reinbek: Rowohlt

Manow, Philip (2018) *Die Politische Ökonomie des Populismus*. Frankfurt am Main: Suhrkamp

Martin, John Levi (2001) »The Authoritarian Personality, 50 Years Later: What Lessons Are There for Political Psychology?« *Political Psychology* 22(1): 1–26

Matsumoto, David et al. (2009) »Spontaneous Facial Expressions of Emotion of Congenitally and Noncongenitally Blind Individuals« *Journal of Personality and Social Psychology* 96(1): 1–10

Matthews, Gerald et al. (Hg.) (2003) *Personality Traits* (2. Auflage). Cambridge: Cambridge University Press

Matz, Sandra et al. (2017) »Psychological Targeting as an Effective Approach to Digital Mass Persuasion« *Journal of Personality and Social Psychology* 114(48): 12714–12719

May, Joshua (2014) »Does Disgust Influence Moral Judgment?« *Australasian Journal of Philosophy* 92(1): 125–141

McCrae, Robert (1996) »Social Consequences of Experiential Openness« *Psychological Bulletin* 120: 323–337

McCrae, Robert R. und Allik, Juri (Hg.) (2002) *The Five-factor Model of Personality across Cultures*. New York: Kluwer Academic/Plenum

McCrae, Robert R. und Costa, Paul T. (1987) »Validation of the Five-factor Model of Personality Across Instruments and Observers« *Journal of Personality and Social Psychology* 52(1): 81–90

McGregor, Holly A. et al. (1998) »Terror Management and Aggression: Evidence that Mortality Salience Motivates Aggression Against Worldview-Threatening Others« *Journal of Personality and Social Psychology* 74(3): 590–605

McLean, Evan et al. (2019) »Highly Heritable and Functionally Relevant Breed Differences in Dog Behavior« *bioRxiv*

Mele, Alfred (1997) »Real Self-deception« *Behavioral and Brain Sciences* 20(1): 91–136

Menninghaus, Winfried (1999) *Ekel. Theorie und Geschichte einer starken Empfindung*. Frankfurt am Main: Suhrkamp

Mercier, Hugo und Sperber, Dan (2017) *The Enigma of Reason. A New Theory of Human Understanding*. London: Allen Lane

Mill, John Stuart (1859) *On Liberty* (zitiert nach der Ausgabe von 2003, Yale University Press)

Mill, John Stuart (1861) *Utilitarianism*

Mill, John Stuart (1869) *The Subjection of Women*

Mill, John Stuart (1873) *Autobiography*

Miller, Alexander (2003) *An Introduction to Contemporary Metaethics*. Oxford: Polity

Miller, Saul L. und Maner, Jon K. (2011) »Sick Body, Vigilant Mind: The Biological Immune System Activates the Behavioral Immune System« *Psychological Science* 22: 1467–1471

Miller, William Ian (1997) *The Anatomy of Disgust*. Cambridge (MA): Harvard University Press

Mishra, Ankit et al. (2015) »Systematic Review of the Relationship between Artificial Sweetener Consumption and Cancer in Humans: Analysis of 599,741 Participants« *International Journal of Clinical Practice* 69(12): 1418–1426

Montaigne, Michel de (1580) *Essays*

Moore, George Edward (1903) *Principia Ethica*. Cambridge: Cambridge University Press

Mounk, Yascha (2018) *Der Zerfall der Demokratie. Wie der Populismus den Rechtsstaat bedroht*. München: Droemer

Müller, Jan-Werner (2016) *Was ist Populismus? Ein Essay*. Frankfurt am Main: Edition Suhrkamp

Mutz, Diana C. (2018) »Status Threat, not Economic Hardship, Explains the 2016 Presidential Vote« *PNAS* 115(19): 4330–4339

Myers, David G. und Lamm, Helmut (1975) »The Polarizing Effect of Group Discussion« *American Scientist* 63(3): 297–303

Nachtwey, Oliver (2015) »Rechte Wutbürger. Pegida oder das autoritäre Syndrom« *Blätter für deutsche und internationale Politik* 3: 81–89

Nail, Paul R. et al. (2009) »Threat Causes Liberals to Think Like Conservatives« *Journal of Experimental Social Psychology* 45(4): 901–907

Nann, Marius et al. (2018) »To Jump or not to Jump: The Bereitschaftspotential Required to Jump into 192-meter Abyss« *bioRxiv*

Napier, Jamie L. et al. (2018) »Superheroes for Change: Physical Safety

Promotes Socially (but not Economically) Progressive Attitudes among Conservatives« *European Journal of Social Psychology* 48: 187–195
Napier, Jamie L. und Jost, John T. (2008) »Why are Conservatives Happier than Liberals?« *Psychological Science* 19: 565–572
Navarrete, Carlos David und Fessler, Daniel M. T. (2006) »Disease Avoidance and Ethnocentrism: The Effects of Disease Vulnerability and Disgust Sensitivity on Intergroup Attitudes« *Evolution and Human Behavior* 27: 270–282
Nemeroff, Carol und Rozin, Paul (2000) »The Makings of the Magical Mind: The Nature and Function of Sympathetic Magic« in Rosengren, Karl S. (Hg.) (2000) *Imagining the Impossible: Magical, Scientific, and Religious Thinking in Children.* New York: Cambridge University Press
Nettle, Daniel (2006) »The Evolution of Personality Variation in Humans and other Animals« *American Psychologist,* 61(6): 622–631
Neumann, Franz (1967) »Angst und Politik«, in Neumann, Franz (1967) *Demokratischer und autoritärer Staat. Beiträge zur Soziologie der Politik.* Frankfurt am Main: Europäische Verlagsanstalt
Nietzsche, Friedrich (1883–1885) *Also Sprach Zarathustra. Ein Buch für Alle und Keinen.* Chemnitz: Verlag Ernst Schmeitzner (zitiert nach der KSA)
Nisbett, Richard (2003) *The Geography of Thought. How Asians and Westerners Think Differently… and Why.* New York: Free Press
Nussbaum, Martha C. (2004) *Hiding from Humanity. Disgust, Shame, and the Law.* Princeton: Princeton University Press
Nussbaum, Martha C. (2004) »Mill between Aristotle & Bentham« *Daedalus* 133(2): 60–68
Nyhan, Brendan und Reifler, Jason (2010) »When Corrections Fail: The Persistence of Political Misperceptions« *Political Behavior* 32(2): 303–330
Öhman, Arne et al. (2001) »Emotion Drives Attention: Detecting the Snake in the Grass« *Journal of Experimental Psychology: General* 130: 466–478
Öhman, Arne et al. (2003) »The Malicious Serpent: Snakes as a Prototypical Stimulus for an Evolved Module of Fear« *Current Directions in Psychological Science* 12: 5–8
Olatunji, Bunmi O. et al. (2006) »Evaluative Differential Conditioning of Disgust: A Sticky Form of Relational Learning that is Resistant to Extinction« *Journal of Anxiety Disorder* 21(6): 820–834
Olson, Andreas et al. (2005) »The Role of Social Groups in the Persistence of Fear« *Science* 309: 785–787

Oxley, Douglas R. et al. (2008) »Political Attitudes Vary with Physiological Traits« *Science* 321(5896): 1667–1670

Panksepp, Jaak (2007) »Criteria for Basic Emotions: Is DISGUST a Primary Emotion?« *Cognition and Emotion* 21: 1819–1828

Parfit, Derek (1984) *Reasons and Persons.* Oxford: Oxford University Press

Paunonen, Sampo V. et al. (2001) »Big Five Factors and Facets and the Prediction of Behavior« *Journal of Personality and Social Psychology* 81(3): 524–539

Paxton, Joseph M. et al. (2011) »Reflection and Reasoning in Moral Judgment« *Cognitive Science* 36(1): 163–177

Paxton, Joseph M. und Greene, Joshua D. (2019) »Moral Reasoning: Hints and Allegations« *Topics in Cognitive Science* 2(3): 511–527

Payne, Keith E. (2005) »Conceptualizing Control in Social Cognition: How Executive Functioning Modulates the Expression of Automatic Stereotyping« *Journal of Personality and Social Psychology* 89(4): 488–503

Perkins, Adam M. et al. (2012) »A Dose of Ruthlessness: Interpersonal Moral Judgment is Hardened by the Anti-Anxiety Drug Lorazepam« *Journal of Experimental Psychology* 142: 612–620

Perry, Gina (2013) *Behind the Shock Machine. The Untold Story of the Notorious Milgram Psych Experiment.* New York: New Press

Perry, Ryan und Sibley, Chris G. (2012) »Big-Five Personality Prospectively Predicts Social Dominance Orientation and Right-Wing Authoritarianism« *Personality and Individual Differences* 52(1): 3–8

Peterson, Richard A. und Kern, Roger M. (1996) »Changing Highbrow Taste: From Snob to Omnivore« *American Sociological Review* 61(5): 900–907

Pinker, Steven (2011) *The Better Angels of our Nature. The Decline of Violence in History and Its Causes.* New York: Allen Lane

Pinker, Steven (2018) *Enlightenment Now. The Case for Reason, Science, Humanism, and Progress.* New York: Viking

Piper, Ernst (2003) »Der Orient als Dystopie. Paul de Lagarde und der Mythus der deutschen Nation«, in Diekmann, Irene A. et al. (2003) *Der Orient im Okzident. Sichtweisen und Beeinflussungen.* Potsdam: Verlag für Berlin-Brandenburg: 161–176

Pirastu, Nicola et al. (2014) »Association Analysis of Bitter Receptor Genes in Five Isolated Populations Identifies a Significant Correlation between TAS2R43 Variants and Coffee Liking« *PLoS One* 9(3): e92065

Platon: *Phaidros*

Platon: *Politeia*

Polderman, Tinca J. C. et al. (2005) »Fifty Years of Twin Studies: A Meta-Analysis of the Heritability of Human Traits« *Nature Genetics* 47(7), 702–709

Pörksen, Bernhard (2018) *Die große Gereiztheit. Wege aus der kollektiven Erregung.* München: Hanser

Pratto, Felicia et al. (1997) »The Gender Gap: Differences in Political Attitudes and Social Dominance Orientation« *British Journal of Social Psychology* 36: 49–68

Prinz, Jesse J. (2004) *Gut Reactions. A Perceptual Theory of Emotions.* Oxford: Oxford University Press

Prinz, Jesse J. (2007) *The Emotional Construction of Morals.* Oxford: Oxford University Press.

Prokop, Pavol und Fačovičová, Jana (2011) »Preferences for Spicy Foods and Disgust of Ectoparasites Are Associated with Reported Health in Humans« *Psihologija* 44: 281–293

Provnine, Robert R. (2000) *Laughter. A Scientific Investigation.* New York: Viking

Putnam, Robert D. (2007) »E Pluribus Unum: Diversity and Community in the Twenty-first Century. The 2006 Johan Skytte Prize Lecture« *Scandinavian Political Studies* 30: 137–174

Ramachandran, Vilayanur S. und Hirstein, William (1999) »The Science of Art: A Neurological Theory of Aesthetic Experience« *Journal of Consciousness Studies* 7(6/7): 15–51

Ransohoff, Katherine J. (2011) *Patients on the Trolley Track: The Moral Cognition of Medical Practitioners and Public Health Professionals.* Honors Thesis at Harvard University

Ratner, Kyle G. und Amodio, David M. (2013) »Seeing Us vs. Them: Minimal Group Effects on the Neural Encoding of Faces« *Journal of Experimental Social Psychology* 49(2): 298–301

Rattazzi, Anna M. M. et al. (2007) »A Short Version of the Right-Wing Authoritarianism (RWA) Scale« *Personality and Individual Differences* 43(5): 1223–1234

Reckwitz, Andreas (2017) *Die Gesellschaft der Singularitäten.* Frankfurt am Main: Suhrkamp

Reinhoudt, Jürgen und Audier, Serge (2018) *The Walter Lippmann Colloquium. The Birth of Neo-Liberalism.* Cham: Palgrave Macmillan

Richards, Robert (2003) »Darwin on Mind, Morals and Emotions« in Hodges, Jonathan und Radick, Gregory (Hg.) (2003) *Cambridge Compendium to Darwin.* Cambridge: Cambridge University Press

Riefer, Peter S. et al. (2017) »Coherency-maximizing Exploration in the Supermarket« *Nature Human Behaviour* 1(1): 0017

Rifkin, Jeremy (2009) *The Empathic Civilization: The Race to Global Consciousness in a World in Crisis.* London: Tarcher Perigee

Roberti, Jonathan W. (2004) »A Review of Behavioral and Biological Correlates of Sensation Seeking« *Journal of Research in Personality* 38(3): 256–279

Rodrik, Dani (2018) »Populism and the Political Economy of Globalization« *Journal of International Business Policy* 1(1): 12–33

Roes, Frans L. und Raymond, Michel (2003) »Belief in Moralizing Gods« *Evolution and Human Behavior* 24: 126–135

Roos, Jason M. (2012) »Measuring Science or Religion? A Measurement Analysis of the National Science Foundation Sponsored Science Literacy Scale, 2006–2010« *Public Understanding of Science* 23: 797–813

Rosling, Hans (2018) *Factfulness. The Reasons We're Wrong about the World – and why Things are Better than you Think.* London: Sceptre

Rothmann, Sebastiaan und Coetzer, Elize (2003) »The Big Five Personality Dimensions and Job Performance« *Journal of Industrial Psychology* 29(1): 68–74

Roy, Olivier (1994) *Failure of Political Islam.* Cambridge (MA): Harvard University Press

Rozin, Paul et al. (1986) »Operation of the Laws of Sympathetic Magic in Disgust and Other Domains« *Journal of Personality and Social Psychology* 50: 703–712

Rozin, Paul et al. (1994) »Sensitivity to Indirect Contacts with Other Persons: AIDS Aversion as a Composite of Aversion to Strangers, Infection, Moral Taint, and Misfortune« *Journal of Abnormal Psychology* 103(3): 495–504

Rozin, Paul et al. (1997) »Moralization and Becoming a Vegetarian: The Transformation of Preferences Into Values and the Recruitment of Disgust« *Psychological Science* 8(2): 67–73

Rozin, Paul et al. (1999) »The CAD Triad Hypothesis: A Mapping Between Three Moral Emotions (Contempt, Anger, Disgust) and Three Moral Codes (Community, Autonomy, Divinity)« *Journal of Personality and Social Psychology* 76: 574–586

Rozin, Paul et al. (2008) »Disgust« in Lewis, Michael et al. (Hg.) (2008) *Handbook of Emotions* (dritte Auflage) New York: Guilford Press: 757–776

Rozin, Paul und Fallon, April E. (1987) »A Perspective on Disgust« *Psychological Review* 94: 3–11

Rule, Nicholas O. et al. (2012) »Perceptions of Dominance Following Glimpses of Faces and Bodies« *Perception* 41(6): 687–706

Sabini, John und Silver, Maury (2005) »Ekman's Basic Emotions: Why not Love and Jealousy?« *Cognition and Emotion* 19(5): 693–712

Said, Edward W. (1978) *Orientalism*. New York: Vintage Books Edition

Salis, Christian Georg (2006) *Der Böse steht noch einmal auf… und andere Klischees aus Hollywoodfilmen*. Marburg: Schüren

Sangrigoli, Sandy et al. (2005) »Reversibility of the Other-Race Effect in Face Recognition During Childhood« *Psychological Science* 16(6): 440–444

Sapolsky, Robert (2017) *Behave. The Biology of Humans at Our Best and Worst*. London: Bodley Head

Sapolsky, Robert und Ray, Justina C. (1989) »Styles of Dominance and Their Physiological Correlates Among Wild Babbons« *American Journal of Primatology* 18(1): 1–13

Sartre, Jean-Paul (1946) *Ist der Existentialismus ein Humanismus?* Frankfurt am Main: Ullstein (zitiert nach der deutschen Auflage von 1989)

Sauer, Hanno (2018) *Moral Thinking: Fast and Slow*. New York: Routledge

Schaller, Mark und Murray, Damian R. (2008) »Pathogens, Personality, and Culture: Disease Prevalence Predicts Worldwide Variability in Sociosexuality, Extraversion, and Openness to Experience« *Journal of Personality and Social Psychology* 95: 212–221

Schaller, Mark und Neuberg, Steven L. (2012) »Danger, Disease, and the Nature of Prejudice(s)« in Olson, James M. und Zanna, Mark P. (Hg.) (2012) *Advances in Experimental Social Psychology* (Volume 46). Burlington: Academic Press, 1–54

Schaller, Mark und Park, Justin H. (2011) »The Behavioral Immune System (and why it Matters)« *Current Directions in Psychological Science* 20: 99–103

Schirach, Ferdinand von (2016) *Terror. Ein Theaterstück und eine Rede*. München: btb Verlag

Schmidt, Jochen (2002) *Politische Brandstiftung. Warum 1992 in Rostock das Ausländerwohnheim in Flammen aufging*. Berlin: Edition Ost

Schmitt, David P. (2005) »Sociosexuality from Argentina to Zimbabwe: A 48-nation Study of Sex, Culture, and Strategies of Human Mating« *Behavioral and Brain Sciences* 28: 247–311

Schnall, Simone et al. (2008) »Disgust as Embodied Moral Judgment« *Personality and Social Psychology Bulletin* 34(8): 1096–1109

Schröder, Martin (2018) »AfD-Unterstützer sind nicht abgehängt, sondern ausländerfeindlich« *SOEP at DIW 975-2018*

Schwartz, Barry (2004) *The Paradox of Choice. Why More is Less.* New York: HarperCollins
Schwitzgebel, Eric (2009) »Do Ethicists Steal More Books?« *Philosophical Psychology* 22(6): 711–725
Schwitzgebel, Eric und Rust, Joshua (2014) »The Moral Behavior of Ethics Professors: Relationships Among Self-Reported Behavior, Expressed Normative Attitude, and Directly Observed Behavior« *Philosophical Psychology* 27(3): 1–35
Searle, John (1983) *Intentionality*. Cambridge: Cambridge University Press
Seligman, Martin E. P. (1970) »On the Generality of the Laws of Learning« *Psychological Review* 77: 406–418
Sennett, Richard (2012) *Together. The Rituals, Pleasures and Politics of Cooperation*. New Haven & London: Yale University Press
Sesta, Natalie und March, Evita (2017) »Constructing the Cyber-troll: Psychopathy, Sadism, and Empathy« *Personality and Individual Differences* 119, 1: 69–72
Shaver, John und Sosis, Richard (2018) »Costly Signaling in Human Cultures« in Callan, Hilary (Hg.) (2018) *International Encyclopedia of Anthropology: Evolutionary and Biosocial Perspectives in Anthropology.* London: Wiley-Blackwell
Sherif, Muzafar et al. (1954/1961) *Intergroup Conflict and Cooperation: The Robbers Cave Experiment.* Norman: University of Oklahoma Institute of Group Relations
Sherman, Paul W. und Billing, Jennifer (1999) »Darwinian Gastronomy: Why We Use Spices« *BioScience* 49: 453–463
Shinada, Mizuho und Yamagishi, Toshio (2007) »Punishing Free-riders: Direct and Indirect Promotion of Cooperation« *Evolution and Human Behavior* 28(5): 330–339
Shoemaker, Sydney (1984) »Personal Identity: A Materialist's Account« in Shoemaker, Sydney and Swinburne, Richard (Hg.) (1984) *Personal Identity*. Oxford: Blackwell: 296–310
Shook, Natalie J. und Fazio, Russell H. (2009) »Political Ideology, Exploration of Novel Stimuli, and Attitude Formation« *Journal of Experimental Social Psychology* 45(4): 995–998
Shweder, Richard A. et al. (1987) »Culture and Moral Development« in Kagan, Jerome und Lamb, Sharon (Hg.) (1987) *The Emergence of Morality in Young Children.* Chicago: Chicago University Press
Shweder, Richard A. (1991) *Thinking Through Cultures: Expeditions in Cultural Psychology.* Cambridge (MA): Harvard University Press
Skitka, Linda J. et al. (2002) »Dispositions, Scripts, or Motivated Cor-

rection? Understanding Ideological Differences in Explanations for Social Problems« *Journal of Personality and Social Psychology* 83(2): 470–487

Sibley, Chris und Duckitt, John (2008) »Personality and Prejudice: A Meta-Analysis and Theoretical Review« *Personality and Social Psychology Review* 12(3): 248–279

Sidanius, Jim (2013) »You're Inferior and Not Worth Our Concern: The Interface Between Empathy and Social Dominance Orientation« *Journal of Personality* 81(3): 313–323

Singer, Peter (1972) »Famine, Affluence, and Morality« *Philosophy and Public Affairs* 1(3): 229–243

Singer, Peter (1975) *Animal Liberation: A New Ethics for our Treatment of Animals*, New York: New York Review

Singleton, Mark (2010) *Yoga Body: The Origins of Modern Posture Practice*. Oxford: Oxford University Press

Skitka, Linda J. et al. (2005) »Moral Conviction: Another Contributor to Attitude Strength or Something More?« *Journal of Personality and Social Psychology* 88, 6: 895–917

Smith, Kevin et al. (2011) »Disgust Sensitivity and the Neurophysiology of Left-Right Political Orientations« *PloS ONE* 6: e2552

Sniderman, Paul M. und Carmines, Edward G. (1997) *Reaching Beyond Race*. Cambridge (MA): Harvard University Press

Snow, Charles Percy (1959) *The Two Cultures*. London: Cambridge University Press

Sosis, Richard und Bressler, Eric R. (2003) »Cooperation and Commune Longevity: A test of the Costly Signaling Theory of Religion« *Cross-cultural Research* 37: 211–239

Spears, Russell (2011) »Group Identities: The Social Identity Perspective« in Schwartz, Seth J. et al. (Hg.) (2011) *Handbook of Identity Theory and Research*. New York: Springer, 201–224

Spengler, Oswald (1924) *Neubau des deutschen Reiches*. München: C. H. Beck

Sperber, Dan (2005) »Modularity and Relevance: How can a Massively Modular Mind be Flexible and Context-sensitive?« in Carruthers, Peter et al. (Hg.) (2005) *The Innate Mind: Structure and Contents, Volume 1* New York: Oxford University Press: 53–68

Spinoza, Baruch de (1677) *Die Ethik*

Spisak, Brian R. (2012) »Warriors and Peacekeepers: Testing a Biosocial Implicit Leadership Hypothesis of Intergroup Relations Using Masculine and Feminine Faces« *PLoS ONE* 7(1): e30399

Spisak, Brian R. et al. (2014) »A Face for all Seasons: Searching for Context-specific Leadership Traits and Discovering a General Preference for Perceived Health« *Frontiers in Human Neuroscience* 8: 792
Srivastava, Sanjay et al. (2003) »Development of Personality in Early and Middle Adulthood: Set like Plaster or Persistent Change?« *Journal of Personality and Social Psychology* 84(5): 1041–1053
Stanovich, Keith et al. (2016) *The Rationality Quotient. Toward a Test of Rational Thinking*. Cambridge (MA): MIT Press
Stenner, Karen (2005) *The Authoritarian Dynamic*. Cambridge: Cambridge University Press
Steuerwald, Karl (1988) *Türkisch-Deutsches Wörterbuch*. Wiesbaden: Harrassowitz
Strohminger, Nina et al. (2011) »Divergent Effects of Different Positive Emotions on Moral Judgment« *Cognition* 119(2): 295–300
Strohminger, Nina und Nichols, Shaun (2014) »The Essential Moral Self« *Cognition* 131: 159–171
Sznycer, Daniel et al. (2016) »Shame Closely Tracks the Threat of Devaluation by Others, even across Cultures« *PNAS* 113(10): 2625–2630
Taber, Charles S. und Milton, Lodge (2006) »Motivated Skepticism in the Evaluation of Political Beliefs« *American Journal of Political Science* 50(3): 755–769
Tajfel, Henri (1970) »Experiments in Intergroup Discrimination« *Scientific American* 223(5): 96–102
Talhelm, Thomas et al. (2012) »Liberals Think More Analytically (More 'Weird‹) than Conservatives« *Personality and Social Psychology Bulletin* 41(2): 250–267
Talhelm, Thomas et al. (2014) »Large-Scale Psychological Differences Within China Explained by Rice Versus Wheat Agriculture« *Science* 344: 603–608
Taylor, Louise H., et al. (2001) »Risk Factors for Human Disease Emergence« *Philosophical Transactions of the Royal Society B: Biological Sciences* 356: 983–989
Terrizzi Jr., John A. et al. (2013) »The Behavioral Immune System and Social Conservatism: A Meta-analysis« *Evolution and Human Behavior* 34(2): 99–108
Thompson, Judith J. (1976) »Killing, Letting Die, and the Trolley Problem« *The Monist* 59(2): 204–217
Thomsen, Lotte et al. (2011) »Big and Mighty: Preverbal Infants Mentally Represent Social Dominance« *Science* 331: 477
Thornhill, Randy et al. (2009) »Parasites, Democratization, and the

Liberalization of Values across Contemporary Countries« *Biological Review* 84: 113–131

Thornhill, Robert und Fincher, Corey L. (2014) *The Parasite-Stress Theory of Values and Sociality. Infectious Disease, History and Human Values Worldwide*. Berlin: Springer

Todorov, Alexander (2017) *Face Value: The Irresistible Influence of First Impressions*. Princeton und Oxford: Princeton University Press

Tucker, G. Richard und Lambert, Wallace E. (1969) »White and Negro Listener's Reactions to Various American-English Dialects« *Social Forces* 47: 465–468

Turiel, Elliot (1983) *The Development of Social Knowledge: Morality and Convention*. Cambridge: Cambridge University Press

Twenge, Jean M. et al. (2012) »Generational Differences in Young Adults' Life Goals, Concern for Others, and Civic Orientation, 1966–2009« *Journal of Personality and Social Psychology* 102(5): 1045–1062

Tybur, Joshua et al. (2013) »Disgust: Evolved Function and Structure« *Psychological Review* 120(1): 65–84

Uhlmann, Eric Luis et al. (2009) »The Motivated Use of Moral Principles« *Judgment and Decision Making* 4(6): 476–491

Unger, Peter K. (1996) *Living High and Letting Die*. Oxford: Oxford University Press

Varnum, Michael E. W. et al. (2010) »The Origin of Cultural Differences in Cognition: The Social Orientation Hypothesis« *Current Directions in Psychological Science* 19(1): 9–13

Veblen, Thorstein (1899) *Theorie der feinen Leute. Eine ökonomische Untersuchung der Institutionen*. München: Deutscher Taschenbuch-Verlag (zitiert nach der Übersetzung von 1971)

Vehrkamp, Robert und Merkel, Wolfgang (2018) »Populismusbarometer 2018. Populistische Einstellungen bei Wählern und Nichtwählern in Deutschland 2018« *Demokratiemonitor*. Gütersloh: Bertelsmann-Stiftung

Vigil, Jacob M. (2010) »Political Leanings Vary with Facial Expression Processing and Psychosocial Functioning« *Group Processes and Intergroup Relations* 13(5): 547–558

Voas, David und Chaves, Mark (2016) »Is the United States a Counterexample to the Secularization Thesis?« *American Journal of Sociology* 121:5: 1517–1556

Waal, Frans B.M. de (1982) *Chimpanzee Politics*. New York: Harper and Row

Waal, Frans B.M. de (1996) *Good Natured. The Origins of Wright and*

Wrong in Humans and Other Animals. Cambridge (MA): Harvard University Press

Walter, Franz et al. (2017) *Rechtsextremismus und Fremdenfeindlichkeit in Ostdeutschland. Ursachen, Hintergründe, regionale Kontextfaktoren.* Göttingen: Göttinger Institut für Demokratieforschung

Wampole, Christy (2017) »Ohne Ironie leben« in Catapano, Peter und Critchley, Simon (Hg.) (2017) Von *Kungfu bis Ladypower*. Stuttgart: J. B. Metzler Verlag

Wason, Peter C. (1968) »Reasoning About a Rule« *Quarterly Journal of Experimental Psychology* 20(3): 273–281

Webb, Katie et al. (1992) »Disgust Sensitivity and Fear of Animals: Effect of Exposure to Violent or Revulsive Material« *Anxiety, Stress and Coping* 5:4, 329–335

Wehling, Elisabeth (2016) *Politisches Framing. Wie eine Nation sich ihr Denken einredet – und daraus Politik macht.* Köln: Halem

Weiß, Volker (2017) *Die Autoritäre Revolte. Die NEUE RECHTE und der Untergang des Abendlandes.* Stuttgart: Klett-Cotta

Welzel, Christian (2013) *Freedom Rising. Human Empowerment and the Quest for Emancipation*. Cambridge. Cambridge University Press

Welzer, Harald et al. (2002) *»Opa war kein Nazi.« Nationalsozialismus und Holocaust im Familiengedächtnis.* Frankfurt am Main: S. Fischer

Welzer, Harald (2005) *Täter. Wie aus ganz normalen Menschen Massenmörder werden.* Frankfurt am Main: S. Fischer

Wicker, Bruno et al. (2003) »Both of Us Disgusted in My Insula: The Common Neural Basis of Seeing and Feeling Disgust« *Neuron* 40 (3): 655–664

Wilson, Fred (2016) »John Stuart Mill« in Zalta, Edward N. (Hg.) (2016) *The Stanford Encyclopedia of Philosophy* (Spring 2016 Edition)

Wilson, Michael L. et al. (2014) »Lethal Aggression in Pan is Better Explained by Adaptive Strategies than Human Impacts« *Nature* 513: 414–417

Wolk, Lesley et al. (2011) »Habitual Use of Vocal Fry in Young Adult Female Speakers« *Journal of Voice* 26(3): e111–e116

Wudarczyk, Olga A. et al. (2013) »Could Intranasal Oxytocin be Used to Enhance Relationships? Research Imperatives, Clinical Policy, and Ethical Considerations« *Current Opinions in Psychiatry* 26(5): 474–484

Wundt, Wilhelm (1874) *Grundzüge der physiologischen Psychologie*

Xiao, Jenny Y. et al. (2016) »Proximity under Threat: The Role of Physical Distance in Intergroup Relations« *PLoS ONE* 11(7): e0159792

Xu, Xiaojing et al. (2009) »Do You Feel My Pain? Racial Group Membership Modulate Empathic Neural Response« *Journal of Neuroscience* 29(26): 8525–8529

Yong, Ed (2012) »Replication Studies: Bad Copy« *Nature* 485: 298–300
Zebrowitz, Leslie A. und McDonald, Susan M. (1991) »The impact of Litigants' Baby-facedness and Attractiveness on Adjudications in Small Claims Courts« *Law and Human Behavior* 15(6): 603–623
Zick, Andreas et al. (2016) *Gespaltene Mitte – Feindselige Zustände. Rechtsextreme Einstellungen in Deutschland 2016.* Herausgegeben für die Friedrich-Ebert-Stiftung von Ralf Melzer. Bonn: Dietz
Zick, Andreas und Küpper, Beate (2015) *Wut, Verachtung, Abwertung. Rechtspopulismus in Deutschland.* Bonn: Dietz

Personenregister

A

Adorno, Theodor W. 19, 172–176, 180, 285, 307, 320
Adriá, Ferran 261
al-Assad, Baschar 168
Ariely, Dan 293
Arnim, Bettina von 252
Assad, *siehe* al-Assad, Baschar
Aust, Stefan 256

B

Baberowski, Jörg 155
Bandelow, Borwin 44
Bandura, Albert 211
Bauer, Thomas 322
Beauvoir, Simone de 218
Benjamin, Walter 96
Boateng, Jérôme 216
Böhme, Hartmut 264
Böhmermann, Jan 249
Bolsonaro, Jair 187
Bourdieu, Pierre 263 ff.
Bressler, Eric 296
Broder, Henryk M. 208
Brüderle, Rainer 301
Buss, David 47
Byström, Arvida 287

C

Cain, Herman 283
Carney, Dana 25
Churchill, Winston 63
Clinton, Bill 279
Clinton, Hillary 133, 207, 216
Cohen, Sacha Baron 77
Cosmides, Lea 185
Craig, Daniel 320

D

Darwin, Charles 32–36, 47, 122
Dawkins, Richard 223
Deschanel, Zooey 252
Dolezal, Rachel 215
Dregger, Alfred 316
Duckitt, John 177
Duterte, Rodrigo 187 f.

E

Ekman, Paul 38
Elias, Norbert 98, 322
Ellis, Bret Easton 280
El-Mafaalani, Aladin 228, 327
Erdoğan, Recep Tayyip 178 f.

F

Fehr, Ernst 118
Fincher, Corey 140
Fiske, Alan 317
Fiske, Susan 193 f.
Foot, Philippa 56
Foucault, Michel 19

Freud, Sigmund 19, 81, 85 f., 92, 97 f., 172, 292
Fromm, Erich 172

G
Gauck, Joachim 149
Gauland, Alexander 179, 199, 202, 216
Gehlen, Arnold 258
Geißler, Heiner 316
Gelfand, Michelle J. 139 f., 308
Giacometti, Alberto 222
Godard, Jean-Luc 245
Goebbels, Joseph 192
Goethe, Johann Wolfgang von 252, 309
Goldhagen, Erich 192
Golding, William 115
Goodall, Jane 120, 149
Goodwin, Mathew 327
Gore, Al 138
Graham, Jesse 78
Greene, Joshua 57 f., 60–63, 67 f., 85
Grimmelshausen, Hans Jakob Christoffel von 252
Guttenberg, Karl-Theodor zu 166

H
Haidt, Jonathan 72 f., 77 f., 81, 85 ff., 304 f., 311–314
Hardin, Garrett 331
Haselton, Martie G. 47
Helmrich, Herbert 316
Himmelreich, Laura 301
Himmler, Heinrich 191
Hitler, Adolf 101, 191, 194, 197, 247
Hobbes, Thomas 116–118, 122, 334
Höcke, Björn 138, 169, 179, 198
Hofstede, Geert 252 f.
Hoffmann, Michael 261
Hohmann, Martin 199
Horkheimer, Max 172, 285, 320
Hume, David 40, 81, 83, 134

I
Inglehart, Ronald 318

J
Jaensch, Erich Rudolf 173
Jinping, *siehe* Xi Jinping
Jongen, Marc 198
Jünger, Ernst 206

K
Kaepernick, Colin 282
Kahan, Dan M. 294 f., 297
Kahneman, Daniel 199
Kandinsky, Wassily 114, 125
Kant, Immanuel 51, 52–55, 62 f., 70, 82, 87, 302, 310 f., 315
Kasich, John 206
Kass, Leon 279
Kaufmann, Eric 327, 330
Kelly, Megyn 207
Kirchner, Ernst Ludwig 222
Kiernan, Ben 149
Klee, Paul 114, 125
Kohlberg, Lawrence 310 f.
Köhler, Horst 256
Kolnai, Aurel 89
Kosinski, Michal 26
Kositza, Ellen 166
Kubitschek, Götz 166

L
Lampe, Martin (Hausdiener Immanuel Kants) 52
Lagarde, Paul de 192
Lau, Mariam 64

Lazarus, Richard 34 f.
Leibniz, Gottfried Wilhelm 133
Lessing, Gotthold Ephraim 252
Lilla, Mark 137 f., 220
Lipset, Seymour Martin 44
Locke, John 291
Lumière, Auguste 322
Lumière, Louis 322
Luther, Martin 252

M

Mackay, Charles 329
Mafaalani, *siehe* El-Mafaalani, Aladin
Maher, Bill 221
Mann, Thomas 252
Martin, John Levi 173
Merkel, Angela 136, 149, 152, 162, 206, 255 f., 266 f., 281
Merz, Friedrich 256
Milgram, Stanley 210 ff.
Mill, John Stuart 51 ff., 62, 65, 70, 82, 165
Mohler, Armin 206
Montaigne, Michel de 279
Müller, Jan-Werner 202 f.
Murphy, Scott 305
Myers, David G. 299

N

Nachtwey, Oliver 187
Neumann, Claudia 257
Neumann, Franz 193 f.
Nichols, Shaun 290 f.
Nitsch, Hermann 321

O

Orbán, Viktor 178, 202, 328

P

Peterson, Richard A. 245
Petry, Frauke 206
Picasso, Pablo 222
Pinker, Steven 118, 210 f.
Poggenburg, André 201, 206
Prinz, Jesse 35, 83–86, 108
Putin, Wladimir 152, 160, 169, 178, 282
Putnam, Robert 327

Q

Quinn, Marc 321

R

Rawls, John 311
Reckwitz, Andreas 263 f.
Reker, Henriette 297
Rex, Zvi 179
Rifkin, Jeremy 125
Rock, Chris 221
Rösler, Philipp 136
Rozin, Paul 90, 95, 101, 269
Ryder, Richard D. 317

S

Sachs, Nelly 251
Safranski, Rüdiger 257
Sapolsky, Robert 43, 170
Sarrazin, Thilo 169
Schaller, Mark 90, 335
Schäuble, Wolfgang 256
Schavan, Annette 166
Schirach, Ferdinand von 49 f.
Schirrmacher, Frank 158, 258
Schwitzgebel, Eric 304 f.
Seite, Berndt 316
Seiters, Rudolf 183
Sherif, Muzafer 115
Sherman, Cindy 321

Shweder, Richard Allan 75 f., 78
Singer, Peter 65 ff., 318
Singleton, Mark 222
Sloterdijk, Peter 156, 257
Snow, Charles Percy 19
Sosis, Richard 296
Spahn, Jens 155
Spears, Britney 252
Spencer, Richard 207
Spengler, Oswald 206
Spinoza, Baruch de 33
Steinmeier, Frank-Walter 293
Stenner, Karen 216
Stevens, Michael 56
Stillwell, David 26
Stokowski, Margarete 249
Stone, Lindsey 168
Strauß, Botho 163
Strauß, Franz Josef 153, 316
Strohminger, Nina 290 f.

T
Tajfel, Henri 114, 125
Taylor, Harriet 52
Taylor, Helen 52
Thompson, Judith Jarvis 57
Thornhill, Randy 105, 140, 318
Trump, Donald 10, 133, 178 ff., 202, 206 f., 282, 328
Turiel, Elliot 74 f.
Tuvel, Rebecca 215
Tversky, Amos 199

U
Unger, Peter 66

W
Waal, Frans de 121
Wagner, Richard 192
Walter, Franz 44
Weidel, Alice 179, 199
Waigel, Theo 316
Wehling, Elisabeth 200
Weiß, Volker 206, 335
Welzer, Harald 209 f.
Westerwelle, Guido 136
Wilde, Oscar 244

X
Xi Jinping 179

Sachregister

11. September 2001, *siehe* Anschlag vom 11. September 2001

A
Abtreibung 14, 27, 73, 84, 102, 217 f.
AfD (Alternative für Deutschland) 5, 144–147, 151, 157, 161, 169, 178, 198 f., 202 f., 206, 240, 257, 309, 328, 331
Altruismus, altruistisch 122 f., 125, 127, 130
Amygdala 35, 37, 43, 61, 91, 184, 307
Angstreflex 32
Angst, Ängste 9–12, 14, 24, 28, 31–48, 50, 61 f., 71 f., 82 f., 90–92, 96, 100, 104, 108, 110 f., 117, 145, 150, 176 f., 180, 183 f., 187, 189 f., 201 f., 205, 209, 214, 231 ff., 269 f., 273, 277, 299, 305, 312–333
Anschlag vom 11. September 2001 50
Appropriation, *siehe* kulturelle Appropriation
Arier 192
automatische Verhaltensmuster 34
Autonomie 16, 25, 30, 76 ff., 80, 134, 140, 158, 180, 221, 276, 288 f., 311, 314
Autorität 14 ff., 27, 79 f., 84, 86 f., 105, 122 f., 124, 128, 130, 133 f., 138, 141, 146, 154 ff., 160, 163, 165–171, 173, 175, 179 f., 190, 193, 206, 208 ff., 219 ff., 243, 248 f., 251 ff., 257, 259, 265, 274, 278 f., 282, 285–287, 307, 311 f., 317 ff., 321, 325, 329 f.

B
backfire effect *siehe* Gegenschlag-Effekt
Beagle (Schiff) 32
Benzodiazepine 61
Bestätigungsirrtum 19
Bildnis des Dorian Gray, Das (Roman) 244
Bonobo/s 121 f.

C
Critical Mass (Initiative) 112

D
Dan (Ethnie) 222
Darfur 209
Default-Modus 62
Denkfehler 17 f., 46, 53, 138, 292, 294 f., 302, 309
Dominanz, dominant 27, 165, 170 f., 175 f., 180 f., 246, 249 f., 278

Dominanz-Gewalt 121
dorsolateraler präfrontaler Kortex (»kaltes System«) 60

E
EEG (Elektroenzephalografie) 60
Ekel 12, 14, 31, 33, 34 f., 38, 79, 83, 86 f., 89–111, 116, 142 f., 150, 163, 184, 188, 190 f., 193, 201, 205 ff., 208 f., 211 f., 231, 247, 266, 269 f., 273, 276 f., 287, 306, 333
Emotion/en 9, 11–14, 16, 18, 20, 30–38, 41–45, 47, 61 ff., 71ff., 79, 81–88, 90 ff., 110, 118, 142, 193, 200 ff., 205, 209 f., 231, 271–274, 304–309, 313, 315, 332
emotionale Instabilität 23 ff., 31
emotionales Alarmsystem 58 ff.
emotionales Immunsystem 90, 100
Empathie 125, 127, 130, 218 f.
Entmenschlichung, entmenschlichen, entmenschlicht 191, 195, 209, 212
Evolutionstheorie 32, 257, 294
experimentelle Ethik 58
experimentelle Philosophie 57
Extrovertiertheit 23 f., 29, 31

F
Fake News 10, 293, 296, 302
Fang (Ethnie) 222
Fairness 14 f., 74–78, 84, 86 f., 108, 138, 154, 160, 180, 195, 246, 250, 253, 257, 276 f., 284, 308, 311 f., 317, 319, 325, 333
Fehler-Management-Theorie 47
Feminismus, Feministin, feministisch 81, 102, 213, 215, 217, 241, 249, 256 ff.
Finanzkrise (von 2008) 9, 145, 158
Flüchtlingskrise (von 2015) 10, 146, 182, 200, 256
Framing 197, 198 ff., 205, 210
Freiheit/en 10, 12, 14–17, 27, 44, 48, 73 f., 76 f., 79 f., 84, 87, 108, 113, 117, 133 ff., 138, 140f., 147, 152 ff., 157–161, 164, 169, 177, 180 f., 199, 214 f., 224, 226, 232 f., 235, 241, 243 f., 246, 250, 253, 276 ff., 284 f., 288, 311 f., 314, 317 ff., 323, 325, 333f.
Fürsorge 14 ff., 25, 74 f., 77–80, 84, 87, 108, 134, 138, 154, 160–164, 168, 180, 195, 214, 221, 223 ff., 229, 232 ff., 243, 246, 250, 253, 257, 275–278, 284, 311 f., 317 ff.

G
Gaia 270 ff., 274 ff.
Gedankenexperiment/e 11, 16, 55 ff., 59, 65, 72, 116, 126, 290, 302, 331
Gefangenendilemma 117, 119, 123
Gegenschlag-Effekt 138
Generation Y 242
Gerechtigkeit 10, 17, 78
Gerechtigkeitssinn 205, 209, 246, 332
Gewissen 17, 229, 292
Gewissenhaftigkeit 23–27, 29, 31, 155, 247, 249, 286

H
Herald of Free Enterprise (Autofähre) 50
Herr der Fliegen (Roman) 115
homo empathicus (lat.) 125
homo oeconomicus (lat.) 125
Hutu (Ethnie) 210

I
Intuition/en 11, 48, 50 f., 55 ff., 59, 63, 65, 70, 73, 80, 82, 87, 174, 304, 314 f.

J
Jude/n, jüdisch 98, 173 f., 179, 188, 191–197, 199, 203, 209, 316

K
kategorischer Imperativ (nach Immanuel Kant) 51, 54, 62, 310 f.
Kind-im-Teich-Fall 66
Klimawandel 10, 48, 137 f., 309, 331 ff.
Kollektivismus, kollektivistisch 105, 111, 129, 139–143, 147, 180, 252 f., 279, 308, 317, 319, 325, 329
Konsequentialismus, konsequentialistisch 51 f., 56, 59, 61–65, 69 f.
konsequentialistische Ethik 51, 62
Konservative/r, Konservatismus, konservativ 9, 10, 13–18, 25-31, 42 ff., 48, 78 ff., 84, 87, 105, 107–111, 126, 133–138, 140, 142 f., 147, 152–160, 162–169, 171, 175, 180, 190, 201, 206, 208, 214, 220, 224, 226, 229, 233, 235, 244 f., 247–253, 257, 264, 266 ff., 270, 276–279, 281 f., 285 f., 288 f., 294 f., 299 f., 306, 309, 311 f., 315 ff., 319, 330, 333
Ko Samui (Insel) 26
Kota (Ethnie) 222
kulturelle Appropriation 222

L
Leistungsgerechtigkeit 160, 164
limbisches System (»heißes System«) 61
Linksliberale/r, linksliberal 10, 26, 43, 158
Loyalität 14 ff., 27, 77, 79, 84, 87, 102, 105, 111, 122 ff., 128, 130, 134, 138, 142, 146, 154 ff., 160, 162 f., 175, 180, 188, 190, 193, 206, 208, 233, 243, 248 f., 253, 265, 278 f., 282, 285 f., 293, 296, 311, 312, 317, 319, 321, 325

M
Mansplaining 28
Meinungsfreiheit 231, 308
Metaethik 82f.
Millennial/s 318
Mind Field (Serie) 56
Mitte-Studien 174
Moralpsychologie 11, 19, 60, 74, 86, 154, 191, 209, 264, 304, 314
moralische Sprachlosigkeit 73, 80, 305
Mukophage/n 94
Mullah-Regime 136

N
Nationalsozialist/en, nationalsozialistisch 63, 172f., 191–196, 209
naturalistischer Fehlschluss 40, 314
Neid 33, 193 f., 196
Neukölln 112, 262
neophob, Neophobie, Neophobe/r 104, 111, 148, 163, 267

neophil, Neophilie, Neophile/r 9, 104, 110 f., 133 f., 148, 154, 239, 241f., 245 f., 248, 264, 266 f., 284 f., 323 f., 329
normative Ethik 82

O

Offenheit 12, 23, 25–31, 104, 107, 110, 133, 135 f., 143 f., 147, 176, 178, 181, 186, 194, 223, 239 f., 243 f., 246–250, 264 ff., 268, 284 f., 287 ff., 309, 316, 319, 321, 323 ff., 327, 333 f.
Oxytocin 126

P

personale Identität 291, 302
Pflichtethik, pflichtethisch 51, 59, 61 f., 64 f., 67, 70 f., 169,
Populismus 10, 197, 202 f., 204 f.
Pressefreiheit 313
progressiv, Progressive/r 10, 13 ff., 17, 25, 28–31, 43 f., 48, 77, 78, 80, 84, 86 f., 110 f., 126, 133–138, 140, 142 f., 147, 150 f., 153–157, 159, 161 f., 164, 166–169, 194 f., 201, 208 f., 214, 220 f., 223, 226, 232 f., 235, 239–244, 246 f., 248 ff., 252–258, 264–268, 270 ff., 276–288, 294 f., 298, 300, 306–309, 311, 315–325, 328–334
Progressivitätsmarker 246 f., 248, 250, 265, 268, 285 ff.

R

racial profiling 230
Rassenlehre 191
Rechtspopulismus 44, 328
Rechtspopulist/en, rechtspopulistisch 10, 48, 100, 133, 144–147, 151, 178, 205, 309, 328
Rechtsruck 10 f., 33, 79, 144 ff., 201, 209
Redefreiheit 52
Reinheit 14 ff., 74, 76–80, 84, 87, 99, 102, 105, 107, 109, 111, 134, 138, 142, 154 ff., 163, 175, 188, 190, 192, 206ff., 221, 223, 247 ff., 257, 259, 270, 273, 276 f., 282, 285 f., 288 f., 300, 311 f., 319, 321
Religion/en 30, 77, 79, 100, 102 f., 105, 125, 127, 130, 134, 152, 155 f., 190, 192, 203, 221, 227, 241, 243 f., 303, 317 f.
Rhesusaffen 127

S

Sauce-Béarnaise-Syndrom 96
Schimpanse/n 120–123, 130
Selbstbestimmung 13, 74, 134, 158, 239
Sentimentalismus 83, 305
Sharing Economy 284
SINUS-Milieustudien 245
Spenden-Fall 66
Stammesverhalten 112, 114 f., 127, 149

T

temenos (gr.) 221
Terror (Film/Theaterstück) 49 f., 53, 56
Terrorismus 41, 45 f.
Traditionalist/en, traditionalistisch 13, 25, 30, 74, 79, 84, 100, 102, 109, 111, 136, 166, 221, 279, 309, 311, 315, 321, 328, 330

Tribalismus, tribalistisch 121, 125–130, 138, 155, 162 f., 220, 300, 331, 333
Trichinen 98, 192
trigger warnings 232
Tutsi (Ethnie) 210

U
unbequeme Wahrheit, Eine (Film) 138
Utilitarismus 52

V
VCD (ökologischer Verkehrsclub Deutschland e. V.) 112
Vegetarier, vegetarisch 275 f., 292, 305, 330
ventromedialer präfrontaler Kortex 61
vegetatives Nervensystem 89
Verträglichkeit 23 ff., 29, 31, 176, 273, 277
Verteilungsgerechtigkeit 160, 164

W
Willensfreiheit 314

X
Xenophobie 200f.

Z
Zug-Fall, Zug-Fälle 56 f., 59, 72, 82, 85, 126, 210 f.